高等职业教育"十三五"规划教材——轨道交通类

列车运行自动控制系统设备维护
（第二版）

主　编　张　丽

副主编　杨克俭

参　编　李　想　黄占宇

主　审　张　琛

西南交通大学出版社
·成　都·

图书在版编目（CIP）数据

列车运行自动控制系统设备维护/张丽主编. —2版. —成都：西南交通大学出版社，2018.2（2025.7重印）
高等职业教育"十三五"规划教材. 轨道交通类
ISBN 978-7-5643-6090-0

Ⅰ. ①列… Ⅱ. ①张… Ⅲ. ①列车–运行–自动控制系统–设备–维修–高等职业教育–教材 Ⅳ. ①U284.48

中国版本图书馆 CIP 数据核字（2018）第 033045 号

高等职业教育"十三五"规划教材——轨道交通类

列车运行自动控制系统设备维护
（第二版）

主编　张丽

责 任 编 辑	张少华
封 面 设 计	何东琳设计工作室
出 版 发 行	西南交通大学出版社
	（四川省成都市二环路北一段 111 号
	西南交通大学创新大厦 21 楼）
发行部电话	028-87600564　87600533
邮 政 编 码	610031
网　　　　址	http://www.xnjdcbs.com
印　　　　刷	成都中永印务有限责任公司
成 品 尺 寸	185 mm×260 mm
印　　　　张	17.25
字　　　　数	429 千
版　　　　次	2018 年 2 月第 2 版
印　　　　次	2025 年 7 月第 9 次
书　　　　号	ISBN 978-7-5643-6090-0
定　　　　价	45.00 元

课件咨询电话：028-87600533
图书如有印装质量问题　本社负责退换
版权所有　盗版必究　举报电话：028-87600562

第二版前言

随着铁路以及城市轨道交通的飞速发展,以及高速铁路信号设备的广泛使用,尤其是列车运行自动控制技术的应用,我国铁路信号设备现代化水平已处于世界领先地位。为紧跟铁路信号技术现代化的发展步伐,满足铁路运输的要求,辽宁铁道职业技术学院铁道信号自动控制专业开设了"列车运行自动控制系统维护"这门课程,并逐渐完善成长为铁道信号自动控制专业的核心专业课,同时也是获取信号工职业技术资格的主要支撑课程之一。通过学习本书,学习者可以掌握我国目前正在铁路以及城市轨道交通上广泛使用的列车运行自动控制设备的组成、工作原理和设备的维护。编者编写本书的主要目标,是培养"列车运行自动控制系统设备维护"的职业能力和职业素养。

为体现职业教育的特点,本书遵循基于工作过程的课程开发这一教学改革要求,使用"项目导向、任务驱动"的教学模式,以岗位真实的工作任务为载体,通过校企合作,设计了四个学习情境,选取了12个学习子情境,都是根据岗位(群)工作任务要求,确定的学习目标及学习内容。本书是根据最新版《列车运行自动控制系统维护课程标准》对2013版《列车运行自动控制系统设备维护》教材进行的改版,新版为项目任务型教材。改版后的教材内容进行了大面积改动,删减了列车运行控制系统基本工作原理、地-车信息传输技术、测速和定位技术三部分内容,增加了JT1-CZ2000主体化机车信号、LKJ2000型监控装置、200C车载设备、RBC、GSM-R、TSRS、CRH3/CRH380等设备维护内容,与现场实际结合,按照设备维护标准和要求进行对应设备维护内容的编写,增加了对应设备维护的巡检和检修作业文件。

本书由辽宁铁道职业技术学院张丽担任主编,中铁第四勘察设计院集团有限公司高级工程师张琛任主审,辽宁铁道职业技术学院杨克俭任副主编,辽宁铁道职业技术学院李想、黄占宇参加编写。各部分内容编写分工如下:项目一和项目二由杨克俭编写,项目三任务1至任务4和项目四任务1至任务 4 由张丽编写，项目三任务 5 由李想编写，项目四任务 5 由黄占宇编写。另外，沈阳铁路局电务处高级工程师姜波，上海铁路局南京电务段高级工程师房刚，北京全路通信信号研究设计院集团有限公司高级工程师徐宗奇等专家提供了大量的技术资料，并提出很多建设性意见，在此表示衷心的感谢。

  本书力求贴近现场实际，与新知识、新技术、新设备和新的维护标准接轨。书中所含列车运行自动控制设备涉及全面，并突出重点，结合现场事故案例进行故障分析，注重高职学生职业技能培养。

  本书在编写的过程中得到学校和电信系其他同志的大力支持，在此一并表示感谢。由于编者水平有限，书中难免有疏漏之处，恳请广大读者批评指正。

编 者

2018 年 2 月

第一版前言

随着高速铁路以及城市轨道交通的飞速发展,列车运行自动控制技术在我国取得了前所未有的进步。为紧跟铁路信号技术现代化的发展步伐,满足铁路运输的要求,本书结合我国列车运行自动控制系统的实际应用情况,从系统的结构、原理、设备的日常维护等方面进行了较为全面的阐述。本书重点介绍了我国的 CTCS-2 和 CTCS-3 列车运行自动控制系统。

高速铁路的信号与控制系统,是高速列车安全、高密度运行的基本保证。因此,世界各国发展高速铁路,都十分重视行车安全及其相关支持系统的研究和开发。高速铁路的信号与控制系统是集微机控制与数据传输于一体的综合控制与管理系统,是当代铁路适应高速运营、控制与管理而采用的最新技术,一般通称为先进列车控制系统(Advanced Train Control Systems)。如北美的先进列车控制系统(ATCS)和先进铁路电子系统(ARES)、欧洲列车控制系统(ETCS)、法国的实时追踪自动化系统(ASTREE)、日本的计算机和无线列车控制系统(CARAT)等。

本书主要介绍我国列车运行控制系统 CTCS(Chinese Train Control System)。列车运行控制系统是由地面设备和车载设备构成,用于实现列车间隔控制和速度控制的、保证行车安全和高速的控制系统。它具有线路空闲检测、危及行车安全因素检测、间隔控制和速度控制功能。速度控制即保证列车不管在什么状态下都不能超过规定的限制速度,在实际运行中,列车的速度受到若干因素的限制,如受线路状态(结构、曲线和坡度)、道岔曲线、列车前方障碍物以及机车车辆的构造速度所限制。其次是间隔控制,列控系统必须保证列车间始终保持一个安全间距,保证后续列车不会与前行列车相撞,同时又必须尽量使该间距缩短,以便增加列车的密度,从而保证运输效率。随着列车运行速度的提高,列车运行控制系统在轨道交通中的重要性越显突出。

本书由辽宁铁道职业技术学院张丽主编,由沈阳铁路局电务处高级工程师高德新和中铁第四勘察设计院集团有限公司高级工程师张琛主审。各章节编写分工为：辽宁铁道职业技术学院徐纯山编写了第一章、第二章、第六章中第五节；张丽编写了第五章、第六章中第一节至第四节、第六节；辽宁铁道职业技术学院杨克俭编写了第三章、第四章以及第一章至第六章思考题；辽宁铁道职业技术学院宗盼绘制了书中插图。

在本书编写的过程中作者参阅和借鉴了诸多资料，在此对原著作者一并表示感谢。也对提供列控资料、列控设备使用说明、列控设备的日常维护标准和故障处理方法的铁路行业同仁的大力支持，在此表示感谢。

由于编者水平有限，而列控系统技术和列控设备的飞速发展和不断更新，无法对各种设备进行一一说明，书中难免有疏漏之处，恳请广大读者批评指正。

编　者

2013 年 10 月

目 录

项目一　JT1-CZ2000 型机车信号设备维护 1
　　任务　JT1-CZ2000 型主体化机车信号维护 2
　　　【思考与练习】 26

项目二　LKJ2000 型监控装置维护 28
　　任务　LKJ2000 监控装置维护 28
　　　【思考与练习】 52

项目三　CTCS-2 级列控设备维护 54
　　任务 1　CTCS-2 系统认知 55
　　　【思考与练习】 89
　　任务 2　CTCS-2 列控中心设备维护 90
　　　【思考与练习】 105
　　任务 3　应答器设备维护 105
　　　【思考与练习】 129
　　任务 4　LEU 设备维护 129
　　　【思考与练习】 148
　　任务 5　200C 型车载设备维护 149
　　　【思考与练习】 179

项目四　CTCS-3 级列控设备维护 180
　　任务 1　CTCS-3 系统认知 180
　　　【思考与练习】 195
　　任务 2　RBC 设备维护 196
　　　【思考与练习】 212
　　任务 3　GSM-R 认知 213
　　　【思考与练习】 225
　　任务 4　TSRS 设备维护 226
　　　【思考与练习】 244
　　任务 5　CRH3/CRH380 设备维护 245
　　　【思考与练习】 262

附录　常用名词术语 263

参考文献 267

项目一　JT1-CZ2000 型机车信号设备维护

机车信号设备是保障铁路行车安全，提高列车运行效率的重要设备之一。自 20 世纪 80 年代起机车信号在我国铁路迅速普及，对行车安全起到了显著作用。目前，随着机车信号可靠性的不断提高，机车信号已从辅助信号转为主体信号。在准高速铁路上，列车运行速度在 160 km/h 以上，这是司机能确认地面信号机显示的临界速度，故虽然在其正方向仍设地面信号机，但在正常情况下以机车信号为主。当列车运行速度超过 200 km/h 时，司机确认地面信号已不可能，只能凭机车信号显示行车。

JT1-CZ2000 型机车信号系统由地面设备和车载设备两部分构成。地面设备主要包括区间轨道电路和站内轨道电路电码化。JT1-CZ2000 型机车信号系统地面设备采用 ZPW-2000 系列轨道电路。当地面设备能保证连续可靠地向列车提供机车信号信息时，JT1-CZ2000 型机车信号可作为行车凭证。车载设备包括主机（含记录器）、接收线圈、机车信号机、电源系统等。JT1-CZ2000 型机车信号车载系统设备为"二乘二取二"安全计算机结构，采用频域处理和时域处理相结合方式对信号进行译码。系统采用主机双套、电源双套、接收线圈双路等冗余技术和动态控制安全点灯电源等故障——安全措施，提高了工作的安全性和可靠性。同时 JT1-CZ2000 型机车信号还具有数据记录功能，其记录接收的信号波形及有关数据为故障查找、故障分析及维护管理创造了良好的条件。本项目以 JT1-CZ2000 型机车信号设备为载体，学习 JT1-CZ2000 型机车信号设备的基本结构、工作原理、信息流程、日常维护、典型故障处理，训练学生具备 JT1-CZ2000 型机车信号设备的日常操作与维护、故障分析与处理的能力。

【案例分析】

1. 事故概况

2001 年 1 月 30 日，原平电务段管内 DF_4 型 6176 机车牵引 K602 次旅客列车担当特运任务时，在唐林岗站内因机车信号掉码，将速度为 78 km/h 的列车紧急制动，最终定责原平电务段 B 类故障。

2. 事故分析

由于机车运行过程中，机车信号与 LKJ 连接电缆 L20 连接松动，造成机车信号 L 码不能正常输出给 LKJ，LKJ 按停车模式控车，如果连续两个闭塞分区都是白灯后，LKJ 按照控制模式将触发紧急制动。要求机车信号出库时必须检查机车信号主机后配线是否有松动，通过库内检查视频回放发现机车信号 X22 插头松动而未能及时紧固，因而造成故障发生。

任务　JT1-CZ2000型主体化机车信号维护

【技能目标】

1. 能按照铁路现场作业标准对JT1-CZ2000型一体化机车信号车载设备进行安装、维护与故障处理。
2. 能独立学习和工作，具有良好的职业素养和团队合作意识。

【知识目标】

1. 掌握JT1-CZ2000型一体化机车信号车载系统设备的基本构成和工作原理。
2. 熟悉铁路电务车载车间检修作业程序及相关规范标准。

✶✶✶✶✶✶【相关知识】✶✶✶✶✶✶

一、车载系统设备功能

（1）接收钢轨线路（或环线）中传输的机车信号信息，给出作为行车凭证的机车信号显示。
（2）为列车运行监控记录装置提供机车信号信息。
（3）在移频（载频550～850 Hz）、交流计数区段，具有降为通用机车信号功能。
（4）具有数据记录功能。

二、主要技术条件

（1）设备由机车蓄电池供电，标称电压110 V，电源波动范围77～138 V。当机车蓄电池供电额定电压为非110 V时，用户应在订货时向制造商提出要求，机车信号主机应明确表明适用的供电电压。
（2）设备采用"二乘二取二"的容错安全结构，保证系统的故障——安全性。采用主机双套热备、双套电源、双路接收线圈接收等冗余技术和LED机车信号机，提高了系统的可靠性。
（3）设备应能接收的各种制式轨道电路的信息制式。
（4）机车信号灵敏度：机车信号灵敏度指机车信号设备工作（稳定译码）时的最小的钢轨短路电流值。

接收ZPW-2000系列信息时，钢轨最小短路电流及机车信号灵敏度如表1.1.1所示。

表1.1.1　ZPW-2000（UM系列）接收灵敏度

载频/Hz	1 700	2 000	2 300	2 600
钢轨最小短路电流/mA	500	500	500	450
机车信号灵敏度（钢轨短路电流值）/mA	310±31	275±28	255±26	235±24
主机电压值/mV	100±10	100±10	100±10	100±10

（5）信号应变时间。

机车信号应变时间指机车信号设备从钢轨线路接收到新信息开始到给出相应机车信号显示所需要的时间。

接收 ZPW-2000（UM）系列轨道电路信息时，机车信号显示应变时间见表 1.1.2。

表 1.1.2 ZPW-2000（UM 系列）信号显示应变时间

低频信息/Hz	10.3	11.4	12.5	13.6	14.7	15.8	16.9	18.0	19.1
应变时间/s	2.0	2.0	1.9	1.7	1.6	1.5	1.4	1.3	1.2
低频信息/Hz	20.2	21.3	22.4	23.5	24.6	26.8	29	有信息到无信息	
应变时间/s	1.2	1.2	1.0	1.0	1.0	0.9	0.8	4	

（6）抗电化干扰。

在钢轨回流为 1 000 A，不平衡系数为 10%电气化区段，设备应能正常译码。

（7）载频切换与锁闭。

在 ZPW-2000 系列区段，根据地面传递的载频切换信息可实现接收载频的自动切换和锁闭。载频切换与锁闭信息码使用如表 1.1.3 所示。

表 1.1.3 载频切换与锁闭

标号	载频及低频	功 能
D1	1700-1，25.7 Hz	设备锁定接收 1 700 Hz
D2	2000-1，25.7 Hz	设备锁定接收 2 000 Hz
D3	2300-1，25.7 Hz	设备锁定接收 2300 Hz
D4	2600-1，25.7 Hz	设备锁定接收 2600 Hz
S1	1700-2，25.7 Hz	设备切换到接收 1 700/2 300 Hz
S2	2000-2，25.7 Hz	设备切换到接收 2 000/2 600 Hz
S3	2300-2，25.7 Hz	设备切换到接收 1 700/2 300 Hz
S4	2600-2，25.7 Hz	设备切换到接收 2 000/2 600 Hz

设备若没有收到载频信息码，可通过载频选择（上/下行）开关进行信息接收。

（8）系统应符合《CTCS 技术规范总则（暂行）》的要求。设备应具有数据记录功能，可为列车运行监控记录装置提供机车信号信息。

（9）车载设备应具有良好的可测试性。可通过便携式测试设备，实现在车上对系统的功能测试。

三、JT1-CZ2000 机车信号车载系统设备主要特点

（1）规范并统一了主机、机车信号机的机械接口、电气接口，更好地实现设备互通、互换；

（2）采用满足 GJB2889-1997"XC 系列高可靠小圆形线簧孔卡口电连接器"电连接器，使用冷压接工艺；

(3) 主机机箱、机车信号机配线采用 WAGO 端子配线工艺；
(4) 全新双路接收线圈；
(5) 完善的系统测试功能；
(6) 带 U 盘转储功能的记录器；
(7) 可支持远程监测功能。

四、JT1-CZ2000 型机车信号系统车载设备工作原理

JT1-CZ2000 型机车信号车载系统设备（以下简称"设备"）由以下几部分构成：机车信号主机（以下简称"主机"）、机车信号记录器（位于机车信号主机箱中，以下简称"记录器"），机车信号机、双路接收线圈、机车信号远程监测装置（选配，以下简称"DTU"）等。图 1.1.1 为车载系统设备双端安装构成框图，实线部分为本设备的部件。单端安装时，II 端接收线圈和信号机不用安装，I/II 端信号可直接将 I 端信号线接+110 V，使设备保持为 I 端工作。

JT1-CZ2000 机车信号系统车载设备，通过对安装在机车第一轮对前面的收线圈，接收钢轨信号，进行处理、解调、译码得到机车信号信息，把信息输出到机车信号机上，指导司机行车，同时把机车信号信息输出到监控装置作为控车基本条件。机车信号记录板可对机车信号运行状态及地面信息进行记录，并可通过地面处理系统对机车信号运行过程中采集的有关动态信息进行读取分析。

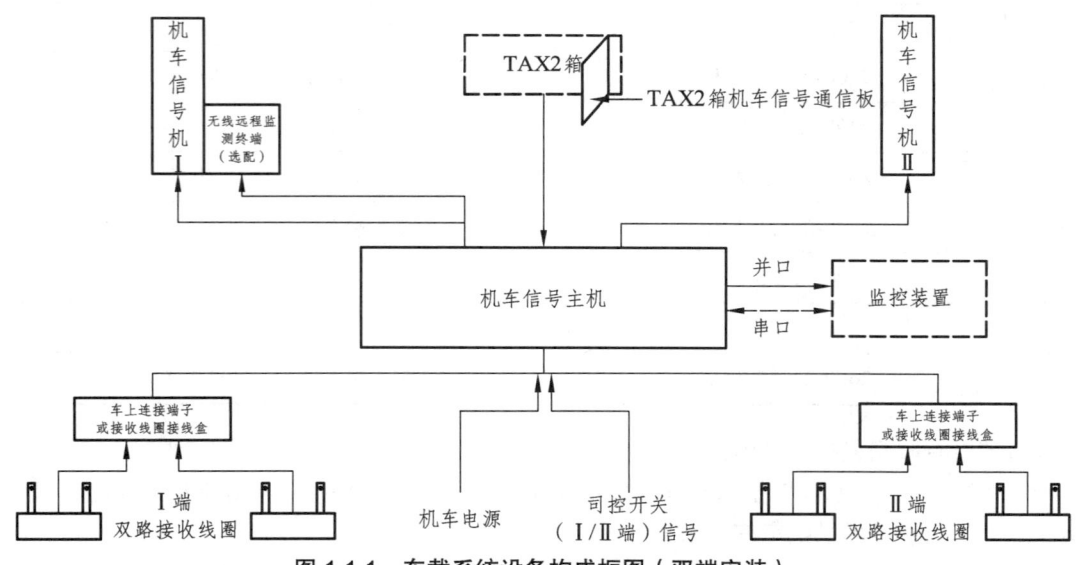

图 1.1.1　车载系统设备构成框图（双端安装）

（一）机车信号主机

1. 机车信号主机箱构成

主机尺寸统一为（单位：mm）：（长×宽×高）(335±1) × (283±1) × (221±1)；质量约为 10 kg。

JT1-CZ2000 型机车信号主机箱采用合体式六槽机箱结构。主机箱从左向右设有记录板、主

机 A 板、主机 B 板、连接板及电源 1 板和电源 2 板。面板宽度依次是：10R、6R、6R、10R、10R、8R。主机电路板采用标准 4U 高度设计。主机箱前面板示意图见图 1.1.2。

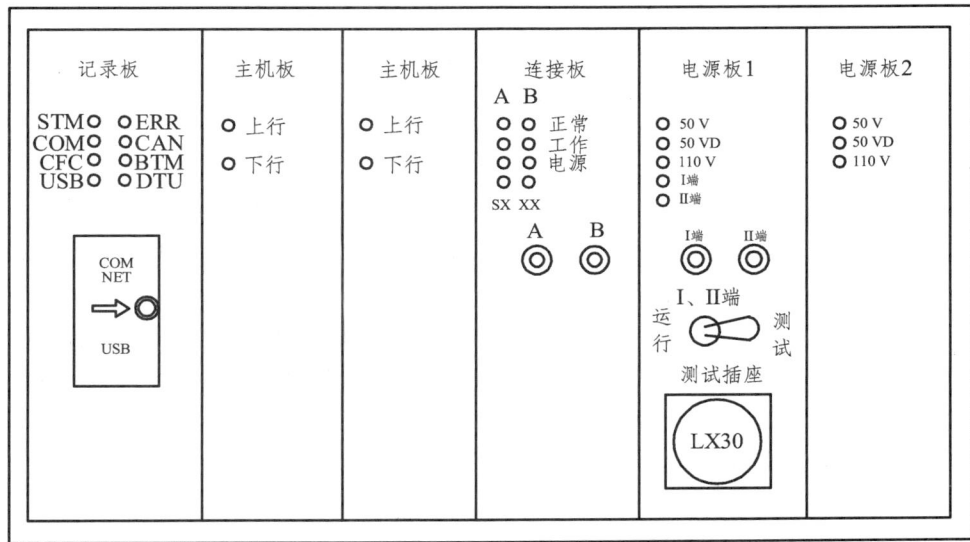

图 1.1.2　主机箱前面板示意图

（1）主机板。

主机 A 板和主机 B 板结构相同，构成双套电路。正常工作时，两板一块处于工作状态，另一块处于热备状态。板面上设有上行和下行指示灯。机车上行方向运行接收上行载频频对时，上行表示灯亮灯。机车下行方向运行接收下行载频频对时，下行表示灯亮灯。测试时也可扳动设于机车信号机机构下部的上下行开关，根据其位置接通主机板上的上行表示灯或下行表示灯。

（2）电源板。

两块电源板电路基本相同，构成双套电源供电。其中电源板 2 内部还设有一个 12 V 电源模块专用于为采用无线通信的机车信号远程检测与诊断系统 DTU 的终端盒供电。

电源板的输入电压为 110 V，输出双路直流 50 V。一路 50 V 供给机车信号主机，另一路 50 V 供动态控制安全点灯电源。由于机车上环境差，振动大，干扰强，电压波动范围较大。针对这一情况，新型电源板进行了较大改进。采用了高可靠的电子器件，保证输入端与输出端的完全隔离。同时增加了过流、过压保护措施，提高了输出功率的富余量。

电源板 1 和电源板 2 均设有 50 V、50 VD 和 110 V 指示灯。主机工作电源正常供电时，50 V 灯亮。动态控制点灯电源正常供电时，50 VD 灯亮。110 V 机车电源正常时，110 V 灯亮。在电源板 1 板面上还设有Ⅰ端和Ⅱ端按钮及Ⅰ端、Ⅱ端表示灯。通过Ⅰ端或Ⅱ端按钮按压可完成机车Ⅰ端和Ⅱ端接收线圈的切换。同时为方便使用与维护，在电源板 1 上还设有供测试用的航空插座和测试开关。

（3）连接板。

连接板主要实现电源的分配，主机 A 和主机 B 的自动或人工切换及对主机、电源及上下行工作状态的监督等。

连接板上设有监督主机 A 和主机 B 的正常表示灯、工作表示灯、电源表示灯、上下行输入表示灯和 A 机 B 机切换按钮。

主机 A 和主机 B 均工作正常时，两个正常表示灯均亮灯。主机 A 处于工作状态，主机 B 处于热备状态时，主机 A 工作表示灯亮，主机 B 工作表示灯灭。反之，主机 B 工作，主机 A 热备时，B 工作灯亮，A 工作灯灭。主机 A 和主机 B 供电均正常时，两个电源表示灯均点亮。

正常工作接通电源后，主机 A 和主机 B 那个处于工作状态，那个处于热备状态是随机的。也可通过设于连接板上的 A 机、B 机按钮人工切换 A、B 机的在线状态。

（4）记录板。

记录板上插有能实时记录机车运行过程中各种动态信息的大容量的 CF 卡和用于完成信息转录的 USB 插口。通过大容量 CF 卡作为记录介质的记录器能真实地反映机车信号动态运行中的各种状态变化，对机车信号相关信息进行全面的实时记录。

记录板通过记录器应能记录以下信息：接收线圈接收的机车信号信息波形；机车信号输出信息；机车电源工作电压状态；机车信号主机工作状态；机车载频切换位置，机车运行方向；来自 TAX2 箱通信接口的时刻、线路公里标、车站编号、信号机编号等定位信息。

记录板上还设有：STM、COM、CFC、USB、ERR、DTU 和 CAN、BTM 8 个红色表示灯。其中：

① STM——主机板状态指示灯。

主机板工作正常时，显示 2 s 一个同期的闪光信号（慢闪）。主机板故障，显示 1 s 一个周期的闪光信号（快闪）。

② COM——主机、TAX2 串口状态指示灯。

平时每 0.5 s 一个周期闪光，表示主机和 TAX2 箱信息都正常。1 s 周期闪光（亮 0.125 s，灭 0.875 s）表示主机串口正常，无 TAX2 信息。1 s 周期闪光（亮 0.875 s，灭 0.125 s）表示 TAX2 信息正常，无主机串口信息。

TAX2 箱向机车信号记录器传送由列车运行监控记录装置输出的线路公里标、速度、时刻、信号机类型和编号、机车号、车站号、司机号等信息。

③ CFC——CF 卡状态指示灯。

每 0.05 s 一个周期快速闪烁，表示正在操作，读/写 CF 卡。每 2 s 亮 25 ms，表示没有操作。常亮表示 CF 卡有故障或无卡。

④ USB——U 盘状态指示灯。

每 0.05 s 一个周期快速闪烁，表示正在向 U 盘转储数据。每 2 s 亮 25 ms，表示没有操作。常亮表示转储失败。

⑤ ERR——异常指示灯。

设备正常灭灯。指示灯闪光，表示操作故障或系统时钟源故障。

⑥ DTU——远程监测指示灯。

用于采用远程监测的区段，工作时闪光。

⑦ BTM——应答器接收灯。

暂未用，平时灭灯。

⑧ CAN——总线（预留）表示灯。

暂未用，平时灭灯。

（5）主机箱背部共有 8 个连接器、1 个开关和 1 处接地端子。其位置示意见图 1.1.3。

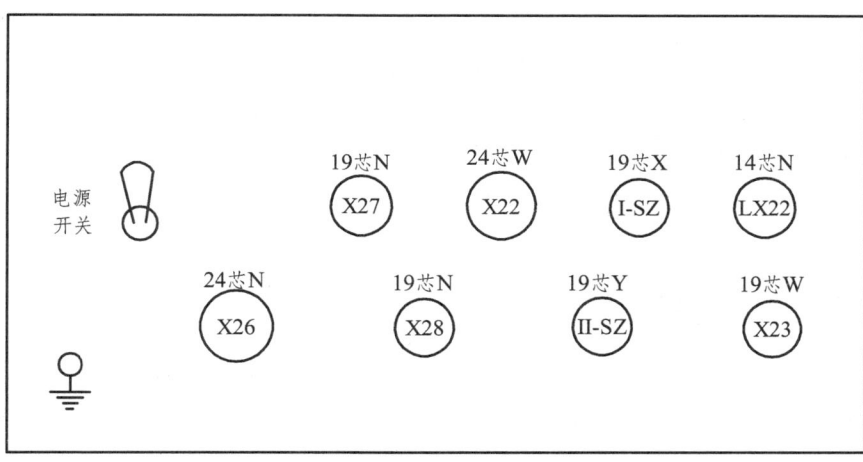

图 1.1.3　主机箱背面插座示意图

主机箱共使用 8 个航空插座与外部相连。其中 X27 和 X28 为 19 芯，分别与机车信号机点灯电路相连。X22 为 24 芯，与监控装置相连。Ⅰ-SZ 和 Ⅱ-SZ 为 19 芯，分别与机车信号机模式开关、上下行开关等相连。X26 为 24 芯，与接收线圈、110 V 电源等相连。X23 为 19 芯，与主机串口等相连。

2. 主机主要功能与硬件原理

JT1-CZ2000 型机车信号主机的主要功能是处理、解调和译制轨面上传送的机车信号信息，根据译码结果控制机车信号点灯。同时将译码结果输出给列车运行监控记录装置或列车超速防护设备作为控车的基本条件。JT1-CZ2000 型机车信号主机还可通过具有 USB 输出的记录器对机车信号的运行状态、地面信息及监控装置 TAX2 箱输出的列车定位等信息进行实时记录。同时主机还配有远程监测功能接口，可通过无线通信向地面处理系统实时传送车载机车信号信息及部分列车运行信息，实现对机车信号的动态监测和故障诊断。

JT1-CZ2000 型机车信号车载系统设备主机采用双套热备方式工作。主机内由两块信号解码板、两块输出控制板共同组成双套热备系统。图 1.1.4 为主机工作原理图。

双接收线圈将感应到的轨面信号传输到主机信号解码板进行处理。每块信号解码板由两套独立的解码电路组成，每套解码电路各自输出一路解码信号传输到输出控制板，输出控制板采用 "2 乘 2 取二" 方式进行输出控制，同时对输出控制信号反馈检测，检测一致时允许输出，检测不一致时，关闭输出。

输出控制板将对应的信号解码板输出的两路解码信号作为主信号，另一块信号解码板输出的两路解码信号作为辅助信号。如图 1.1.5 所示，正常情况下，只启用主信号，主控 CPU 关闭辅助信号。当主信号故障（即对应的信号解码板故障）时，关闭主信号，启用辅助信号。

信息记录板通过对系统输入输出状态和系统运行状态的检测，记录相应的开关量、数字量和模拟量。信息记录板除单纯的记录功能外，还具备一定的分析功能，对系统超标的开关量、数字量和模拟量进行详细的记录处理，为系统的维护提供方便。

系统设备有两路 CAN 总线和两路 RS485 总线接口，可与机车监控设备等进行大容量的信息交换。CAN 总线和 RS485 总线具体的通讯方式需要根据外接设备的要求而定。

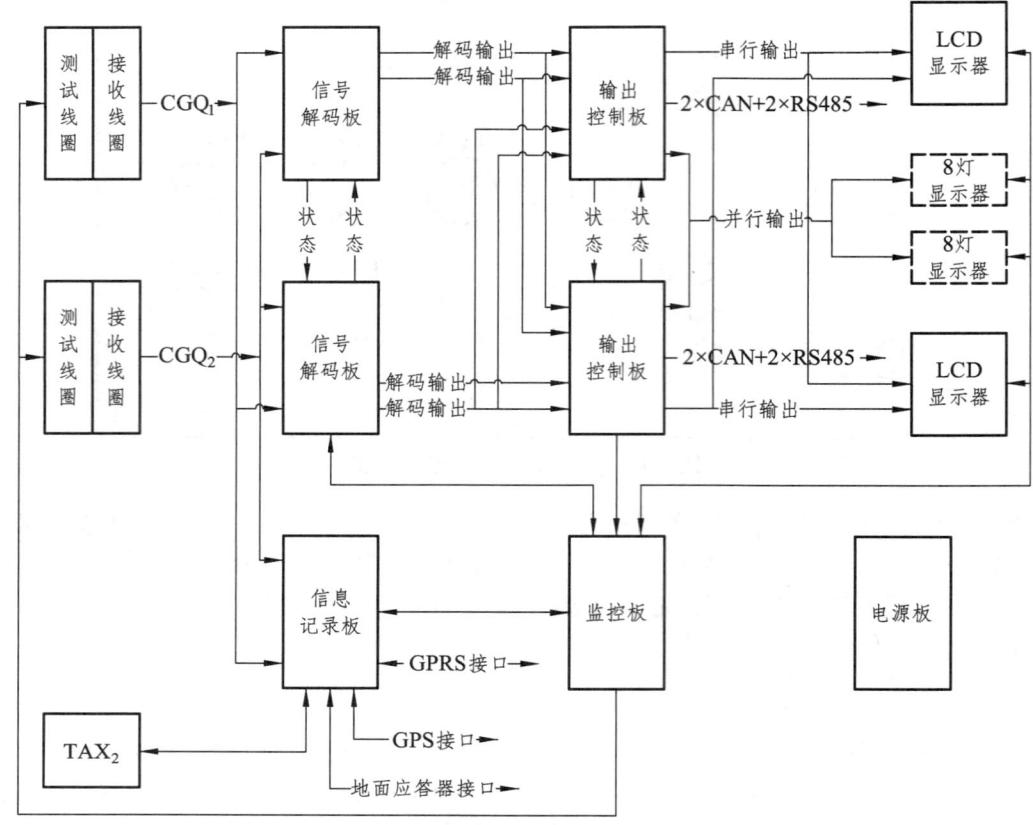

图 1.1.4 主机工作原理框图

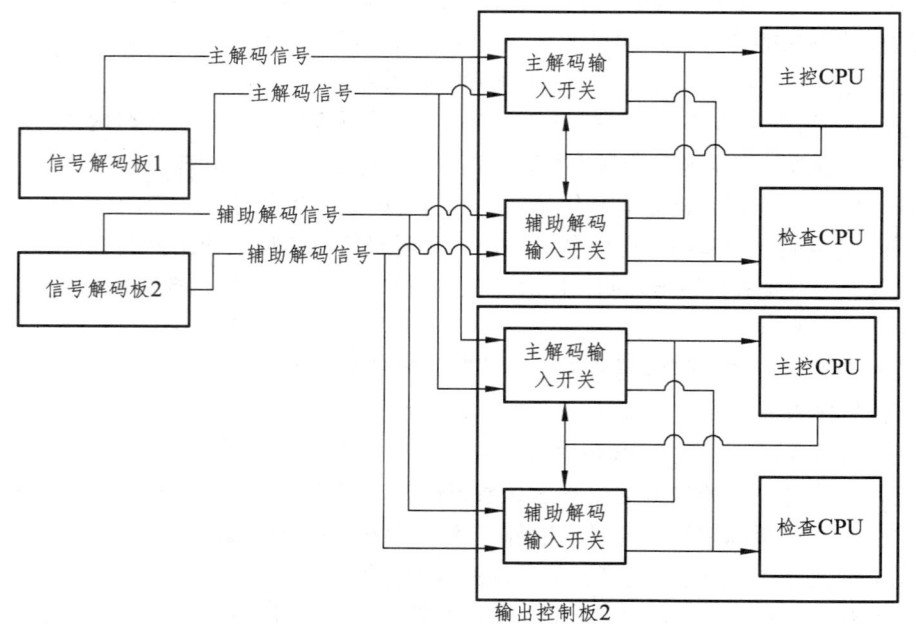

图 1.1.5 输出控制板解码信号选择原理框图

3. 机车信号记录器

JT1-CZ2000 型机车信号主机包含有机车信号记录器，这也是它和 JT1-A/B 通用机车信号的主要区别。

机车信号记录器以独立插件形式插接在机车信号主机箱内。记录器以大容量 CF 卡作为记录介质进行记录。CF 卡的配套应在 256 MB～2 GB 间。使用中 CF 卡的标准配置为 512 MB。电路设计时保证，记录器故障后不影响机车信号系统的正常工作。

（1）功能。

机车信号记录器的主要功能是完成机车信号运行过程中动态信息的数据采集和存储，实时反映机车信号动态运动中的状态变化，对机车信号相关信息进行全面记录。记录器记录的信息通过 U 盘转储后经地面数据处理系统进行再现，为机车信号地面系统和车载系统的工作状态分析和故障查找提供重要依据。

机车信号记录器系统由车载部分和地面数据处理两部分构成。

车载部分的主要功能是对机车信号运行过程中的有关动态信息进行采集，并应用大容量 CF 卡作为记录介质进行记录。

地面数据处理部分的主要功能是将车载记录器的 CF 卡内信息通过具有 USB 接口的 CF 卡读卡器或 U 盘进行读取、转换、显示、回放和分析，以文本及图形方式展示界面，并提供自动统计、分析、列表、打印输出等功能。

（2）车载部分设备构成。

记录器车载部分构成见图 1.1.6。

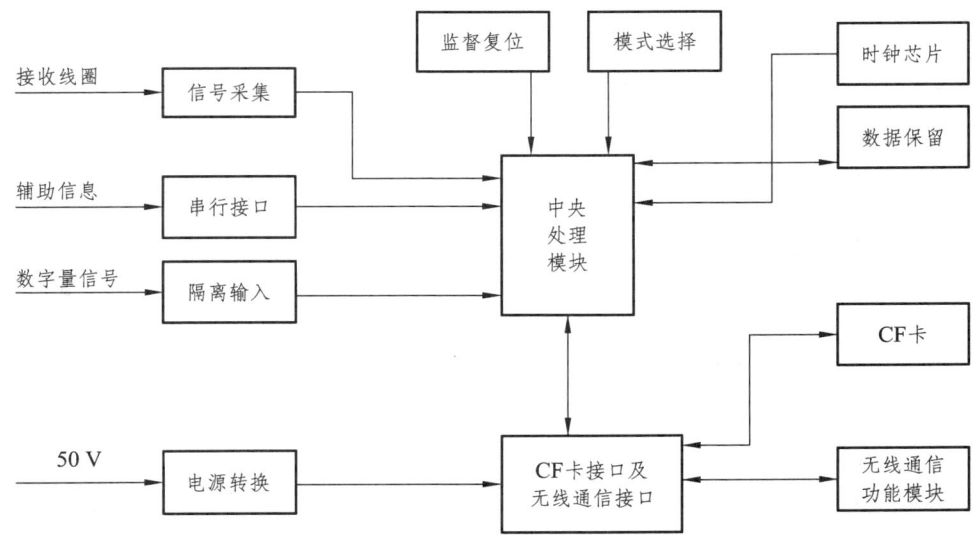

图 1.1.6　记录器车载部分设备构成框图

① 中央处理模块。

由中央处理器、数据存储器、温度传感器及总线驱动器构成。中央处理器模块贴装温度传感器以间接得到机车信号主机的运行环境温度。

② 信号采集。

由光电隔离输入接口和 A/D 转换电路组成，用于接收线圈波形的采集和模/数转换。

③ 隔离输入。

采用高阻光电隔离电路完成对开关量的采集。

④ 串行接口。

串行接口用来接收来自监控装置 TAX2 箱提供的列车运行信息，如车次、机车号、车站编号、信号机编号、速度、线路公里标等定位信息和预留的 CAN 总线信息。

⑤ 时钟芯片。

采用 DS17487 芯片，为记录数据提供时间信息。

⑥ 数据保存。

为保存记录板断电和上电时间、故障代码、记录器非法操作等关键数据而设。采用容量为 32K 非易失性铁电存储芯片构成。该芯片失电过程中数据可自动保护，失电后数据能长期保存。

⑦ USB 口/网口。

通过 USB 口可向 U 盘转储 CF 卡的数据。网口暂预留。

⑧ CF 卡接口。

用可编程逻辑器件实现的 CPU 与 CF 卡间的接口。

⑨ CF 卡。

做记录器的存储介质，方便地面处理系统对记录数据的读取。平时需取得基本状态数据时，可通过 USB 接口将数据转存至 U 盘。要获取所有信息数据时应拔下 CF 卡送至地面处理系统。

⑩ 模式选择。

根据用户实际需要，通过调整电路板上的设置端子，实现对不同功能的设置以满足不同区段的使用。

a. 监督复位。

记录器设置监督复位电路，以保证当系统运行异常，如死机和电源电压过低时的系统复位。当死机时间超过 200 ms 或电源转换系统输出的 5 V、3.3 V、1.9 V 电压过低时监督复位电路对系统产生复位信号。

b. 电源转换。

电源转换输入 50 V，输出 5 V 做主机板主电源。为降低主机板 CPU 功耗，电源转换电路还输出 3.3 V 和 1.9 V 供主机板 CPU 工作。

（3）文件记录。

记录器记录在 CF 卡中的文件可分为四种。一种是记录开关量信号的文件，又称为状态文件。另一种是记录接收线圈信号的文件，又称为波形文件。除此之外还有索引文件和实时信息文件。

状态文件分配空间固定为 16 MB，与选用的 CF 卡容量无关，可保证 3 天的记录容量，记满后循环刷新。

波形文件的容量与 CF 卡容量有关。以标准配置 512 MB 的 CF 卡为例，波形记录的总时间为 8 h，适合应用在专门记录掉白灯（掉码，点白灯）时的波形模式，可记录 1 800 次掉白灯时触发的波形记录。当需要做全程信号的分析与评估时，可选用 1 GB 容量的 CF 卡，可连续记录约 17 h 波形文件。

记录器记录的状态文件信息包括：

机车信号条件输入信息——上下行开关输入，Ⅰ、Ⅱ端条件输入、机车运行方向等。

机车信号输出信息——灯位显示、速度等级、信号制式、过绝缘节及主机内双套工作正常表示及工作状态等。

主机译码信息——信号载频、信号低频、信号幅度、应答器信息等。

运用环境信息——主机内温度、机车 110 V 电源电压。

辅助信息——记录器内时间、来自 TAX2 箱的线路公里标、限速值、速度值、信号机类型及编号、司机号、机车号及车次等。

记录器记录的波形文件为接收线圈接收的各区段的轨面信号波形。信号波形采用无压缩存储，为后期的信号分析、事故原因查找提供了真实可信的数据。

（4）地面数据处理部分。

记录器地面数据处理部分是记录器系统的另一个重要组成部分。它由硬件和软件两部分构成。地面数据处理系统见图 1.1.7 所示。

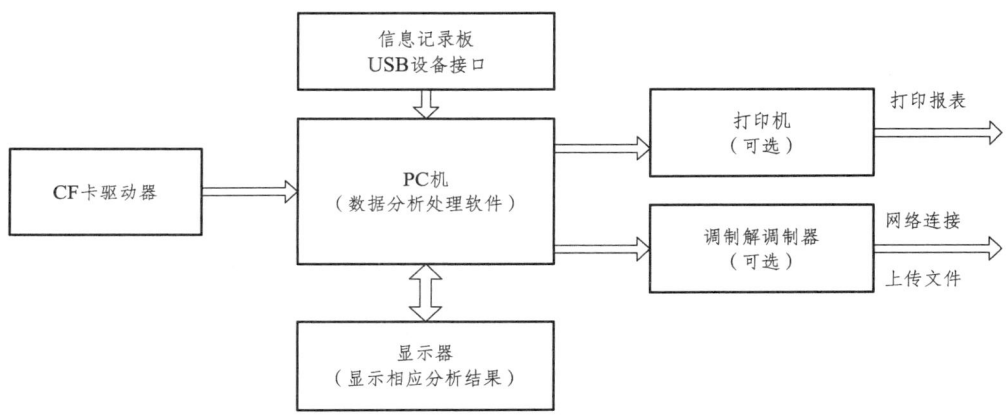

图 1.1.7　记录器数据地面分析处理系统框图

地面数据处理系统硬件主要包括 PC 机、CF 卡及 CF 卡驱动器、U 盘、打印机和调制解调器等。其中打印机和调制解调器为可选设备，机车信号车间可根据自己的实际需要进行选配。

CF 卡从机车主机上取出后，首先插入 CF 卡驱动器。在 PC 卡机相应的数据分析处理软件控制下，将 CF 卡的记录数据分别以状态文件和波形文件等形式转存到计算机中。对于通常的测试，只需通过主机箱上的 USB 口将 CF 卡内容转储到 U 盘上，再将 U 盘插入到计算机中。文件转存到计算机后需使用数据分析处理软件对相应文件进行分析处理。分析过程中，用户可直接通过显示器与 PC 机进行信息交互，操作分析过程，得出分析结果。根据需要，各种分析结果可通过打印机进行打印输出。

机车信号记录器数据分析处理软件主要包括 4 部分功能：文件管理与数据转换、状态文件分析、波形文件显示和波形频谱分析。

文件管理与数据转换包括：转存 CF 卡数据，并形成相应的状态文件和波形文件；按指定字段条件排序当前状态文件列表；打印当前列表文件；删除指定文件或指定文件夹；文件的网络上传（需要网络支持）；刷新当前屏幕显示；系统设置。

状态文件分析包括：状态文件记录的图表显示；状态文件记录/事件操作；状态文件记录/事件的定位与多条件查询；查找/显示/播放状态文件记录中指定的波形文件；状态文件记录/事件的异常情况统计；状态信息记录/事件的列表打印。

波形文件分析包括：波形显示模式（线模式、点模式和点线模式）；波形图像的保存、复制、打印预览与打印；波形图像的显示操作（放大、缩小和还原）；波形有效值计算；波形信号回放；波形信号工频干扰滤除。

波形频谱分析包括：波形频谱图像的显示模式（线模式、点模式和点线模式）；波形频谱图像和保存、复制、打印预览和打印；波形频谱数据报表的显示、保存和打印；波形频谱的显示操作（放大、缩小和还原）；计算频谱峰值点频率；计算频谱峰值差频频率；计算波形的快速傅立叶变换。

为及时发现和解决机车信号车载和地面设备存在的问题，保证机车信号和列车监控记录装置LKJ的正常工作，电务段在机务段所在地设置车载车间。车载车间各工区应密切配合，做好设备的检测、检修、整治和养护。同时，对机车信号记录文件及 LKJ 运行记录文件进行分析、存档。为准确分析和解决机车信号异常问题，机车信号车载车间应通过地面数据处理系统对 CF 卡内容进取读取、转换、显示、回放，对发现的问题及时反馈、跟踪和处理。

（二）双路接收线圈

接收线圈又称传感器，是机车信号车载设备的接收器件。

接收线圈利用电磁耦合原理保持地面信号设备与车载设备间的信息联系。当地面轨道电路电流在钢轨中流通时，围绕钢轨产生交变磁通。磁通穿过接收线圈铁芯，使绕在铁芯上的线圈感应出电动势，即产生与轨面电流相同的信号电流。感应出的信号电流经机车信号主机放大译码后动作机车信号车载设备。

JT1-CZ2000 型机车信号采用 JT1·JS-Ⅱ型双路接收线圈。当一路线圈、线圈电缆、插接件等故障时，另一路接收线圈仍可维持系统正常工作，从而提高了系统的可靠性。

双路接收线圈内部设计为双路，即每个接收线圈盒内设有两个独立的接收线圈。每路接收线圈与另一线圈盒内对应串联后对应主机中的一块电路板。接收线圈中一路存在故障时，主机通过自动切换控制电路，把对应正常接收线圈的主机转为工作机。

双路接收线圈可实现车载系统的闭环自动测试。测试时，一路作为测试线圈发送信号，另一路可接收信号，并控制与接收线圈相连的主机译码接收，从而实现对车载系统的闭环测试。

双路接收线圈设于一个白色的塑封盒内。接收线圈盒的尺寸为：长 420 mm、宽 96 mm、高 96 mm。双路接收线圈内部构成如图 1.1.8 所示。

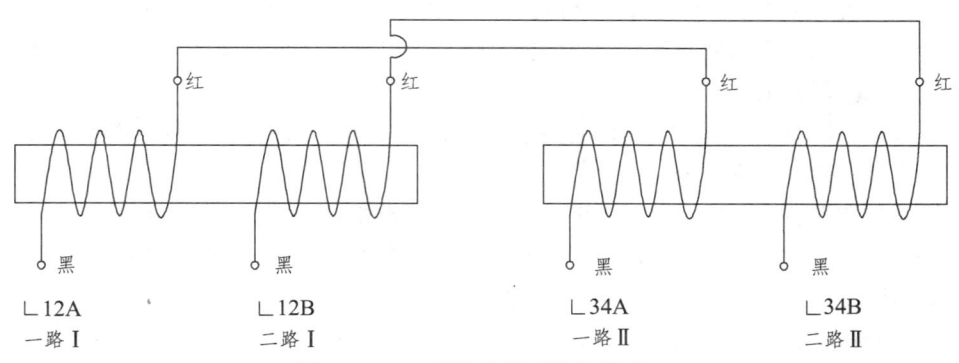

图 1.1.8　双路接收线圈内部构成图

每个接收线圈盒内设有两个接收线圈：1 路线圈和 2 路线圈。每个接收线圈盒共引出 4 条线，2 条黑色和 2 条红色线。

使用中，不同接收线圈盒相同路的红线相连。黑线 L12A 接线圈盒 1 的 1 路，黑线 L12B 接线圈盒 1 的 2 路，黑线 L34A 接线圈盒 2 的 1 路，黑线 L34B 接线圈盒 2 的 2 路。不同线圈盒的不同路的黑线通过电缆与主机相连。其中，L12A 和 L34A 对应主机中的一块电路板，L12B 和 L34B 对应主机中的另一块电路板。

（三）机车信号机

JT1-CZ2000 型机车信号机可选用两种类型。一种为 J·XS-8 型双面八显示机车信号机，另一种为双面点阵式机车信号机。现多采用 J·XS-8 型双面八显示机车信号机。

传统的机车信号机是基于色灯显示信息的。每个显示器中对应 8 个灯泡，通过灯泡前面的有色玻璃片区分灯光。灯泡功率从 5 W 到 8 W 不等。在长期使用中，灯泡显示的不断转换与列车运行中出现的震动都会导致灯泡中的灯丝断丝，影响机车信号的正常工作。特别是新的机车信号定义标准中又出现了闪光显示，电流的不断通断极易造成灯丝断丝。因此，传统的用灯泡产生光源的机车信号机无法满足将作为行车凭证的机车信号机的基本要求。

J·XS-8 型双面八显示机车信号机外形如图 1.1.9 所示。与 JT1-CZ2000 型机车信号配套设计的 J·XS-8 型双面八显示机车信号机采用 LED 作为发光体，克服了传统的机车信号机的缺陷。这种信号机不仅耗电量小，而且使用寿命长，可靠性高。该显示器经过严格的电磁兼容试验，包括 2000 V 浪涌试验均能长时间稳定可靠地工作。

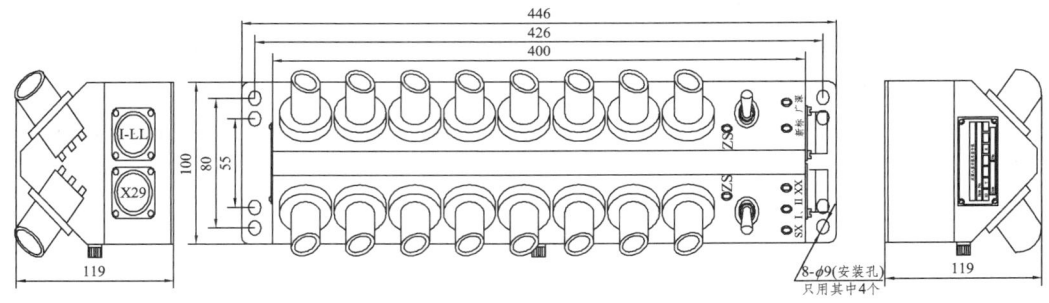

图 1.1.9　J·XS-8 型双面八显示机车信号机外形图

J·XS-8 双面八显示机车信号机与载频切换（上下行）开关和模式选择开关一体化设计。信号机除 8 灯（可构成 11 种）显示外，机构下部还设有操作端显示、上下行显示、制式显示。

J·XS-8 型双面八显示机车信号机供电电压为直流 48 V，功耗为 6 W。机车信号机的颜色显示由上向下分别为：绿色、半绿半黄色、黄色、黄 2 色（黄色带有 2 字）、半黄半红色、双半黄色、红色和白色 8 种。

J·XS-8 型双面八显示机车信号机安装在司机室前挡风玻璃中间便于司机观察。机车信号机安装后，外形尺寸为：宽 100 mm、厚 119 mm、高 466 mm，双面间折角为 60°。

J·XS-8 型双面八显示机车信号机构内设有 3 块电路板：八显控制板 BXKZ、上下行开关板 SXXKG 和模式开关板 MSKG。

八显控制板 BXKZ 连接可构成双面显示的 16 个 LED。

上下行开关板 SXXKG 上设有上下行开关 SXKG、操作端灯 CZD、上行表示灯 SXBS、下行表示灯 XXBS 和制式表示灯 ZS。各表示灯均采用 LED。

模式开关板 MSKG 上设有模式开关 MSKG、新标模式灯 XB 和制式灯 ZS。各表示灯也均为 LED。

在 J·XS-8 型机车信号机机构最下部带有两个航空插座。每个插座为 19 芯。其中 1 个为灯线插座 X29。X29 通过电缆与主机箱后面插座 X27 相连，构成机车信号控制板与机车信号主机的连接。另 1 个插座为模式开关、上下行开关及备用线插座 I-LL。I-LL 通过电缆与主机箱后面插座 I-SZ 相连。实现机车信号与机车信号主机的连接。插座 X29、I-LL 用于机车 I 端信号机，X30、Ⅱ-LL 用于机车 Ⅱ 端信号机。J·XS-8 型双面八显机车信号机插座使用见表 1.1.4。

表 1.1.4　J·XS-8 型双面八显机车信号机插座使用

设　备	编　号	功　能	芯　数	型　号
信号机	X29　X30	灯线	19	XC24F19Z1D1
	I-LL　Ⅱ-LL	模式开关、上下行开关、备用	19	XC24F19Z1D1

五、JT1-CZ2000 型机车信号车载系统设备电气连接及电缆标识

JT1-CZ2000 型机车信号车载系统设备均采用电缆连接器连接，在连接时，须保机车电源和司控开关（I/Ⅱ 端信号）的连接正确性，并注意对号入座。插头顶部有颜色区分，插头和插座有鉴别位，注意对齐，严禁野蛮安装。连接器连接完成后，需要检查插头后面是否松动。

电缆应有专门走线槽，且远离电力电缆。

铺设电缆线时，电缆与固定点捆绑牢固，防止机车在高速运行中，产生剧烈振动对线缆造成疲劳性损坏，以确保线缆的正常使用寿命。

主体化机车信号系统连接如图 1.1.10 所示。

1. 主机连接

JT1-CZ2000 型机车信号主机箱上的航空插座包括与 I 端八显信号机相连的插座 X27、I-SZ，与 Ⅱ 端八显示信号机相连的插座 X28，Ⅱ-SZ 和通过连接端子与双路接收线圈及电源相连的插座 X26，与列车运行监控记录装置相连的插座 X22，与 ATX2 箱相连的插座 LX22 和与列车运行监控记录装置串口相连的插座 X23。J·XS-8 型双面八显机车信号机 I 端插座为 X29 和 I-LL，Ⅱ 端插座为 X30 和 Ⅱ-LL。主机箱上插座 LX30 于测试时使用。

系统连接各航空插座的信号定义见表 1.1.5。

机车信号主机到 I 端八显信号机连接只使用两条电缆。

第一条电缆起于机车信号主机箱插座 X27，终到 I 端八显示信号机插座 X29。电缆为 19 芯，共使用连接线 16 条。线 1 至线 8 分别接通信号机绿灯、绿黄灯、黄灯、黄 2 灯、红黄灯、双黄灯、红灯和白灯。线 9 接 −50 V 地线。线 10、16、17 为速度等级线，分别接 SD1、SD2 和 SD3。线 13 为过绝缘节线 JY。线 18 为信号机故障线 JE。线 19 为屏蔽线接机壳。线 12、14、15 未用。

项目一　JT1-CZ2000型机车信号设备维护

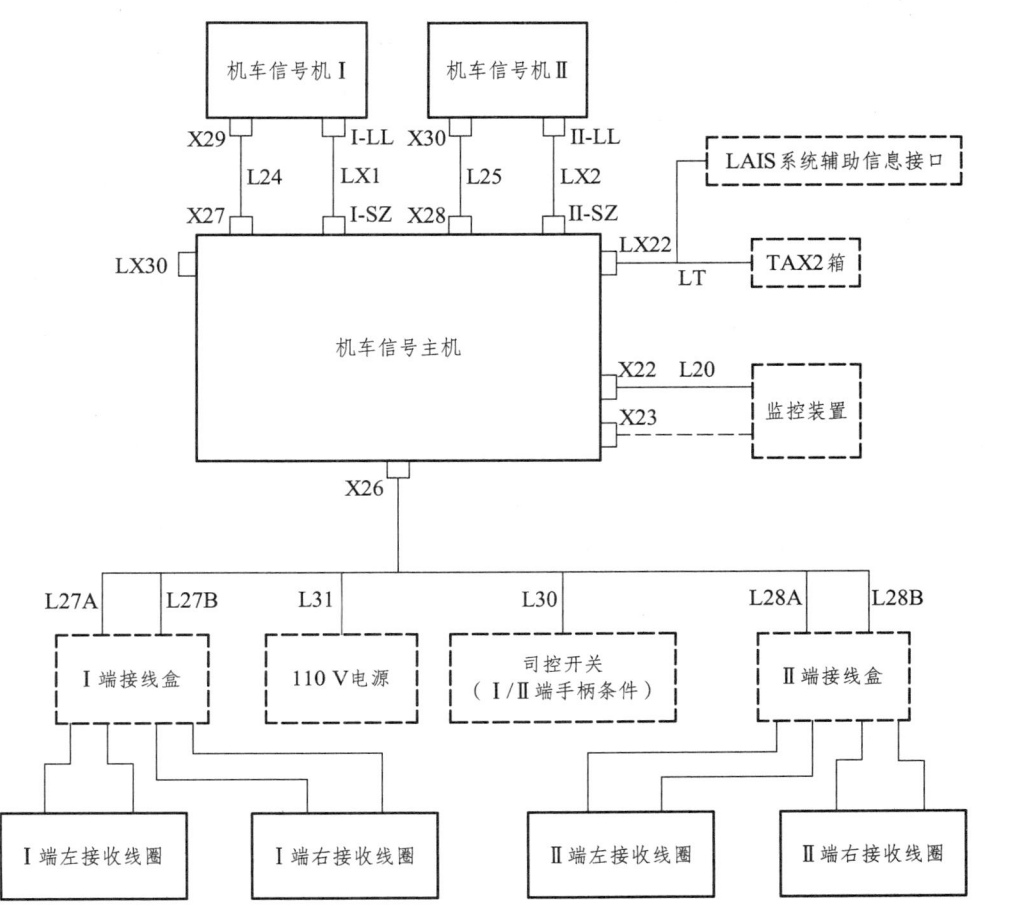

图1.1.10　主体化机车信号系统连接图

表1.1.5　插座列表

设　备	编　号	功　能	芯数	型　号
机车信号主机	X26	机车电源、接收线圈、I/II端选择	24	XC27F24Z1D1
	X27/X28	灯线	19	XC24F19Z1D1
	X22	监控装置	24	XC27F24Z1D1
机车信号主机	X23	主机串口	19	XC24F19Z1D1
	I-SZ	模式开关、上下行、备用	19	XC24F19Z1D1
	II-SZ	模式开关、上下行、备用	19	XC24F19Z1D1
	LX22	TAX箱、测试串口	14	XC22F14Z1D1
	LX30	测试插座	32	Y2MZJ32
机车信号机	X29/X30	灯线	19	XC24F19Z1D1
	I-LL	模式开关、上下行、备用	19	XC24F19Z1D1
	II-LL	模式开关、上下行、备用	19	XC24F19Z1D1
监控装置	X32	监控装置	20	LYP50TK1UQ

第二条电缆起于信号主机箱插座 I-SZ，终到 I 端八显示信号机插座 I-LL。电缆 19 芯，共使用连接线 18 条。其中两个插座的线 1 和线 2 分别连接下行输入线 XX 和上行输入线 SX。线 3 连接 I 端开关盒电源。线 5 和线 6 接通了下行表示线 XXBS 和上行表示线 SXBS。线 8 和线 10 连接 DTU 电源 −12 V 和+12 V。线 7 和线 9 连接 + 50 V 和 − 50 V 电源。线 11 和线 12 为 DTU 串口线。线 13、14、15、16 分别构成制式选择 J、Z、G、F。线 17 和线 18 为串口备用。线 19 接机壳构成屏蔽。线 4 未用。

通过电缆将主机箱上的 X28 插座与机车信号机 X30 插座相连，将主机箱上的 II-SZ 插座与机车信号机 II-LL 插座相连即可实现主机箱与 II 端八显示信号机的连接。主机箱上插座的使用可根据表 1.1.5 查找，电缆连接可根据表 1.1.6 查找，插座信号定义见表 1.1.7。

表 1.1.6　电缆列表

编号	电缆走向	电缆号	A 端	B 端	电缆规格	电缆最大外径	安装最小弯曲半径	额定电压
1	主机到 I 端信号机电缆	L24	X27	X29	15×0.5 mm²	12 mm	48 mm	300 V
2	主机到 I 端信号机电缆	LX1	I-SZ	I-LL	17×0.5 mm²	18 mm	72 mm	300 V
3	主机到 II 端信号机电缆（单端安装时无）	L25	X28	X30	15×0.5 mm²	12 mm	48 mm	300 V
4	主机到 II 端信号机电缆（单端安装时无）	LX2	II-SZ	II-LL	11×0.5 mm²	18 mm	72 mm	300 V
5	主机到监控电缆	L20	X22	X32	19×0.5 mm²	13 mm	52 mm	300 V
6	主机到机车电源和接收线圈电缆（单端安装时无 L28A、L28B、L30）	L30	X26	司控开关 I/II 端控制接点	2×0.5 mm²	5.5 mm	22 mm	300 V
		L31	X26	机车电源	2×0.75 mm²	6 mm	24 mm	300 V
		L27A / L27B	X26	I 端连接端子	2×0.5 mm²×2	5.5 mm	22 mm	300 V
		L28A / L28B	X26	II 端连接端子	2×0.5 mm²×2	5.5 mm	22 mm	300 V
7	主机到 TAX 箱电缆	LT	LX22	TAX 箱	2×0.5 mm²	5.5 mm	22 mm	300 V

2. 接收线圈连接

机车两端内部设接收线圈专用车上连接端子，用来将机车两端车下穿引上来的两个双路接收线圈的引接电缆与机车信号主机电缆对接。图 1.1.11（a）为接收线圈电缆到车上连接端子的连接图，图 1.1.11（b）（c）为 I 端、II 端车上连接端子局部连接示意图。

表 1.1.7 插座信号定义

信号代码	信号说明	对主机关系	机车信号主机									机车信号机	
			X26	X27/X28	X22	X23	I-SZ	II-SZ	LX22	LX30	X29/X30	I-LL	II-LL
L	绿灯	出		1	1					1	1		
LU	绿黄灯	出		2	2					2	2		
U	黄灯	出		3	3					3	3		
U2	黄2	出		4	4					4	4		
HU	红黄	出		5	5					5	5		
UU	双黄	出		6	6					6	6		
H	红灯	出		7	7					7	7		
B	白灯	出		8	8					8	8		
−50V	50V地线	出		9	13		9	9		9	9	9	9
SD1	速度等级1	出		10	9					10	10		
ZS	UM71制式	出		11	12					13	11		
JY	绝缘节	出		13	10					14	13		
SD2	速度等级2	出		16	11					11	16		
SD3	速度等级3	出		17						12	17		
JE	信号机故障	入		18							18		
屏蔽	机壳		12,18,24	19	24	10,16,19	19	19	5,10,14	32	19	19	19
SX	上行输入	入			14		2	2		25		2	2
XX	下行输入	入			15		1	1		26		1	1
+50V	50V输出	出					7	7		31		7	7
I50V	I端开关盒电源	出					3					3	
II50V	II端开关盒电源	出						3					3
SXBS	上行表示	出					6	6				6	6
XXBS	下行表示	出					5	5				5	5

续表

信号代码	信号说明	对主机关系	机车信号主机								机车信号机		
			X26	X27/X28	X22	X23	I-SZ	II-SZ	LX22	LX30	X29/X30	I-LL	II-LL
CSAGA	强制A机工作	入											
CSBGA	强制B机工作	入											
J	制式选择京郑	入					13	13				13	13
Z	制式选择郑武	入					14	14				14	14
G	制式选择广深	入					15	15				15	15
F	制式选择新标	入					16	16				16	16
+110V	备用线						10		11			10	
−110V	备用线		7				8		12			8	
ID110V	机车电源	入	9							29			
IID110V	机车电源	入	10							30			
CSID	司控开关I端	入	11										
CSIID	司控开关II端	入	14							27			
IN11	测试I端	入	15							28			
IN12	测试II端	入	16										
IN21	线圈I端1组	入	17										
IN22	线圈I端1组	入	19										
IN13	线圈II端1组	入	20										
IN14	线圈II端1组	入	22										
IN23	线圈I端2组	入	23										
IN24	线圈II端2组	入											
IN1	选择后1组	入/出			16						15		
IN2	选择后1组	入/出			17						16		
IN3	选择后2组	入/出									17		
IN4	选择后2组	入/出									18		

机车两端内部应各预留 4 位备用端子。

机车两端接收线圈的引接电缆通过专用布线槽至车上连接端子,引接电缆单独走一个穿线孔。

3. 接地连接

(1)主机箱后面板设有主机接地端子,通过接地编织线就近连到机车接地端子。主机应具有接地端子,接地端子使用 M4 螺栓和垫圈 4;接地编织线截面积不低于 6 mm²。接地螺栓、螺母和垫圈应为涂锌钢,双面钝化处理。

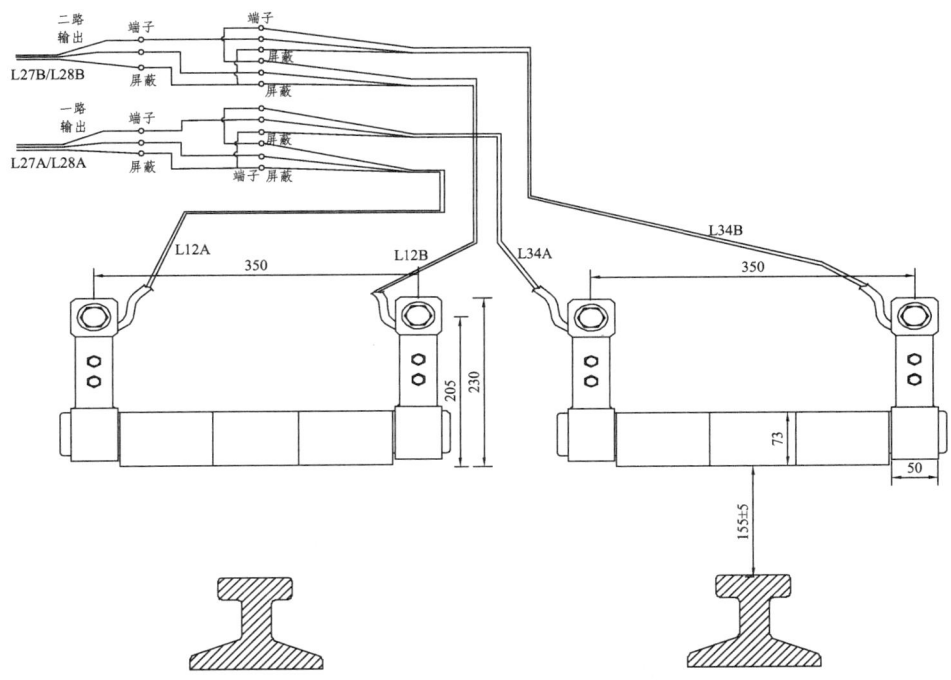

(a)接收线圈电缆到车上连接端子连接图

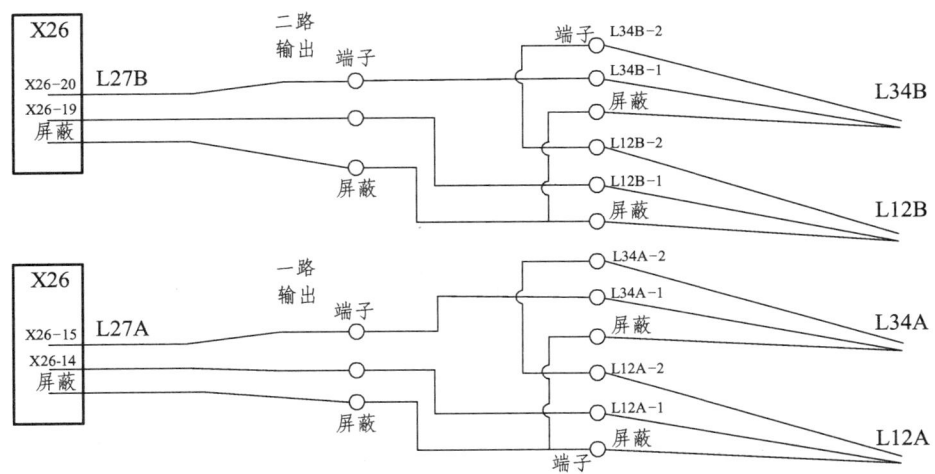

(b)I 端车上连接端子局部连线示意图

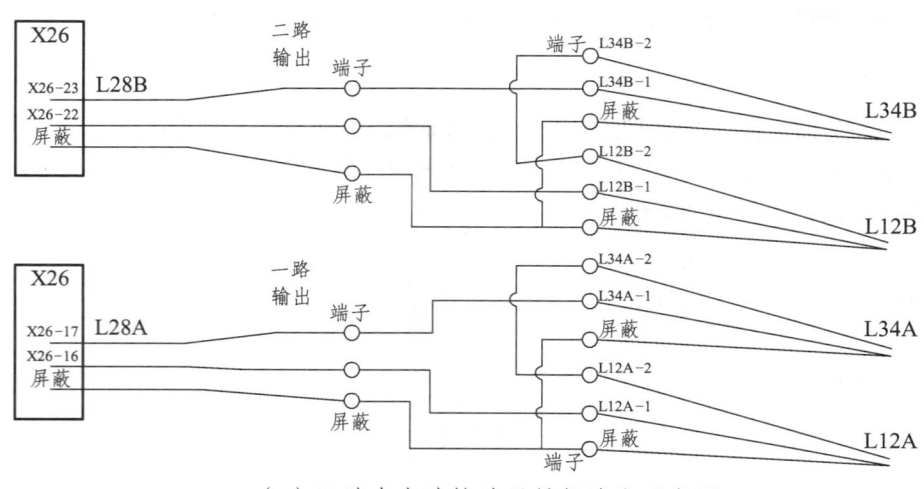

(c) Ⅱ端车上连接端子局部连线示意图

图 1.1.11

（2）机车信号机安装底板应采用电镀工艺，通过安装螺栓与机车车体连接。螺栓、螺母和垫圈应为涂锌钢，双面钝化处理。

（3）接收线圈电缆的屏蔽层引出的连接线与主机箱 X26 电缆的屏蔽层引出的连接线通过机车内部专用连接端子连接，连接方式参照图 1.1.11（a）（b）（c）。连接线截面积要求不低于 1.5 mm^2。

※※※※※※【设备维护】※※※※※※

机车信号设备质量直接关系到列车运行安全。为确保设备可靠工作，必须坚持"质量第一，预防为主"的原则，对机车信号设备进行严格的检修和精心的维护。

为搞好设备维护，全路各电务段应在本地区机务段所在地设置车载车间。车载车间通常设有器材检修工区、库修工区、检修工区和分析工区等。

器材检修工区主要负责机车、轨道车车载设备器材的检修、测试，负责器材履历管理和技术改造。

库修工区主要负责车载设备的拆装、整治、试验和交车。

检测工区主要负责出入库车载设备检测；发放和回收车载设备检测合格证；负责LKJ运行记录数据、机车信号文件及语音录音文件的转储和发送。

分析工区主要负责车载设备的专项分析工作，如LKJ运行记录文件、主体化机车信号文件、语音录音文件等的质量分析、存档等；负责对发现的质量问题及时反馈与跟踪。

一、日常维护

（一）检测范围与标准

1. 机车信号主机

（1）主机外观检查及清洁。

检查机车信号主机外观,安装是否牢固。

清洁机箱内外部及安装位置周围环境。检查主机地线是否牢固,各插头是否良好,插头配线无老化、破损等。

检查主机记录板 USB 口状态。

检查主机箱底座安装螺丝紧固无锈蚀、无松动。

(2) 主机文件分析。

① 记录中是否存在 A/B 机切换、断电、A/B 机工作异常及是否存在故障代码。

② 记录中是否存在灭灯、多灯、掉码、乱码、错码、信号突变等情况。

③ 记录中载频、低频、幅度、波形是否符合标准,是否存在地面发码入口电流低、补偿电容失效、载频、低频超标等情况。

④ 记录中机车电源电压是否超标。

⑤ 记录中制式信息 ZS 输出、绝缘节 ZY 信号输出、上下行开关位置与列车实际走行等是否有异常。

⑥ 分析记录中采集 TAX 箱的时间、速度、公里标、站名、信号机编号等信息是否正常。

2. 接收线圈

(1) 外观检查及清洁检查接收线圈外观清洁,无破损,防尘防水良好。

① 检查线圈出口处弯头状态,无松动断裂现象。

② 检查接收线圈配线防护管及插头状态。

③ 检查接收线圈各部螺丝、螺帽、垫片、开口销齐全,开口销劈开角度 60°~90°。

④ 检查接线盒防护罩是否安装牢固,垫片、弹簧片、开口销是否齐全。各插头与接线盒线号对应是否正确。

(2) 电气特性测试。

接收线圈电气特性测试应满足:

① 用万用表直流电阻档测试,双路接收线圈单圈直流电阻不大于 8 Ω。

② 在 1 000 Hz 条件下,单个接收线圈的每路电感应不小于 60 mH,品质因数应不小于 5.5。

③ 接收线圈绝缘电阻应大于 30 MΩ。

(3) 机械特性测试。

接收线圈安装应满足:

① 接收线圈底部距钢轨轨面 155 mm±5 mm,接收线圈中心与钢轨轨面中心为 0 mm±5 mm。

② 接收线圈安装时,要注意保持两个接收线圈上的箭头方向一致,避免同名端按反,同时线圈插头与接线盒插座连接一定正确。

3. 机车信号机

检查信号机安装位置是否正确牢固,加锁加封是否良好。

检查各插头连接是否正确,接触是否良好,配线有无老化、破损等现象。

检查信号机机构完整、遮檐良好、螺丝紧固,外部清洁。

检查 LED 指示灯显示正确。上下行开关作用良好,动作灵活。当上下行循环发码时各灯位显示正常，指示灯显示正确。

电气测试时应满足机车信号 LED 指示灯工作电压 48 V±4.8 VDC，适应工作电压范围 35～65 V，最大正向工作电流不大于 20 MA。

4. 机车信号灵敏度及返还等参数测试

设备的整机返还系数应不小于 75%。

接收 ZPW-2000 信息时，机车信号灵敏度（钢轨短路电流）应符合表 1.1.1 的规定。

5. 信号显示应变时间

接收 ZPW-2000 系列信息时应变时间应不大于表 1.1.2 的规定。

（二）出入库检查

出入库检查是设备维护的重要环节，主要完成对设备的检查和记录数据的转储与处理分析，可以保证及时发现潜在的设备故障或者线路地面信号不良情况。

1. 设备检查

出入库上车检查设备的使用情况，可以及时发现设备是否出现问题，例如记录器故障、双套主机已变成单套运行等。检查项目如下：

首先观察主机面板的指示灯，确认主机中各电路板处于正常工作状态。

（1）电源板 2：50 V（主机工作电源）、50 VD（主机 B 动态电源）、110 V（输入电压）三灯应均点亮，其中 50 VD 后亮。

对于最新投产的主机，增加了 12 V 指示灯，该指示灯是一个双色指示灯。如果 12 V 电源模块正常，则绿色部分常亮。在没有 DTU 时，光电开关会周期性开关光电开关，以复位 DTU 设备，红色部分应该周期亮，此时 12 V 指示灯周期性地绿→橙→绿→橙。如果 DTU 正常工作，此时 12 V 指示灯为橙色。

（2）电源板 1：50 V（主机工作电源）、50 VD（主 A 动态电源）、110 V（输入电压）三灯应均点亮，其中 50 VD 后亮。

I、II 端信号控制用来选择哪个端为操作端。I、II 端指示灯表明是 I 端还是 II 端为操作端。

I、II 端控制信号可以有两个来源：当电源板 1 上"测试/运行"开关置"运行"位时，取自司机控制开关控制的机车方向继电器或其复示继电器接点，受司控开关控制，此时 I 或 II 端按钮不起作用；当开关置在"测试"位时，取自面板上 I、II 端按钮控制信号，此时司控开关不起作用。

（3）连接板：A、B 正常指示灯表示 A、B 主机板自检完成，能正常工作，两灯均点亮。

A、B 电源指示灯表示 A、B 主机供电电源正常，两灯均应点亮；

A、B 工作指示灯表示 A、B 主机板是否工作，灯亮表示为工作输出状态，灯灭表示为热备状态，两个灯只能有一个点亮；

上下行指示灯表示对主机的上下行控制状态；

A、B 按钮用于人工强制切换 A 或 B 机成为工作主机。

（4）主机板：两块主机板上、下行指示灯显示是经判断识别后的上下行控制状态。

（5）记录板：记录器板正常工作之后，可通过确认其面板上的 LED 状态来判断记录板及主机的当前工作状态。

主机正面的各小面板侧面均安装了金属指型簧片,在插拔电路板时需要仔细,防止指型簧片损伤,做到尽量先拔左边的电路板,先插右边的电路板。

其次,检查人员应注意机车信号输出显示是否与地面环线发送信息序列一致以检查主机是否接收正确。通常运行记录监控装置会语音报出此时机车信号灯位输出,该语音信息可以作为参考。地面无环线时,可以利用其他发码设备来进行检查。

在确认工作主机工作正常后,按压主备机切换按钮,检查新的工作主机,确保新的工作主机也能正常工作。确保机车出库时双套主机正常工作,可提高设备运用时的可靠性。

2. 数据转储及处理分析

对记录数据进行分析,可以及时发现地面信号中的隐患,如信号幅度小、频偏超标,及时通知地面解决,确保设备使用正常。还可以分析设备使用中是否出现问题,并对问题发生的原因进行查找。

在进行设备的功能测试时,应确保记录板工作正常。功能测试完毕后,可利用 U 盘转储数据或者直接拔取记录板内置的 CF 卡。再将数据转储到记录数据地面分析软件中,通过记录数据分析软件,观察记录数据是否与测试过程一致。

U 盘生成文件:每次转储会在 U 盘中生成四类文件,分别为:

(1)JLQ_xxxx.ZTB(状态文件);

(2)JLQ_xxxx.SSB(实时变化信息文件);

(3)JLQ_xxxx.IDX(CF 卡索引文件);

(4)JLQ_xxxx.BXJ(关键波形文件)。

前三类文件每次必有,如果没有关键波形,则不生成关键波形文件。其中×××为文件编号,每转储一次,文件编号自动加 1。

U 盘中还有一个文件 JLQ_IDX.DAT,用于保存文件序列号。每次转储时,记录板先读取该文件中的序列号,作为本次转储文件的序列号,然后将序列号加 1,再存回该文件中。如果第一次转储时,该文件不存在,则自动生成该文件,并将文件初始序列号置为 0。

3. 机车信号机测试

利用测试台发码进行巡检,保证每个灯位都输出一次,检查 8 个灯位均可正常点亮。

向主机发送当前上下行条件下的 ZPW2000 系列信号,保证主机可靠接收,检查 ZS 灯可正常快速闪亮。

观察上下行表示灯是否与主机正接收上下行一致。向机车信号主机发送载频切换码中的 −2 码,观察上下行指示灯是否并成快速闪烁。

搬动上下行开关,观察主机上下行指示灯是否随上下行开关位置相应改变。

如果使用模式开关,确保主机板上的制式选择设置线 J、Z、G、F 必须断开,然后将模式开关打到不同的制式,发送 UM71 信号,观察主机按相应 UM71 制式的译码表输出灯位信息。

(三)测试环线设置

利用简易环线,可测试安装后设备的工作指标。

紧贴钢轨轨面,在接收线圈下方临时铺设简易环线,并连接机车信号发码器。简易环线的设置如图 1.1.12 所示。环线使用的电缆芯线截面积要求不小于 $1.0\ mm^2$。根据机车信号发码器的说明决定是否在环线中间串联限流电阻。为了保持简易环线电缆稳定，可以使用非金属固定。简易环线两端垂直于钢轨的部分，应分别设置在距离第一轮对 20 cm 范围之内、在距离车钩外方 50 cm 范围之外。

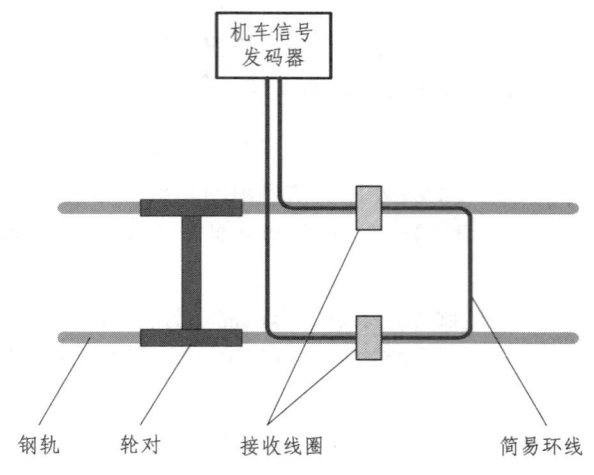

图 1.1.12　简易环线设置示意图

利用简易环线，可以完成对以下项目的检测：机车信号译码输出检查；机车信号接收灵敏度检查；机车信号主机 A、B 套功能检查；上下行开关功能检查；Ⅰ、Ⅱ 端转换功能检查。

二、故障处理

机车信号系统由地面信号、接收线圈、电缆、车载主机、显示器（信号机）等设备组成，系统中任何一部分故障均可能导致机车信号显示输出异常。当系统出现异常时，维修人员应对具体现象进行调查分析，是个别机车偶尔出现的故障还是多台机车易出现的故障，是固定地点经常发生的故障还是随机发生的故障。并进行故障定位。对于运用中设备，机车返回后反映设备不良，维修人员应首先向司机进行询问调查，核实故障现象。然后按照以下方法对故障进行定位处理。

（一）故障处理简要流程

（1）保持设备故障状态的前提下，切换主备机工作，转储记录数据，通过对机车信号记录器记录的数据进行一般分析，初步确定故障类型；

（2）使用便携式机车信号测试仪对车载系统进行测试，初步判断故障地点，按照常见故障与可能原因进行故障分析处理；

（3）在室内利用机车信号测试台检查和测试主机是否工作正常；

（4）根据电路图测试接线是否良好，维修电源电路，更换故障元件；

（5）用万用表测量线圈电阻，用兆欧表测量线圈绝缘电阻，确定接收线圈是否工作良好；

（6）根据机车信号机电路图检查内部电路是否完好，更换电路内部器件；

（7）对记录器记录的地面信息波形进行分析。通过对波形幅度、频率及其他参数的分析判断地面轨道电路信息是否正常；

（8）用机车信号微机测试台或其他仪器测试机车信号的各项指标；

（9）主机内部故障定位：主机故障后确定是主机板故障、连接板故障还是机箱内部配线故障。可用分析方法或电路板替换方法确定并排除故障；

（10）主机板输入电路维修，掌握主机板输入电路工作原理及各点输出波形参数，进行输入电路的故障判断及修复；

（11）主机板故障判断，掌握故障代码显示器显示的故障说明，根据故障代码显示器显示的内容进行故障判断与处理；

（12）对于难以理解的故障现象，保护主机原来工作状态，不要轻易关机重新上电，先对异常现象先进行分析，并可以求助技术咨询电话。在分析后可以对可疑部分进行测试，包括断开测量设备输出电压，甩开部分电缆配线，测试电缆配线是否有短路，更换部分部件进行测试等。由于有些设备故障状态很难复现，因此保护现场，寻求技术支持是解决此类故障首要考虑的方法；

（13）如果故障位置比较明确，可以采用替换电路板的方法处理故障。替换下来的电路板在修复后，应及时更换回原主机上，以确保整机使用年限的一致性；

（14）如果故障现象已经消失，则主要靠分析记录数据查找故障原因，分析原因时可以求助技术咨询电话；

（15）如果故障比较难定位或者维修，设备可返厂维修。

（二）记录器辅助故障查找与分析

对于机车在运行过程中发生的偶然异常或者故障，返回后难以复现的问题，通过使用记录器地面软件辅助分析可有效定位原因。

记录器记录数据可实现设备状态信息查询，波形特征信息分析，原始波形信号分析等各项功能。

根据记录器记录的状态信息与主机故障代码，可以实现准确度较高的快速故障定位。

根据记录器记录的波形特征信息分析，以及原始波形信号，可以方便地进行信号接收异常情况的分析，以及可能影响设备正常使用的潜在的地面信号质量问题。

对于难于分析的问题，用户可将转储的数据通过网络传输或邮寄等方式提供给供货商，获取技术支持。

（三）简要故障维修

由于电路板上器件较多，焊盘比较脆弱，因此要求焊接电路板使用的烙铁必须严格控制在 30 W 以下。个别情况下，可以使用 50 W 以下的烙铁焊接 110 V 和 50 V 的电源模块。由于焊油有较大的腐蚀性，焊接时要求使用松香作为助焊剂，不得使用焊油。

如果现场计划进行集成电路的更换，必须装备精密的工具，不能用粗糙的工具维修，这样容易造成电路板的损坏。

1. 保险更换

由于电源电路中的偶然干扰，可能造成保险烧损，在用万用表确认后级无短路情况下，可以按照原来的容量更换保险管。

2. 电源板电路维修

主机开机烧保险，按照电源部分电路用万用表测量电压是否正常，是否有短路的方法来寻找故障。如果通电后电源板没有正常输出，可检查 DC 110 V 是否到达电源模块。如果电源模块故障，可以更换电源模块。如果动态电源异常，首先更换主机板，防止由于主机板动态输出控制故障，误判为电源模块故障。如果主机板正常，可以更换电源模块。

3. 主机板或记录板电源电路维修

主机板或记录板内电源电路故障后将导致电路板不工作，或者输入短路造成开机烧保险的现象。按照电源部分电路用万用表测量输入电压是否正常，是否有短路现象，如果正常，更换电源模块。

4. 连接板故障维修

连接板上主要有主备机切换电路，如果切换继电器电路故障，则主备机无法正常切换，需要更换继电器。或者切换继电器保持电容故障，造成闪灯输出时主备机切换，需要更换电容。

连接板上 I、II 端接收线圈切换继电器如果故障，会造成机车不同方向运行时进行接收线圈无法正常转换，需要更换继电器。如果操纵端 50 V 电源转换继电器故障，会造成机车信号机上的载频选择（上下行）开关不能正常供电，需要更换继电器。

5. 主机板、记录板故障定位

由于采用 CPU 插板与底板分开的设计方式，可以通过更换 CPU 板来判断是 CPU 插板故障还是底板故障。CPU 板故障，可以向供货商提出要求更换。如果是底板故障，通常应返回工厂维修。

★★★★★★【思考与练习】★★★★★★

1. 简述机车信号的用途。
2. 简述 JT1-CZ2000 型机车信号系统的构成。
3. 简述 JT1-CZ2000 型机车信号主机的构成和各部分作用。
4. 什么叫"二取二"安全技术？JT1-CZ2000 型机车信号是如何实现的？
5. 简述 JT1-CZ2000 型机车信号双套热备系统的组成及原理。
6. 机车信号记录器车载部分主要功能有哪些？
7. 机车信号记录器地面数据处理部分主要功能有哪些？
8. 机车信号记录器记录的状态文件包括哪些内容？数据分析处理软件有几部分功能？
9. 简述双路接收线圈的组成、作用和工作原理。安装时应注意哪些问题？
10. 主体化机车信号采用双路接收线圈有什么意义？
11. JT1-CZ2000 型机车信号系统如何进行连接？
12. 环线检测设备发码箱检查、调整工作内容及质量标准有哪些？
13. 四显示自动闭塞区段，机车信号使用哪些低频信息，各种低频信息是如何定义的？
14. 四显示自动闭塞区段进站信号机显示双黄灯时，进站信号机外方各区段机车信号信息如何使用？
15. 四显示自动闭塞区段进站信号机显示黄闪黄灯时，进站信号机外方各区段机车信号信息如何使用？

16. JTl-CZ2000 型机车信号故障现象及可能产生的车上原因有哪些?
17. 对于机车信号设备的检修和维护如何分工?
18. 简述对机车信号主机应做好哪些维护。
19. 简述对机车信号接收线圈应做好哪些维护。
20. 试分析 JT1-CZ2000 型机车信号出现点白灯后无译码故障可能是由哪些原因造成的?

项目二
LKJ2000 型监控装置维护

列车运行监控记录装置简称监控装置,是我国铁路研制的以保障列车运行安全为主要目的的列车速度控制装置。该装置在实现安全速度控制的同时,采集记录与列车安全运行有关的各种机车运行状态信息,促进了机车运行管理的自动化。

监控装置以轨道电路及机车信号作为列车运行指令信息源,以预置于主机的方式获取运行线路参数信息,采用计算机智能处理对列车运行速度进行安全监控。

我国监控装置的研究开发从二十世纪九十年代开始,1995 年起形成全路普及的规模。使用的监控装置主要为 LKJ-93 型和 JK-2H 型。LKJ2000 型监控装置吸取了两者的成熟技术,在技术等级、功能、性能和可靠性等方面都有了较大程度的提高,并且在功能扩展和与各项发展中的技术设备的接口方面做了适应设计,是新一代监控装置。

【案例分析】

1. 事故概况

2005 年 7 月 31 日 19 时 45 分,K127 次旅客列车(××机务段 SS90089 号机车牵引)运行至××局哈大线新城子—新台子间,越过关闭的 4333 号通过信号机,于 19 时 49 分与前行的 33219 次货物列车追尾造成冲突脱轨,K127 次旅客列车的机车和机次 1~3 位颠覆、4、5 位脱轨,其中 1、2 位脱轨车辆侵入上行线,中断上行线行车 9 h 57 min,中断下行线行车 16 h 59 min。机车大破 1 台;客车报废 2 辆、大破 1 辆、中破 2 辆,货车报废 1 辆、中破 6 辆;损坏轨枕 110 根;死亡 5 人,重伤 3 人,轻伤 42 人。构成旅客列车冲突重大事故。

2. 事故原因

(1)信号设备维护不力,为事故埋下隐患,是导致事故发生的重要起因。
(2)机车乘务员违章操作是事故的主要原因。
(3)行车指挥人员严重失职、违章指挥是导致事故发生的重要原因。

特定背景(根本原因)。2004 年 7 月,沈阳局为保证行车安全,在监控模式上,关闭了区间通过信号机显示红灯时允许乘务员无条件解锁的功能,同年 12 月,考虑到对运输的影响,在自动区间停机改电行车时,又恢复了这一功能,客观上降低了监控装置的可靠性。

任务 LKJ2000 监控装置维护

【技能目标】

1. 能按照铁路现场作业标准对 LKJ2000 型监控装置进行操作、功能试验、检修作业。

2. 能独立学习和工作，具有良好的职业素养和团队合作意识。

【知识目标】

1. 掌握 LKJ2000 型监控装置的基本构成、工作原理、检修作业标准。
2. 熟悉铁路电务车载车间检修作业程序及相关规范标准。

★★★★★★【相关知识】★★★★★★

一、LKJ2000 型监控装置的功能

监控装置的主要作用，一是防止列车越过关闭的地面信号机，二是防止列车在任何区段运行中超过机车车辆的构造速度、线路允许的最高运行速度和道岔的限制速度。

1. 监控功能

（1）防止列车越过关闭的信号机；
（2）防止列车超过线路（或道岔）允许速度以及机车车辆的构造速度；
（3）防止机车以高于规定的限制速度进行调车作业；
（4）在列车停车情况下，防止车辆溜逸；
（5）可按临时增加的运行要求控制列车不超过临时限速；
（6）在自动闭塞区段，列车在显示停车的通过信号机前停车 2 min 后又继续向此信号机防护的分区运行时，保证在该信号机防护的闭塞分区内运行速度不超过规定的限制速度；
（7）列车通过显示黄灯、双黄灯、黄闪黄的进站信号机进入站内无码区段时，装置按前方信号机关闭进行控制。经司机确认操作后，允许列车以低于规定的限制速度通过该信号机。

2. 记录功能

（1）一次性记录项目。

① 开机记录，包括日期、时间、机型、机车号、装置编号、车轮轮径；

② 输入参数记录，包括车次、司机号、副司机号、区段代号、车站代号、客货车别、本务补机别、牵引总重、载重、计长、辆数、支线号、侧线股道号、出入段时间。

（2）运行参数记录项目：时间；线路公里标；距前方信号机距离；前方信号机种类及编号；机车信号显示状态；地面传输信息；运行实际速度；限制速度；列车管压力、机车制动缸压力；机车工况（牵引制动别、零位、运行前后方向别）；柴油机转速（内燃机车）、原边牵引电流（电力机车）；装置控制指令输出状况（动力切除、常用制动、紧急制动、允许缓解等）；装置报警；司机操作装置状况（开车、调车、解锁、警惕键、坐标调整、IC 卡操作、事件打点记录等）；装置异常状况；平面调车灯显装置信息变化。

（3）记录条件。

① 运行记录。

当满足下列条件之一时产生一次参数记录：实际速度变化 2 km/h；限制速度变化 2 km/h；列车管压力或机车制动缸压力变化 20 kPa；柴油机转速变化 100 r/min；机车信号显示及平面调车

灯显信息变化；机车工况变化；机车过闭塞分区（轨道绝缘节）；装置控制指令输出；司机操作装置；地面传输信息变化；装置报警；装置异常。

② 运行事故状态记录。

机车走行距离每变化 5 m 将上述"运行参数记录项目"内容记录一次。

3. 显示和声音提示功能

显示和提示功能由监控装置配置的数码显示器或屏幕显示器实现。

（1）数码显示器。

① 显示实际运行速度、限制速度/目标速度。

② 显示机车信号信息。

③ 可选择显示装置原始设定的参数、司机输入信息、运行参数、地面传输信息、装置故障信息。

④ 声音提示内容。

进行下列各类信息的声音提示：机车信号灯状况；前方信号机处限速值变化；司机输入有关信息；临时限速地点及限速值；装置实施动力切除、常用或紧急制动；装置允许缓解；车机联控作业；进入侧线股道或支线地点；装置报警；装置状况；事故状态记录器状况。

（2）屏幕显示器。

屏幕显示器全部涵盖数码显示器的显示和提示内容。屏幕显示具有信息量大、显示方式灵活的特点，可充分发挥图形、符号、曲线的优势。屏幕显示器主要分两类显示界面形式。

① 综合信息显示。

a. 运行已经过的 1 km 路程至当前所处地点的实际运行速度值轨迹曲线；

b. 显示运行前方 3 km 路程内线路允许速度、机车车辆构造限速或临时限制速度三者的较低速度值曲线；

c. 显示运行前方 3 km 路程内线路控制模式限制速度曲线；

d. 以曲线、图形、符号和文字形式，沿线路里程的延展显示运行已经过的 1 km 路程至运行前方 3 km 路程内的线路平面曲线、桥梁、隧道、坡道、信号机、平交道口、电气化断电标、车机联控作业地点及车站的布置情况；

e. 显示运行前方 3 km 路程内机车优化操纵运行速度曲线和手柄级位或牵引电流曲线；

f. 显示站间运行图规定运行时间；

g. 以图形或数字方式显示实际运行速度、控制模式限制速度、距前方信号机距离、时钟等。

② 单项信息显示。

与数码显示器中选择显示功能内容相对应的各种显示均以单项信息方式显示，每种显示依其功能性质采取了适宜的图形、表格等形式。

二、LKJ2000 型监控装置设备构成及工作原理

LKJ2000 型列车运行监控记录装置主要由监控主机、屏幕显示器、事故状态记录器、速度传感器、压力传感器、机车鸣笛记录接口装置、GPS 信息接收装置、总线扩展盒、本／补切换装置、调车灯显接口盒等组成，如图 2.1.1 所示。

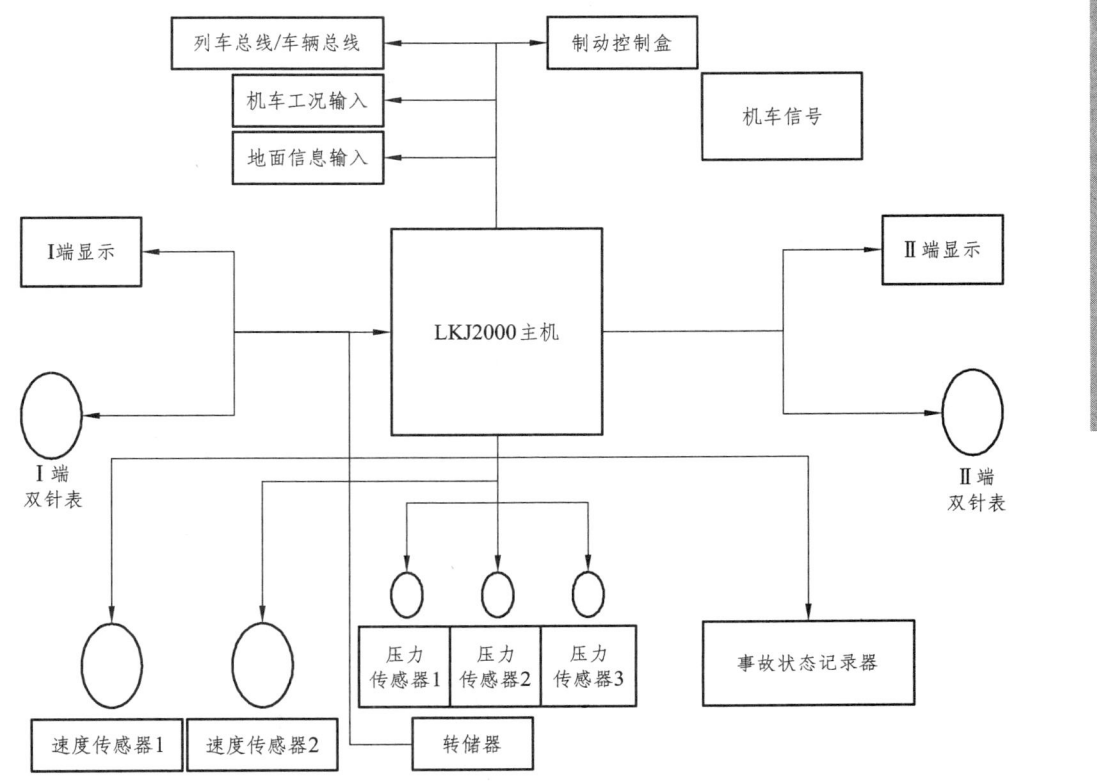

图 2.1.1 LKJ-2000 系统结构图

与 LKJ 配套工作的设备还有转储器、机车安全信息综合监测装置（TAX2 箱）、铁路车号自动识别系统（ATIS）车载设备、列车运行状态信息系统（LAIS）车载设备、双针速度表、数模转换盒、机车语音箱、常用制动接线盒等。

LKJ2000 型列车运行监控记录装置从安装在机车轮对上的 TQG15 或 DF16 光电式速度传感器获取速度信息，速度信号的基本配置为二通道（可扩充至三通道），如果二通道速度信号相位相差 90°，则可以满足装置相位防溜功能的需要。在无相位防溜功能的情况下，二通道速度信号可分别取自二个速度传感器。机车信号信息可取自 JT1-CZ2000 型机车信号装置（取点灯条件），也可通过 RS485/RS422 串行通信方式获取。压力检测除了检测列车管压力外，还检测机车均衡风缸压力及制动缸压力，均衡风缸压力信号用于反馈控制以提高常用制动减压量控制精度，制动缸压力信号主要在机车单机运行时作为状态记录依据。压力传感器可采用 TQG14 型机车压力变送器。指针式速度指示可采用 ZL 型或 EGZ3/8 型双针速度表，双针速度表实际速度与限制速度指针依靠装置主机驱动，驱动信号为 0~20 mA 的电流信号。在装置关机情况下，由数/模转换盒驱动。Ⅰ端双针速度表的里程计指示可由监控装置驱动，在安装了数/模转换盒的情况下，也可由数/模转换盒驱动。双针速度表照明电源为机车照明电源。

（一）LKJ2000

1. 主　机

主机由 A、B 二个相对独立的单元组成，每个单元都自成系统。由于二个单元互为热备，一个单元工作时,另一个单元处于热备状态,一旦工作单元任何一块插件发生故障时,另一个单元中的相同插件将立即投入工作,故障的插件将自动退出工作。工作单元的主机插件有指示灯指示,表示处于工作状态。

主机的输入/输出接口具有一定的扩展空间,它可允许4个压力传感器信号(如列车管压力、机车制动缸压力以及均衡风缸压力等)输入,3 路速度信号输入,2 路模拟量(原边电流及原边电压)输入,1 路柴油机转速信号输入、16 个机车信号(50 V)开关量及 8 个 110 V 机车工况开关量输入;7 路制动控制指令的输出(110 V 回路)。

主机箱采用6U、19英寸标准机箱结构,其宽度尺寸为 84 R(1R=5.08 mm),深度 300 mm。插件尺寸为 6U(高度)×160(深度)标准插件。主机箱为装置的控制中心,其内部由 A、B 二组完全相同的控制单元组成,每组有 8 个插件位置(包括一个预留位置),各插件位置以机箱中心线为基准对称排列,从中心线开始往左、右,各插件排列顺序依次为:监控记录、地面信息、通信、模拟量输入/出、预留、数字量输入、数字量输入/出、电源。各插件之间采用 VME 标准总线母板连接。机箱采用背板对外出线方式,所有输入输出信号均通过机箱背部连接器引出,在背板内侧装有过压抑制板。主机箱各插件位置排列如图 2.1.2 所示。

电源	数字入出	数字输入	CAN通讯	模拟入出	通信	信息处理	监控记录	监控记录	信息处理	通信	模拟入出	CAN通讯	数字输入	数字入出	电源
A	A	A	A	A	A	A	A	B	B	B	B	B	B	B	B

图 2.1.2 主机插件位置图

(1)电源插件。

采用模块电源方式将 110 V 输入电源转换成系统所需的各种电源。所有输出电源与输入电源隔离。输出电压包括供主机箱各插件工作的 5 V、+12 V、−12 V、24 V 及 15 V;5 V:提供系统 5 V 工作电源;±12 V:供模拟量板;15 V:用于数码显示器电源控制(屏幕显示器采用 110 V 电源);24 V:驱动继电器(注意:双针表、里程计的 24 V 是经过 12 V 电源转化而来)。除 5 V、+12 V 及 −12 V 共地外,其他各路输出电压互相隔离。

(2)数字量输入/出插件。

一方面完成机车工况输入信号(110 V)的隔离与转换,另一方面完成常用与紧急制动控制指令的执行输出(继电器触点输出)。输出信号可直接驱动内燃机车常用制动装置控制阀或与电力机车制动控制回路联接,但控制信号不能直接驱动电力机车主断路器。插件经 VME 并行总线与监控主机联接。

(3)数字量输入插件。

完成对机车信号点灯条件输入(50 V)的光电隔离与转换,经 VME 并行总线与监控主机联接,供监控主机读取。

(4)模拟量输入/出插件。

主要完成模拟输入信号和频率输入信号的调整、隔离、模/数转换及模拟输出信号的数/模转换、隔离及调整输出。模拟输入信号包括:压力信号、电流信号、电压信号以及加速度信号;

频率输入信号包括速度信号及柴油机转速信号；模拟输出信号主要是驱动双针速度表实际速度和限制速度的电流信号，以及驱动双针速度表里程计的电压脉冲信号。所有输入/输出信号全部经过隔离放大器隔离或光电隔离。模拟量输入/出插件经 VME 并行总线与监控主机联接。

（5）通讯插件。

通讯插件提供装置的各种对外串行通讯接口，通讯接口包括 2 路 RS485 接口及 1 路 RS422/RS485 接口。1 路 RS485 通讯接口用于与 TAX2 综合信息监测装置通信；1 路 RS485 通讯接口用于与列车总线/车辆总线联接，实现监控装置与列车/机车控制系统的信息交换；1 路 RS422/RS485 接口用于与机车信号装置或点式信息设备通讯，从而提高传输信息量以及传输信息的可靠性。插件与监控主机通过内部 CAN 网络交换数据。

（6）地面信息处理插件。

从轨道信号感应器上取得地面轨道电路信号，完成轨道电路传输信息的输入，经过电气隔离后进行调整放大，然后经数字信号处理器（DSP）对各种制式的信号进行数字滤波及分析处理。插件产生的过绝缘节信号供监控主机校正距离测量误差，绝缘节信息通过电平方式输出至监控主机，也可通过 CAN 通信网络传输。地面点式信息或轨道电路叠加信息的处理是根据需要以相对独立的专用处理模块来完成的，结构上此模块叠加在地面信息处理插件上。插件与监控主机通过内部 CAN 网络交换数据。

（7）监控记录插件。

监控记录插件作为 2000 型监控装置的主机模块，是系统的核心部件。模块以 32 位微处理器 MC68332 为 CPU，主要完成地面线路数据的存储与调用、运行状态数据的记录与同步、控制模式曲线的计算、实时时钟的产生，并通过双路 CAN 串行总线或 VME 并行总线现实对系统其他模块的控制与管理。其他模块中带 CPU 的模块通过 CAN 网络与主机模块交换数据，而不带 CPU 的模块通过 VME 并行总线与主机模块联接。工作主机与热备主机之间的数据交换是通过同步通信实现的。记录用数据存储器与实时时钟器件采用非易失性存储器件，因而在无需外部电池情况下可实现数据的长期可靠保存。记录数据的转储可通过 RS232 通信接口完成。

（8）母板。

完成各插件的 VME 总线连接及输入/输出信号的连接。母板分左、右二部分，左半部分为 A 机母板；右半部分为 B 机母板。A、B 机母板的上半部分为 VME 总线，采用标准 96 芯连接器；下半部分为信号的输入/输出，采用标准 48 芯连接器。

（9）过压抑制板（安装在后盖板上）。

外部 110 V 电源及 110 V 电路输入信号经过过压抑制板，输入至数字量输入/出插件；数字量输入/出插件的继电器输出信号经过过压抑制板输出至机车 110 V 回路。因而所有与机车 110 V 回路相连的信号均经过压抑制板的滤波及瞬态过压抑制处理，消除机车 110 V 回路干扰对装置的影响。因此，在安装 2000 型监控装置时，无需在机车上再另外安装过压吸收片。

2. 系统通信结构

装置主机采用双套热备冗余工作方式，由 A、B 二组完全独立的控制单元组成。每组单元都有完整的信号输入及控制输出接口模块，单元内部各不带 CPU 的模块，包括模拟量输入输出模块、数字量输入模块、数字量输入输出模块及电源模块，模块之间采用 VME 并行总线与监控记录模块连接。带 CPU 的模块，包括监控记录模块、地面信息处理模块及通信模块，模块之间采用 CAN 标准串行总线连接。监控记录模块作为 VME 并行总线的主机单元。

系统内部串行通信网络 CAN 也采用 A、B 组冗余方式。由于 CAN 总线采用多主通信方式，各模块在通信上不存在主/从关系，因此任何模块均可主动对外发送数据，而 CAN 的数据链路层协议可以避免数据的冲突。系统 A、B 组监控记录模块之间采用同步通信方式进行数据交换，同步通信主要用于 A、B 机记录数据的传输，以实现两机记录数据的完全一致。主机箱与显示器及事故状态记录器之间亦采用双路 CAN 网络进行连接。

3. 监控显示器

屏幕显示器是监控装置的重要组成部分，是与监控装置的图形终端设备，是直接和司机交流信息的人机界面，主要完成人机对话和系统信息显示。同时，为解决显示器的冗余备份，屏幕显示器又是一种通用型显示：可以实施监控显示器功能，也可以用作机车牵引设备状态显示器，可以同时安装在机车司机室操纵台上，通过切换机构实现两个显示器互为备份。

它通过双路 CAN 总线和监控主机通信交换数据，在 10 英寸（1 英寸 = 2.54 cm，后同）高亮度液晶显示屏上显示丰富的图形、曲线及相关数据信息，并有车载数据、预存曲线、键盘扫描、IC 卡转储、语音提示、蜂鸣器报警等功能。

屏幕显示器原则上采用嵌入式安装方式，在司机台的面板上开一个方孔，以便屏幕显示器坐落在孔中。屏幕显示屏宜装在司机前方，使司机可方便观察及操作的地方，保证列车安全运行的操纵要求。

屏幕显示器以主板为核心，主板、通信子板、底板三个模块以 PC104 总线相连接，通过 PC104 总线扩展键盘扫描、CAN 总线接口、开关量输入口等其他功能模块。为充分利用主板资源，用主板并口控制 IC 卡和语音电路，对外通过 CAN 或者 485 总线和监控主机通信，从电子盘调出地面数据，根据主机发送的命令和数据在液晶显示屏上显示相关信息和实时曲线。可通过喇叭进行各种语音提示。可把键盘扫描的键值随时传送给主机。通过 IC 卡座进行记录数据的转储。显示屏由 PC104 总线 LCD 显卡驱动，亮度可调。

屏幕显示器电路由底板、IC 卡语音板、电源板、高压板、通信子板、主板以及 1 个 10 英寸显示屏、1 个扬声器、1 个蜂鸣器和 1 块薄膜面板组成。

（1）底板。

底板为主板提供总线接口和各种外部接口电路，有 PC104 总线接口、与主机通信的 CAN 接口、与 TAX2 设备通信的 485 接口、4×8 矩阵键盘接口、8 路开关量输入接口等。

底板通过 PC104 总线和主板连接，包括基于 PC 结构的扩展地址译码电路、DOC2000 电子盘、通信电路、矩阵键盘电路、开关量输入电路。

电子盘由 FLASH 存储器阵列和控制逻辑组成，容量在 2~144 MB 之间，接口直接挂在总线上，占用 8 KB 的窗口存储器地址段，用户界面和硬盘兼容，可以和硬盘一样对文件进行操作管理，无需另外加载驱动程序，操作系统的拷贝、删除等命令都可直接使用。由于整盘系统封装在一个 32 脚的芯片内，取名为在片磁盘，最新版本 DOC2000，整个电子盘就是一个标准 32 脚集成电路封装，使用简单，安全可靠，体积小巧，寿命长。

底板利用主板上的锁存信号、读信号、写信号进行地址译码，从而扩展 CANA、CANB、键盘写、键盘扫描、开关量输入共 5 个接口电路。

（2）IC卡语音板。

IC卡语音板包括两个功能模块：IC卡接口电路和语音处理电路，提供IC卡读卡器接口、语音提示接口。为充分利用主板资源，IC卡语音板不直接和PC104总线连接，而是靠主板并口P_1信号线作输入输出线控制IC卡和语音电路，相对比较独立，仅从连接器P_5得到所需要的电源。

（3）电源板。

电源板将机车110 V直流电源转换为5 V、12 V电源，供显示器其他各板用。并接收主机送来的15 V电压信号，完成对屏幕显示器的开关控制。

（4）高压板。

高压板由蜂鸣器报警和液晶背光电源两部分组成，提供故障报警电路及液晶屏1 000 V背光电源。

高压板上有两个逆变器模块，将电源板送来的DC 5 V电压转换成1 000 V/35 kHz的过零交流波形，分别点亮液晶屏上的两只背光灯管。

蜂鸣器报警电路独立于屏幕显示器其他电路，当主机出现故障时，将主机数字量输入输出板送到显示器的110 V故障信号转换为12 V信号，驱动蜂鸣器报警。

（5）通信子板。

通信子板以单片机为核心，主要包括双口RAM接口、存储器、译码、看门狗、串行通信接口及电源等部分。它通过RS-485/422接口与微机柜进行通信，并通过双口RAM与上位机进行信息交换。

（6）主板。

PC104总线CPU为80486处理机系统，同时集成LCD显卡，负责将CPU传过来的数据变成图形点阵并送屏幕显示器显示。

4. 事故状态记录器

事故状态记录器即是列车运行的黑匣子，它用于记录列车运行事故前列车运行的状态，以便为运行事故的事后分析提供可靠的数据。记录器保存事故前20 min的数据。为获得满意的运行状态过程轨迹，记录器必须在列车运行每5 m左右保存所有需记录的数据。事故状态记录器主要由主处理器、运行数据存储芯片、CAN总线控制器等组成。

主处理器通过两路CAN总线实时接收监控记录插件发送来的实时信息，根据此信息中的"距离"来判别是否满足记录条件，若满足，则将当前的所有相关的实时信息组织成一条记录写入FLASH芯片。

CAN总线由CAN总线控制器、高速光耦、CAN总线收发器组成。

RS-232串行口电路由高速光耦与RS-232总线收发器组成，其中，高速光耦对外部信号进行光电隔离。

主处理器通过RS-232串行口完成与地面转储器或直接与PC机通信，将FLASH存储器内的数据转录到地面微机内处理。

5. 速度传感器

速度传感器提供速度信息——与车轮转数成比例的电脉冲信号。速度信号的基本配置为二通道（可扩充至三通道、四通道），如果二通道速度信号相位相差90°，则可满足相位防溜功能的需要。在此功能时，速度信号可分别取自两个速度传感器。目前与监控装置配套的光电转速传感器有 DF8、DFl6、TQG9 及 TQG15 四种类型，它们安装在机车轮对上。四种产品的基本工作原理都是用一个发光二极管经随车轮转动的光栅盘变为断续光，使光断续器中的光敏二极管通断运行，经放大整形后，输出与转速成比例的方波脉冲序列。

现以 TQG9 型为例予以介绍。TQG9 型光电转速传感器由支承结构、转轴及万向联轴传动机构、光电转换电路系统三部分组成。光栅盘固定在转轴轴伸端部，转轴由轴承支承在底座上。靠光栅盘轴伸端，转动部分采用机械横竖迷宫密封结构；静止部分采用可逆密封胶密封，转轴为万向联轴节的单叉节，万向轴共设有 8 个滚针轴承，保证转动的灵活性，万向联轴节输出端机械接口为弹性方榫。光敏探头安置在光栅盘两侧，并安装在底座上。速度信息从机车轮对上的 TQG9 取得后传给监控装置，监控装置可提供 3 路速度信号输入接口，在通常情况下，输入 2 路速度信号。

2 路或 3 路速度信号同时输入至 A、B 机模拟量输入/输出插件的速度信号接口。各速度传感器采用同一电源供电，此 15 V 电源由 A、B 机电源插件输出并联后供给传感器。

6. 压力传感器

压力传感器提供压力信息。采用 TQGl4 型机车压力变送器。压力信息除了检测列车管压力外，还检测机车均衡风缸压力及制动缸压力。均衡风缸压力信号用于反馈控制以提高常用制动减压量控制精度；制动缸压力信号主要在机车单机运行时作为状态记录依据。

TQGl4 型机车压力变送器采用 MPX 系列敏感芯体，结合国内技术开发而成。其利用硅压阻效应，当外界压力作用在芯体敏感区域时，在恒压供电情况下，便有相应的电信号输出，再进行信号技术处理转换成 0～5 V 的直流电压信号，可与机车监控装置直接配用，从而实现机车行车自动测量和控制。在电路中采用输出相位补偿技术，在容性负载时不会自激，当外界压力超范围时，输出电压自动限制在 5.5 V 以下。

各个压力传感器采用同一供电电源，此 15 V 电源由 A、B 机电源插件输出的压力传感器电源并联后供给。每路压力信号同时输入至 A、B 机模拟量输入/输出插件的压力信号接口。

LKJ2000 型监控装置电力机车需压力传感器 3 只，内燃机车需压力传感器 4 只。

7. 机车鸣笛接口记录装置

机车鸣笛记录接口装置由监控装置功能扩展盒、鸣笛转换器、相关电缆及地面软件组成。

功能扩展盒具有 8 路 110 V 开关量输入通道、4 路 110 V 开关量输出通道。功能扩展盒与监控装置接口为双路 CAN 总线。

鸣笛转换器检测机车喇叭鸣笛时的气压，将鸣笛时的气压信号转换成电信号，并通过扩展盒输入给监控装置，作为鸣笛记录用。鸣笛转换器触点为常开，动作压力为：200 kPa。

机车鸣笛转换器安装在喇叭风路上，对于一般机车，每端司机室外均有三个喇叭，分别是 2 个高音喇叭并联在一起，还有单独的一个低音喇叭。鸣笛开关 1、鸣笛开关 2 是指正副司机台上的手按风笛开关，该开关可能是风路管道按压阀，也可能是电开关控制电空阀。鸣笛开关 3 是指正司机台下的脚踏风笛开关，该开关可能是风路管道按压阀，也可能是电开关控制电空阀。

对于司机台上没有接头，没有喇叭风管的机车，如 SS_3B 重联机车；正副司机手按风笛开关及脚踏风笛开关均为电空阀控制，而且喇叭风管走司机内墙上机车顶部，可以选择在电空阀后安装鸣笛转换器，还有个风管接头在电空阀的正后方。风管接头位置即为选择安装鸣笛转换器的位置。

8. GPS 信息接收装置

GPS 信息接收装置为监控记录装置提供了定位信息，支持定位、测速、校时等需要。

监控装置可利用 GPS 提供的速度信息，消除因为机车空转、轮滑会造成监控装置过大的位置误差，为机车监控自动校时，为地面提供准确地 GPS 定位。

车载 GPS 信息接收装置由两部分组成：安装在车顶的 GPS 天线和安装在机车电器间的 GPS-2000 控制盒。

GPS 天线主要负责 GPS 信息的采集以及传输。

GPS-2000 控制盒主要负责对 GPS 天线采集信号的解析，并将有效数据按照协议发送到 CAN、RS485 输出。

为保证天线之间互相有一定的隔离度，GPS 天线与多频段天线之间间距大于 0.5 m，GPS 天线与其他厂家的 GPS 天线之间距离在 1 m 以上。天线应置于机车顶部较高处，以紧贴机车顶部安装为最佳。天线安装处应选择离机车设备间较近处为宜，使馈线长度在 10 m 以内。馈线的弯曲半径大于 5 倍馈线外径。布放馈线时，要预留足够的活动馈线以便馈线头可拉到车顶上进行天线的连接操作。

天线周围 1 m 以内不要有阻挡，不要有强电磁干扰源。

天线输入输出端口从天线侧面或安装底盘下引到机车内。天线输入输出端口应注意防水处理，天线的连接馈线要固定牢靠，注意不要贴在机车顶部的高温部分。有条件时，从走线槽布线或穿过防护管。

9. 总线扩展盒

总线扩展盒用于 LKJ 主机与 LAIS 车载主机、监控装置功能扩展盒和 GPS-2000 控制盒通信接口。总线扩展盒安装位置要求在 LKJ2000 主机箱邻近的位置，必须保证监控原有通讯电缆能与接插件可靠接触。

10. 本/补切换装置

本/补切换装置主要实现硬件切换电气隔离的功能。装置具有以下特点：操作简便，装置上只有一个切换开关供操作使用；控制模式切换更可靠，有效防止误操作；现场安装简便，方便在现有设备之间的转接安装。

11. 调车灯显接口盒

调车灯显接口盒提供无线调车灯显设备与监控装置之间的接口，能够在调车时实现机车信号与无线调车灯显信息的转换，并使LKJ能够接收无线调车灯显信息而无需对LKJ进行改动，同时接口盒也为无线调车灯显设备提供稳定的工作电源。

（二）转储器

转储器可将车载记录数据转录至地面微机系统供分析处理。其采用大容量非易失性数据存储器。转储器与车载主机的数据传输以及与地面微机的数据转录均采 RS-232 通信方式，具备数据校验功能。

与93型转储器相比，LKJ 2000型转储器存储容量扩大了7倍，达到8 MB，运行速度提高了1倍，保护电路亦做了改进。

LKJ 2000型转储器包括通信保护电路、232通信接口电路、自动识别电路、CPU控制电路、存储器电路、键盘接口电路、液晶显示器接口电路、电源电路等。

1. CPU控制电路

采用了具备在线编程功能的六时钟周期CPU，在同等晶振下速度提高一倍，并且利用其ISP功能实现了程序的现场灌录。CPU外围电路采用PSD311大规模可编程逻辑。复位电路采用专用微监视电路，该电路除监视系统电源和软件看门狗外，还提供一路比较器，被用来建立自动识别电路。硬件看门狗电路由MAX691A芯片及周围器件组成。

2. 存储器电路

运行数据存储选用最新大容量FLASH存储器芯片28F640J5。共用一片，容量8 MB。CPU在对FLASH读写时，由FLASH译码电路输出选片信号。目录存储选用不挥发型NVRAM存储器芯片DS1230（或DS1386-32）。该芯片属电池型RAM，不受擦写寿命限制，容量256 KB。

3. 通信电路

通信电路由线路保护器、电平转换芯片、模拟开关等外围电路组成。有RS-232和TTL两个接收通道，具体开通哪个由CPU根据实时动态监视的输入电源信息进行判断决定开通哪个通道。

通信保护电路：选用MAX366线路保护器，当系统无电源时，输入与输出为断开状态；有电源时，允许输入信号在正负电源范围内通过，当输入信号超过电源范围则钳位在电源值。利用这一性能，保证装置带电拔插时不损坏通信芯片。通信接口电路采用自带电源提升电路的MAX232。模拟开关采用可通过±12 V信号的MAX333A型模拟开关，用来实施自动识别电路的切换。

4. 键盘接口电路

键盘接口电路锁存器、收发器、反相器等组成，CPU定期往锁存器写入行扫描数据，经反相后送至键盘矩阵，若有按键发生，则产生一个低信号，CPU从收发器读入列数据，与行数据一起形成扫描码。键盘采用薄膜开关式键盘。

5. 液晶显示器接口电路

液晶显示器接口电路可控制背光亮度、调整视角。

6. 电源电路

电源电路由降压型稳压器、进出线滤波器、保护电路、5 V到+12 V电源变换电路、+12 V到−12 V电源变换电路等于组成。提供5 V、+12 V、−12 V电源。+12 V、−12 V供模拟开关使用。

（三）主机配线

（1）机车工况输入信号中向前、向后取机车Ⅰ端向前、向后信号。零位表示机车无动力状态，零位时为110 V。

（2）装置 A、B 二组制动控制输出信号在内部采用常开触点并联、常闭触点串联的连接方式。

（3）制动控制输出信号可直接驱动内燃机车常用制动装置。最大输出电流为 300 mA（110 V）。

主机箱上插座信号定义可根据表 2.1.1～表 2.1.7 查找。

表 2.1.1 X30T 插头定义表（机车工况及制动）

信号名称	装置线号	起点	机车线号	终点	导线名称规格
零位（LW）	J195	X30T：1		机车工况	5 芯护套线 RVV-5×0.75 mm^2
向前（XQ）	J191	X30T：2		机车工况	
向后（XH）	J192	X30T：3		机车工况	
牵引（QY）	J193	X30T：4		机车工况	
制动（ZD）	J194	X30T：5		机车工况	
卸载常闭 1（XZC1）	J143	X30T：6		300 mA	12 芯护套线 RVV-12×0.75 mm^2
卸载常开 1（XZO1）	J142	X30T：7			
卸载常开 2（XZO2）	J141	X30T：8			
减压常闭 1（JYC1）	J148	X30T：9			
减压常开 1（GYO1）	J147	X30T：10			
减压常开 2（GYO2）	J146	X30T：11			
关风常闭 1（GFC1）	J153	X30T：12			
关风常开 1（GFO1）	J152	X30T：13			
关风常开 2（GFO2）	J151	X30T：14			
卸载常闭 2（XZC2）	J144	X30T：18			
减压常闭 2（JYC2）	J149	X30T：19			
关风常闭 2（GFC2）	J154	X30T：20			
紧急制动（JJZD）	J145	X30T：15			
机车 110 V（110 V）	J140	X30T：16		机车 110 V	2 芯护套线 RVV-2×0.75 mm^2
机车 110 V 地（110 VG）	J149	X30T：17		机车 110 V 地	
工况备用 0（SBBAK0）	J196	X30T：21		机车工况	
工况备用 1（SBBAK1）	J197	X30T：22		机车工况	
工况备用 2（SBBAK2）	J198	X30T：23		机车工况	

表 2.1.2　X32T 插头定义表（机车信号）

信号名称	装置线号	起点	信号代号	终点机车信号装置	导线名称规格
50 V 地	J109	X32T：1	50 V−	X22T：13	
50 V+	J160	X32T：2	50 V+	X22T：18	
绿灯信号	J101	X32T：3	L	X22T：1	
绿黄灯信号	J107	X32T：4	LU	X22T：2	
黄灯信号	J102	X32T：5	U	X22T：3	
黄2灯信号	J108	X32T：6	U2	X22T：4	
双黄灯信号	J103	X32T：7	UU	X22T：6	
红黄灯信号	J104	X32T：8	HU	X22T：5	15 芯护套线
红灯信号	J105	X32T：9	H	X22T：7	RVV-15×0.75 mm²
白灯信号	J106	X32T：10	B	X22T：8	
速度等级 1	J181	X32T：11	B0（SD1）	X22T：9	
速度等级 2	J182	X32T：12	B1（SD2）	X22T：10	
速度等级 3	J183	X32T：13	B2（SD3）	X22T：11	
制式信号	J184	X32T：14	B3（ZS）		
绝缘节信号	J185	X32T：15	B4（JY）	X22T：12	
信号备用 1	J186	X32T：16	B5		
信号备用 2	J187	X32T：17	B6		
信号备用 3	J188	X32T：18	B7		
感应器 IN11	J110	X32T：19	IN1	X22T：16	2 芯屏蔽线
感应器 IN12	J111	X32T：20	IN2	X22T：17	RVVP-2×0.75 mm²
屏蔽地	J169		PGND	X22T 外壳	

表 2.1.3　X33T 插头定义表（压力）

信号名称	装置线号	起点	信号代号	终点	导线名称规格
屏蔽地	J169	X33T：1	PGNG		
压力 15 V+	J120	X33T：2	+15 V2	压力传感器 P1	3 芯屏蔽线
闸缸压力信号	J123	X33T：3	GY1	压力传感器 P2	RVVP-3×0.75 mm²
压力 15 V 地	J129	X33T：4	15 V2G	压力传感器 P4	
压力 15 V+	J120	X33T：5	+15 V2	压力传感器 P1	
均衡风缸压力	J124	X33T：6	GY2	压力传感器 P2	3 芯屏蔽线 RVVP-3×0.75 mm²
压力 15 V 地	J129	X33T：7	15 V2G	压力传感器 P4	
屏蔽地	J169	X33T：8	PGND		
压力 15 V+	J120	X33T：9	+15 V2	压力传感器 P1	3 芯屏蔽线
均衡风缸压力	J125	X33T：10	GY3	压力传感器 P2	RVVP-3×0.75 mm²
压力 15 V 地	J129	X33T：11	15 V2G	压力传感器 P4	

表 2.1.4　X34T 插头定义表（传感器等）

信号名称	装置线号	起点	信号代号	终点	导线名称规格
屏蔽地	J169	X34T：1	PGND		
速度电源（15 V+）	J170	X34T：2	15 V1+	速度传感器	4 芯屏蔽线 RVVP-4×0.75 mm²
速度通道 0	J131	X34T：3	VT0	速度传感器	
速度通道 1	J132	X34T：4	VT1	速度传感器	
速度通道 2	J133	X34T：5	VT2	速度传感器	
速度地（15 V−）	J179	X34T：6	VTG	速度传感器	
柴速信号	J126	X34T：7	ESI	转速传感器	2 芯屏蔽线 RVVP-2×0.75 mm²
柴速信号地	J127	X34T：8	ESG	转速传感器	
屏蔽地	J169	X34T：9	PGND		
压力 15 V+	J120	X34T：10	15 V2+	压力传感器 P1	3 芯屏蔽线 RVVP-3×0.75 mm²
列车管压力信号	J121	X34T：11	GY0	压力传感器 P2	
压力 15 V 地	J129	X34T：12	15 V2-	压力传感器 P4	
原边电流信号	J203	X34T：13	FCI	原边电流互感器	2 芯屏蔽线 RVVP-2×0.75 mm²
原边电流信号地	J204	X34T：14	FCG	原边电流互感器	
屏蔽地	J169	X34T：15	PGND		
原边电压信号	J201	X34T：16	FVI	原边电压互感器	2 芯屏蔽线 RVVP-2×0.75 mm²
原边电压信号地	J202	X34T：17	FVG	原边电压互感器	
里程信号	J720	X34T：18	LCO+	双针速度表	
里程信号地	J721	X34T：19	LCO-	双针速度表	
屏蔽地	J169	X34T：20	PGND		6 芯屏蔽线 RVVP-6×0.75 mm²
实速信号	J137	X34T：21	ASO	双针速度表	
实速信号地	J136	X34T：22	ASG	双针速度表	
限速信号	J135	X34T：23	TSO	双针速度表	
限速信号地	J134	X34T：24	TSG	双针速度表	
备用速度信号	J118	X34T：25	ASOB	数模转换盒	2 芯屏蔽线 RVVP-2×0.75 mm²
备用速度地	J119	X34T：26	ASGB	数模转换盒	
机车感应器信号+	J110	X34T：27	IN11	机车感应器	4 芯屏蔽线 RVVP-4×0.75 mm²
机车感应器信号-	J111	X34T：28	IN12	机车感应器	
点式感应器信号	J112	X34T：29	IN21	点式感应器	
点式感应器信号	J113	X34T：30	IN22	点式感应器	

表 2.1.5　X37T 插头定义表（TAX2 及事故状态记录器）

起点	终点	线号	信号代号	导线名称规格
X37：1		J169	PGND	
2	TAXII 监测装置 TX1：1	J220	RS0_A	3 芯屏蔽线
3	TAXII 监测装置 TX1：2	J221	RS0_B	RVVP-3×0.75 mm²
4	TAXII 监测装置 TX1：3	J222	RS0_G	
5	事故状态记录器 X2：7	J161A	CANA_H	
6	事故状态记录器 X2：8	J162A	CANA_L	
7	事故状态记录器 X2：9	J161B	CANB_H	
8	事故状态记录器 X2：10	J162B	CANB_L	6 芯屏蔽线
Δ9	事故状态记录器 X2：3	J150	15 V+	RVVP-6×0.75 mm²
Δ10	事故状态记录器 X2：1	J159	15 VG	
X37T：1		J169	PGND	

表 2.1.6　X38T 插头定义表（Ⅰ端显示器 X9）

信号名称	装置线号	起点	机车线号	终点	导线名称规格
显示 15 V "地"	J159	X38T：3		Ⅰ端 X9T：3	2 芯屏蔽线
显示 15 V "+"	J150	X38T：4		Ⅰ端 X9T：4	RVVP-2×1.5 mm²
屏蔽地	J169	X38T：5			
装置故障	J251	X38T：1		Ⅰ端 X9T：1	
输出 110 V "地"	J252	X38T：2		Ⅰ端 X9T：2	
CANA_H	J161A	X38T：6		Ⅰ端 X9T：11	6 芯屏蔽线
CANA_L	J162A	X38T：7		Ⅰ端 X9T：12	RVVP-6×0.75 mm²
CANB_H	J161B	X38T：8		Ⅰ端 X9T：13	
CANB_L	J162B	X38T：9		Ⅰ端 X9T：14	
Ⅰ端付台按钮线	J201	按钮：常开		Ⅰ端 X9T：5	
Ⅰ端付台按钮线	J202	按钮：常闭		Ⅰ端 X9T：6	3 芯屏蔽线
Ⅰ端付台按钮线	J203	按钮：公共		Ⅰ端 X9T：7	RVVP-3×0.75 mm²
15 V "地"		X9T：8		Ⅰ端 X9T：9	短跳线

表 2.1.7 X39T 插头定义表（Ⅱ端显示器 X9）

信号名称	装置线号	起点	机车线号	终点	导线名称规格
显示 15 V "地"	J159	X39T：3		Ⅱ端 X9T：3	2 芯屏蔽线 RVVP-2×1.5 mm²
显示 15 V "+"	J150	X39T：4		Ⅱ端 X9T：4	
屏蔽地	J169	X39T：5			6 芯屏蔽线 RVVP-6×0.75mm²
装置故障	J251	X39T：1		Ⅱ端 X9T：1	
输出 110 V "地"	J252	X39T：2		Ⅱ端 X9T：2	
CANA_H	J161A	X39T：6		Ⅱ端 X9T：11	
CANA_L	J162A	X39T：7		Ⅱ端 X9T：12	
CANB_H	J161B	X39T：8		Ⅱ端 X9T：13	
CANB_L	J162B	X39T：9		Ⅱ端 X9T：14	
Ⅱ端付台按钮线	J201	按钮：常开		Ⅱ端 X9T：5	3 芯屏蔽线 RVVP-3×0.75mm²
Ⅱ端付台按钮线	J202	按钮：常闭		Ⅱ端 X9T：6	
Ⅱ端付台按钮线	J203	按钮：公共		Ⅱ端 X9T：7	

※※※※※※【设备维护】※※※※※※

通过对 LKJ 设备的检修，掌握 LKJ 的检修方法及现场操作规程，掌握对 LKJ 典型故障的分析、处理方法。

一、所需设备与工具

材料：封条、棉纱、保险管、螺丝、螺母、灯泡、铅封、胶布、垫圈等。
工具：个人工具、手电筒、禁动牌、铅封钳、电务作业红旗、活口扳手、管拧子、扁油刷、校时器、转储器（IC 卡）、标签读出器。
仪表：兆欧表、数字万用表。

二、操作步骤

根据《列车运行监控装置（LKJ）检修规程（V1.0）》，对于列车运行监控装置（LKJ）及相关设备（包括 LKJ2000 型监控装置、TAX 装置、机车语音记录装置、LAIS 车载设备、铁路车号识别系统机车车号识别装置、速度传感器、压力传感器、LKJ 其他附属设备等进行检修工作）进行检修。

LKJ 系统设备的维修周期和修程设置应适应机车（动车组）的检修体制，检修工作在机车（动车组）检修作业时同步进行。

LKJ 系统设备的检修工作应坚持"按范围、按信息反馈及设备状态、按技术要求、按工艺"、"程序化、文明化、现代化"、"记名检修"（简称"四按三化记名修"）的施修方式，实行专业化集中修，严格控制检修过程中各作业的质量。

（一）LKJ 系统设备维修修程和周期

根据 LKJ 系统设备的结构特性、工作环境、性能和一定时期的制造技术水平，结合机车（动车组）的运用、检修体制等因素，规定 LKJ 系统设备维修修程和周期。

1. 维修修程

维修修程设置为：Ⅰ级修、Ⅱ级修、Ⅲ级修。

Ⅰ级修：与机车辅/小修（动车组 2 级修）修程相对应，对 LKJ 系统设备进行检查和维护，并应用测试、试验等手段，结合 LKJ 运行记录数据进行质量分析，实现预防修和状态修。

Ⅱ级修：与机车中修（动车组 3、4 级修等）修程相对应，以"整修、补强、恢复、改善"为重点，对车上 LKJ 系统设备下车进行全面整修。

Ⅲ级修：与机车大修（动车组 4、5 级修）修程相对应，由设备制造单位或具备资质的专业维修机构进行全面检修，恢复设备的基础质量。

2. 维修周期

机车上安装的 LKJ 系统设备维修周期基本设置如表 2.1.8 所列。动车组上安装的 LKJ 系统设备维修周期基本设置如表 2.1.9 所列。

表 2.1.8 机车上安装的 LKJ 系统设备维修周期基本设置

LKJ 维修修程	LKJ 维修周期	对应机车修程
Ⅰ级修	2～4 万走行公里或 60 天	辅/小修
Ⅱ级修	25～45 万走行公里或 2 年	中修
Ⅲ级修	80～120 万走行公里或 4 年	大修

表 2.1.9 动车组上安装的 LKJ 系统设备维修周期基本设置

LKJ 维修修程	LKJ 维修周期	对应动车组修程	
		CRH1、3、5 型	CRH2 型
Ⅰ级修	3～6 万走行公里或 30 天	2 级修	2 级修
Ⅱ级修	120 万走行公里或 2 年	3 级修	3 或 4 级修
Ⅲ级修	240 万走行公里或 4 年	4 或 5 级修	4 或 5 级修

（二）LKJ 系统的检修管理

铁路总公司对 LKJ 系统设备检修工作进行统一规划，制定技术政策、规程，规定 LKJ 系统设备各级检修修程、周期、范围和技术标准。

铁路局电务处贯彻铁路总公司有关规章制度、技术标准和技术规范等规定，负责 LKJ 系统设备检修管理工作，建设和完善检修管理机制、检修设施，督促检查执行情况；制定设备Ⅲ级修计划，并组织实施。

电务段贯彻执行铁路总公司、铁路局有关规章制度、技术规范、技术标准等要求，制定 LKJ 系统设备检修工作相关制度，建立检修生产机制，完成 LKJ 系统设备的检修等任务。

电务段应定期检查分析检修生产组织、设备运用质量、"四按三化记名修"的执行、配件管理、维修成本管理等情况，制订改进措施并实施；开展专业技术培训、加强班组建设，提高检修人员技术水平和班组管理水平；积极采用新技术、新工艺、新材料，吸收和推广先进经验，不断提高设备质量、降低检修成本。

LKJ系统设备Ⅰ级修维修工艺由电务段编制并报电务处核备，Ⅱ级修维修工艺由电务处组织电务段编制，Ⅲ修维修工艺由电务处组织设备制造单位编制或提供。

LKJ系统设备检修后须纳入机车设备进行验收，经验收合格后方可装车、投入使用。

在正常使用和检测维修的情况下，LKJ系统设备检修后的质量保证期限要求如下：

Ⅰ级修质量保证期限：须到下一个计划修修程。

Ⅱ级修质量保证期限：6个月。

Ⅲ级修质量保证期限：12个月。

LKJ系统设备Ⅰ、Ⅱ、Ⅲ级修修程应达到的基本技术要求：

（1）各设备安装牢固、布线整齐、外观清洁，空气管路连接密封处无泄漏；
（2）电缆线铺装完毕未连接设备前绝缘检查正常；
（3）各设备之间的连接电缆根据系统布线图连接正确可靠；
（4）设备上电自检过程及工作状态指示灯显示正确；
（5）屏幕显示器显示、语音、按键等工作状态正确；
（6）LKJ系统日期、时间正确；
（7）机车（动车组）型号、机车（动车组）号设置正确；
（8）管压和柴油机转速（内燃机车）显示正确；
（9）复示机车信号状态正确；
（10）运行时速度显示正确；
（11）解除牵引力、常用制动和紧急制动功能正常；
（12）LKJ运行记录数据转储功能正常。

三、故障处理

（一）故障查找及处理的一般方法

故障查找及处理的一般方法有直观法、测量法、代换试验法、对比法、敲打试验法等。

1. 直观法

直观法通过人的眼睛或其他感觉器官去发现故障、排除故障，是最基本的检查故障的方法之一。实施直观法应坚持先简单后复杂、先外面后里面的原则。实际操作时，正确打开机壳，能准确地识别电子元器件，熟悉拆开设备内的各种电子元器件的形状、名称、代表字母、电路符号和功能。

直观法主要包括对实物的观察和对图像的观察。

直观法检修的步骤：

（1）打开机箱之前的检查。

不通电，观察电气设备的外表，有无碰伤痕迹，按键、插口、连线有无损坏等。

（2）打开机箱后的检查（无电）。

不通电，观察线路板及机内各种装置，熔丝是否熔断；元器件有无相碰、断线；电阻有无烧焦、变色；电解电容器有无漏液、裂胀及变形；印刷电路板上的铜箔和焊点是否良好，有无已被他人修整、焊接的痕迹等。观察机内时，可用手拨动一些元器件、零部件，以充分检查。

（3）通电后的检查。

观察主机各面板指示灯自检时或自检后状况，设备内部有无打火、冒烟现象；设备内部有无异常声音；设备内部有无焦味；摸一些元件、集成电路等是否烫手，如有异常发热现象，应立即关机。

LKJ2000型监控装置主机对核心部件都有自检功能，其上电自检后，对每个插件的核心部件都会自检。通过观察面板指示灯的查询屏幕显示器设备状态的方法，可以很好地判断部分故障部位。利用这一功能，对简单判断、查找故障源头十分有用。但是判断的前提条件是必须确保监控主机程序正常运行。

① 监控记录插件指示灯：

监控记录插件面板上共有8排指示灯用于正常或故障状态指示，其中1A～5A、1B～5B指示灯在自检和正常工作时，其含义有差别。自检时指示灯含义如表2.1.10所列。

表2.1.10 监控记录插件自检指示灯含义

指示灯	含义	指示灯	含义
1A（亮）	程序芯片（U_3、U_4）自检正确	1B（亮）	地面数据芯片（U_5、U_6）自检正确
2A（亮）	CPU内部RAM自检正确	2B（亮）	实时时钟（U_{15}）RAM自检正确
3A（亮）	外部RAM（U_{13}）自检正确	3B（亮）	外部RAM（U_{14}）自检正确
4A（亮）	外部RAM（U_{11}）自检正确	4B（亮）	外部RAM（U_{12}）自检正确
5A（亮）	CANA自检正确	5B（亮）	CANB自检正确

监控记录插件上电后（断电后再上电须间隔30 s以上），面板指示灯全亮后全灭。然后对外部芯片逐一检查，当芯片工作正常时，与该芯片相应的灯亮，否则灯灭。1A～5A、1B～5B灯亮，表示上电自检正常。

插件自检完毕后就进入正常工作状态。面板指示灯含义如表2.1.11所列。

表2.1.11 监控记录插件自检完毕后正常工作时指示灯状态及含义

指示灯	含义	指示灯	含义
1A（闪）	工作正常	1B（亮/灭/闪）	主机/备机/单机
2A（亮）	实时时钟正常	2B（亮/灭）	CAN（A/B）
3A（亮）	同步通信自检正	3B（亮）	CAN通信正常
4A（亮）	数字量输入插件自检正常	4B（亮）	模拟量输入/输出插件自检正常
5A（亮）	数字量输入/输出插件输入部分自检正常	5B（亮）	数字量输入/输出插件输出部分自检正常
6A（亮）	程序及数据一致	6B（亮）	记录同步
7A（亮）	复位标志	7B	空
8A	空	8B（亮）	记录/转储

② 数字量输入插件指示灯：

数字量输入插件面板上有 16 个发光二极管用于机车信号条件输入指示，当某通道有输入时，相应的灯亮，灯灭表示信号未到插件或者信号已到但光电输入级出现了故障。

当装置上电时，系统对插件进行自检，先使面板指示灯全亮，然后全灭。如自检时发现哪个灯不亮则表示该路光电输入有故障。各灯含义见表 2.1.12。

表 2.1.12 数字输入插件面板指示灯含义

指示灯	含 义	指示灯	含 义
1A（亮）	绿（L）	1B（亮）	绿黄（L/U）
2A（亮）	黄（U）	2B（亮）	黄 2（U2）
3A（亮）	双黄（U/U）	3B（亮）	红黄（H/U）
4A（亮）	红（H）	4B（亮）	白（B）
5A（亮）	速度等级 1（SD1）	5B（亮）	速度等级（SD2）
6A（亮）	速度等级 3（SD3）	6B（亮）	制式
7A（亮）	绝缘节	7B（亮）	信号备用 1
8A（亮）	信号备用 2	8B（亮）	信号备用 3

③ 数字量输入/输出插件指示灯：

数字量输入/输出插件面板上有 17 个指示灯，其中，1A～4A、1B～4B 用于 8 路 110 V 机车工况条件输入指示，5A～8A；5B～8B 用于 8 路继电器的自检或工作状态的指示。9A 用于系统是否故障指示。指示灯 8B、8A 在自检和正常工作时的含义不一样。表 2.1.13 为自检时的指示灯含义表。

表 2.1.13 数字量输入/输出插件自检时指示灯含义表

指示灯		含 义
8B	8A	
灭	灭	自检状态
亮	灭	自检状态
亮	亮	自检状态

自检时，面板上指示灯亮、灭的顺序为：8A 亮→8B 亮→8B 灭→8A 灭，装置上电后先进入自检状态，然后再进入正常工作状态。正常工作时，面板指示灯含义如表 2.1.14 所列。

表 2.1.14 数字量输入/输出插件正常工作时指示灯含义表

指示灯	含 义	指示灯	含 义
1A（亮）	零位（LW）	1B（亮）	向前（XQ）
2A（亮）	向后（XH）	2B（亮）	牵引（QY）
3A（亮）	制动（ZD）	3B（亮）	备用 1
4A（亮）	备用 2	4B（亮）	备用 1
5A（亮）	卸载	5B（亮）	减压
6A（亮）	关风	6B（亮）	备用
7A（亮）	备用	7 B（亮）	备用
8A（灭）8B（亮）		非紧急制动状态
8A（亮）8B（灭）		紧急制动状态

④ 地面信息处理插件指示灯：

地面信息处理插件插件面板上有指示灯用于指示信号制式和该插件的工作状态。1A 灯用来表示程序是否正常工作，常亮、灭或无规律的闪烁表示该插件故障；均匀、有规律地闪烁表示工作正确。1B 灯固定表示过节信号显示，1B "亮"有过节信号，1B "灭"无过节信号。2A、2B、3A、3B 组合表录当前所在区段的信号制式。面板指示灯含义如表 2.1.15 所列。

表 2.1.15 地面信息插件面板指示灯含义

位置	状态	含义				
1A	闪烁	信息处理板正常工作（7.8~7.9 Hz）				
1B	亮	过绝缘节				
3B、3A、2B、2A（亮-1，灭-0）	灯闪表示通信错误	3B	3A	2B	2A	轨道制式
		0	0	0	0	1700
		0	0	0	1	2000

⑤ 通信插件指示灯：

通信插件上有 12 个指示灯，用来指示通信插件的工作状态，面板指示灯含义如表 2.1.16 所列。

表 2.1.16 通信插件面板指示灯含义

指示灯	含义	指示灯	含义
1A（亮）	5 V 电源	1B（亮）	RS485 通道 0 电源
2A（亮）	RS485 通道 1 电源	2B（亮）	RS422 通道电源
3A（亮）	CAN 通道 A 电源	3B（亮）	CAN 通道 B 电源
4A（闪亮）	RS485 通道 0 接收数据	4B（闪亮）	RS485 通道 1 接收数据
5A（闪亮）	CAN 通道 A 中断	5B（闪亮）	CAN 通道 B 中断
6A（亮/灭）	闪表示主机工作，灭表示备机工作	6B（闪）	工作正常

⑥ 电源插件指示灯：

上电后，电源插件指示灯 1A~4A、1B~4B 全亮，表示电源插件各路输出电源正常，各指示灯含义如表 2.1.17 所列。

表 2.1.17 电源插件面板指示灯含义

指示灯	含义	指示灯	含义
1A（亮）	+5 V	1B（亮）	+12 V
2A（亮）	-12 V	2B（亮）	+12 V
3A（亮）	+24 V	3B（亮）	+15 V1（供速度传感器）
4A（亮）	+24 V	4B（亮）	+15 V2（供压力传感器）

根据各插件指示灯指示情况，检查相应的板件元器件、芯片是否松动；更换相应的 LKJ 板件；更换 LKJ 主机箱。

（4）按 LKJ 显示屏查询和指示灯判断与处理故障。

LKJ 设备主机有的模块和通道有自检电路，在显示屏查询[十 4]窗口的下半部分能够发现故障；未有自检电路，在显示屏上发现不了故障，必须结合检测作业标准和各插件面板指示灯含义逐项检查、检测。利用装置的自检功能判别故障的前提是：CPU 及其总线工作正常。因此，利用装置自检功能只能判别局部的故障。

直观法十分简便，不需要其他仪器，对检修电器的一般性故障及损坏型故障很有效果。

2. 测量法

测量法包括电阻法、电压法和电流法。

（1）电阻法。

电阻法利用万用表欧姆挡测量电气设备的集成电路、晶体管各脚和各单元电路的对地电阻值，以及各元器件自身的电阻值来判断故障。

电阻法是检修故障的最基本的方法之一。电阻法有"在线"电阻测量和"脱焊"电阻测量。"在线"电阻测量，由于被测元器件接在整个电路中，所以万用表所测得的阻值受到其他并联支路的影响，在分析测试结果时应给予考虑，以免误判。正常所测的阻值应和元器件的标称阻值相等或小于标称值，若大于标称阻值，则所测的元器件存在故障。在线测试一定要在断电情况下进行，否则测得结果不准确，还会损伤、损坏万用表。电阻法对检修开路或短路故障十分有效。检测中，往往先采用在线测方式，在发现问题后，可将元器件拆下后再检测。在线测试元器件质量时，万用表的红、黑表棒要互换测试，尽量避免外电路对测量结果的影响。"脱焊"电阻测量，将被测元器件一端或将整个元器件从印刷电路板上脱焊下来，再用万用表测电阻，"脱焊"法操作较繁，但测量的结果却准确、可靠。

① 开关件检测：

测量接触电阻和断开电阻是判断开关组件质量好坏最常用的方法。在线电阻测量开关的接触电阻应小于 0.5 Ω，否则为接触不良。断开电阻一般大于几千欧为正常。

② 元器件质量检测：

电阻法可以判断电阻、电容、电感线圈、晶体管的质量。一般在各元器件在线阻值测量完成后，万用表的红、黑表棒互换一次，再测试一次阻值。这样可排除外电路对测量结果的干扰。两次测试阻值的结果做分析用。对重点怀疑的元器件可脱焊进一步检测。

在检测一些低电压（如 5 V、3 V）供电的集成电路时，不要用万用表的 R×10 k 挡，以免损坏集成电路。

③ 接插件的通断检测：

耳机插座、电源转换插座、线路板上的各种接插组件等，均可用电阻法测试其好坏。如：对圆孔型插座可通过插头插入与拔出来检测接触电阻；对其他接插组件检测时，可通过摆动接插件来测其接触电阻，若阻值大小不定，说明接触不良。

（2）电压法。

电压法通过测量电路或元器件的工作电压并与正常值进行比较来判断故障。

电压法检测是最基本、最常用的方法。测试的电压包括各级电源电压、晶体管的各极电压以及集成块各脚电压等。测得的电压一般是反映电气设备工作状态是否正常的重要依据。电压偏离正常值较大的地方，往往是故障所在的部位。

案例1：LKJ2000型监控装置运行中无速度显示故障的处理方法。

首先将两个速度传感器同时故障基本排除；然后检查主机后 X34T 接插状态并重新紧固，接着用万用表直流电压挡测量主机输出到速度信号条件线接线排 J170, J179 间应有 15 V 电压，如没有检查 X34T 到接线排速度信号条件线，并检查紧固接线端子。接线排到两个速度传感器接线，电源线有无短路接地情况，如有进行更换；如仍未解决最后更换模拟入出插件。

案例2：LKJ2000型监控装置开机无显示故障的处理方法。

首先检查主机开关状态和保险安装是否牢固，再检查主机 X30T 是否紧固到位并检查插针是否弯曲，重新紧固 X30T；然后检查Ⅰ、Ⅱ室电源开关是否破封、是否在正常工作位并检查插头插接是否紧固；用万用表测量主机 110 V 电源线 J140 和 J149 间是否有 110 V 电压，如有则说明机务部门提供的电源和Ⅰ、Ⅱ室电源开关及配线无问题；再量主机 X30T 内 16、17 针是否有 110 V 电压，如有更换监控主机，如无更换 X30T 配线；如无 110 V 电压，量机务部门提供的 J421 和 J901 是否有 110 V 电压，如无通知机务部门处理；如有则检查Ⅰ、Ⅱ室电源开关及配线，更换故障的开关或配线。

（3）电流法。

电流法通过检测晶体管、集成电路的工作电流、局部电路电流和电源的负载电流来判断电气设备的故障。

电流法可分为直接测量法和间接测量法两种。

间接测量实际上是用测电压来换算电流或用特殊的方法来估算电流的大小。若测晶体管电极电流时，可以通过测量其集电极或发射极上串联电阻的压降换算出电流值。这种方法的好处是无需在印刷电路板上制造测量口。另外有些关键电路设置了温度保险电阻。通过测量这类电阻上的电压降，可估算出各电路中负载的电流的大小。若某路温度保险电阻烧断，可直接用万用表的电流挡测电流判断故障原因。

3. 替换法

迅速查找故障源的方法大都采用替换法。检修人员应根据故障现象替换响应的器件。更换时，将其拔出后重插几次，确认是否因为接触不良引起的故障。如果重新插入以后故障消除，说明接触不良。如未消除，而备用正常的部件插入后正常，说明替换下来的部件已经损坏或性能下降。

4. 对比法

对比法对电子设备尤其是相同功能、作用、电路原理的热备双套电子设备，在输入或输出信号一致相同条件下采用相互对比手段，判定出其中某一插件板或某一单元电路中存在故障的元器件。

相同插件板或单元电路在同等输入或输出信号一致条件下，对比指示灯显示状况。相同插件板或单元电路受到磁场干扰等因素影响下比对共性点和个性点差异，经各项检测排除后判定某一插件板或单元电路是否存在故障。

5. 敲打试验法

敲打试验法是当电子设备出现时好时不好故障现象，又难以判定故障点时，采用纵向、横向震动手段，迅速判定或检测出电路中接触不良的元器件。

项目二 LKJ2000型监控装置维护

******【检修作业】******

序号	部位	项 目	检修范围	Ⅲ级修
1	监控主机	清洗、分解及检查	检查机箱及各配件外观，是否清洁，有无裂损、变色，机箱内是否有油污及杂物； 检查导轨状态； 检查安装底座是否牢固、无弯曲； 检查电源开关动作是否可靠，紧固状态是否良好； 检查隔离开关、电源开关、警惕按钮状态是否良好； 检查各连接器状态； 检查各配件安装螺丝是否紧固； 检查各连接导线状态； 检查CAN终端电阻； 检查地面信息处理插件机感信号输入接口电阻； 检查电源插件保险管与保险管座是否接触可靠，是否符合规格； 检查插件96芯插头、48芯插头及5芯连接器的插针无弯曲、退针、磨损； 检查在本期修程内是否有须改造的内容。	每次
		测试及维修	更换全部减震胶垫； 更换不良防插错齿条； 更换机箱螺孔条，更换不良塑料导轨； 更换5芯连接器； 更换监控记录板U3、U4、U5、U6程序芯片，更换U11、U12、U13、U14、U15芯片； 更换电源板各输入、输出电容； 更换数字量输入/输出板RL2、RL3、RL4、RL8、RL9继电器。	每次
			各插件测试、调整性能。	每次
		组装、整机测试	检查组装情况； 整机性能测试。	每次
2	屏幕显示器	分解、清洁及检查	检查机壳及各配件外观，是否清洁，有无裂损、变色； 检查喇叭、蜂鸣器状态； 电源保险管型号、规格是否符合要求，紧固状态是否良好； 检查IC卡座、连接板状态； 检查各连接器状态； 检查各配件安装螺丝是否紧固； 检查各连接导线状态； 检查液晶屏外观，显示状况； 检查在本期修程内是否有须改造的内容。	每次
		测试及维修	更换面膜； 更换喇叭、蜂鸣器； 更换液晶屏背光灯管； 更换高压转换器、IC卡语音芯片、PC104主板、电源板、IC卡座组件（卡座及连接线）、线扎组件； 更换IC卡语音板电解电容； 更换DOC电子盘。	每次
			各板件测试、调整性能。	每次

续表

序号	部位	项目	检修范围	Ⅲ级修
2	屏幕显示器	组装、整机测试	检查组装情况； 整机性能测试。	每次
		清洗、分解及检查	检查机箱及各配件外观，是否清洁，有无裂损、变色； 检查面板捏手、螺孔条、导轨状态； 检查电源开关动作是否可靠； 主机电源保险管型号、规格是否符合要求，紧固状态是否良好； 检查各连接器状态； 检查各配件安装螺丝是否紧固； 检查各连接导线状态； 检查插件48芯插头及5芯、7芯连接器的插针无弯曲、退针、磨损； 检查在本期修程内是否有须改造的内容。	每次
		测试及维修	检查安装底座，更换全部减震胶垫； 更换不良防插错齿条、塑料导轨； 更换5芯连接器、7芯连接器； 更换电源插件版输入、输出电容； 更换MAX1480、28SF040。	每次
			各插件测试、调整性能。	每次
		组装、整机测试	检查安装情况；整机性能测试。	每次
4	机车语音记录装置	清洁及检查	检查外观，是否清洁，有无裂损、变色； 检查面板捏手； 检查喇叭状态； 检查各连接器状态； 检查安装螺丝是否紧固； 检查插件48芯插头及CH10连接器的插针无弯曲、退针、磨损。	每次
		测试及维修	更换喇叭、拨动开关、回放按钮、USB插座、7芯圆形插座； 更换电源模块、A/D转换器、电解电容。	每次
			性能测试。	每次

★★★★★★【思考与练习】★★★★★★

1. LKJ 2000型监控装置的功能有哪些？
2. 简述速度监控的基本原理。
3. LKJ2000型监控装置由哪些部分组成？各起什么作用？
4. 监控主机箱由哪些插件组成？各起什么作用？
5. LKJ 2000型监控装置有哪些信号输入电路？简述其原理。

6. 简述事故状态记录器的结构和工作原理。
7. 机车工况包括哪些信息？它们是通过 2000 型监控装置主机的哪个插头引进的？
8. 2000 型监控装置主机电源开关时的注意事项是什么？
9. 在 TAX2 型综合监测装置主机箱中，各插件都有哪些？
10. 为什么要求不能在带电的情况下进行各插件拔插？
11. LKJ2000 型监控装置更换数据芯片后，在彩屏显示器上还有哪些工作？
12. 检修参数设定的主要内容是什么？
13. LKJ2000 型监控装置按【查询】键可查询哪些内容？
14. LKJ2000 型监控装置列车管压力无显示或显示错误的几种原因、应如何处理？
15. 试述相位防溜的原理。
16. 简述 LKJ 系统设备维修修程和周期。
17. 简述 LKJ 系统设备修程范围。
18. LKJ 系统故障查找、分析及处理的一般方法有哪些？各适用于何种情况？
19. 如何按 LKJ 显示屏查询和指示灯判断与处理故障？
20. LKJ2000 型监控装置无机车信号显示或显示与机车信号显示不一致应如何处理？
21. LKJ2000 型监控装置开机无显示故障的处理方法？

项目三
CTCS-2 级列控设备维护

以 CTCS-2 级列控设备为载体，学习 CTCS-2 级列控设备的基本结构、工作原理、信息流程、日常维护、典型故障处理，训练学生具备 CTCS-2 级列控设备的日常操作与维护、故障分析与处理的能力。

【案例分析】

1. 事故发生经过

杭州—福州 D3115 次列车 20 时 14 分 58 秒从永嘉站开车，20 时 21 分 46 秒 5829AG 轨道电路故障停于 584 千米 115 米处 20 时 29 分 26 秒成功转为目视行车模式启动运行；北京—福州 D301 次列车 20 时 12 分永嘉站 1 道停车等信号，20 时 24 分 25 秒司机按规定命令从永嘉站出发车，20 时 29 分 32 秒列车在 5829AG 轨道区段采取了紧急制动措施，20 时 30 分 5 秒 D301 次列车在 583 千米 831 米处以 99 千米/小时的速度与以 16 千米/小时的速度前行的 D3115 次列车发生追尾。

2. 事故发生前基本情况

（1）事故线路情况：事故发生后对事故地段前后的线路检查测量结果合格。

（2）事故列车及司机情况：D3115 和 D301 次列车各项技术参数及车辆状况均正常；司机体格特征正常；作业符合标准。

（3）事故相关设备情况：因雷击致使温州南站轨道电路 4 个发送盒损坏，造成轨道电路与列控中心信号传输的 CAN 总线阻抗下降，导致 5829AG 轨道电路发送器与列控中心通信故障。

（4）事故地段治安情况：事故现场未发现人为破坏铁路线路、通信信号、牵引供电等设备设施的痕迹。

3. 事故分析

因多次雷击使 LKD2-T1 型列控中心设备采集驱动单元采集电路电源回路中的保险管 F2 熔断。熔断前温州南站列控中心管辖区间的轨道无车占用，因温州南站列控中心设备的严重缺陷，导致后续时段实际有车占用时，列控中心设备仍按照熔断前无车占用状态进行控制输出，致使温州南站列控中心设备控制的区间信号机错误升级保持绿灯状态。轨道电路与列控中心信号传输的 CAN 总线阻抗下降，使 5829AG 轨道电路与列控中心的通信出现故障，造成 5829AG 轨道电路发码异常，在无码、检测码、绿黄码间无规律变化，在温州南站计算机联锁终端显示永嘉站至温州南站下行线三接近（即 5829AG 区段）"红光带"。

4. 事故原因

（1）雷击：造成 5829AG 轨道电路发送器与列控中心通信故障。使从永嘉站出发驶向温州南站的 D3115 次列车超速防护系统自动制动，在 5829AG 区段内停车。

（2）轨道电路发码：发码异常，导致其 3 次转目视行车模式起车受阻，7 分 40 秒后才转为目视行车模式以低于 20 千米/小时的速度向温州南站缓慢行驶，未能及时驶出 5829 闭塞分区。

（3）温州南站列控中心：管辖的 5829 闭塞分区及后续两个闭塞分区防护信号错误地显示绿灯，向 D301 次列车发送无车占用码，导致 D301 次列车驶向 D3115 次列车并发生追尾。

（4）上海铁路局：有关作业人员安全意识不强，在设备故障发生后，未认真正确地履行职责，故障处置工作不得力，未能起到可能避免事故发生或减轻事故损失的作用。

列控中心设备存在严重设计缺陷、上道使用审查把关不严、雷击导致设备故障后应急处置不力等原因是导致 7·23 动车事故的主要原因。

任务 1　CTCS-2 系统认知

【技能目标】

1. 能准确指出 CTCS-2 级列控系统设备各功能单元构成。
2. 能准确操作 CTCS-2 级列控设备。
3. 能按照铁路现场作业标准完成 CTCS-2 级列控系统设备维护。

【知识目标】

1. 掌握 CTCS 的基础知识和等级划分。
2. 掌握 CTCS-2 级列控系统的设备构成和基本工作原理。
3. 掌握 CTCS-2 级列控设备维护要点。

******【相关知识】******

一、CTCS 基本知识

CTCS 是 Chinese Train Control System 的缩写，即中国列车运行控制系统，它以分级的形式满足不同线路运输需求，在不干扰机车乘务员正常驾驶的前提下有效地保证列车运行的安全。

（一）基本功能

CTCS 在满足 RAMS 条件下，完成设备运行状态诊断记录，向机车乘务员提供驾驶信息及数据输入输出界面，对列车进行超速防护，保证列车安全运行。

1. 安全防护

（1）在任何情况下防止列车无行车许可运行。

（2）防止列车超速运行、防止列车超过进路允许速度、防止列车超过线路结构规定的速度、防止列车超过机车车辆构造速度、防止列车超过临时限速及紧急限速、防止列车超过铁路有关运行设备的限速。

（3）防止列车溜逸。

（4）测速环节应保证，一定范围内的车轮滑行和空转不影响 ATP 的功能，并具有轮径修正能力。

2. 人机界面

为机车乘务员提供的信息显示、数据输入及操作装置。

（1）能够以字符、数字及图形等方式显示列车运行速度、允许速度、目标速度和目标距离。

（2）能够实时给出列车超速、制动、允许缓解等表示以及设备故障状态的报警。

（3）机车乘务员输入装置应配置必要的开关、按钮和有关数据输入装置。

（4）具有标准的列车数据输入界面，可根据运营和安全控制要求对输入数据进行有效性检查。

3. 检测功能

（1）具有开机自检和动态检查功能。

（2）具有关键数据和关键动作的记录功能及监测接口。

4. 可靠性和安全性

（1）按照信号故障导向安全原则进行系统设计。

（2）采用冗余结构。

（3）满足电磁兼容性相关标准。

（二）CTCS 体系结构

CTCS 的体系结构按铁路运输管理层、网络传输层、地面设备层和车载设备层配置，如图 3.1.1 所示。

铁路运输管理层	
网络传输层	
地面设备层	车载设备层

图 3.1.1　CTCS 体系结构

1. 铁路运输管理层

铁路运输管理系统是行车指挥中心，以 CTCS 为行车安全保障基础，通过通信网络实现对列车运行的控制和管理。

2. 网络传输层

CTCS 网络分布在系统的各个层面，通过有线和无线通信方式实现数据传输。

3. 地面设备层

地面设备层主要包括列控中心、轨道电路和点式设备、接口单元、无线通信模块等。列控中心是地面设备的核心,根据行车命令、列车进路、列车运行状况和设备状态,通过安全逻辑运算,产生控车命令,实现对运行列车的控制。

4. 车载设备层

车载设备层是对列车进行操纵和控制的主体,具有多种控制模式,并能够适应轨道电路、点式传输和无线传输方式。车载设备层主要包括车载安全计算机、连续信息接收模块、点式信息接收模块、无线通信模块、测速模块、人机界面和记录单元等。

(三) 系统构成

CTCS 参照国际标准,结合我国国情,从需求出发,按系统条件和功能划分等级。CTCS 体系的构建原则是以地面设备为基础,车载与地面设备统一设计。系统结构如图 3.1.2 所示。

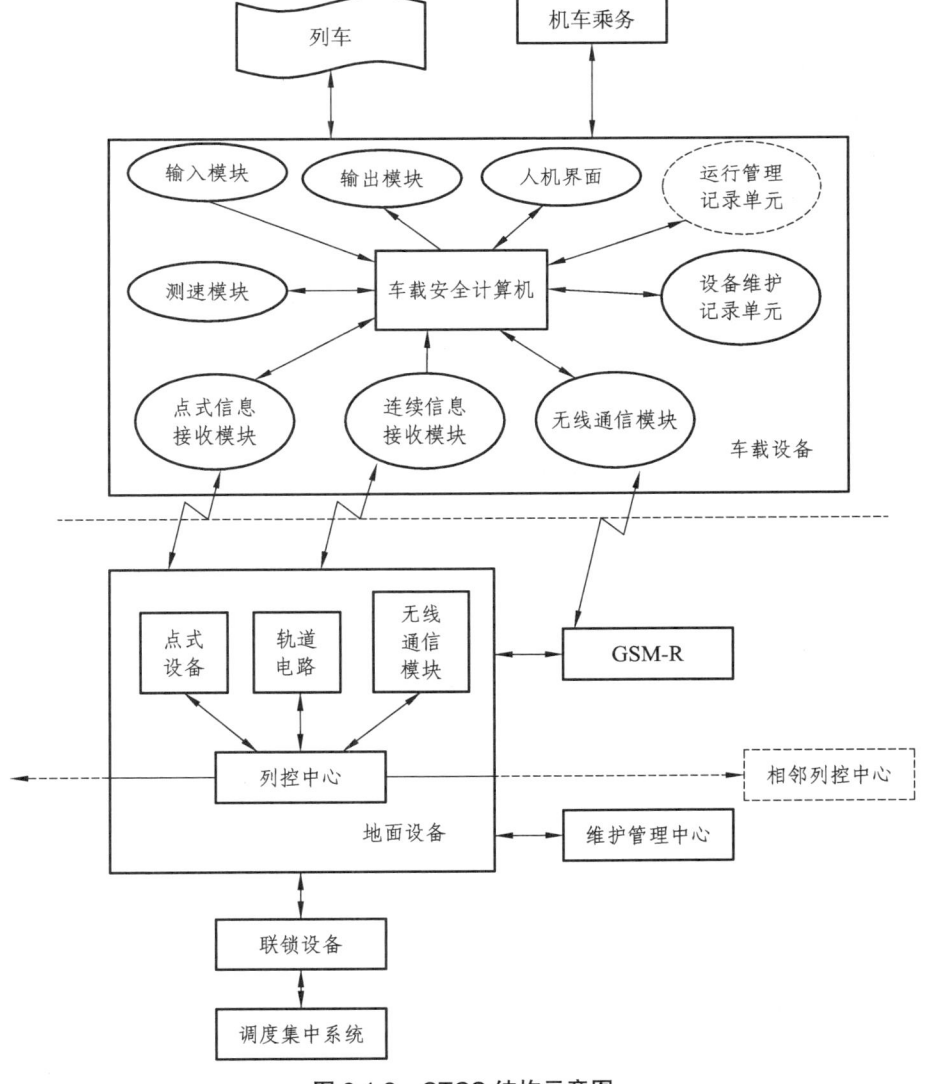

图 3.1.2 CTCS 结构示意图

（四）CTCS 等级划分

列车运行控制系统包括地面设备和车载设备，CTCS 根据功能要求和设备配置可以将应用等级划分为 0～4 级。

1. CTCS 应用等级 0 级（CTCS-0）

为了规范的一致性，将目前干线铁路应用的地面信号设备和车载设备定义为 CTCS-0 级。由通用机车信号和列车运行监控装置组成，为既有系统。

CTCS-0 级的控制模式也是目标-距离式，它在既有地面信号设备的基础上，采取大贮存的方式把线路数据全部贮存在车载设备中，靠逻辑推断地址调取所需的线路数据，结合列车性能计算给出目标-距离式制动曲线。如能在每个进出站口增加点式设备，加强核对地址，就能大大减少逻辑推断地址产生错误的可能性。

日本的数字列车运行控制系统 I-ATC 就是采取车载信号设备贮存电子地图，通过每一轨道区段的地址编码来调取所需的线路数据，这种方式可以使地-车信息传输的信息需求量减少。在欧洲列车控制系统 ETCS 规范中也不排斥车载信号设备贮存线路数据的方式。

正因为 CTCS-0 级尚未成为安全系统，仅适用于列车最高运行速度为 160 km/h 及以下的线路，一般自动闭塞设计仍按固定闭塞方式进行，采用四显示自动闭塞，信号显示具有分级速度控制的概念，其目标-距离式制动曲线可作为参考。应该说这是一个过渡阶段。

2. CTCS 应用等级 1 级（CTCS-1）

由主体机车信号和安全型运行监控记录装置组成。面向 160 km/h 以下的区段，在既有设备基础上强化改造，达到机车信号主体化要求，增加点式设备，实现列车运行安全监控功能。利用轨道电路完成列车占用检测及完整性检查，连续向列车传送控制信息。点式信息作为连续信息的补充，可实现点连式超速防护功能。

CTCS-1 级的控制模式为目标-距离式，采取大贮存的方式把线路数据全部贮存在车载设备中，靠逻辑推断地址调取所需的线路数据，结合列车性能计算给出目标-距离式制动曲线。在车站附近增加点式信息设备，传输定位信息，以减少逻辑推断地址产生错误的可能性。

CTCS-1 级与 CTCS-0 级的差别在于全面提高了系统的安全性，是对 CTCS-0 级的全面加强，可称为线路数据全部贮存在车载设备上的列车运行控制系统。

地面子系统组成：

（1）轨道电路：完成列车占用检测及列车完整性检查，连续向列车传送控制信息。车站正线采用与区间同制式的轨道电路，侧线采用与区间同制式的叠加电码化设备。

（2）点式信息设备：应答器是一种能向车载子系统发送报文信息的传输设备，既可以传送固定信息，也可连接轨旁单元传送可变信息。

车载子系统组成：

（1）主体机车信号：完成轨道电路信息的接收与处理。

（2）点式信息接收模块：完成点式信息的接收与处理。

（3）安全型运行监控记录装置：实时检测列车运行速度，对列车运行控制信息进行综合处理，控制列车按命令运行。

3. CTCS 应用等级 2 级（CTCS-2）

CTCS-2 级是基于轨道传输信息的列车运行控制系统。轨道电路完成列车占用检测及完整性检查，连续向列车传送控制信息；点式信息设备传输定位信息、进路参数、线路参数、限速和停车信息。

CTCS-2 级面向提速干线和高速新线，是基于轨道传输信息并采用车-地一体化系统设计的列车运行控制系统。可实现行指-联锁-列控一体化、区间-车站一体化、通信-信号一体化和机电一体化。

采用车-地一体化设计，适用于各种限速区段，地面可不设通过信号机，机车乘务员凭车载信号行车。

CTCS-2 级采取目标-距离控制模式（又称连续式一次速度控制）。目标-距离控制模式根据目标距离、目标速度及列车本身的性能确定列车制动曲线，不设定每个闭塞分区速度等级，采用一次制动方式。

CTCS-2 级采取的闭塞方式称为准移动闭塞方式，准移动闭塞的追踪目标点是前行列车所占用闭塞分区的始端，留有一定的安全距离，而后行列车从最高速开始一次制动曲线的计算点是根据目标距离、目标速度及列车本身的性能计算决定的。目标点相对固定，在同一闭塞分区内不依前行列车的走行而变化，而制动的起始点是随线路参数和列车本身性能不同而变化的。空间间隔的长度是不固定的，由于要与移动闭塞相区别，所以称为准移动闭塞。显然其追踪运行间隔要比固定闭塞小一些。

地面子系统组成：

（1）列控中心：根据列车占用情况及进路状态计算行车许可及静态列车速度曲线并传送给列车。

（2）轨道电路：完成列车占用检测及列车完整性检查，连续向列车传送控制信息。车站与区间采用同一制式的轨道电路。

（3）点式信息设备：用于向车载设备传输定位信息、进路参数、线路参数、限速和停车信息等。

车载子系统组成：

（1）连续信息接收模块：完成轨道电路信息的接收与处理。

（2）点式信息接收模块：完成点式信息的接收与处理。

（3）测速模块：实时检测列车运行速度并计算列车走行距离。

（4）设备维护记录单元：对接收信息、系统状态和控制动作进行记录。

（5）车载安全计算机：对列车运行控制信息进行综合处理，生成控制速度与目标距离模式曲线，控制列车按命令运行。

（6）人机界面：车载设备与机车乘务员交互的设备。

（7）运行管理记录单元：规范机车乘务员驾驶，记录与运行管理相关的数据。

（8）预留无线通信接口。

4. CTCS 应用等级 3 级（CTCS-3）

CTCS-3 级是基于无线传输信息并采用轨道电路等方式检查列车占用的列车运行控制系统。CTCS-3 级面向提速干线、高速新线或特殊线路，基于无线通信的固定闭塞或虚拟自动闭塞，适用于各种限速区段，地面可不设通过信号机，机车乘务员凭车载信号行车。

CTCS-3 级是基于无线通信（如 GSM-R）的列车运行控制系统，它可以叠加在既有干线信号系统上。

轨道电路完成列车占用检测及完整性检查，点式信息设备提供列车用于测距修正的定位基准信息。无线通信系统实现地-车间连续、双向的信息传输，行车许可由地面列控中心产生，通过无线通信系统传送到车上。

CTCS-3 级与 CTCS-2 级一样，采取目标-距离控制模式（又称连续式一次速度控制）和准移动闭塞方式。由于其实现了地-车间连续、双向的信息传输，所以功能更丰富，实时性更强。

地面子系统组成：

（1）无线闭塞中心（RBC）：使用无线通信手段的地面列车间隔控制系统。它根据列车占用情况及进路状态向所管辖列车发出行车许可和列车控制信息。所使用的安全数据通道不能用于话音通信。

（2）无线通信（GSM-R）地面设备：作为系统信息传输平台完成地-车间大容量的信息交换。

（3）点式设备：主要提供列车定位信息。

（4）轨道电路：主要用于列车占用检测及列车完整性检查。

车载子系统组成：

（1）无线通信（GSM-R）车载设备：作为系统信息传输平台完成车-地间大容量的信息交换。

（2）点式信息接收模块：完成点式信息的接收与处理。

（3）测速模块：实时检测列车运行速度并计算列车走行距离。

（4）设备维护记录单元：对接收信息、系统状态和控制动作进行记录。

（5）车载安全计算机：对列车运行控制信息进行综合处理，生成目标-距离模式曲线，控制列车按命令运行。

（6）人机接口：车载设备与机车乘务员交互的接口。

（7）运行管理记录单元：规范机车乘务员驾驶，记录与运行管理相关的数据。

5. CTCS 应用等级 4 级（CTCS-4）

CTCS-4 级是基于无线传输信息的列车运行控制系统，是完全基于无线传输信息的列车运行控制系统。地面可取消轨道电路，由 RBC 和车载验证系统共同完成列车定位和完整性检查，实现虚拟闭塞或移动闭塞。

CTCS-4 级面向高速新线或特殊线路，地面不设通过信号机，机车乘务员凭车载信号行车。点式信息设备提供列车用于测距修正的定位基准信息。

CTCS-4 级采取目标-距离控制模式，列车按移动闭塞或虚拟闭塞方式运行。

虚拟闭塞是准移动闭塞的一种特殊方式，它不设轨道占用检查设备，采取无线定位方式来实现列车定位和占用轨道的检查功能，闭塞分区是以计算机技术虚拟设定的。

移动闭塞的追踪目标点是前行列车的尾部，留有一定的安全距离，后行列车从最高速开始制动的计算点是根据目标距离、目标速度及列车本身的性能计算决定的。目标点是前行列车的尾部，与前行列车的走行和速度有关，是随时变化的，而制动的起始点是随线路参数和列车本身性能不同而变化的。空间间隔的长度是不固定的，所以称为移动闭塞。其追踪运行间隔要比准移动闭塞更小一些。

地面子系统组成：

（1）无线闭塞中心（RBC）。使用无线通信手段的地面列车间隔控制系统。它根据列车占用情况及进路状态向所管辖列车发出行车许可和列车控制信息。所使用的安全数据通道不能用于话音通信。

（2）无线通信（GSM-R）地面设备。作为系统信息传输平台完成地-车间大容量的信息交换。

车载子系统组成：

（1）无线通信（GSM-R）车载设备：作为系统信息传输平台完成车-地间大容量的信息交换。

（2）测速模块：需要时，实时检测列车运行速度并计算列车走行距离。

（3）设备维护记录单元：对接收信息、系统状态和控制动作进行记录。

（4）车载安全计算机：对列车运行控制信息进行综合处理，生成目标-距离模式曲线，控制列车按命令运行。

（5）人机接口：车载设备与机车乘务员交互的接口。

（6）全球卫星定位或其他设备提供列车定位及列车速度信息。

（7）列车完整性检查设备。

（8）运行管理记录单元。

（9）规范机车乘务员驾驶，记录与运行管理相关的数据。

6. CTCS 级间关系

综上，CTCS 应用等级 0～4 级，各级概述如表 3.1.1 所示。

表 3.1.1

CTCS-4	基于无线通信平台传输列控信息，实现虚拟闭塞或移动闭塞。 是中国铁路未来发展方向
CTCS-3	基于无线通信平台传输列控信息，轨道电路实现列车占用检查。 用于 300～350 km/h 线路，动车组的追踪间隔缩短至 3 分钟。 已成功应用于武广客运专线以及各城市轨道交通
CTCS-2	基于应答器和轨道电路传输列控信息。 用于 200～250 km/h 线路，动车组的追踪间隔缩短至 5 分钟。 已成功应用于第六次提速
CTCS-1	由主体机车信号和安全型运行监控记录装置组成。 既有线改造
CTCS-0	由通用机车信号和运行监控记录装置构成。 既有线现状

7. 分析 CTCS 的应用等级划分的特点

分析 CTCS 的应用等级划分，发现有以下两个特点：

（1）各应用等级均采用目标-距离控制模式，采取连续一次制动方式。

这是由于我国的列控系统的应用起步晚，起点高，因此一步就瞄准了比较先进的控制模式。在我国阶梯式和曲线式分级速度控制都用过，取得了经验，好在并未形成规模，CTCS 推荐采用目标-距离控制模式是适宜的，符合国际列控系统的发展趋势。由于列控系统的控制模式是其主要特征和性能之一，控制模式决定了闭塞方式和列车运行间隔，从而决定了运输能力，所以说除移动闭塞外，各应用等级的主要功能几乎是一样的。

（2）各应用等级是根据设备配置来划分的，其主要差别在于地对车信息传输的方式和线路数据的来源。

基于国情多信息轨道电路（UM 系列 18 信息）比较成熟，达到国产化程度，所以以它为基础设备之一；欧标应答器通用性强，供货厂商多，也作为基础设备之一；轨道电缆和计轴器不准备推广；数字轨道电路国际上唯有日本用它实现了目标-距离控制模式，国内研制尚未成熟，暂不于确定，数字轨道电路的生命力将取决于其国产化程度和进度；无线通信（如GSM-R）欧洲推广，能实现地-车间连续、双向的大信息量传输，有发展趋势，用于高等级列控系统。

线路数据大量贮存于车载数据库靠逻辑推算来提取相应数据的方式，用于较低等级列控系统；点式信息设备传输线路数据的方式，增加了线路数据的实时性，用于中等级列控系统，至于采用贮存电子地图和点式信息设备提供闭塞区段地址码的方式将在技术发展中比选；无线通信连续、双向信息传输，有大信息量和实时性的优势，用于高等级列控系统。

8. CTCS-3 级 RBC 与其他地面设备的连接关系

CTCS-3 级列控系统地面设备由列控中心、轨旁电子单元（LEU）、轨道电路、临时限速服务器（TSR）、RBC 等组成，与联锁、CTC、集中监测系统、GSM-R 等设备及子系统共同构成地面系统。其中，RBC 是车地之间联系的纽带。一台 RBC 可以连接多台联锁，（通过联锁）连接多台列控中心，同时控制多列列车。在 RBC 和 GSM-R 网络均正常的情况下，车载应主要使用来自RBC 的信息监控列车运行。只有当 RBC 或者 GSM-R 网络出现故障时，车载才应该降级使用CTCS-2 级地面设备提供的信息监控列车运行。

此外，RBC 是集中放置还是分散放置也是一个可以讨论的问题。集中放置的优点是平时维护方便；缺点是在线路数据发生变化的时候，RBC 与联锁、TCC 等的数据需要在不同地方更新，线路数据不同步的可能性更大，且一旦 RBC 放置地遇上地震等自然灾害，会导致全线的CTCS-3 级列控系统瘫痪，必须降级到 CTCS-2 级运行。分散放置的优缺点则与此相反，优点是RBC 与所管辖的联锁、TCC 可以同步更新数据，可以一定程度地抵抗自然灾害；缺点是需要的维护人员更多，维护较困难。

9. 级间关系

（1）符合 CTCS 规范的列车超速防护系统应能满足一套车载设备全程控制的运用要求。
（2）系统车载设备向下兼容。
（3）系统级间转换应自动完成。
（4）系统地面、车载配置如具备条件，在系统故障条件下应允许降级使用。
（5）系统级间转换应不影响列车正常运行。
（6）系统各级状态应有清晰的表示。

（五）列控系统等级比较

CTCS 各应用等级是根据设备配置来划分的，各应用等级均采用目标-距离控制模式，但在地对车信息传输的方式、线路数据的来源、闭塞方式、有无地面信号、轨道占用检查等方面存在差异。列控系统等级比较如表 3.1.2 所示。

表 3.1.2　列控系统等级比较表

应用等级	CTCS-0	CTCS-1	CTCS-2	CTCS-3	CTCS-4
适用速度	120 km/h 以下	160 km/h 以下	200 km/h 以上	300 km/h 以上	300 km/h 以上
控制模式	目标距离	目标距离	目标距离	目标距离	目标距离
闭塞方式	固定闭塞	固定闭塞	准移动闭塞	准移动闭塞	移动闭塞或虚拟闭塞
地车信息传输	轨道电路	多信息轨道电路+点式设备	多信息轨道电路+点式设备	无线通信双向信息传输+点式设备	无线通信双向信息传输+点式设备
轨道占用检查	轨道电路	轨道电路	轨道电路	轨道电路、计轴设备等	车载定位，应答器校正
地面信号机	有	有	可取消	无	无
线路数据来源	贮存于车载数据库	贮存于车载数据库	应答器提供	应答器提供	应答器提供
对应 ETCS 级			ETCS-1 级	ETCS-2 级	ETCS-3 级

二、CTCS-2 基本知识

CTCS-2 级列控系统是基于轨道电路加点式应答器传输列车运行许可信息并采用目标距离模式监控列车安全运行的列车运行控制系统，包括车载设备和地面设备。面向提速干线和时速为 200 km/h 及以下的新线，采用车-地一体化设计。适用于各种限速区段，地面可不设通过信号机，机车乘务员凭车载信号行车。是一种点-连式列车运行控制系统，功能比较齐全和适合国情。

地面设备由轨道电路、车站电码化设备传输连续列控信息，由点式应答器、车站列控中心传输点式列控信息如：定位信息、进路参数、线路参数、限速和停车信息等。

车载设备：连续信息接收模块完成轨道电路信息的接收与处理。点式信息接收模块完成点式信息的接收与处理。测速模块实时检测列车运行速度并计算列车走行距离。设备维护记录单元对接收信息、系统状态和控制动作进行记录。车载安全计算机对列车运行控制信息进行综合处理，生成目标距离模式曲线，控制列车按命令运行。人机接口车载设备与机车乘务员交互的接口。运行管理记录单元记录与运行管理相关的数据，规范机车乘务员驾驶。预留无线通信接口。

动车组车载设备根据地面提供的信号动态信息、线路静态参数、临时限速信息及有关动车组数据，生成控制速度和目标-距离模式曲线，控制列车运行，实现一次连续式制动方式。同时，记录单元对列控系统有关数据及操作状态信息实时动态记录。

适用于区间 ZPW-2000 系列自动闭塞（包括 UM 系列）、车站计算机联锁或 6502 电气集中、行车指挥 CTC 或 TDCS（原 DMIS）。

能在既有提速线路上叠加，实现在同一线路上与既有信号系统的兼容。

(一) CTCS-2 级系统的创新点

我国自主研发、集成创新研制的 CTCS-2 列控系统和 CTC 调度集中指挥系统，以及在具有世界先进水平的 GSM-R 技术平台上，自主研发的机车综合无线通信系统，取得了重大技术突破，具有世界先进水平。CTCS-2 系统具有以下方面的创新点：

（1）系统集成创新：CTCS-2 级是采用车地一体化设计的基于轨道电路和点式应答器传输信息的列车运行控制系统。实现了行车指挥调度、联锁、列控和微机监测的系统集成；实现了铁路信号区间和车站一体化、通信和信号一体化。

（2）列控系统自主创新：按照中国《CTCS-2 级系统技术规范》，在技术引进，消化吸收的基础上，通过自主研发，实现了列控系统的再创新。其中采用了具有自主知识产权的 ZPW-2000A 型无绝缘轨道电路；首次采用了按统一标准、功能需求和技术平台研发的具有自主知识产权的列控中心设备；完成了引进列控车载设备的技术引进、消化吸收和功能提升。

（3）应答器及 LEU 再创新：完成了地面应答器和 LEU 电子单元的技术引进、消化吸收和再创新。

（4）报文结合国情再创新：CTCS 报文在 ETCS 信息包框架、组成的基础上，按照中国的 CTCS 技术规范、运输作业特点和需求进行定义，综合考虑动车组开行、运用要求，并预留了客运专线的发展。确定了统一的安全编码规则和程序，自行研发了报文编制、解析工具，完全掌握了报文编制技术。

(二) CTCS-2 级系统的特点

1. 系统结构方面

增加了车载 ATP 设备，包括：安全计算机、STM、BTM、DMI、记录单元、机车接口单元、测速单元。

增加了车站列控中心，轨旁电子单元 LEU 和有源应答器，区间无源应答器。

地面增加了级间切换应答器，ATP 设备与 LKJ 装置共存。当 LKJ 工作时，ATP 设备为 LKJ 设备提供机车信号和进行数据记录。

2. 系统功能方面

应用车载 ATP 超速防护功能。增加了列车进路信息传送功能、临时限速设定和向列车传送功能、区间点式信息传输功能、人控和机控优先选择、上下行方向判别。

(三) 系统功能

CTCS-2 的总体功能需求，包括：功能实现的基本方法、地面设备、车载设备、信息传输、设备模块化、性能和安全性、与现有列控系统的兼容性、系统启动和数据输入、操作状态及转换、默认值。

1. 操作功能

车载设备的启动和检测、列车和司机的数据输入、调车、部分监督、完全监督、CTCS-2 车载设备的隔离、与现有列车控制系统和防护系统的兼容。

2. 基础设施功能

基础设施的数据收集、运行权限终点、对列车驶入被占用轨道区段的监控、对车挡的监控、线路设备的临时隔离。

3. 车载功能

列控数据采集，静态列车速度曲线计算、动态列车速度曲线的计算、缓解速度的计算、列车定位、速度的计算和表示、运行权限和限速在 DMI 上的表示；运行权限和限速的监控，在任何情况下防止列车无行车许可地运行，防止列车超速运行，防止列车溜逸；列车超速时，车载设备的超速防护具备采取声光报警、切除牵引力、动力制动、空气常用制动、紧急制动等措施；车载设备发生故障时，及时报警提醒机车乘务员并对故障设备进行必要的隔离；司机行为的监控、反向运行防护、CTCS-2 信息的记录。

4. 车站列车控制中心功能

根据其管辖范围内列车位置、联锁进路以及线路限速状况等信息，确定各列车运行许可，并通过轨道电路及点式应答器实时传送给相关列车。列控中心具有与 CTC（或 TDCS）、车站联锁、LEU、微机监测的接口功能。

5. DMI 功能

DMI 是人机操作界面，其基本功能描述，详见 ATP 车载设备。

6. 其他功能

（1）级间转换功能。
（2）车载设备发生故障后隔离功能。
（3）不同条件下的多种监控模式。
（4）信号微机监测系统全程联网，具有远程诊断和故障报警功能。

（四）技术条件

《CTCS-2 级技术条件》是根据《CTCS 技术规范总则》对 CTCS-2 级系统提出的具体技术要求，由原铁道部科技运函[2005]14 号文发布。

1. 一般规定

（1）符合 CTCS 技术规范的要求。
（2）车载设备的信息来源于轨道电路和点式信息设备并在嵌入的运行管理记录单元中设置车载数据库，同时，预留无线通信与列车通信网络的接口。
（3）车载设备可通过安全设定选择列车的最高运行速度等级，保证机车可牵引不同等级的列车。
（4）跨线运行时，车载设备应满足全程控车要求，地面应进行相应改造。
（5）车载设备具有识别上下行功能。

（6）适应双线双方向或单线双方向运行的要求。

2. 基本技术要求

（1）防止列车冒进禁止信号，应根据系统安全要求设置安全防护距离。

（2）应具有冒进防护措施。

（3）防止列车越过规定的停车点。

（4）防止列车超过允许速度、固定限速和临时限速运行，临时限速命令由调度中心或本地限速盘给出，限速等级及区域应满足运营需要。

（5）应具有车尾限速保持功能。

（6）防止列车超过规定速度引导进站。

（7）防止机车超过规定速度进行调车作业。

（8）车轮打滑和空转不得影响车载设备正常工作。

3. 车载设备技术要求

（1）车载设备的人机界面应为机车乘务员提供列车运行速度、允许速度、目标速度和目标距离的显示。人机界面应设有声光报警功能，能够及时给出列车超速、切除牵引力、制动、允许缓解或故障状态的报警和表示。

（2）人机界面应有数据输入功能。输入列车参数有关信息，输入操作应简明并有清晰的表示。车载设备对机车乘务员输入的数据和操作过程应进行合理性和安全性校核。

（3）车载设备的人机界面应设置在机车乘务员便于观察及可接近的区域，符合标准化安装尺寸的要求。显示部分要便于观察，常用按钮、开关应易于机车乘务员操作。

（4）双端操纵的机车应设有两套功能完全相同的人机界面，分置于机车两端驾驶室，两套人机界面只有一套接受操作输入，只有在列车停车并办理必要手续后方可换端。动车组两端应各安装一套车载设备，运行中只有动车组头部的车载设备工作。

（5）车载设备接收到新信息到给出相应显示的时间不大于 3.5 s，列车速度超过允许速度至车载设备给出制动指令时间不大于 2 s。

（6）车载设备的超速防护应采取声光报警、切除牵引力、常用制动、紧急制动等措施。

（7）当列车速度超过常用制动或紧急制动限速值时，实施切除牵引力、常用或紧急制动控制列车减速或停车（但机车在电制动时，不得切除电制动力）。

（8）车载设备实施常用制动后，在列车速度低于允许速度后，才可人工缓解。紧急制动采用失电制动方式，一旦实施紧急制动，设备应保证不能进行人工干预，直到列车完全停车。

（9）列车停车后经过规定时间自动启动防止列车溜逸功能。列车继续运行前由机车乘务员人工解除该功能。

（10）车载设备的测速模块具有判别列车运行方向的功能。速度测量相对误差不大于 2%。

（11）车载设备的外部布线应与机车（动车组）的强电布线分开敷设，并采取隔离措施。

（12）车载设备的主机柜应紧邻驾驶室。设备安装尽量远离高温、强电、强磁环境并考虑减震措施。

（13）轨道电路连续信息感应器、点式环线感应器、点式应答器信息接收天线、无线信息接收天线等装置宜采用冗余配置，并安装牢固。

（14）测速传感器采用冗余配置。当采用轴端测速传感器时，应安装于不同转向架的轴端。

4. 地面设备技术要求

（1）提供连续列控信息的地面设备包括：ZPW-2000（UM 系列）模拟轨道电路，数字轨道电路，预留的无线通信传输系统（GSM-R）。

（2）提供点式信息的地面设备包括：模拟环线，数字环线，应答器等。点式设备应考虑冗余措施，地面设备故障、信息错误不得产生危险后果。点式设备宜安装在车站内及车站的接近和离去区段。

（3）应连续监视信息传输通道的状态，通道中断时须采取安全措施。

（4）车站进、出站信号机内方应设置点式设备，当列车冒进禁止信号时，触发列车紧急制动。

（5）为实现冒进防护，进、出站信号机内方应留出过走防护距离，当距离条件不满足时，需通过设置延续进路的方式保证。

（6）设置地面列控中心，根据列车占用情况及进路状态计算行车许可及静态速度曲线并传送给列车。

5. 电源、接地与电磁兼容技术要求

（1）车载设备供电的标称（额定）电压为 110 VDC，符合 TB/T3021 的要求。

（2）设备应可靠接地并应符合相关规定。

（3）设备电磁兼容性应符合有关规定。

6. 运行管理技术要求

（1）为满足机车应用管理的需要，车载设备应包括机车运行管理模块。

（2）运行管理模块应具有机车乘务员管理与信息通报功能。可通过 IC 卡上载管理信息和下载运行工况记录。

（3）运行管理模块应满足《列车运行安全监控记录装置技术条件》中记录与管理的相关规定。

7. 监测、故障诊断、报警、记录技术要求

（1）各模块应具有完善的故障自诊断功能。发生故障时，能进行故障定位、故障隔离、系统重构，以减小故障的影响。

（2）应具有对电源、感应器、继电器等进行监测的功能，当这些部分出现异常或有异常趋势时予以报警。

（3）当车载设备发生故障时，应及时报警提醒机车乘务员采取应对措施。

（4）车载设备应设置记录模块，信息记录密度应满足对运行状态进行安全分析和事故分析的要求。重要信息可采用连续记录方式，记录间隔不大于 0.5 s。记录模块的容量满足下列要求：

① 事故分析用详细记录至少 24 小时。

② 操作管理记录至少 7 天。

③ 一般设备状态记录至少 30 天。

（5）地面列控中心应设有本地监测台，对地面设备工作状态进行记录，并与维修中心联网，实现动态监测。

三、CTCS-2 系统结构

（一）CTCS-2 系统组成

1. 车载设备

列控车载设备由车载安全计算机（VC）、轨道电路信息接收单元（STM）、应答器信息接收单元（BTM）、制动接口单元（TIU）、记录单元（DRU）、人机界面（DMI）、速度传感器、轨道电路信息接收天线、应答器信息接收天线等部件组成。

（1）安全计算机（VC）。

安全计算机是 ATP 的核心。VC 基于两个处理器的实时比较达到 SIL4 级，为了提高系统可用性采用了第三个处理器。该原则基于两个不同应用处理器同时执行应用软件，并采用故障安全检测器对这些处理器的输出进行比较。如果输出相同，检测器给出相关输出。若存在任何差异，检测器将输出设置为限制状态。

（2）轨道电路信息接收单元（STM）。

STM 模块用于接收 ZPW2000 系列轨道电路及 4 信息、8 信息、18 信息等传统移频轨道电路的信息，并及时将地面轨道电路信息传输给 VC 和 LKJ 监控装置。STM 模块是安全模块。

（3）应答器信息接收单元（BTM）。

应答器信息接收单元通过 BTM 天线，接收、解调地面应答器的报文信息，并在校核后，将正确的信息传输给 VC 的模块。一个 BTM 模块包含电源板、接收板、传输板和接口板。BTM 是一个采用 2 取 2 技术的故障安全模块；应答器具有提供精确定位的功能。

（4）制动接口单元（TIU）。

ATP 车载设备与动车组的接口均为继电接口，各不同型号的动车组与各不同型号的 ATP 车载设备均采用统一接口。

① ATP 车载设备向动车组的输出：紧急制动、三种等级的常用制动和卸载（紧急制动和最大常用制动均采用失电制动方式）。

② 动车组向 ATP 车载设备的输入：牵引位、制动位、零位、向前位、向后位，司机操作端等。

③ 动车组负责向 ATP 车载设备提供直流 110 V 电源，电压波动范围 DC 77~137.5 V。

（5）记录单元（DRU）。

ATP 车载设备配备了内部记录器，主要用于设备状态和故障信息以及各种事件（包括司机对 ATP 设备的操作、轨道电路信息、ATP 与机车的信息交换等）的记录。维修人员可通过专用电脑或 IC 卡等进行数据下载。

（6）人机界面（DMI）。

DMI 是周围配置了扬声器和各种按键的 10 英寸 LCD 液晶显示器，安装在驾驶台上，作用是通过按键、声音、文字和图像实现司机与 ATP 车上装置的信息交互。DMI 的安全等级为 SIL2 级。

（7）速度传感器。

ATP 车载设备的测速系统要求配置两套速度传感器。速度传感器需安装于不同的轴端，可以为机车及其他车载设备提供速度通道。VC 通过对该频率的计数来了解列车速度和辅助确定列车距离位置。

（8）轨道电路信息接收天线。

STM 天线安装于前端梁下，左右轨道的正上方。利用电磁感应接收流经钢轨的信号电流，传送到设置在 ATP 主机柜的 STM，STM 对该信号进行选择和解调。

（9）应答器信息接收天线。

BTM 天线接收地面应答器所发出的高频无线电信号，并通过专用的电缆将该信号传递给设置在 ATP 本体上的 BTM。

（10）列车监控装置 LKJ。

当动车组运行在 CTCS0/1 区段或在 CTCS2 区段 ATP 因故障被隔离后，由 LKJ2000 控制列车。因机车上取消了传统的通用式机车信号设备，需要 ATP 通过 RS422 接口向 LKJ2000 提供控制所需的机车信号信息和应答器信息。控车权的转换以 ATP 车载设备为主（控制切换继电器由 ATP 控制）。在 LKJ 控车时，ATP 的 DMI 上显示机车信号和列车实际运行速度。

2. 地面设备

列控地面设备由 ZPW-2000（UM）系列轨道电路、车站电码化、应答器和车站列控中心（包括地面电子单元 LEU）等设备组成。车站列控中心具备与车站联锁系统、TDCS/CTC、微机监测等系统的接口。

（二）CTCS-2 系统结构

1. 车载列控设备基本结构

如图 3.1.3 所示为 CTCS-2 级车载列控设备基本结构。

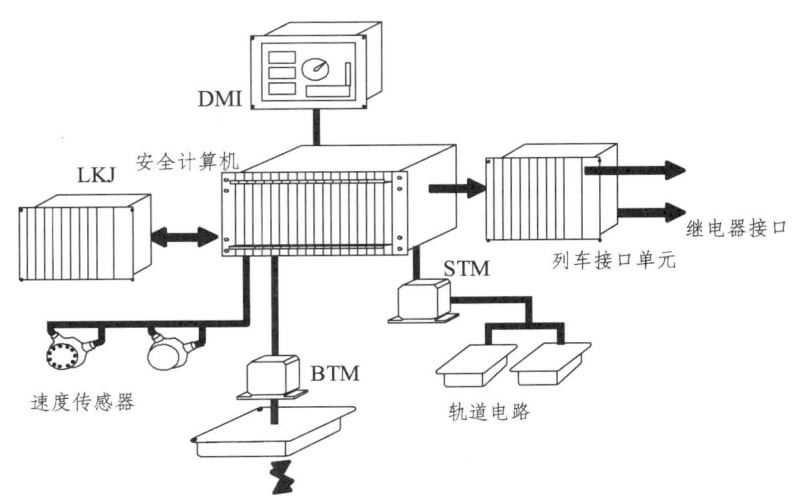

图 3.1.3　CTCS-2 级车载列控设备基本结构

2. CTCS-2 级系统基本结构

如图 3.1.4 所示为 CTCS-2 级列控系统基本结构。

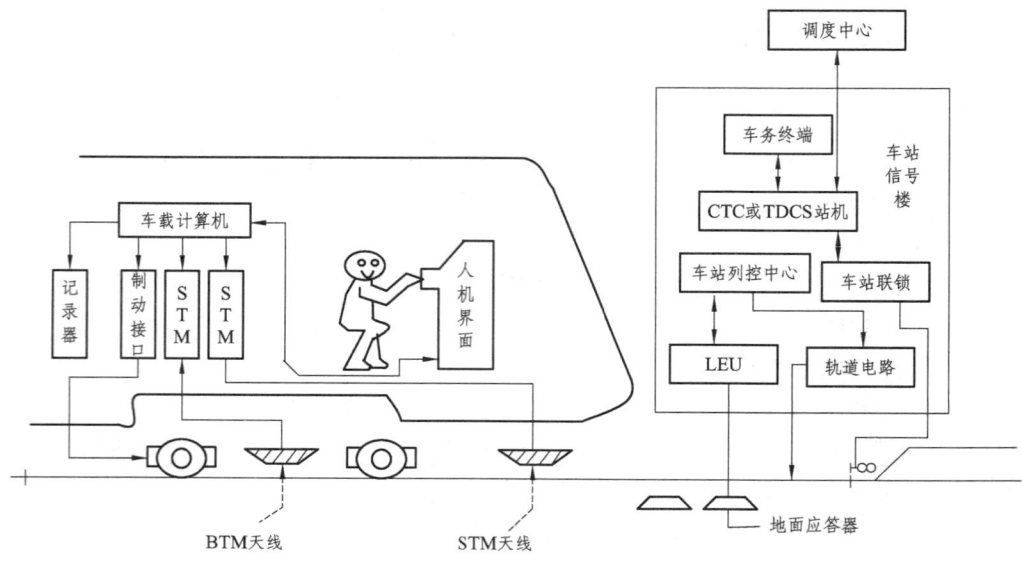

图 3.1.4 CTCS-2 级列控系统基本结构

四、CTCS-2 系统工作原理

1. 系统的信息流程

（1）TDCS 中心与 TDCS 站机之间传输的信息，包括既有 TDCS 站场表示信息、调度命令和车次号校核等信息，若是 CTC 还包括控制信息。CTCS-2 级系统中两者之间增加传输临时限速信息和操作回示确认信息。

（2）车站列控中心从联锁获得列车进路信息，包括接车进路、发车进路、通过进路、运行方向、股道号等。

（3）车站列控中心与 TDCS/CTC 传输临时限速信息和执行回示确认信息。

（4）车站列控中心向微机监测传输的信息，列控中心设备状态、操作及故障诊断等信息。

（5）车站列控中心、LEU 和有源应答器之间传输报文信息。

（6）ATP 通过 BTM、STM 接收有源应答器和无源应答器的点式信息；接收轨道电路的信息，包括行车许可、空闲闭塞分区数量和道岔限速等。

（7）ATP 与 LKJ 之间的信息传输。

ATP 与 LKJ 之间通过 RS422 方式进行通讯，将 ATP 接收到的轨道电路信号、应答器数据、ATP 状态等传输给 LKJ；LKJ 将时间、司机号、车次号等信息传输给 ATP。

（8）ATP 与 TIU 之间的信息传输。

EMU 向 ATP 输入信息包括牵引开关、制动位置、前进位置、后进位置、零位（制动、牵引手柄）位置。

ATP 向 EMU 输出的信息（指令）包括紧急制动（EB）、常用最大制动（B7N）、常用 B4 制动（B4N）、常用 B1 制动（B1N）、切除牵引。

CTCS-2 系统的信息流程如图 3.1.5 所示。

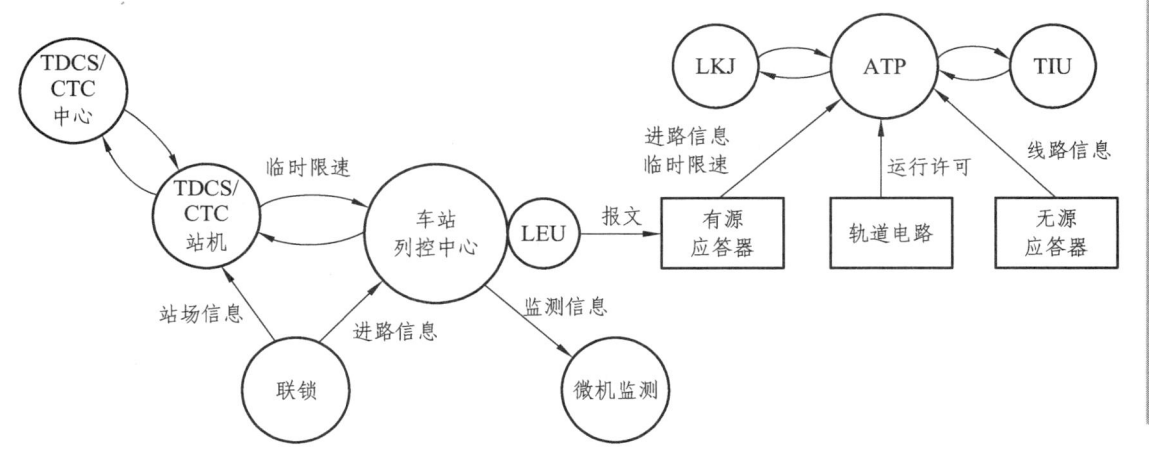

图 3.1.5　系统的信息流

2. 系统的工作原理

CTCS-2 级列控系统由轨道电路实现列车占用检测及完整性检查，并连续向列车传输控制信息，包括行车许可、空闲闭塞分区数量和道岔限速等。由应答器传输点式信息，包括线路长度、线路坡度、线路固定限速、列车定位、列车进路、临时限速信息等。

CTCS-2 级采用目标-距离控制模式（又称为连续式一次速度控制）。目标距离模式根据目标距离、目标速度及列车本身性能确定列车制动曲线，不设定每个分区速度等级，采用一次制动方式。

（1）车站列控中心。

车站列控中心与 CTC 或 TDCS 站机连接获取临时限速命令，与车站联锁连接获取列车进路信息。按照行车计划选择合适时机将临时限速信息和进路信息发送到 LEU 和有源应答器，向列车发送。

临时限速由调度中心管理，通过 CTC 或 TDCS 向临时限速管辖车站机下达命令，临时限速命令须经车站值班员人工签收、确认后，方可由 CTC 或 TDCS 车站设备传至列控中心。车站列控中心收到临时限速命令后检查命令的有效性，如果正确则执行该命令，根据相应的限速命令选取相应的限速报文发给 LEU，由 LEU 发送到室外应答器。

当办理正线通过且本站站内有临时限速，或在站外前方有临时限速且根据牵引计算列车必须预先降低速度时，调度中心将临时调度命令下达地点后移，由后方车站出站口有源应答器和本站进站口有源应答器执行限速。

当列车接近车站准备进站或者通过时且接车进路建立后，列控中心接收联锁进路信息，识别接车进路后，通过进站口有源应答器向列车发送进路信息。当接车进路第一个区段解锁或者进路取消，车站列控中心停止向应答器发送进路报文。

（2）车载 ATP。

列车运行过程中车载 ATP 设备不断检测列车运行速度，接收轨道电路低频信息，根据空闲闭塞分区数量确定目标距离，结合地面提供的列控动态信息（包括运行许可、进路信息等）、线路静态信息、临时限速信息及有关动车组数据，计算生成控制速度和目标-距离模式曲线，通过 DMI 显示列车运行速度、允许速度、目标速度和目标距离等，控制列车运行。一般情况下列车实际运行在常用制动控制线下方，当列车运行速度超过常用制动控制线时，设备报警并自动实施常用制动，当列车运行速度超过紧急制动控制线时，则引发紧急制动。因为速度控制是连续的，全程监控的，所以不会超速太多，紧急制动的停车点不会冒出闭塞分区，无需增设一个闭塞分区作为安全防护区段，当然设计时会在停车点与目标点之间留有一定的安全距离。

车载 ATP 设备主要控制模式分为：完全监控模式、部分监控模式、目视行车模式、调车模式、隔离模式和机车信号模式。同时，记录单元对列控系统有关数据及操作状态信息实时动态记录。

ATP 设备具备设备制动优先（机控优先）与司机制动优先（人控优先）两种模式，通过 ATP 车载设备内部设置选择其中一种模式。人控优先是司机按照模式曲线控制列车速度，设备不干涉司机正常驾驶，只有当列车超速时设备采取有效的减速措施确保列车运行安全。设备制动的缓解须设备允许和司机操作确认。机控优先是设备能够按照模式曲线自动控制列车减速并保证列车运行安全。设备常用制动后一旦满足缓解条件将及时自动缓解。

（3）调度中心。

调度中心通过 CTC 或 TDCS 网络向车站列控中心发送临时限速命令，车站列控中心接收到临时限速命令后返回确认。当网络中断后，调度中心应授权在 CTC 或 TDCS 站机上完成临时限速命令设置操作。CTC 或 TDCS 既有功能不变。

五、CTCS-2 地面设备

CTCS-2 级列控系统地面设备主要包括车站列控中心 TCC、应答器、轨道电路等。

（一）车站列控中心

车站列控中心是设于各车站的列控核心安全设备，车站列控中心采用 2×2 取 2 安全冗余结构计算机系统，系统与 CTC 或 TDCS、计算机联锁、LEU、微机监测采用统一技术标准的接口，根据调度命令、进路状态、线路参数等产生进路及临时限速等相关控制信息，通过有源应答器和轨道电路传送给列车。

区间原则上不设置列控中心和有源应答器，当站间距离过大，只在出站口设置有源应答器不能满足要求时，在区间中继站设列控中心和有源应答器。

临时限速调度命令，在调度中心以表格方式呈现，车务终端上的显示与调度所基本相同，无线调度命令向列车发送时自动转换成既有的文本格式。调度命令由调度中心传输至车站的时机和准确性应能满足列车控制的要求。

其主要基本功能如下：

（1）建立线路里程标、线路长度与限速区起点、限速区长度的对应关系数据库；

（2）从 CTC/TDCS 接收调度命令，从联锁获得进路状态信息；

（3）根据限速、进路等信息，查询数据库，选择内部储存的应答器报文、LEU 端口，按报文发送、取消时机，安全地将应答器报文发送至 LEU 端口；

（4）在办理正线通过且离去区段有限速时，根据列车制动需要，输出相应进站信号机、接近区段轨道电路发码控制条件；

（5）监测 LEU 工作状态；

（6）将列控中心、应答器和 LEU 的工作状态、限速命令执行情况等向 CTC 或 TDCS、微机监测传送。

（二）LEU 及有源应答器

ETCS 有两种 LEU，一种是在通过信号机旁边，通过灯位继电条件把色灯信号信息传给有源应答器，供车载 ATP 使用的，就是一个轨旁密封盒体，和机车信号主机体积一般；另外一种有点类似于我国的 TCC，它和联锁系统关联，负责报文生成，也是机柜式的，高 1 200 mm。

我国的 CTCS 体系比 ETCS 增加了列控中心设备，并且是作为地面列控系统的核心安全设备，在对既有线提速时，就把 LEU 作为 TCC 的一层配置的，原则上属于 TCC，但是它的作用只是传递报文，报文生成是 TCC 主机完成的，然后通过 S 接口将 1023 位的安全报文交给 LEU，LEU 再通过 C 接口发到有源应答器，所以 LEU 也可以理解为是通信适配器，负责把应答器报文从 S 接口到 C 接口的通信。

LEU 与有源应答器配合工作，LEU 安装在车站列控中心控制柜内部，一端与列控中心主机连接，另一端通过专用电缆与有源应答器连接。1 个 LEU 控制 4 台有源应答器。LEU 接收车站列控中心的信息，发送到有源应答器，LEU 的作用相当于功率放大器。

有源应答器也称可变应答器，也有称透传应答器（Transparent Balise）的，数据是通过 LEU 发送，应答器只是在列车通过时将 LEU 的数据转发到车载 BTM。

车站的 4 架进站信号机处各设 1 个有源应答器。有源应答器向列车提供的信息主要包括进路信息和临时限速信息。

（三）无源应答器

无源应答器也称作固定应答器（Fix Date Balise），使用车载 BTM 下行的远程供电功率信号提供运行能量。固定应答器使用量最大，提供预编入的位置信息，固定限度，坡度等信息。可变应答器用于车站附近，用于提供需要实施改变更新的如信号灯等信息。

无源应答器提供的信息主要包括线路的坡度、闭塞分区或轨道电路长度、载频、线路固定限速等信息。无源应答器在区间间隔 3 ~ 5 km（3 个闭塞分区）单独设置，如果需要可成对设置以区分正向、反向线路数据及定位；在车站进站信号机处与有源应答器并列各设置 1 个无源应答器。如图 3.1.6 所示为无源应答器布置示意。

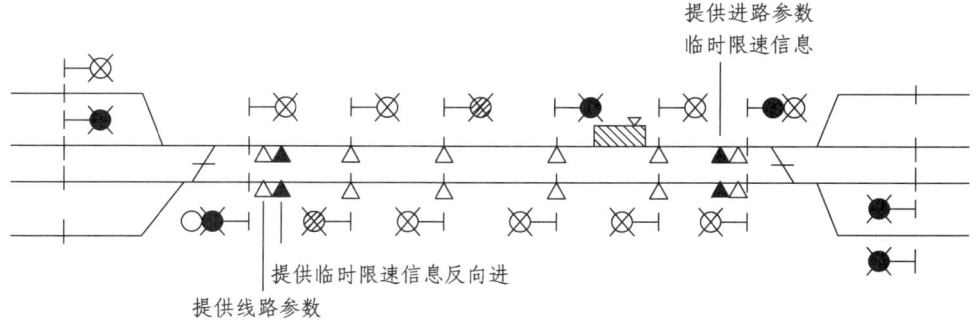

图 3.1.6　无源应答器布置示意图

无源应答器的报文采用特定的写入设备写入并固化在应答器中，信息是固定的。应答器报文码长 1 024 bit，有效码长 830 bit，另包括校验、修正、扰码等。

考虑应答器信息涉及故障——安全，无源应答器的报文是重叠覆盖的，有源应答器平时有"缺省报文"并能进行监测。

应答器报文内容包括：应答器编号、链接关系、线路参数、线路里程、进路信息、轨道电路或电码化载频、临时限速等等。报文按确定的编码规则进行编制。应答器报文以信息包为单位，信息包有对应标识，一帧报文中可包含多个信息包。

应答器信息是涉及安全控车的重要信息，必须进行严格的档案管理，制定相应的管理程序、管理制度和管理办法。铁道部拟指定专门机构进行应答器信息管理。

（四）轨道电路

根据 CTCS 有关技术规范，区间轨道电路制式，不同级别的线路其制式有所不同，主要包括以下制式：

CTCS-0 级：国产 4 信息、8 信息、18 信息移频轨道电路；

CTCS-1 级：UM-71、ZPW2000；

CTCS-2 级：UM-71、ZPW-2000A。

当列控车载设备运行于 CTCS-0 级和 CTCS-1 级线路时，只作为机车信号功能使用。CTCS-2 级站内轨道电路采用与区间同制式的轨道电路。

（五）其他信号设备配套改造

1. 行车指挥设备

CTCS-2 适用于装备 TDCS 或 CTC 行车指挥设备的线路。在 CTC 或 TDCS 的车站车务终端上设有特定的列控中心人机界面，采用统一的格式，包括输入、确认、显示方式等，应与既有车站车务终端的有关规定和格式统筹考虑。CTC 或 TDCS 的车站分机与车站列控中心采用 RS-422 接口，具有光电隔离措施，接口及通道应冗余配置。临时限速调度命令，在调度中心以表格形式体现（包括界面、输入、回执），在车站车务终端采用与调度中心基本相同的形式，无线调度命令向列车发送时自动转换成既有的文本形式。调度命令由调度中心传输至车站的时机及准确性应能满足列车运行控制的需要。

2. 联锁设备

CTCS-2 适用于装备计算机联锁或 6502 电气集中的车站。计算机联锁与车站列控中心采用 RS-422 接口，具有光电隔离措施，接口及通道应冗余配置。6502 电气集中与车站列控中心连接，采用继电器接点采集、安全继电器输出方式。对于站型简单、6502 电气集中中间站，在保证安全控车的前提下，可考虑简化处理。联锁的功能适应 200 km/h 动车组的安全开行要求，主要是列车通过时进路锁闭、解锁的安全性、既有正线轨道电路长度的适用性。反向按自动站间闭塞方式进行配套改造。

3. 其　他

微机监测进行配套改造，增加与列控中心的接口及相应的监测功能。有条件时，对车站联锁、闭塞设备、闭环电码化、道岔缺口检查、灯丝报警、电源等监测功能进行整合。

有条件时车站采用综合智能电源屏。对既有线路暂按信号电缆方式传输站间信息，需铺设站间贯通电缆。

如图 3.1.7 所示为地面设备的关系，表 3.1.3 为图 3.1.7 中各接口相关信息。

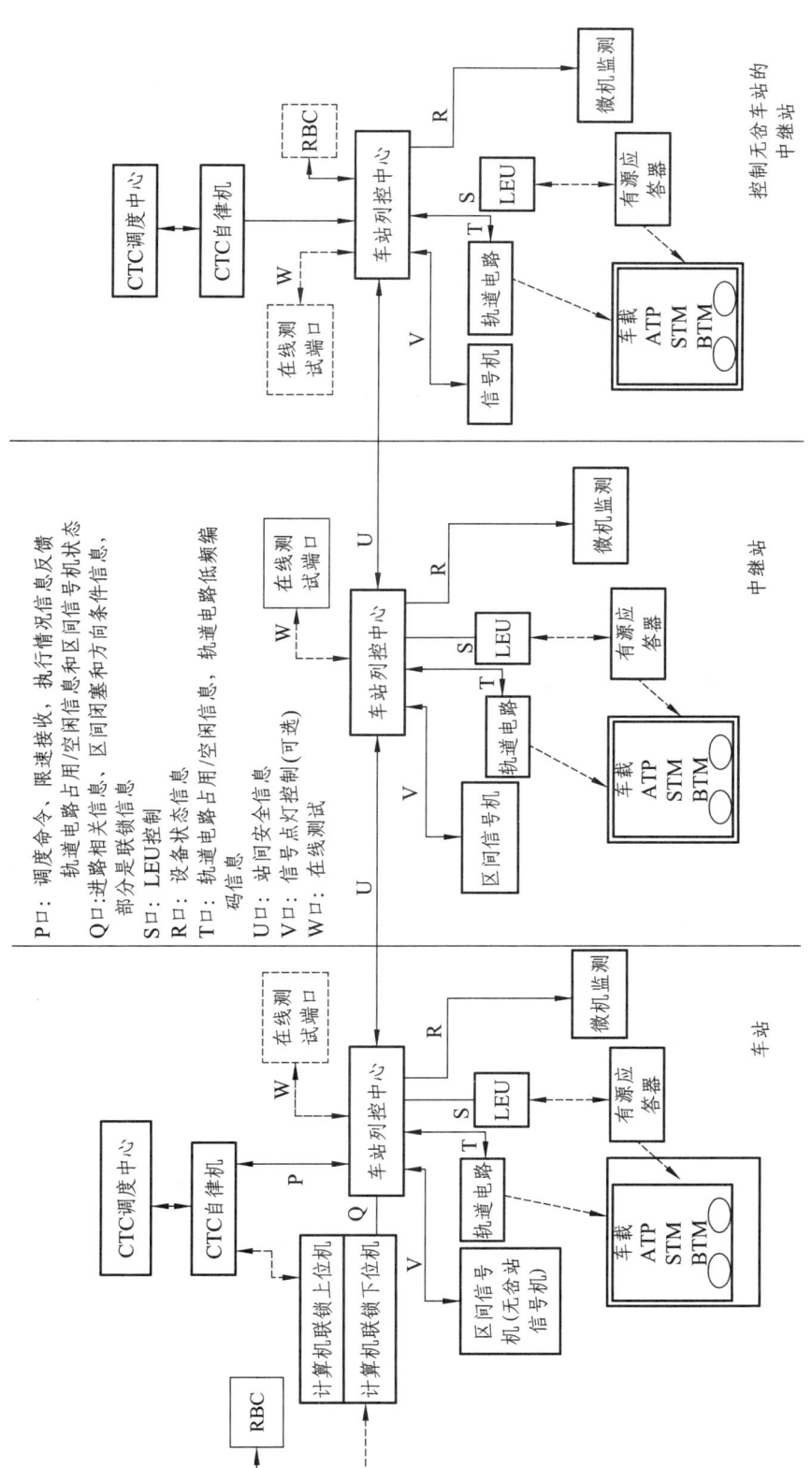

图 3.1.7 地面设备的关系

表 3.1.3

序号	接口标识	名称	接口类型	属性
1	P	与 CTC 系统接口	RS422	安全通信接口
2	Q	与车站联锁系统接口	RS422	安全通信接口
3	R	与集中监测系统接口	以太网	非安全通信接口
4	S	与 LEU 设备接口	RS422/以太网	安全通信接口
5	T	与轨道电路设备接口	CAN 总线	安全通信接口
6	U	与其他站列控中心系统接口	工业以太网	安全通信接口
7	V	继电器电路接口	开关量	安全接口

六、CTCS-2 控车模式

（一）CTCS-2 列控信息

1. 连续信息

连续信息由轨道电路提供，包括：行车许可、空闲闭塞分区数量、道岔限速等。

CTCS-2 级列控系统中的轨道电路不仅用于列车的占用检查，同时也是列控系统地对车连续信息的传输媒介，通过它将地面控制中心下达的列车运行许可信息实时传送给列车。

为满足客运专线最高列车运行速度 350 km/h 的要求，其轨道电路基本码序应为：

（1）停车序列：L5 – L5 – L4 – L3 – L2 – L – LU – U – HU；

（2）45 km/h 接车进路序列：L5 – L5 – L4 – L3 – L2 – L – LU – U2 – UU；

（3）80 km/h 接车进路序列：L5 – L5 – L4 – L3 – L2 – L – LU – U2S – UUS。

对于采用目标距离-速度控制模式的列控系统来说，闭塞分区一般是可以等长设置的，列车收到相应的信息码，就知道距目标点的空闲闭塞分区数，也就知道了目标距离。即使闭塞分区不等长，也可通过相应的应答器事先获得每个闭塞分区的长度，经计算知道目标距离。

对于最高速度为 200 km/h 的线路，信息码序是足够的。按照长度为 1 500 m 的闭塞分区计算，常规码序 L5 – L4 – L3 – L2 – L – LU – U – HU 可给出前方 7 个闭塞分区空闲的信息，总计超过 10 km，再加 L6 – L7 码序就可满足 350 km/h 列车追踪需要。

轨道电路信息中有 3 个信息码具有明确的目标速度含义，它们分别是：

HU：0 km/h；

UU：45 km/h；

UUS：80 km/h。

区间、站内临时限速和对于其他目标速度（例如大号码道岔）的控制是通过轨道电路连续式传输并结合点式应答器传输方式来实现的。

既有线 CTCS-2 区段 200 km/h 动车组区间追踪运行时轨道电路码序及信号显示如图 3.1.8 所示。

	L	L	L	L	LU	U	H	地面信号
电码	L3	L3	L2	L	LU	U	HU	
低频/Hz	10.3	10.3	12.5	11.4	13.6	16.9	26.8	
机车信号	L	L	L	L	LU	U	HU	

图 3.1.8 既有线 CTCS-2 区段 200 km/h 动车组区间追踪运行时信号显示示意图

2. 点式信息

点式信息由有源应答器和无源应答器提供，包括：线路长度（以闭塞分区为单位提供）、线路坡度、线路固定限速、临时限速、级间切换和列车定位等信息。

1）反向进站应答器电文内容。

（1）无源应答器的报文：应答器连接信息、线路坡度信息、静态限速信息、等级转换信息、特殊区间信息、轨道电路信息、调车危险。

（2）有源应答器的报文。

反向运行时从有源应答器接收反相运行的进路信息。

① 当正向发车时：应答器连接信息、临时限速信息。

② 当反向接车时：应答器连接信息、线路坡度信息、静态限速信息、轨道电路信息、临时限速信息、反向运行信息。

2）进站应答器电文内容。

（1）无源应答器的电文：应答器连接信息、线路坡度信息、静态限速信息、等级转换信息、特殊区间信息、轨道电路信息。

（2）有源应答器的电文：线路坡度信息、静态限速信息、调车危险信息、轨道电路信息、临时限速信息、反向运行信息。

（二）速度监控模式

1. 区间追踪运行模式

如图 3.1.9 所示为区间跟踪运行模式时核对速度曲线的生成方法。

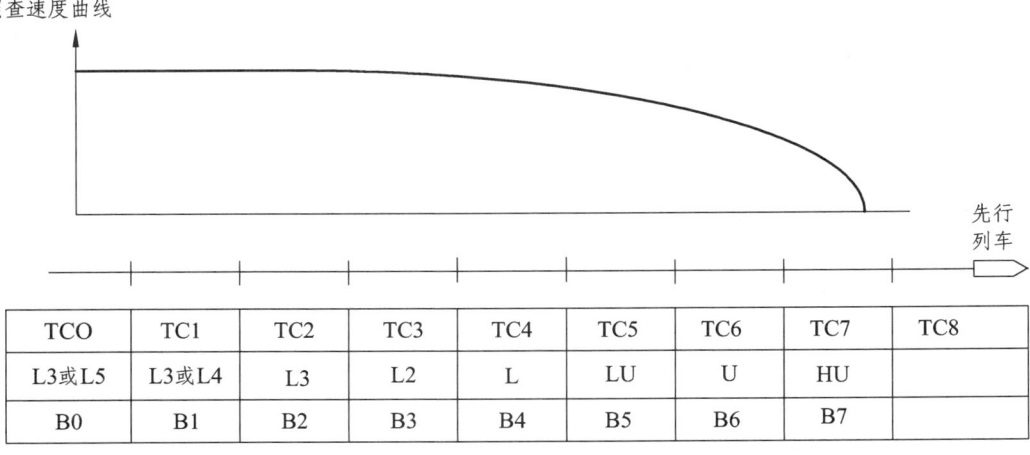

TC0	TC1	TC2	TC3	TC4	TC5	TC6	TC7	TC8
L3或L5	L3或L4	L3	L2	L	LU	U	HU	
B0	B1	B2	B3	B4	B5	B6	B7	

图 3.1.9 区间跟踪运行模式时的核对速度曲线

2. 带 LU2 的区间追踪运行模式

如图 3.1.10 所示为区间带 LU2 区间跟踪模式时的核对速度曲线的生成方法。

如果轨道电路信息码包含 LU2，在列车未到达 LU2 区间的情况下，是否有 LU2 就会不明确。列车进入了 LU2 分区后，会判明从 LU2 确定的实际的停车点，重新画出新的核对速度曲线。

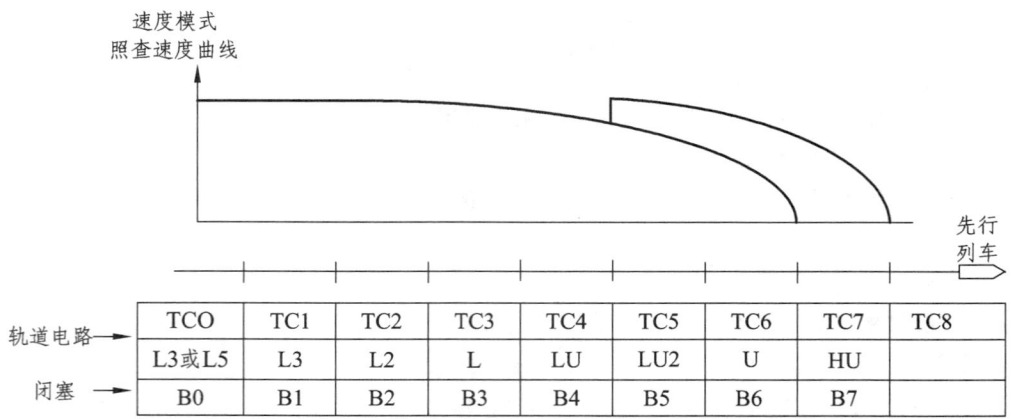

图 3.1.10　区间带 LU2 区间跟踪模式时的核对速度曲线

3. 站外停车模式

如图 3.1.11 所示为区间内站间停车模式时的核对速度曲线的生成方法。

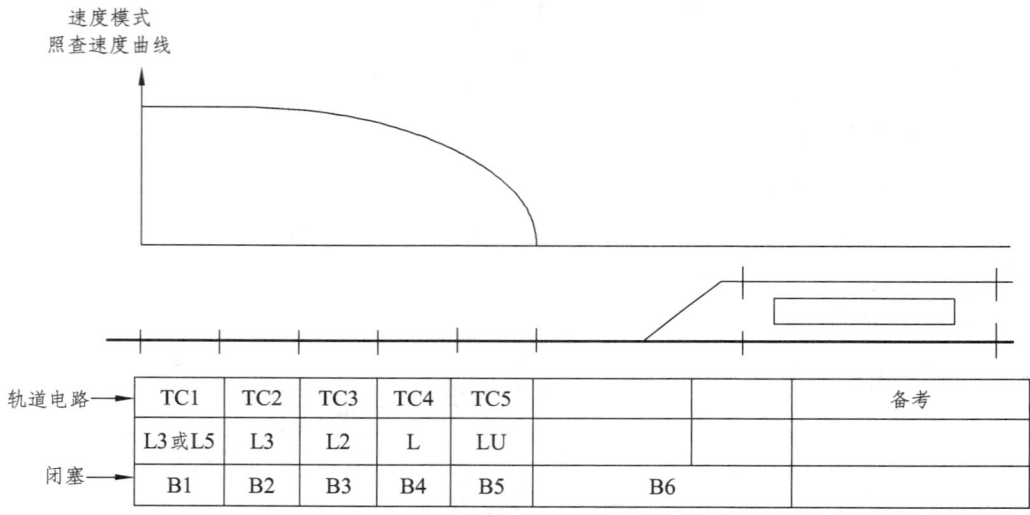

图 3.1.11　区间内站间停车模式时的核对速度曲线

4. 正线停车模式

如图 3.1.12 表示正线停车模式时的核对速度曲线的生成方法。

5. 股道侧线停车模式

如图 3.1.13 所示为股道侧线停车模式时的核对速度曲线的生成方法。

到达股道侧线时，列车处于 U_2 区间之前的一段时间内，生成机外停车模式曲线，接收到 U_2 码后，会生成形成 NBP 为 50 km 的模式曲线。

进入列车接近的区间后，会接收 UU 码，通过进入车站的信号机，进入车站。

6. 正线通过模式

正线通过模式与区间跟踪运行模式相同。

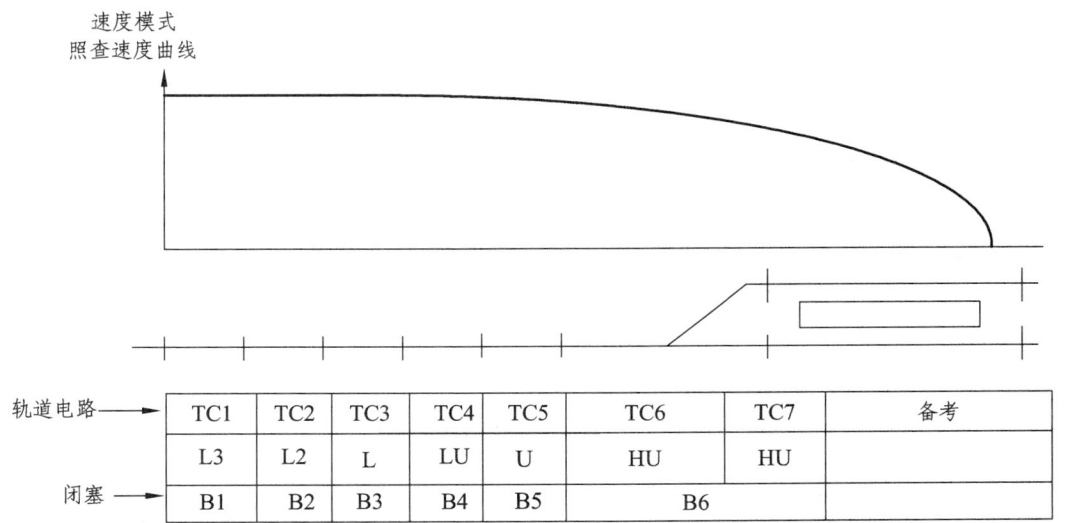

图 3.1.12　正线停车模式时的核对速度曲线

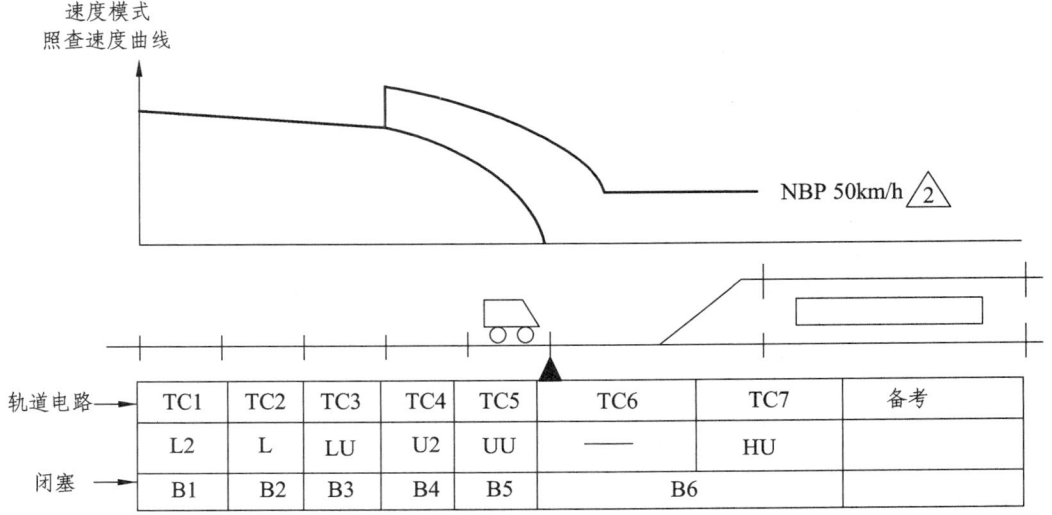

图 3.1.13　股道侧线停车模式时的核对速度曲线

7. 经 18 号及以上道岔侧向通过模式

对于通过 18 号及以上道岔进入车站的模式的设想，与第 5 项的股道侧线停车模式一样。但股道侧线进站时的 NBP 不是 50 km/h，而是 85 km/h。

8. 引导接车模式

如图 3.1.14 所示为引导接车模式时的核对速度曲线的生成方法。

引导到达时，在列车到达 HB 码区间之前，会生成机外停车模式曲线，接收到 HB 码后，ATP 认为开通引导到达的进路，进入 TC6 的轨道电路后，会进入 CO 模式，生成 NBP 25 km/h 的核对速度，ATP 按照 CO 模式依然保持 NBP 25 km/h 的限制速度。

引导到达时，车站的联锁系统有可能无法提供进路信息（非进路引导）。这时，因为进入车站的有源应答器不可能提供引导达到的进路的曲线,所以 ATP 设备无法生成停车点为线路的闭口控制曲线,要由司机决定停车点。

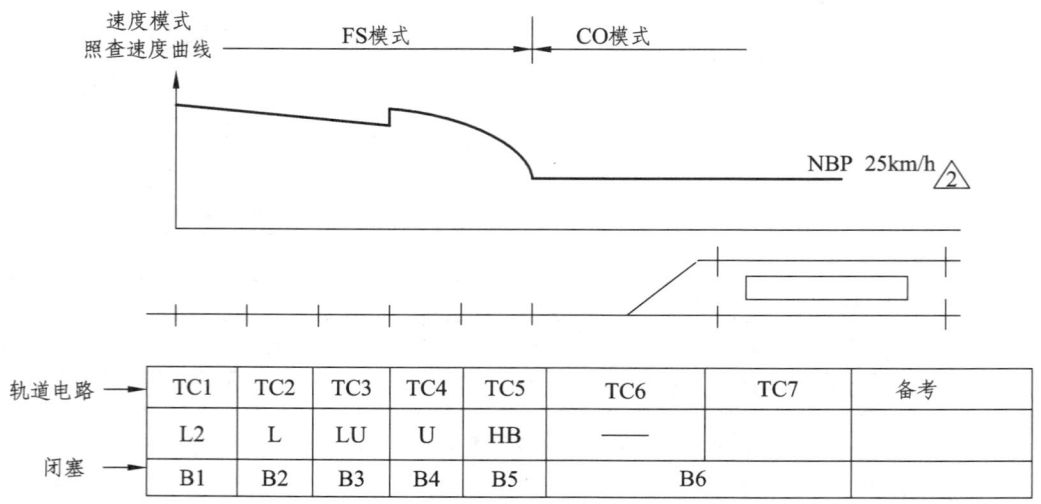

图 3.1.14　引导接车模式时的核对速度曲线

9. 正线发车模式

如图 3.1.15 所示为正线发车模式时的核对速度曲线。

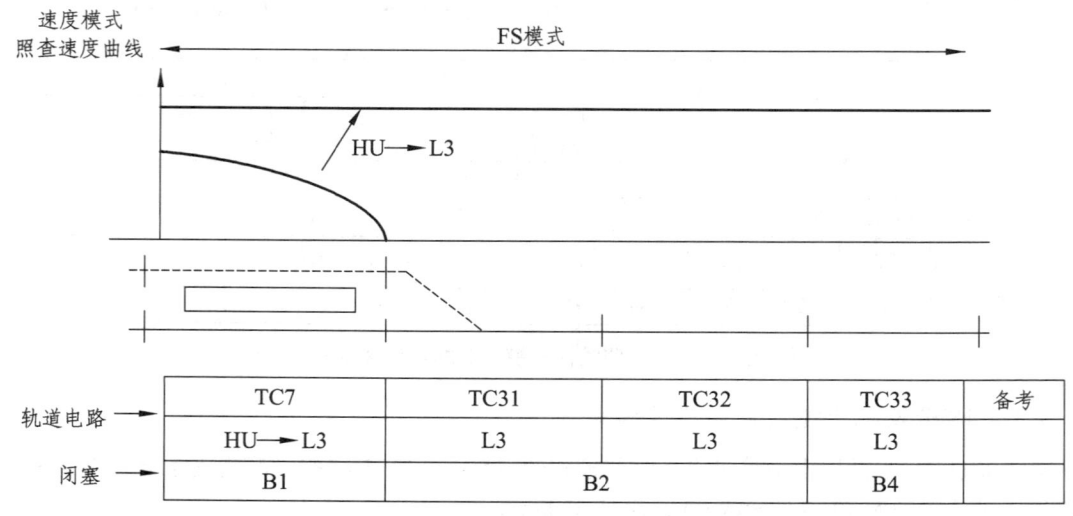

图 3.1.15　正线发车模式时的核对速度曲线

在正线发车进路开通之前,从轨道电路发出 HU 码。发车进路开通后,从车站出发的信号机根据前方的区间的占用情况,显示适当的信号。从轨道电路也会根据码的顺序,发出相应的低频码。车载装置在接收到该信息后根据情况进行不同的处理。

如果列车处在车站内的线路上,出站信号开通之前就从轨道电路接收到了 HU 代号,则车载装置会生成上图中的停车用核对速度曲线。车载装置在发车进路构成后,会根据前方的路线数据和低频信息码生成适当的核对速度图形,司机在该图形中控制列车的速度。

10. 股道侧线发车模式

如图 3.1.16 所示为股道侧线发车模式时的核对速度曲线的生成方法。

在图 3.1.16 中，停车用的核对速度曲线在接车进路中生成。

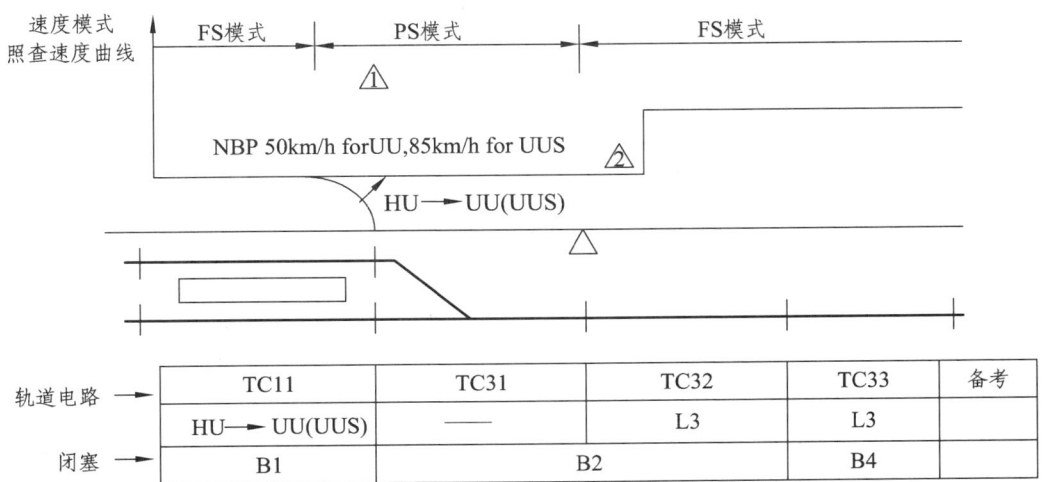

图 3.1.16　股道侧线发车模式时的核对速度曲线

股道发车进路开通后，轨道电路会根据进路的状况发出 UU 码或 UUS 码。车载装置接收该信息，视列车从车站出发的情况，转移为部分监视模式，然后出发。

列车到达车站出口，通过应答器时，从该应答器上会接收到线路数据，从而进入完全监视模式。

11. 区间反向运行模式

如图 3.1.17 所示为区间反向运行模式时的核对速度曲线的生成方法。

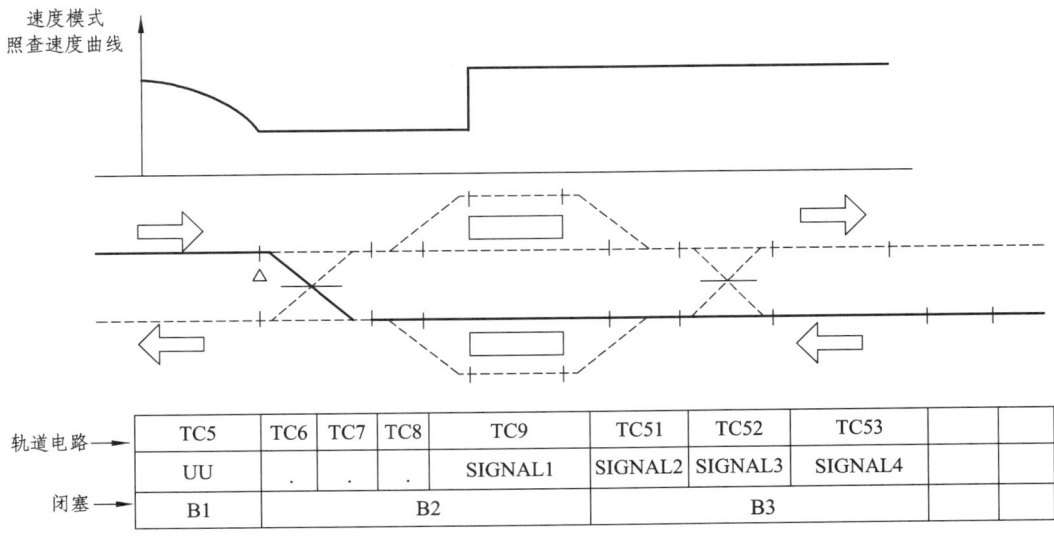

图 3.1.17　区间反向运行模式时的核对速度曲线

列车由正向运行转入反向运行时，轨道电路载频组需要进行切换，对于 CTCS-2 级区段，载频切换信息由应答器发送，车载设备根据应答器信息实施切换。

如图 3.1.17 所示，对于 CTCS-2 级区段，载频切换的时机在列车股道接车进路中。股道接车进路开通后，接近区段开始发 UU 码，为有源应答器提供编码的列控中心根据车站联锁系统给出的接车进路情况，得到列车将进入反方向股道，便控制进站有源应答器向列车发送有关载频切换的信息（具体数据定义方式正在制定过程中），列车从接近区段进入股道接车进路，收到有源应答器信息同时轨道电路信息转入无码状态，便进行载频组的切换，使 STM 只接收与反向运行相对应的载频组频率，进入股道后，将能够正常接收股道发送的信息码。

（三）CTCS-0/1 与 CTCS-2 的兼容性

动车组同时装备 ATP 车载设备与列车运行监控记录装置（LKJ），可实现上下线运行，满足兼容性要求。在 160 km/h 以上区段，地面设备按照 CTCS-2 级要求进行改造，由 ATP 车载设备控车，LKJ 负责运行记录；在 160 km/h 及以下区段，由 LKJ 控车，ATP 车载设备提供机车信号。

两种不同车载设备控车通过应答器自动转换。控车权的交接以 ATP 车载设备为主。

1. 地面级间转换设置

在 CTCS-2 级区段与 CTCS-0/1 级区段的分界处，应设置级间转换应答器并增加防护措施，以实现列控车载设备与 LKJ 之间的转换。

CTCS 级间转换应分别设置具有预告、执行功能的固定信息应答器，级间切换执行点原则设置在车站正向的 1 离去或 2 离去信号点。每个运行方向需要单独设置预告点应答器，执行点应答器可与区间固定应答器合用。预告点与执行点之间的距离约 240 m（160 km/h 运行 5 s）。

为保证 ATP 与 LKJ 的正常转换，级间转换点前后的几个闭塞分区均应采用 ZPW2000 系列轨道电路，满足动车组从 160 km/h 到 0 km/h 的制动距离，至少设置 3 个闭塞分区。在从 CTCS-0/1 进入 CTCS-2 的切换时，ATP 在 CTCS-0 区间接收 UM71 或 ZPW2000 的信息码，并生成切换以后的核对速度曲线。

为了在 CTCS 级间切换后，使正常的核对速度曲线有效，动车组进入 CTCS-2 级区段前应接收到临时限速信息 TSR（CTCS2 信息包）。图 3.1.18 和图 3.1.19 分别为 CTCS-2 级切换到 CTCS-0/1 级和 CTCS-0/1 切换到 CTCS-2 级示意图。

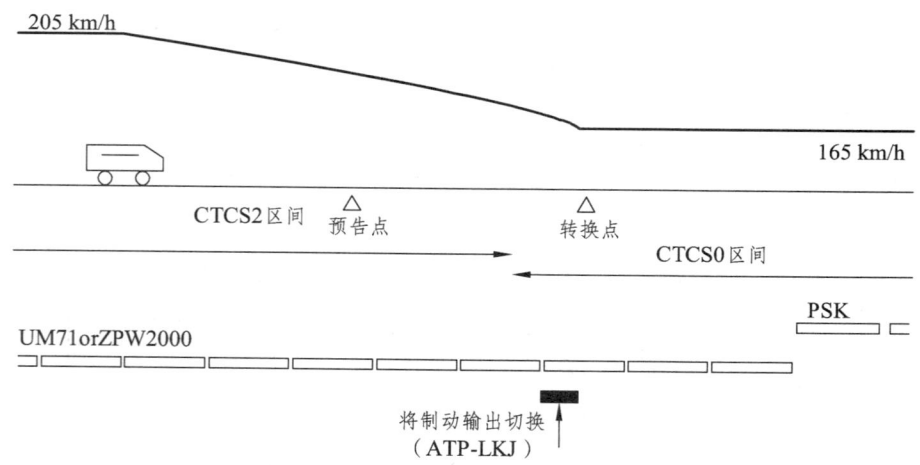

图 3.1.18　CTCS-2 级切换到 CTCS-0/1 级示意图

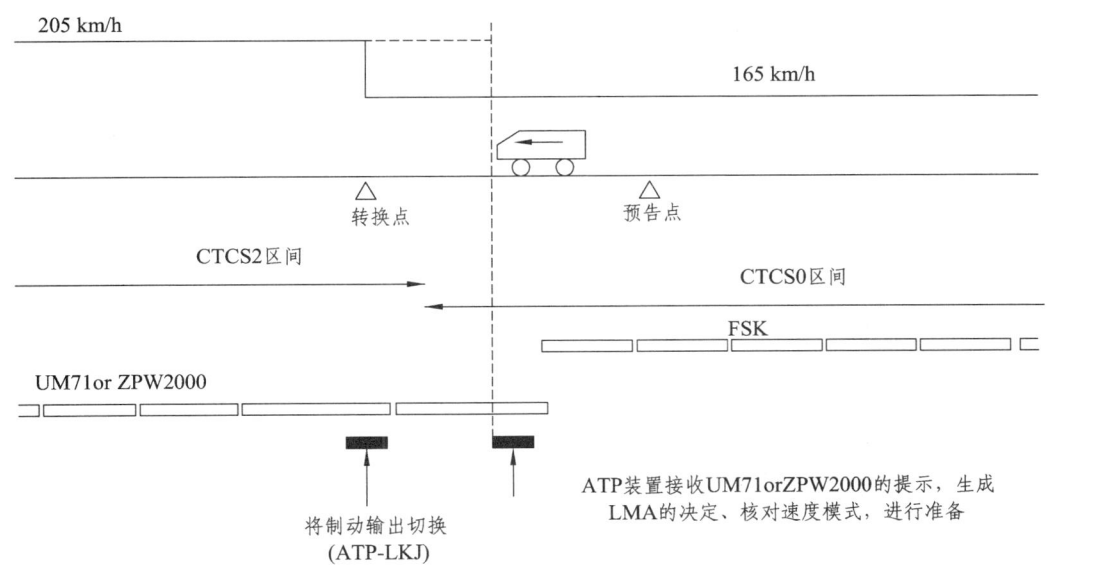

图 3.1.19　CTCS-0/1 切换到 CTCS-2 级示意图

在级间转换应答器组对应的线路左侧设级间转换标，采用涂有白底色、黑框、写有黑"C2"或"C0"的反光菱形板标志及黑白相间的立柱，如图 3.1.20 所示。

图 3.1.20　切换标志

2. ATP 车载设备与列车运行监控记录装置的接口

如图 3.1.21 所示为 ATP 车载设备与 LKJ 接口示意图。

（1）机车上取消传统的通用式机车信号设备。

（2）RS-422 接口提供 LKJ 控制所需的机车信号信息和应答器信息。

（3）控车权的转换以 ATP 车载设备为主（控制切换继电器由 ATP 控制）。

（4）在 LKJ 控车时，ATP 的 DMI 上显示机车信号和列车实际运行速度。

3. 级间转换原则

（1）CTCS 级间转换，原则上在区间自动转换（不应在进站信号机处转换），并向司机提供相应的声光警示，由司机按

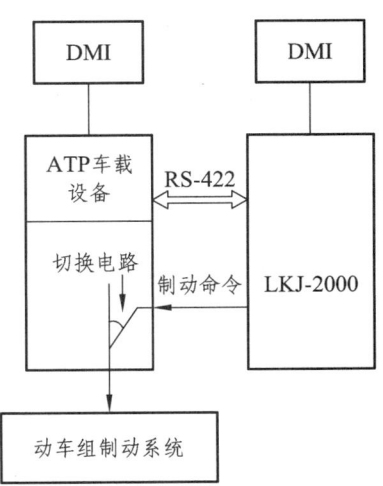

图 3.1.21　ATP 车载设备与 LKJ 接口示意图

压确认按钮，解除警示。自动转换失效时，司机根据 ATP 车载设备或 LKJ 的相应警示信息，手动转换。

（2）在级间转换时，应保证控车权可靠平稳交接。控车权的交接以 ATP 车载设备为主。

（3）级间转换时若已触发制动，则应保持制动作用完成，停车或发出缓解指令后，自动转换。

（四）反向运行控制方式

CTCS-2 闭塞设备采用速差式自动闭塞。双线区段自动闭塞应具备正向自动闭塞，反向站间闭塞行车功能。应满足以下 8 点：

（1）既有提速线反向按照自动站间闭塞运行。

（2）区间轨道电路接收端、发送端根据列车运行方向相应改变，保证贯通发码。车站接近区段及接车进路按《机车信号信息定义及分配》（TB 3060）规定发码，发车进路及区间发送 27.9 Hz 低频码，上、下行线分别采用统一载频。

（3）既有线 CTCS-2 级区段反向最高运行速度与正向最高运行速度相同。

（4）反向正线出站，越过出站信号机后应接收到 27.9 Hz 信息或正常的低频信息。（正线与区间载频一致）反向 27.9 Hz 丢码后，ATP 车载设备触发常用制动停车。

（5）在车站反向出站口的有源和无源应答器提供至前方车站的线路数据（含坡度信息、轨道电路长度、载频、静态限速、临时限速等），区间可不设置反向应答器。

（6）动车组反向运行时，ATP 车载设备采用完全监控模式，按进站信号机目标打靶制定静态速度曲线；进入接近区段后，按接收到的轨道电路连续信息动态控车，俗称"挑模"。

（7）接近区段长度应满足非 ATP 列车由反向的最高规定运行速度紧急制动到零的要求。

（8）反向临时限速的设置方案与正向运行相同。

（五）CTCS-2 级控车模式

以 200C 型车载设备为例介绍 CTCS-2 级的控车模式。

1. 完全监控模式 FS

转入本模式条件：当所需要的全部列车数据和前方线路描述有效时。司机不能选择 FS 模式，但当所有必需的条件满足时可以自动进入 FS 模式。在 FS 模式，200C 车载设备通过动态速度曲线监督列车运行。车载设备向司机显示列车速度，允许速度，目标距离和目标速度。非 HU 码后接收到的非预见的无码将触发 MSB。HU 码之后接收到的非预见的无码将触发 EB，转换到 TR 模式。CTCS2-200C 车载设备完全负责列车防护。

2. 部分监控模式 PS1

转入本模式条件：当系统不知道线路描述，并接收到轨道电路 UU 码时。在 PS1 模式下收到限制码（H 码或 U3）列车进入 TR 模式。顶棚速度：45 km/h。200C 列控车载设备监督列车低于顶棚速度运行。200C 列控车载设备监督列车在给定距离内运行。该距离值为默认值，对应站内停车标到信号机（正常值为 60 m）和信号机到出站口应答器安装位置（正常值为 1 500 m）的距离和。如果超过该距离还未收到应答器组信息，200C 列控车载设备转到 PS4 控制模式。如果在该距离之前收到了 TSR 和线路数据，200C 列控车载设备转到 FS 模式，如果在该距离之前仅收到了 TSR，则转到 PS3 模式。在 PS1 模式下收到无码不触发任何列车制动。CTCS2-200C 车载设备监督顶棚速度和限制码。司机必须检查轨道是否空闲，道岔位置是否正确，并且必须遵照既有地面信号（信号机、速度板、TSR 等）行车。

3. 部分监控模式 PS2

转入本模式条件：当系统不知道线路描述，并接收到轨道电路 UUS 码时。在 PS2 模式下收到限制码（H 码或 U3）列车进入 TR 模式。顶棚速度为 80 km/h。200C 列控车载设备监督列车低于顶棚速度运行。200C 列控车载设备监督列车在给定距离内运行。该距离值为默认值，对应站内停车标到信号机（正常值为 60 m）和信号机到出站口应答器安装位置（正常值为 1 500 m）的距离和。如果超过该距离还未收到应答器组信息，200C 列控车载设备转到 PS3 或 PS4 控制模式。在 PS2 模式下，CTCS2-200C 车载设备监督列车运行，收到 UU 码时转换到 PS1 模式，收到 HB 码时转换到 CO 模式。从 PS2 转换到 PS4，列车不进入冒进模式，通过软连接曲线实现控车。在 PS2 模式下收到无码不触发任何列车制动。CTCS2-200C 车载设备监督顶棚速度和限制码。司机必须检查轨道是否空闲，道岔位置是否正确，并且必须遵照既有地面信号（信号机、速度板、TSR 等）行车。

4. 部分监控模式 PS3

转入本模式条件：当系统不知道线路数据但知道 TSR 时。在 PS3 模式下，200 km/h 车载设备采用默认值（最短闭塞分区长度为 750 m，最小坡度为 –12‰）计算动态速度曲线，监督列车运行。在 PS3 下，使用仍然有效的数据。顶棚速度为 120 km/h。200C 车载设备监督列车低于顶棚速度运行。转换到 PS3 模式时不触发 EB，通过软连接曲线实现控车。在 PS3 模式下，HU 码之后接收到无码将触发 EB，转换到 TR 模式。非 HU 码后接收到无码将触发 MSB，UU 或 UUS 码之后直接收到无码除外。在 PS3 模式下，接收到限制码 H 码将触发 MSB。CTCS2-200C 车载设备监督顶棚速度和限制码（控制曲线）。司机必须检查轨道是否空闲并且遵照既有地面信号行车。

5. 部分监控模式 PS4

转入本模式条件：当系统不知道 TSR（可能知道其他线路描述）并接收到非 UU 或 UUS 码时。在 PS4 模式下，如果非 TSR 的线路描述有效，则考虑使用该数据。顶棚速度为 45 km/h。

200C 车载设备监督列车低于顶棚速度运行。在 PS4 模式下，接收到限制码 H 码将触发 MSB。在 PS4 模式下，CTCS2-200C 车载设备监督列车运行，收到 HB 码时转换到 CO 模式。转换到 PS4 模式时，列车不进入 TR 模式，通过软连接曲线实现控车。在 PS4 模式下，HU 码之后接收到无码将触发 EB，转换到 TR 模式。非 HU 码后接收到无码将触发 MSB，UU 或 UUS 码之后直接收到无码除外。CTCS2-200C 车载设备监督顶棚速度和限制码。司机必须检查轨道是否空闲，道岔位置是否正确，并且必须遵照既有地面信号（信号机、速度板、TSR 等）行车。

6. 引导模式 CO

转入本模式条件：当接收到轨道电路 HB 码时（从 SB 和 PT 模式转入本模式时司机需选择"启动"）。顶棚速度为 20 km/h。200C 车载设备监督列车低于顶棚速度运行。在 CO 模式下，接收到无码和限制码（HU 和 H 和 U3）时不触发任何制动。转换到 CO 模式时列车不进入 TR 模式，通过软连接曲线实现控车。转换过程为：向司机建议转换，当司机确认后，执行转换。SH 和 TR 模式不能转换到 CO 模式。CO 模式不能转换到 FS、PS3 和 OS 模式。CTCS2-200C 车载设备监督顶棚速度和限制码。司机必须检查轨道是否空闲，道岔位置是否正确，并且必须遵照既有地面信号（信号机、速度板、TSR 等）行车。

7. 目视行车模式 OS

转入本模式条件（以下 3 个条件同时具备）：从轨道电路收到的信息为 HU 或 H 或无码；列车处于停车状态；司机请求 OS 模式。顶棚速度为 20 km/h。SB、SH、CO 和 TR 模式不能转入 OS 模式。OS 模式在预定的距离或时间内有效，若要延长 OS 模式，司机需进行请求。OS 模式的时间/距离授权即将结束时，在 DMI 上给出信息通知司机。200C 车载设备监督列车在预定/已发送/更新的距离或时间内以低于顶棚速度运行。在 OS 模式下，CTCS2-200C 车载设备监督列车运行，收到 HB 码时转换到 CO 模式。OS 模式下如果收到了其他码，200C 车载设备可以转换到与可用数据相对应的控制模式。如果由于应答器故障没有接收到 SSP 和坡度，使用默认数据。在 OS 模式下，CTCS2-200C 车载设备监督顶棚速度、距离、时间和限制码。司机必须检查轨道是否空闲，道岔位置是否正确，并且必须遵照既有地面信号（信号机、速度板、TSR 等）行车。

8. 调车模式 SH

转入本模式条件：列车停车时，司机选择调车模式。顶棚速度为 40 km/h。200C 车载设备监督列车低于顶棚速度运行。在 SH 模式下，CTCS2-200C 车载设备监督列车运行，如果从应答器组收到[ETCS-132]调车危险信息，列车进入 TR 模式。调车模式不要求任务数据。

CTCS2-200C 车载设备进入调车模式认为任务结束。在调车模式，200C 车载设备不处理级间转换。在调车区域不给出级间转换命令。调车模式下 200C 车载设备向司机显示列车速度、最大调车速度和监督速度。调车模式允许列车向后运行。在 SH 模式下，CTCS2-200C 车载设备负责监督调车速度限制，当列车通过调车区域定义的边界时，天线有效的那端机车冒进（只有应答器给出信息"如果调车停车"）。司机负责将列车保持在程序或 CTCS2 以外的系统定义的调车区域内（当调车区域是由应答器保护时也是如此）司机负责列车/机车运行和调车作业。

9. 待机模式 SB

待机模式是默认模式，不能由司机选择。当唤醒、自检及外部设备测试完成后，200C 车载设备进入待机模式。自检及外部设备测试结果向司机显示。在待机模式下，收集任务数据。待机模式下 200C 车载设备执行列车停车监督。在待机模式，CTCS2-200C 车载设备负责使列车保持在静止状态。在待机模式，司机对列车运行不担负责任。

10. 冒进模式 TR

在冒进模式 200C 车载设备将命令紧急制动（在冒进模式不可能缓解制动）。在冒进模式 200C 车载设备向司机发出警告。在冒进模式，一旦列车停车，200C 车载设备将请求司机进行确认（从冒进模式退出的确认是强制性的）。CTCS2-200C 车载设备负责停车然后使列车保持在静止状态。在冒进模式，司机对列车运行不担负责任。

11. 冒进后模式 PT

司机确认冒进模式后立即进入冒进后模式。一旦处于冒进后模式，车载设备将缓解紧急制动。在冒进后模式，不允许向后运行。在冒进后模式，200C 车载设备根据从轨道电路和应答器接收到的可用数据，向司机提供可能的模式以供选择。在冒进后模式，CTCS2-200C 车载设备向司机提供可能的选择：调车或目视模式。司机负责在启动和调车模式间做出适当的选择。司机负责进行模式选择以继续任务。

******【检修作业】******

光电速度传感器Ⅱ级修作业				
序号	流程	内容	方法及标准	备注
1	作业准备	准备工具及所需耗材	1. 准备速度传感器解体检修专业工具。 2. 准备500 V兆欧表、万用表、游标卡尺、外径千分尺、示波器等测试工具。 3. 准备树脂胶、硅胶、专用清洗剂等密封、清洗材料。	
2	外观清洗检查	清洁	对速度传感器主体、电缆及连接器外部进行清扫、清洗，确保其外壳、引出线及连接器外观干净、清洁。	
		检查	1. 检查外壳无破损、开裂，铭牌清晰。 2. 检查电缆无老化变色、断股，绝缘层无破损。 3. 检查连接器无变形、破损、弯针、退针、断针、锈蚀。 4. 手动转动方榫确定弹性方榫无磨损，与轴端方孔套连接到位，无晃动。 5. 轴承橡胶套无破损、老化。 6. 检查安装螺钉安装齐全且能紧固到位。	
3			选定"手动测试"项，选择电机转向和电源电压，输入"电机设定转速"，单击"开始"，即可进行传感器手动测试，测试过程中按"停止"键可结束本次测试，屏幕上将显示所测得的该传感器所有数据，且数据会自动保存；时间超过5分钟，测试过程会自动停止。	
4	修前测试	手动测试	1. 分别测试正反转的200转、500转和1 000转时的各种参数。在测试过程中人为扭动、弯曲速度传感器引出电缆，同时观察示波器或电脑测试界面显示波形是否正常，判断引出电缆是否正常。 2. 测试结果应满足下列技术标准： （1）每路最大消耗电流≤50 mA； （2）输出脉冲幅度，高电平≥9 V，低电平≤2 V（负载电阻3 kΩ时）； （3）两路输出相位差75°～105°； （4）每转脉冲数：200； （5）输出方波脉冲，占空比0.4～0.6，前后沿均小于周期的5%。	
5		自动测试	1. 选定"自动测试"项，单击"开始"，可进行传感器自动测试，自动测试完后，自动停止测试。测试停止后，屏幕上将显示所测得的该传感器所有数据，且数据会自动保存；测试过程中，点击"停止"键自动测试过程会被中断。 2. 测试结果应满足第4项标准。	

续表

光电速度传感器Ⅱ级修作业					
序号	流程	内容	方法及标准	备注
6		解体	在专业工作台使用专用工具依次对其进行深度解体，分解为单元部件。 1. 以传感器外罩端面定位，置于工作台上，用中9钻头，将内六角螺钉25（M5×25）的六角头钻去（因螺钉已用树脂固封），拆下外罩，用钳子取出4根剩下的螺杆。 2. 拧下传动轴端的螺钉。 3. 取下弹簧垫圈、压盖。 4. 取下光栅片。 5. 用专用扳手和专用套筒拆下轮芯。 6. 用木锤敲打传动轴右端（或用木板垫在轴端用铁锤敲打）将传动轴冲出。 7. 拧下固定螺钉。 8. 用专用扳手拆下锁紧螺母、蝶形圆垫圈、垫圈。 9. 用木轴或铜套打去轴承及蝶形弹簧。	小辅修时逢"年"检次解体，"半年"检次打盖检查
7		部件清洗	万向联轴器总成、外壳、轴承、光栅片等部件使用专用清洗剂清洗，清洗完毕后用压缩空气吹干。	
8	解体检修	单元部件检查	检查各密封圈状态无龟裂、磨损、老化。	
			检查模块外观无破损，引出线及插针、插座状态良好。	
			检查万向连轴节、轴套连接到位，无晃动。	
			检查贯穿支撑方榫与单插轴的弹簧钢丝状态良好。	
			检查轴承轴向横动量应无窜轴现象，轴承转动灵活，无跳动、无卡滞、油封无破损。	
			检查光栅无堵塞，使用钳工平台检查光栅片平整。	
9		组装	1. 将两个双面密封的轴承、隔圈及两个蝶形弹簧装于传感器座的不锈钢套孔内。 2. 使用游标卡尺、外径千分尺，测量万向传动轴外径，并采用选配"轴"的方式，使其达到轴与轴承的良好配合。轴和轴承的配合公差为±0.01 mm。 3. 将选配好的万向传动轴装入轴承孔中。 4. 装入垫圈、蝶形圆垫圈、锁紧螺母。 5. 装上唇形密封圈、轮芯、光栅片；光栅安装平稳，避免光栅片抖动，造成与模块接磨。 6. 模块装配后，模块的引出线使用树脂胶固定，防止其窜动。引出线入口处硅胶密封，防止进水。 7. 对万向节进行油润。 8. 检查传动轴应无轴向窜动，万向传动轴总成应转动自如，否则对锁紧螺母的预紧力予以调整；光栅片应没有径向跳动和摆动，位置适中，转动传动轴，光栅与光电模块没有接触。	

续表

光电速度传感器Ⅱ级修作业				
序号	流程	内容	方法及标准	备注
10	解体检修	调整相位角	使用示波器或通过电脑测试界面,观察波形,调整模块下方固定螺钉,使2通道波峰前沿应处于1通道波形的中心位置,相位角范围应在75°~105°。	
11		安装外罩	更换密封胶垫后安装速度传感器外罩,紧固安装螺钉,并使用树脂胶或硅胶固封。	
12		对地绝缘测试	1. 用500 V兆欧表一端接地,另一端分别对速度传感器插头上各接线柱测量对地绝缘;用500 V兆欧表一端接屏蔽线,另一端分别对各路出线端测量线间绝缘。 2. 各路出线端对屏蔽线、各路出线端和屏蔽线对外地的最低绝缘电阻≥20 MΩ。	
13	修后测试	线间阻抗测量	逐个通道用万用表电阻挡测试:用数字万用表测量正常的传感器,红表笔接"+",黑表笔接"-",电阻应不断增大,直至无穷大;红表笔接"-",黑表笔接"+",电阻应无穷大;红表笔接"信号",黑表笔接"-",电阻应不断增大,直至无穷大;红表笔接"-",黑表笔接"信号",电阻应不断增大,直至无穷大;红表笔接"+",黑表笔接"信号",电阻有下降趋势,但最后稳定在固定值,该固定值较分散,但应大于1 MΩ;红表笔接"信号",黑表笔接"+",电阻应为无穷大。	
14		手动测试	按第3、4项执行。	
15		自动测试	按第5项执行。	
16	整体验收	填写记录	将测试结果存档,填写测试记录。	
17		填发合格证	验收员(工长)验收合格后,填发合格证。	
18	核对履历	核对履历	核对机车和设备履历,确保准确。	

★★★★★★【思考与练习】★★★★★★

1. 论述高速铁路采用列控系统的必要性。
2. ATC包含哪几个子系统?各子系统分别有哪些主要功能?
3. 简述列控系统的分类。
4. 什么是CTCS?简述CTCS的基本原理和系统结构?
5. 简述CTCS的分级情况并说明各级系统的设备配置。
6. 简述CTCS与ETCS间的区别。

任务2 CTCS-2列控中心设备维护

【技能目标】

1. 能准确识别列控中心的各功能单元。
2. 能进行列控中心的主要端口连接。
3. 能按照铁路现场作业标准对列控中心进行日常维护。
4. 具备铁路现场安全意识。

【知识目标】

1. 掌握列控中心的作用、原理、设置及分类。
2. 掌握列控中心的主要功能。
3. 掌握逻辑处理主机、I/O 采集和驱动单元、维护监测机、与其他系统的接口、电源等设备运行及日常维护要点。

★★★★★★【相关知识】★★★★★★

一、列控中心基本知识

近年来,我国铁路建设飞速发展,继京沪、京广、胶济、沪昆、广深和郑徐等既有线实现 200 km/h 提速(第六次大提速)后,京津、合宁、合武和石太等客运专线已经开通运营,武广、郑西和京沪等高速铁路也正在建设中,列车最高运行速度将达到 250~350 km/h。

为了进一步适应我国铁路的跨越式发展的战略目标,传统的以地面信号为主体信号的信号系统已不能满足客运专线铁路的运输要求,必须采用列车超速防护系统。原铁道部制定了《中国列车控制系统(CTCS)技术规范总则(暂行)》和相应 CTCS 技术条件,以保证我国铁路运输安全,满足互通运营的需求,并适应提速战略的实施。CTCS 是参照欧洲列车控制系统(ETCS)制定的适应我国国情的现代铁路列车控制系统。CTCS-2 级系统是基于点式应答器、轨道电路传输列车运行控制信息的点-连式 ATP 系统。列控中心是构成 200~250 km/h 客运专线 CTCS-2 级列控系统(含 300~350 km/h 客运专线后备模式的 CTCS-2 级列控系统)的重要组成部分,列控中心控制车站和区间轨道电路发码,通过轨旁电子单元(LEU)控制有源应答器发送应答器报文给车载设备,实现站间安全信息的传输。为了发展我国的 CTCS,配合我国客运专线铁路建设,研究开发具有自主知识产权的、满足客运专线铁路需求的列控中心设备是非常必要的。

根据铁道部的统一规划,适用于既有线提速和客运专线的列控中心系统采用 2×2 取 2 安全冗余的硬件结构,其硬件平台的研制借鉴已经得到成功运用的基于 2×2 取 2 安全冗余硬件结构的计算机联锁系统,其应答器报文的编制可参照成熟的 ETCS 应答器报文编码规则进行。

列控中心适用于装备计算机联锁和 CTC 的有岔车站以及中继站,亦可使用在与 CTCS-2 级线路相衔接的 CTCS-0 级的车站。

根据车站类型,列控中心分为车站列控中心、中继站列控中心。

列控中心与车站联锁(IL)、ZPW-2000(UM)系列轨道电路、临时限速服务器(TSRS)、相邻列控中心、地面电子单元（LEU）、集中监测（CSM）和 CTC 车站自律分机存在通信接口，根据不同类型的列控中心，与其他外部设备的接口配置关系如图 3.2.1 所示。

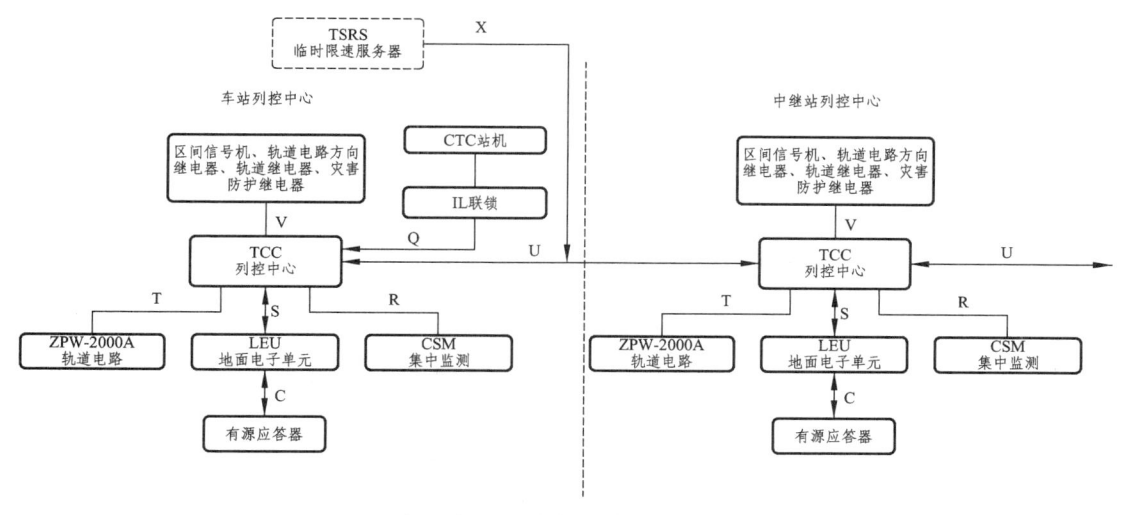

图 3.2.1　列控中心接口配置原理图

中继站列控中心从属于主控车站列控中心，从主控车站列控中心接收线路方向和边界区段状态等信息，并向主控车站列控中心发送相应的状态信息。

临时限速服务器接入到列控中心安全信息网中，车站列控中心、中继站列控中心均从临时限速服务器接收临时限速命令。

客运专线 CTCS-2 级列控系统是基于轨道电路和点式应答器传输列车运行许可信息并采用目标-距离模式监控列车安全运行的列车运行控制系统，系统由地面和车载设备构成。地面设备由列控中心、ZPW2000（UM）系列轨道电路、应答器设备等组成。轨道电路向列控车载设备传输列控连续信息，为列车提供运行前方闭塞分区空闲数量、道岔侧向进路等信息。应答器设备向列控车载设备传输点式信息，为列车提供运行前方进路信息、线路参数、限速命令等信息。列控中心通过从车站联锁获取的进路信息、从轨道获得的区间轨道电路占用/出清信息、站内轨道电路占用/出清信息、从站间通信获得区间方向控制信息，运算出列控连续信息，并通过轨道编码接口控制地面各轨道电路的低频发送，将列控连续信息发送给列车车载设备；列控中心根据来自 CTC 或临时限速服务器的有关临时限速信息和车站联锁的进路信息，选择或实时生成应答器报文，并通过有源应答器发送给列控车载设备；车站间的列控中心通过安全传输通道，完成站间安全信息的传递和区间运行方向电路的控制功能，向车站联锁提供发车允许条件。

二、列控中心的主要功能

1. 有源应答器报文选择功能

列控中心给 LEU 发送的信息必须采用报文的形式，这些报文是用符合一定规范的初始用户数据，经过信道编码算法产生的。对用户数据进行信道编码的目的是提高应答器与车载设备间的无线信道传输的安全性。

列控中心从车站联锁获取车站接发车进路信息，从 CTC 车站分机或临时限速服务器获取临时限速命令，根据临时限速区段位置、限速等级，选择或实时生成应答器报文，通过通信接口传送给控制该应答器的轨旁电子单元（LEU），为列车提供运行前方的进路信息及限速信息。

当列控中心采用预先存储报文，再根据临时限速命令和车站进路选取相应报文方式时，采用如下方法实现：

（1）用软件生成符合应答器报文定义的初始用户数据。

（2）利用初始用户数据，经过报文生成软件（FFFIS 信道编码标准）产生报文。

（3）把所有产生的报文存储到列控中心的报文存储器内。

列控中心系统软件会根据 CTC 自律机发来的用户数据，在报文存储器内查询相应的报文并传给 LEU。

为了保证报文存储的安全性，报文存储器采用冗余结构，同时给每条存储的报文加校验码（本系统采用 CRC 校验）。索引号、限速起点、限速长度和速度级别用于报文的快速检索，校验码是根据索引号、限速起点、限速长度、速度级别和报文的内容计算而来的。

2. 有源应答器报文的实时组帧和多处限速功能

为满足运营维护管理的需求，列控中心有源应答器管辖范围内应能同时设置多处限速，限速的起点、限速的终点、限速值可以任意设置，最多可以同时设置三处限速。为实现多处限速的功能，列控中心预先存储所有应答器报文的方案是无法实现的，列控中心应具备实时生成报文的功能。

为了实现应答器报文的实时组帧，列控中心将采用预存储 830 位报文模板的方法。830 位报文模板的生成依据为应答器用户数据表，其内容包括：帧标志、链接包 ETCS-5、坡度包 ETCS-21、线路速度包 ETCS-27、轨道区段包 CTCS-1、临时限速包 CTCS-2 和绝对停车包 CTCS-5 等。其中，帧标志、链接包、坡度包、线路速度包、轨道区段包和绝对停车包与具体进路对应，报文模板生成后固定不变；临时限速包中的限速有效长度、限速区起点、限速区长度、限速级别以及限速区数目在报文实时组帧时是可变量。列控中心根据进路状态、临时限速命令等信息选择相应的 830 位模板，经加扰运算后通过 LEU 发送给有源应答器。

3. 临时限速命令的处理

列控中心可处理来自 TDCS/CTC/TSRS 的临时限速命令。当 TDCS/CTC/TSRS 下达临时限速命令时，列控中心先对接收的临时限速命令验证是否可执行，若可执行，TCC 将返回相应可执行限速状态，TDCS/CTC/TSRS 接收到此限速状态反馈后，提醒值班员可正式批准执行该临时限速命令。若不可执行，TCC 将返回不可执行限速状态，TDCS/CTC/TSRS 接收到此限速状态反馈后，撤销该限速命令。

若值班员确认并批准该限速执行，可下达执行命令，列控中心接收到此命令后，须先检验该命令是否通过验证，若是已通过验证的，则立即执行该限速命令，并更新应答器的报文输出；若是未通过验证的命令，则应拒绝执行，返回执行限速失败。

TDCS/CTC/TSRS 已确认接收到所下达的临时限速命令执行结果,则终止下达该限速命令。

(1) 临时限速命令来自 TDCS/CTC。

在工程项目中如果没有配置临时限速服务器,则临时限速命令来自 TCDS/CTC,中继站的临时限速命令从车站列控中心获得。若临时限速命令属于中继站 TCC 的控制范围时,车站 TCC 应将临时限速命令通过站间安全信息数据网传送给中继站 TCC 验证或执行。

(2) 临时限速命令来自 TSRS 临时限速服务器。

当工程项目中配置了临时限速服务器时,车站、中继站列控中心均通过站间通信安全网直接获得临时限速服务器下达的限速命令。临时限速服务器负责对全线临时限速命令册存储、校验、撤销、拆分、设置和取消。

列控中心收到临时限速服务器下达的临时限速命令,进行有效性检查,并将检查结果反馈给临时限速服务器。列控中心根据进路状态及临时限速信息,选择相应的预储的用户数据模板,进行实时组帧,并将限速命令的结果反馈给临时限速服务器。

列控中心重启时,向临时限速服务器请求线路初始化命令,经调度员确认后,临时限速服务器根据当前临时限速设置状态下达初始化命令。

4. 轨道电路编码控制

(1) 轨道电路状态判断。

列控中心设备通过采集轨道继电器状态或接收轨道电路设备 CAN 通信状态两种途径获取轨道电路的状态。

在设置轨道继电器的情况下,列控中心以轨道继电器的状态作为该轨道区段的占用状态。列控中心把轨道继电器状态与 CAN 通信状态进行比较,当两者状态不一致时,向监测系统报警。

(2) 轨道电路编码。

列控中心依据联锁发送的进路信息,区间及站内轨道电路提供的占用/出清信息,站间安全信息传输提供的邻站所管辖相关区段的状态及其他编码所需的信息,结合区间运行方向等条件,按照《机车信号信息定义及分配(TB/T 3060)》标准及相关的技术规范,计算区间及站内各轨道区段的低频码,并将轨道电路的低频和载频发送至轨道电路通信盘,为列车提供运行前方空闲的闭塞分区数量。

当采用全进路发码的车站并存在转频的列车进路,列控中心控制转频码的发送时机,咽喉区发检测码,股道发正常码,当列车占用上下行载频分界的绝缘节前方轨道区段时,上下行载频分界的绝缘节后方轨道区段开始预发送转频码,该轨道区段解锁后,恢复发检测码。

当采用正线和股道发码的车站,列控中心依据联锁的进路条件、区间状态计算股道电码化的低频码,若车站存在转频的列车进路,列控中心需控制转频码的发送时机,对接车进路仅当列车占用股道后发送转频码,2 s 后恢复发送正常码;对于发车进路,进路的最后一个轨道区段发转频码,该区段解锁后恢复发检测码。

5. 轨道电路发码方向控制

(1) 站内轨道电路方向。

站内每个轨道区段设置一个方向切换继电器(FQJ),控制站内轨道电路的发码方向。列控中心根据站内进路方向,分别驱动进路上相应轨道电路的方向继电器,控制轨道电路迎列车运行方向发码。

列控中心采集轨道电路方向继电器的状态，当FQJ状态由于某种原因与进路方向不符时，则列控中心仍维持原编、发码条件，列控中心发送报警信息。

站内轨道电路区段缺省方向为进路正方向；列控中心设备初始化时，站内区段发码方向应置为缺省方向；股道由多个轨道区段组成时，当列车占用前方轨道区段时，占用区段后方的轨道区段发码转为向另一方向发码。

（2）区间轨道电路方向控制。

每段区间轨道电路设置方向切换继电器用于改变轨道电路的发码方向。

区间轨道区段的缺省方向为正向运行方向。

车站的每个发车口（含反向）设置一个极性保持方向继电器（FJ），用于区间方向的切换和保持，方向继电器吸起时表示正向，落下表示反向。

每个发车口（含反向）的方向继电器由一个 ZGFJ 继电器和一个 FGFJ 继电器来控制，列控中心通过控制 ZGFJ 和 FGFJ 继电器来改变发车口轨道电路方向的改变。

由方向继电器控制本方向管辖范围内每个区间轨道电路方向切换继电器（FQJ）的方向切换。
当站间通信故障时或列控中心设备故障时，保持区间方向切换继电器状态不变。

6. 区间运行方向与闭塞控制

（1）列控中心具备控制区间运行方向功能，防止双方向往同一区间发车，以保证列车的安全运行。

（2）区间运行方向的改变随着原接车站办理发车进路自动实现。当联锁在接车站发送正常改方请求信息时，列控中心在确认整个区间空闲且邻站没有办理发车进路的情况下，驱动相应的继电器，完成区间方向的改变。

（3）当区间轨道电路故障时可通过辅助办理方式实现区间运行方向的改变。

7. 区间信号机点灯控制

列控中心根据区间的运行方向，列车占用，区间轨道电路故障，站内接、发车进路的办理情况等条件，通过输出 LJ、UJ、HJ 等继电器，直接控制区间信号的点灯，同时实现红灯转移功能。

8. 站间安全信息的传输功能

（1）列控中心间通过冗余双环网实现站间安全信息的传输，为实现区间方向控制功能、中继站临时限速命令接收、车站联锁办理发车进路等提供条件，以保证列车在区间的连续、安全运行。

（2）站间安全信息的传输内容主要包括边界区段的占用/出清、边界信号的灯丝状态、闭塞分区的状态及低频信息、线路改方信息、中继站临时限速命令和执行状态等。

9. 控制正线有源应答器的 LEU 切换功能

（1）为提高系统的可靠性，控制正线有源应答器的 LEU 冗余配置并实现自动切换，即为同一个有源应答器配置两台 LEU，平时 2 台 LEU 同时工作，有源应答器与 LEU A 相连，在 LEU A 故障时有源应答器应自动切换为与 LEU B 相连。

（2）为实现此功能设计了 LEU 切换组匣，如图 3.2.2 所示。每组冗余配置 LEU 配制一个 LEU 切换组匣，LEU 与应答器的相连关系受 LEU 切换组匣控制，LEU 切换组匣设 4 个切换继电器，分别控制 LEU 的 4 个输出口。切换继电器落下时，LEU A 的输出口与应答器相连；切换继电器吸起时，LEU B 的输出口与应答器相连。

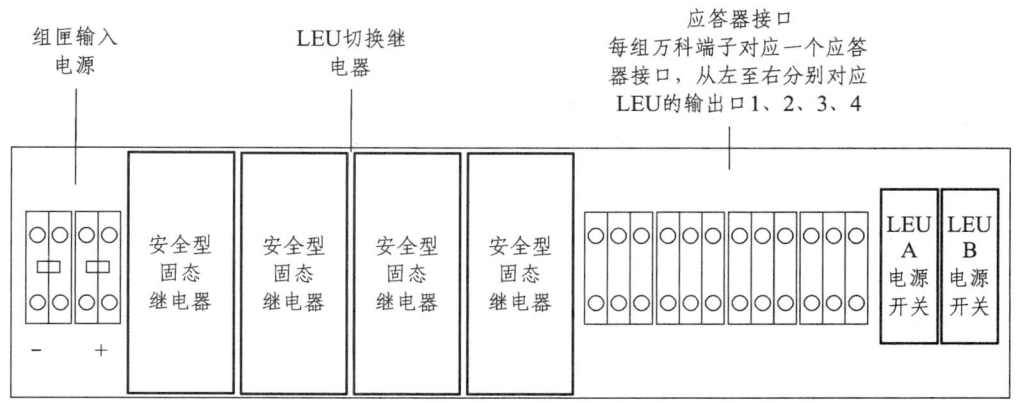

图 3.2.2　LEU 切换组匣

三、列控中心系统结构及硬件组成

LKD2-Y 型列控中心为铁科院研究的满足客运专线需求的列控中心系统。主要由逻辑处理主机、I/O 采集和驱动单元、维护监测机、与其他系统的接口、电源等部分组成。系统结构如图 3.2.3 所示。

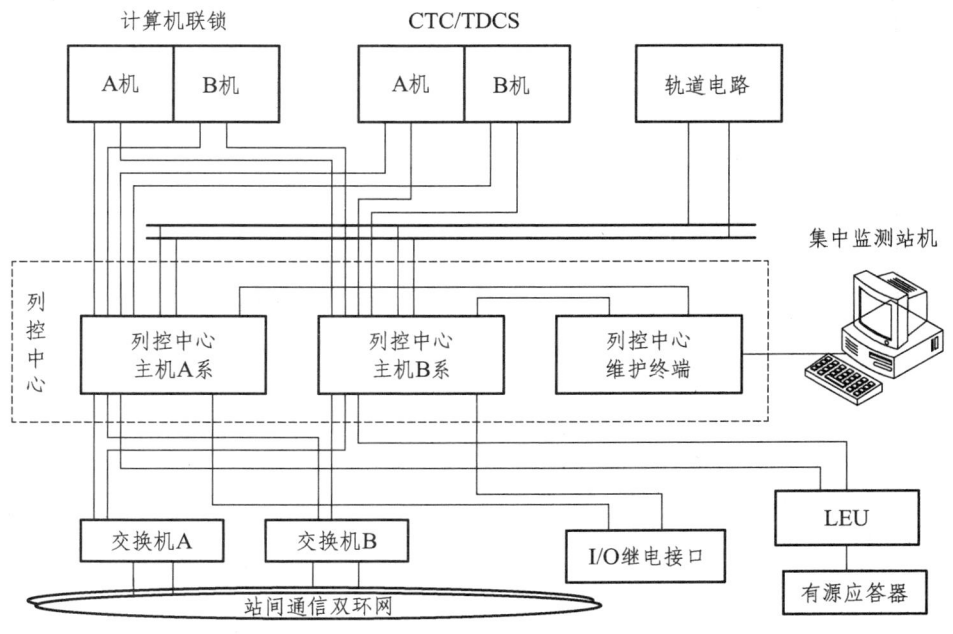

图 3.2.3　LKD2-Y 列控中心系统结构

1. 逻辑处理主机

列控中心逻辑处理主机采用 2×2 取 2 的可靠性和安全性冗余结构，如图 3.2.4 所示。

列控中心逻辑处理主机 A、B 两系结构完全相同，互为备用；主备之间采用工控专用 ARCNET 网连接。每系采用双子系的二取二安全冗余结构，由专用的高性能计算机系统构成，双 CPU 独立运算，使用各自独立的两个双口 RAM 实现大容量信息快速交换，同步运行。采用软、硬件比较相结合的方式提高系统的安全性，两个 CPU 分别对运算结果进行软件比对，只当比较一致时形成软件输出命令，同时两个 CPU 又分别将独立运算的结果发送给独立设置的硬件比较板，比较板对双 CPU 的输入信息进行比对，仅当比较一致时控制比较继电器 BJ 吸起，比较继电器落下，切断对外的所有输出命令，因此只有在软、硬件均比较一致时才对外输出控制命令，确保系统安全。

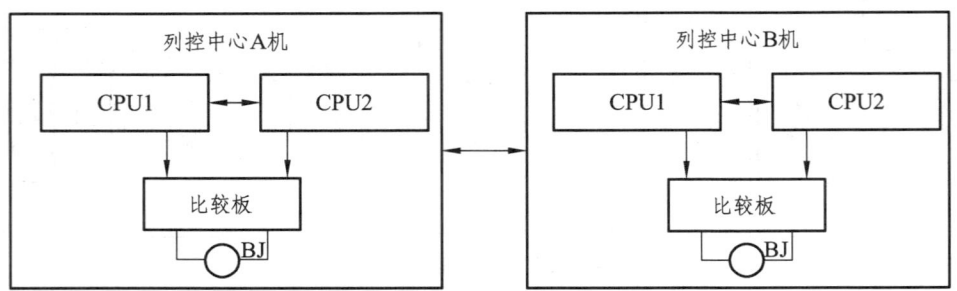

图 3.2.4　逻辑处理主机 2 取 2 结构

列控中心两系开机后，在两系都没有故障的前提下，两系自动发生通信呼叫与应答，待两系运行状态一致后，两系进入同步运行状态。

如果有人工倒机命令，则备用系转变成工作系，而原先的工作系先脱机，然后再进入同步状态并成为备用系。当两系处于同步状态时，如果工作系发生故障，则工作系立即脱机，备用系转变为工作系，故障的一系经修复后，可以重新进入双系同步的状态。如图 3.2.5 所示为两系状态转换示意图。

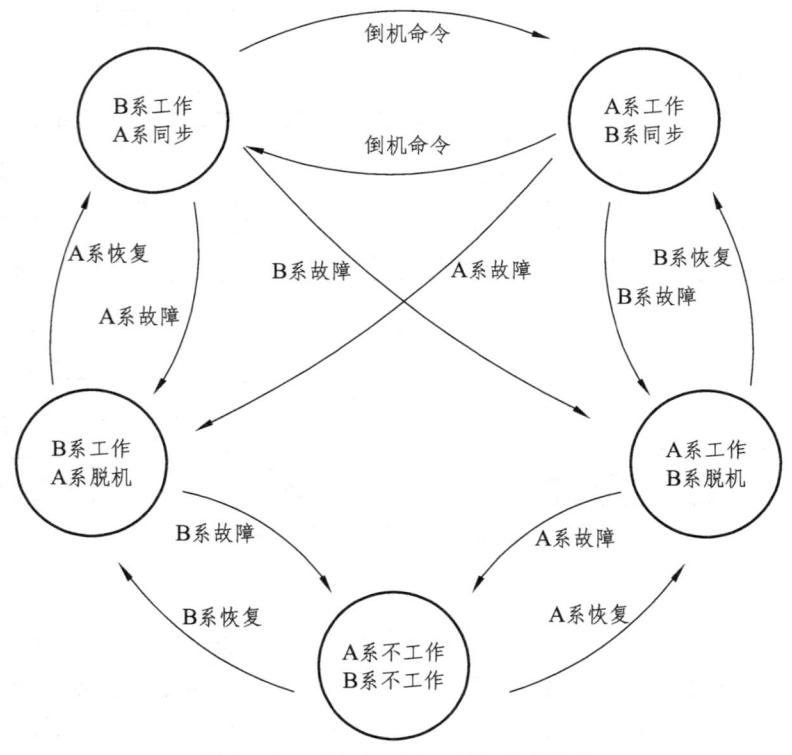

图 3.2.5　列控中心两系的状态转换图

2. 安全智能采集驱动模块

安全智能采集驱动模块主要负责列控中心与继电接口的输入输出信息的采集和驱动。

采用100%的双重系安全冗余结构，双CPU不对称同步运行，同时通过双CPU间比较校验来保证命令的正确执行。每个CPU通过双冗余CAN总线与列控中心的两路输出通信，并采用快速通道实现模块中的双CPU之间的通信和完成信息采集和命令驱动。安全智能I/O模块直接受总线控制板的控制。

3. 与其他系统接口模块

列控中心为实现与LEU、轨道电路、CTC、联锁、邻站列控中心通信设计相应的接口板卡。与LEU通信接口单元用于与LEU进行安全数据通信，将CPU计算得到的应答器报文数据，通过安全协议传送给LEU。LEU接口单元可提供RS422或以太网两种接口，列控中心可根据LEU的类型选择RS422或以太网接口卡。每个接口模块可与四个LEU通信，可配置四个LEU通信接口卡，控制16个LEU；与CTC/TDCS的接口单元采用RS422通信方式；与轨道电路的接口采用CAN总线通信；与联锁的通信采用以太网或RS422；与邻站的通信采用以太网。

4. 双机切换单元

双系切换单元用于列控中心A、B系间的手动切换。列控中心设置主控（绿色）、备用（黄色）、离线（红色）三个工作状态指示灯及一个切换手柄。

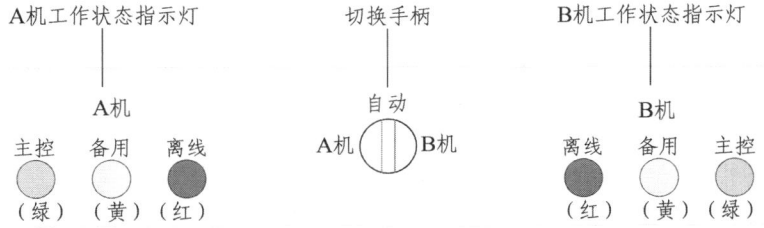

图 3.2.6　切换手柄及工作状态指示灯示意图

5. 维护监测机

维护监测机为电务人员提供维护、记录功能，它包括PC系列的工业控制机及与其相连的屏幕显示器、鼠标等设备，维护终端采用高可靠性的工业控制计算机，硬件配置：工控机；主处理器（PIII 1 000 MHz）；硬盘（40 G）；内存（128 M）；以太网卡；RS422通信卡；一体化键盘和液晶显示器。

维护监测机实时接收列控中心发送的进路、应答器报文、轨道电路编码等信息，同时将有关的信息发送给集中监测系统，有利于系统故障诊断和事故分析。维护监测机的主要功能有：

（1）实时显示接发车进路及车站、区间的占用/出清状态。

（2）实时显示列控中心与其他系统的通信状态。

（3）实时显示列控中心发送给LEU的报文，用译码软件对报文解析，并储存发送的原始报文。

（4）实时显示区间的运行方向、站内及区间的低频和载频编码信息。

（5）实时显示设备的报警信息。

（6）实时显示临时限速命令及执行情况。

（7）可记录过去一个月时间内的系统工作状态。

（8）可再现系统过去的工作状态。

6. 电源子系统

列控中心根据实际工程的需求确定是否配置 UPS。当配置 UPS 时，电源屏输入的 220 V 电源经过 UPS 给系统的 24 V 电源供电，维护终端及其他 220 V 供电的设备的输入电源也由 UPS 提供，用户可以通过开关选择使用 UPSA 或 UPSB 为其供电，为保证在 UPS 故障的情况下不影响系统工作，每台 UPS 都设置了工作/检修开关；当不配置 UPS 时直接将电源屏提供的 220 V 电源作为 24 V 电源模块的输入端。

列控中心共设置三组 24 V 电源，分别为逻辑电源、I/O 电源、LEU 电源。

站间通信交换机及中继器的电源由电源屏提供两路独立的 24 V 电源。

7. 列控中心机柜设计

列控中心机柜设计按照《客运专线铁路信号产品暂行技术条件》标准执行，机柜尺寸为 2 250 mm（高）× 800 mm（深）× 600 mm（宽）。每个站的基本配置为一个主机柜，一个 LEU 机柜。机架采用结构合理、稳固可靠、可以调节高度的钢结构机架，并做了防锈处理，其外形尺寸完全按照国际标准设计，力求达到结构合理、外形美观、使用维护方便。

8. 列控中心运行环境及接地

（1）运行环境。

输入电压为 AC 220 V；

温度范围为 0 ~ 55 ℃；

机柜可用于符合 IEC 60721-3-3 规定的气候等级为 3K5 的集中机房，即温度范围为 −5 ~ +55 ℃，湿度 < 95%；

大气压力为 74.8 ~ 106 kPa。

（2）系统接地。

列控中心机柜中的 OBO 防雷保护器接地端与防雷地线相连。一般情况下系统要求接地电阻不大于 4 Ω，条件具备时接入综合地线或贯通地线。

四、列控中心与其他系统的接口

1. 列控中心与外部系统连接关系

列控中心应与联锁、CTC/TDCS/TSRS、LEU、轨道电路、微机监测、邻站列控中心等设备建立通信链接；同时列控中心还提供了继电接口，实现对与列控系统有关的继电器的驱动和采集，如图 3.2.7 和图 3.2.8 所示。

2. 列控中心与联锁接口

列控中心与联锁系统接口可采用 422 串行通信模式或以太网方通信模式。如图 3.2.9 所示为列控中心与联锁连接示意图。

列控中心从车站计算机联锁获取列车进路信息（进路号、信号显示、进路状态等）、发车请求信息、发车锁闭信息，作为列控中心选择相应进路报文、区间和站内轨道电路编码、站间闭塞逻辑处理的必要条件。列控中心向计算机联锁提供区间运行方向控制信息、区间轨道区段占用信息、站内同制式轨道电路占用/出清信息，作为联锁逻辑的必要条件；必要时根据临时限速的设置情况向联锁系统提供进站信号降级显示命令。

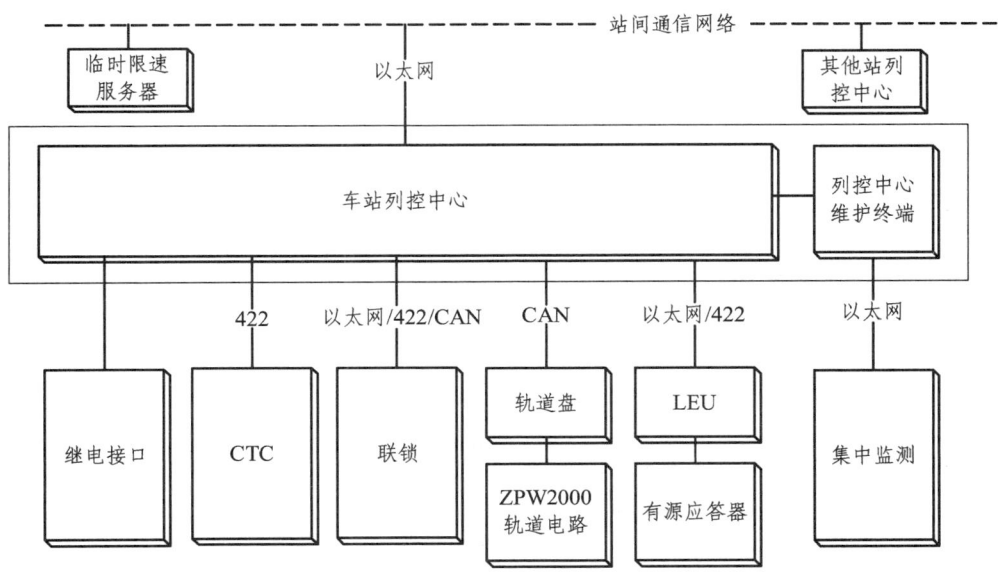

图 3.2.7　列控中心与外部系统连接示意图

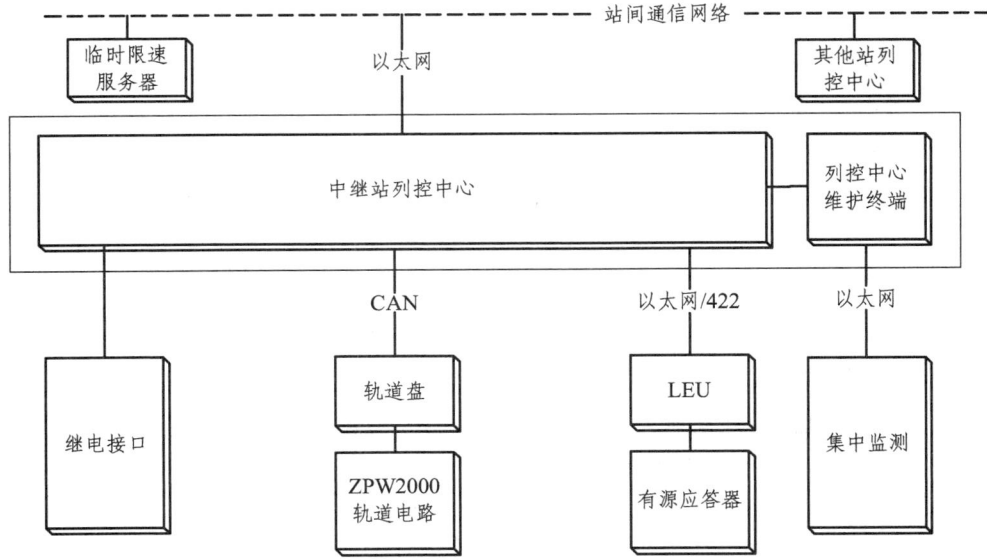

图 3.2.8　中继站列控中心与外部系统连接示意图

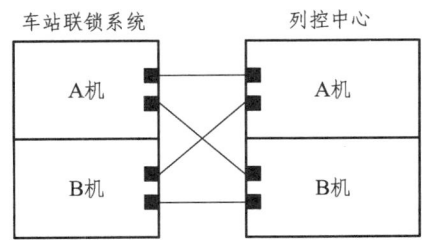

图 3.2.9　列控中心与联锁连接示意图

3. 列控中心与 CTC/TDCS 接口

列控中心 A 机、B 机分别与 CTC/TDCS 的 A、B 机交叉建立通信连接，采用 RS422 通信协议。如图 3.2.10 所示为列控中心与 CTC/TDCS 连接示意图。

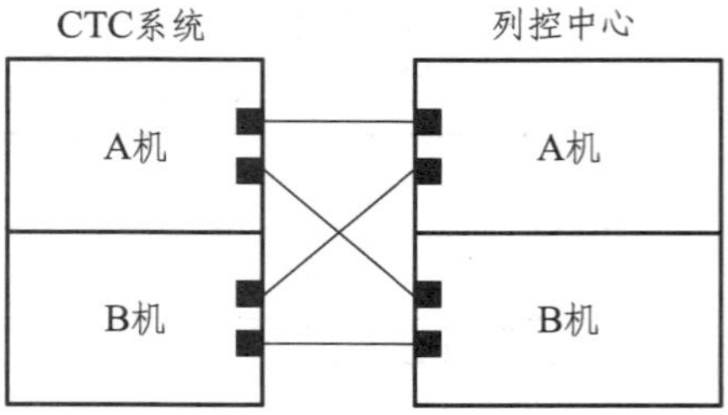

列控中心接收来自 CTC/TDCS 系统的临时限速命令，并对命令进行校验，作为查询和实时生成相应报文的必要条件。

列控中心向 CTC 系统反馈临时限速的设置与取消情况，在 CTC 车务终端和调度中心上显示当前的限速区间状况以及临时限速设置出现的问题和报警信息。

列控中心机柜内部采用标准的工业接插件，每个 RS422 通道有五个接线端子，依次分别为：TX+、TX-、RX+、RX- 和 PE（保护地）。外部系统通过标准的 4 芯双绞屏蔽电缆连接至列控中心，屏蔽线采用单端接地，即只在列控中心一端接地。

采用串行异步通信方式，通信参数如下：
通信速率：38 400 bps；
数据位：8 位；
停止位：1 位。

图 3.2.10 列控中心与 CTC 连接示意图

4. 列控中心与 LEU 接口

LKD2-Y 型列控中心系统提供了与 LEU 之间的接口，列控中心 A 机、B 机分别与 LEU 采用 422 串行通信或以太网通信。如图 3.2.11 所示为列控中心与 RS422 接口的 LEU 连接示意图。

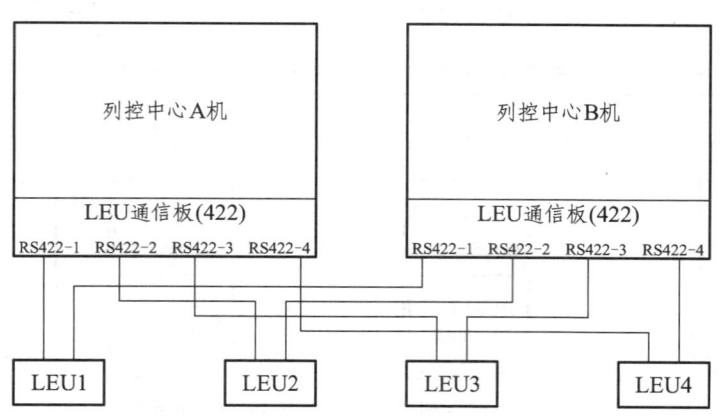

图 3.2.11 列控中心与 RS422 接口的 LEU 连接示意图

5. 列控中心与以太网接口

如图 3.2.12 所示为列控中心与以太网接口的 LEU 连接示意图。

6. 列控中心与轨道电路接口

列控中心通过轨道盘与轨道电路通信，采用双 CAN 总线冗余的连接方式进行通信。如图 3.2.13 所示为列控中心与轨道电路连接示意图。

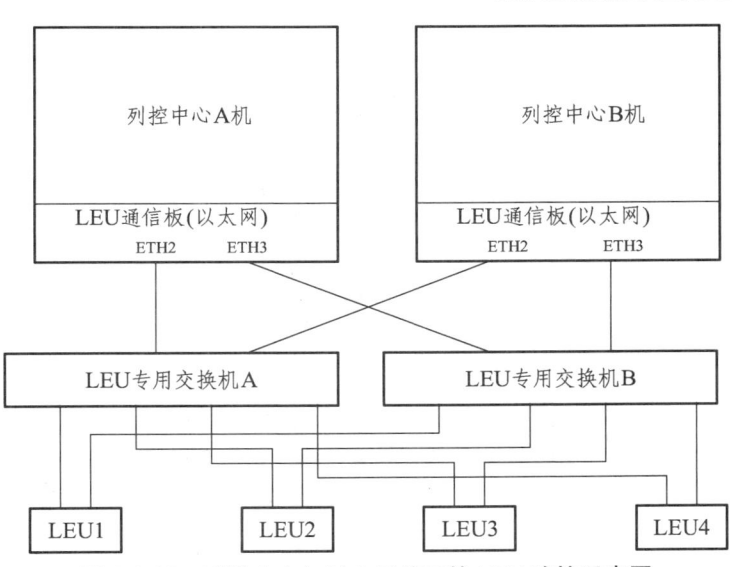

图 3.2.12　列控中心与以太网接口的 LEU 连接示意图

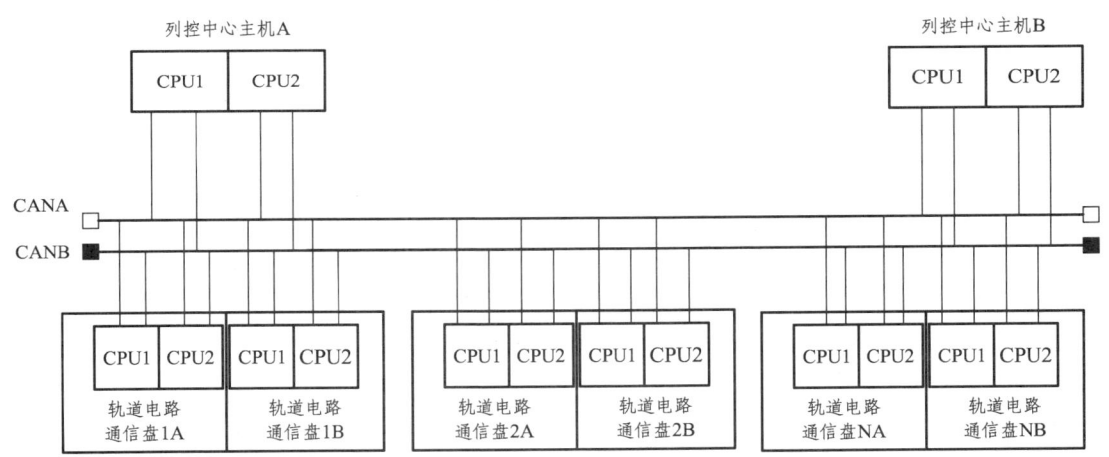

图 3.2.13　列控中心与轨道电路连接示意图

列控中心从轨道盘接收各轨道区段状态信息，并向轨道盘发送编码控制命令信息。列控中心完成区间和站内轨道电路的计算机编码技术，轨道电路的载频、低频信息由列控中心编码控制，轨道电路执行机向列控中心提供其管辖范围内的站内、区间轨道占用信息。

7. 列控中心与其他列控中心及临时限速服务器的接口

列控中心应与上下行相邻车站、本站所管辖的中继站、与本站相连的车站（或中继站）的列控中心及临时限速服务器进行通信。列控中心通过专用光纤构成冗余双环网，实现与站间安全的信息传输，获得临时限速服务器的限速命令。如图 3.2.14 为列控中心与临站列控中心及临时限速服务器连接示意图。

8. 列控中心继电接口

列控中心通过智能驱动板（FIMO）及智能采集板（FIMI）板实现对继电器的驱动及采集，列控中心将对表 3.2.1 的各类继电器进行控制。

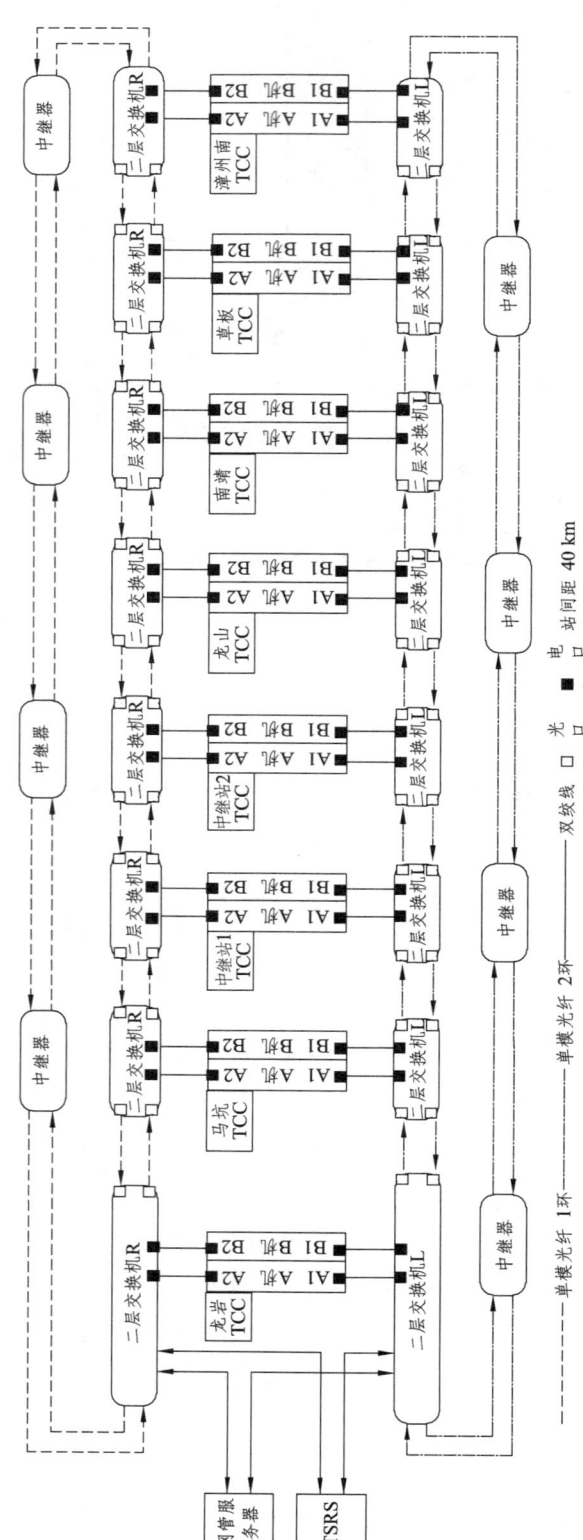

图 3.2.14 列控中心与临站列控中心及临时限速服务器连接示意图

表 3.2.1　列控中心相关继电器表

列控中心驱动的继电器	列控中心采集的继电器
区间信号继电器	区间信号继电器
区间方向继电器	区间方向继电器
站内方向继电器	站内方向继电器
	区间区段轨道继电器
	站内区段轨道继电器
	防灾系统接口继电器

9. 列控中心与集中监测接口

列控中心通过维护终端与集中监测站机进行通信，二者之间采用单通道的以太网通信，通信使用维护终端上的专用网口。如图 3.2.15 所示为列控中心与集中监测连接示意图。

列控中心向维护终端和集中监测发送列控中心状态、临时限速状态、轨道编码状态、区间信号状态等信息。

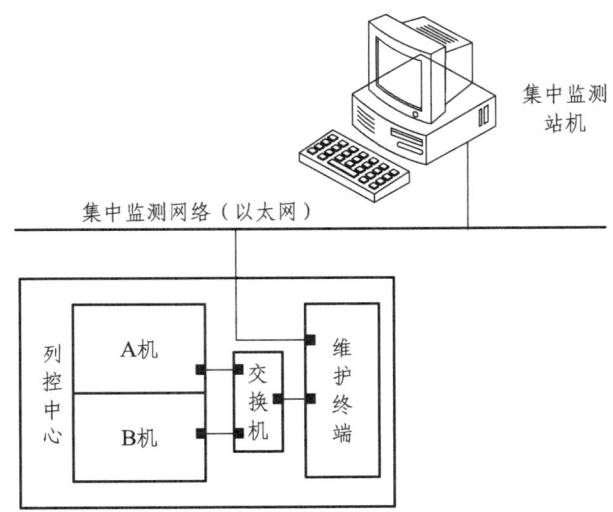

图 3.2.15　列控中心与集中监测连接示意图

五、LKD2-Y 型列控中心特点

LKD2-Y 型列控中心系统是依据《客运专线 CTCS–2 级列控系统列控中心技术规范》开发的，具有如下的技术特点：

（1）该系统采用 2×2 取 2 安全冗余结构，同一系内的 2×2 比较同时由 CPU1、CPU2 和独立的硬件比较器进行，提高系统的安全性，任一单系检测出故障均可立即自动倒向备系工作，实现全系统的高可靠性。

（2）采用标准的安全通信协议实现与计算机联锁、CTC/TDCS、轨道电路、邻站列控中心、临时限速服务器等系统的通信。

（3）列控中心可与临时限速服务器接口实现应答器报文的实时组帧和多处限速功能，此外列控中心还具有站内及区间轨道电路编码、站间安全信息传输、区间闭塞方向控制、区间信号控制、有应答器报文控制等功能。

（4）具备报文计算机辅助设计软件，可以方便地依据用户数据生成站场的所有报文模板和报文，有利于工程的实施和系统的维护。

（5）具有功能完善的维护中断，可实现对整个列控中心系统的监测和记录功能，有利于系统的维护和故障诊断。

（6）系统的操作平台完全透明可控，列控主机的程序及数据全部固化在 FLASH 中，并在程序运行期间动态检测数据的完整性和正确性，防止数据发生变异。

（7）LKD2-Y 型列控中心系统设计充分考虑我国国情，密切结合市场需要并且借鉴了我们多年计算机联锁系统的开发研制经验与在现场应用的经验，其关键技术博采国外和国内相关系统的特长，国产化程度高，有着完全的自主知识产权。LKD2-Y 型列控中心完全能够满足客运专线列控系统的需求，并且系统具有很好的兼容性和强大的扩展能力。

★★★★★★【巡检作业】★★★★★★

列控中心设备

项目	作业流程	工作内容及标准	方法	周期
巡检作业	携带工具	便携式工作灯、专用万可螺丝刀、200 mm 螺丝刀、活动扳手、尖嘴钳、网线钳、冷压钳、电烙铁、焊锡丝、万科插针、J45 水晶头、网线、单模尾纤、冷压头、扎带、毛刷、棉纱、白布。	检修作业前检查工具是否齐全完好	每年1次
	设备检修	1. 检修前记录列控主机单元、通信接口单元、采集单元等各种设备状态，并与规定状态比较，查看有无告警信息。	通过查看列控维护终端，确定列控中心状态	
		2. 检查各种插接件、线缆安装牢固，各部螺丝紧固。	使用螺丝刀对螺丝进行紧固	
		3. 检查各部风扇工作正常，无异常噪音。	风扇上电检查	
		4. 机柜内部清扫。	注意不要碰到线	
		5. 检查列控机各通讯指示灯，包括主备机通讯正常。	（查看列控维护终端实现）	
		6. 各采集板、驱动板工作正常，相应指示灯显示正常。	（查看列控维护终端实现）	
		7. 检查光纤交换机及其电源各部连线，良好、牢固。	使用螺丝刀对螺丝进行紧固	
		8. LEU 无断线和混线报警。	查看 ECI 指示灯	
	测试试验	1. 测试列控机柜地线电阻。	使用摇表测量机柜与地线端子间电阻	
		2. 测试各种电源符合规定相应型号标准；输入电压：AC 220±6.6 V, 50 Hz；驱采、接口电源：DC 24±0.24 V。	在机柜万科端子上测量输入电压，在接口架上测量接口电压（通过查看电源模块面板实现，并用过使用旋钮实现调节电源、电压）	

续表

项目	作业流程	工作内容及标准	方法	周期
		列控中心设备		
巡检作业	测试试验	3. 列控主机单元主备系间切换试验。	使用关闭主用系电源方法实现	
		4. 列控中心 CTC 的通信接口倒切试验。	通过关闭 CI-GS 板实现	
		5. 安全数据网左环、右环通道断网试验。	通过分别关闭安全数据网交换机实现	
		6. 列控维护机、2000 轨道维护机滤网清洗（严禁带水将滤网装入机器内）。	关闭主机后将主机拆下到室外清洗	
		7. 应答器室外尾缆电压测试。	使用万用表在分线盘和室外电缆盒分别测试	
	开通前确认	1. 检修作业完毕，浏览各种器材、板卡指示灯显示正常，无过热、无异味。	通过查看列控维护终端，确定列控中心状态	
		2. 查看维修机无异常报警信息。	通过查看列控维护终端，确定列控中心状态	
		3. 控制台显示正确，操作正常。		
	加封加锁检查	USB 口补封并做好记录。	检查列控维护机和轨道维护机 USB 接口	

✶✶✶✶✶✶【思考与练习】✶✶✶✶✶✶

1. 列控中心如何分类？
2. 车站列控中心功能是什么？
3. 试列举列控中心与其他地面设备之间的接口（至少 5 个），并说明各接口传递的信息。
4. 画出相邻两站列控中心与轨道电路的连接图。
5. 在对列控中心进行检修时须携带哪些工具？
6. 如何对列控中心进行倒机操作？
7. 如何在列控中心维护终端进行轨道电路信息查看？
8. 列控中心无法实现改方时，可能有哪些原因，如何处理？
9. 系统发生倒机故障，如何处理？

任务 3　应答器设备维护

【技能目标】

1. 能按照铁路现场作业标准完成有源应答器和无源应答器设备维护。
2. 能按照铁路现场作业标准进行应答器报文识读。
3. 能分析应答器故障报文。

4. 具备现场安全作业意识。

【知识目标】

1. 掌握应答器结构、工作原理。
2. 掌握应答器设置原则。
3. 掌握报文编制原则和报文的信息构成及有关内容。
4. 掌握应答器设备维护和报文识读的要点。

★★★★★★【相关知识】★★★★★★

一、应答器基本知识

应答器设备向列控车载设备传送以下信息：

（1）线路基本参数：如线路速度，轨道区段参数等；

（2）线路速度信息：如线路最大允许速度，列车最大允许速度等；

（3）临时限速信息；

（4）车站进路信息；

（5）道岔信息：给出前方道岔侧向允许运行速度；

（6）特殊定位信息：如升降弓、隧道等；

（7）其他信息：固定障碍物信息，链接信息等。

应答器地面设备由无源应答器、有源应答器和地面电子单元（LEU）组成。

应答器以报文的形式发送信息，因此需要定义报文的格式和所代表的含义。我国列控系统报文采用欧洲标准。每条应答器报文由一个 50 位的报文帧头，若干信息包以及一个 8 位结束包构成，共计 830 位，每个信息包都有各自的格式和定义。

1. 应答器相关接口描述

应答器设备与其他设备连接以及报文传输主要有以下接口：

（1）A 接口——应答器与列控车载设备无线传输接口；

（2）C 接口——LEU 与有源应答器间传输接口；

（3）S 接口——列控中心与 LEU 间通信接口。

1）A 接口。

A 接口是应答器与列控车载设备之间的无线传输接口，它具有以下 3 个功能：

（1）上行数据传输接口 A1。

A1 接口是由应答器向车载 ATP 传输数据报文的接口，当车载设备经过应答器上方时，应答器连续不断地将 1 023 位的传输报文发出。A1 接口采用移频键控调制 FSK 方式：中心频率为 4.234 MHz，频偏为 282.24 kHz，平均传输速率为 564.48 kbit/s，当要发送的数据是逻辑"0"时，对应的发送频率为 3.95 MHz，当要发送的数据是逻辑"1"时，对应的发送频率为 4.516 MHz。

（2）供电接口 A4。

A4 接口用于由车载设备向应答器提供工作电源。车载天线单元通过产生磁场为应答器提供能量，应答器感应该磁场,并将其转换为工作电源。车载天线发送频率为 27.095 MHz 的连续波。

（3）编程接口 A5。

A5 接口用于对应答器进行编程,即报文写入及生产资料写入。

2）C 接口。

C 接口是 LEU 与有源应答器之间的数据传输接口,采用专用电缆,具有以下 3 个功能:

（1）LEU 向有源应答器传送报文接口 C1。

C1 接口传输基带信号。LEU 将 1023 位的应答器传输报文进行码型变换,将其转换为 DBPL（Differential Bi-Phase-Level 双相位差分电平码）码,通过电缆不间断地向有源应答器发送,如图 3.3.1 所示为 DBPL 编码。编码在 LEU 中通过硬件电路完成,当码元为"1"时,与上一位的波形保持一致,当码元为"0"时,将上一位的波形反相,作为本位码元的编码结果。

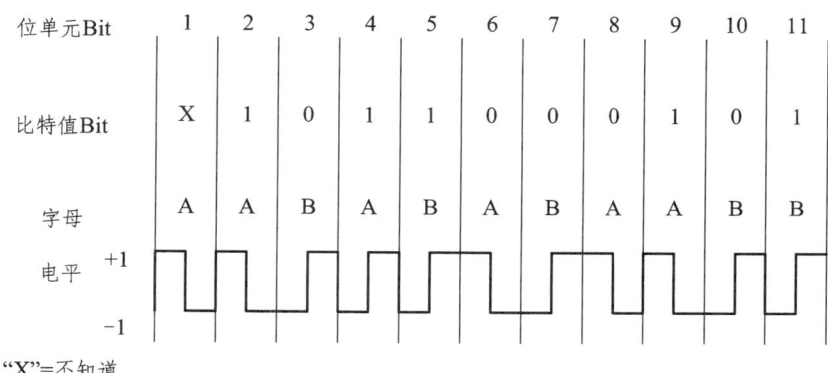

图 3.3.1　DBPL 编码

C1 特性指标:在 LEU 输出端接 120 Ω 阻性负载,信号幅值 V_{pp} 为 14~18 V,平均传输速率为 564.48 kbit/s。

（2）LEU 向有源应答器接口电路提供电源接口 C6。

信号波形:8.820±0.1 kHz 正弦波;

等效负载:170 Ω;

信号幅值:20~23 V_{pp}（发送端）。

（3）有源应答器向 LEU 发送有列车通过的信息接口 C4。

车载天线经过时,应答器产生低阻信号（Z<15 Ω）。启动后 200~350 μs,把"现在有车"信息发送到 LEU,表明应答器已经上电,如图 3.3.2 所示。

3）S 接口。

S 接口是 LEU 与车站列控中心（联锁等）间的通信接口。每个 LEU 有 2 个 RS-422 接口与 TCC 间的通信接口,构成冗余。采用主从通信方式,TCC 为主机,LEU 为从机,TCC 以 500 ms 为周期向 LEU 发送应答器报文,通信比特率 38 400 bps。通信协议采用现场总线安全通信协议。

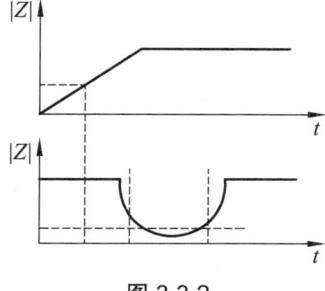

图 3.3.2

与计算机联锁设备间应采用 RS-422/485、以太网或其他串行数据总线方式进行连接。

与继电器联锁设备间可采用符合铁路信号故障安全原则的继电器输入接口进行连接,如电压输入方式,输入电压为直流 24 V。

2. 应答器工作原理

应答器的主要用途是向列控车载设备提供可靠的地面固定信息和可变信息,如图 3.3.3 所示为应答器电路板原理框图。

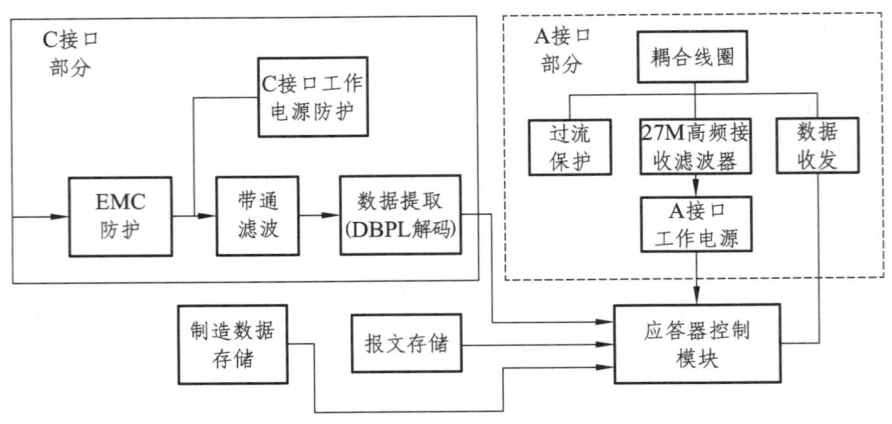

图 3.3.3　应答器电路板原理

应答器系统是一种采用电磁感应原理构成的高速点式数据传输设备,用于在特定地点实现地面与列车间的相互通信。安装于两根钢轨中心枕木上的地面应答器不要求外加电源,平时处于休眠状态,仅靠瞬间接收车载天线的功率而工作,并能在接收到车载天线功率的同时向车载天线发送大量的编码信息。

当列车经过无源应答器上方时,无源应答器接收到车载天线发送的电磁能量后,将其转换成电能,使地面应答器的电子电路工作,把存储在地面应答器中的 1023 位数据报文实时循环地发送出去,直到电能消失(即车载天线离去)。

通过报文读写工具 BEPT 可以对无源应答器存储的数据报文进行读出、校核、改写。

有源应答器通过与 LEU 的连接,可实时改变传送的数据报文。当与 LEU 通信故障时(接口"C"故障),有源应答器可以自动切换到无源应答器工作模式,发送预先存储在应答器中的默认报文。

当车载天线接近应答器时,应答器的耦合线圈感应到 27 MHz 的磁场,能量接收电路将其转化为电能,从而建立起应答器工作所需要的电源,此时,应答器开始工作。

应答器控制模块是整个电路的控制核心,当电源建立后,它首先判断由 C 接口来的数据是否有效,若该数据无效或无数据,控制模块使用存储在报文存储器中的数据,将其进行 FSK 调制后,输出到数据收发模块,经功率放大后,由耦合线圈发送。只要电源存在,控制模块就不间断地发送,这意味着车载天线一直在应答器上方。

当控制模块上电时,如判断出接口 C 的数据有效,则控制模块将发送 C 接口传来的数据,否则发送应答器存储的默认报文。

当车载天线离开应答器上方后,应答器失去了电源,便停止数据发送。

C 接口工作电源仅用于该接口部分,不给控制模块和数据收发供电,因此,有源应答器也只有在车载天线出现时才发送数据。

制造数据存储器的数据只能被报文读写工具读取。

3. 应答器工作过程

总结应答器工作过程，可分为以下 5 个步骤：

（1）平时不工作。

（2）接收电磁能量。

当车载天线接近时，向下发送频率为 27.095 MHz 的连续波。

（3）建立工作电源。

应答器的耦合线圈感应到 27 MHz 的磁场，能量接收电路将其转化为电能，从而建立起应答器工作所需要的电源。

（4）循环发送报文。

应答器将存储的 1023 位数据报文实时循环地发送出去，直至电能消失。

（5）恢复休眠状态。

4. 应答器的功能

（1）接收电能信号：探测、解调远程能量信号。

（2）产生上行链路信号：应答器通过接口 A1 向列控车载设备传送报文。

（3）启动时的方式选择：确定是发送自身存储的报文还是发送接口 C 来的报文。

（4）串音防护：为了安全对上行链路的限制。

（5）管理操作、编程模式。

（6）接收来自接口 C 的数据（有源）。

（7）I/O 接口特性的控制。

（8）产生"列车通过"信号（有源）。

5. 应答器分类

（1）从用途上分：有源应答器和无源应答器。两者外观相同，无源应答器与外界无物理连接，向列车传送固定信息；有源应答器通过电缆与 LEU 连接，向列车传送实时可变信息。

（2）从外形尺寸上分：标准尺寸应答器和缩小尺寸的应答器。

二、应答器设置规则

（1）下列应答器组应至少包含 2 个应答器。

① 发送线路参数的应答器组；

② 发送等级转换信息的应答器组；

③ 用于识别列车运行方向的应答器组；

④ 位于发车进路始端的应答器组。

（2）仅用于定位的应答器组为单个应答器。

（3）应答器组设置应满足应答器容量要求，当应答器容量不能满足要求时应增加组内应答器数量。

（4）应答器组内相邻应答器间的距离应为 5±0.5 m。设置在闭塞分区入口处的应答器组距调谐单元（BA）或机械绝缘节应为 200±0.5 m，进站信号机处的应答器组距调谐单元（BA）或机械绝缘节的距离应为 30±0.5 m（从靠近绝缘节的应答器计算）。

（5）对于 200～250 km/h 客货共线的客运专线，出站信号机处的应答器组距出站信号机机械绝缘节的距离应为 65±0.5 m（从靠近绝缘节的应答器计算）；对于仅开行动车组的客运专线，出站信号机处的应答器组距出站信号机机械绝缘节的距离应为 20±0.5 m（从靠近绝缘节的应答器计算）。

（6）设置在车站的应答器组中的有源应答器宜靠近信号机侧。

（7）相邻应答器组间距离应满足最小距离要求，正线应答器组内应答器距调谐单元（BA）或机械绝缘节的最小距离为 30±0.5 m。

（8）区间应答器组（Q）设置。

在 CTCS-2 级客运专线，可间隔一个闭塞分区设置区间无源应答器组，用于列车定位和向 CTCS-2 级车载设备发送线路允许速度、线路坡度、轨道区段及特殊区段等线路固定信息，如图 3.3.4 所示。

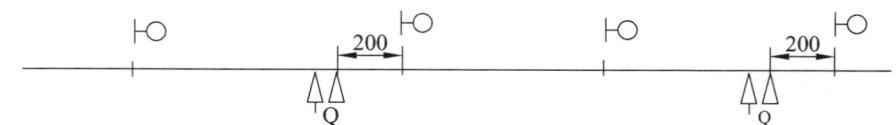

图 3.3.4　区间应答器组设置示意图

应答器组内距离闭塞分区较近的应答器，距闭塞分区入口 200±0.5 m。

当进站口发送反向线路数据的无源应答器容量不能满足要求时，应在区间设置专门用来提供反向数据的反向中继应答器组（FQ）。反向中继应答器组不与区间应答器组共用，如图 3.3.5 所示。

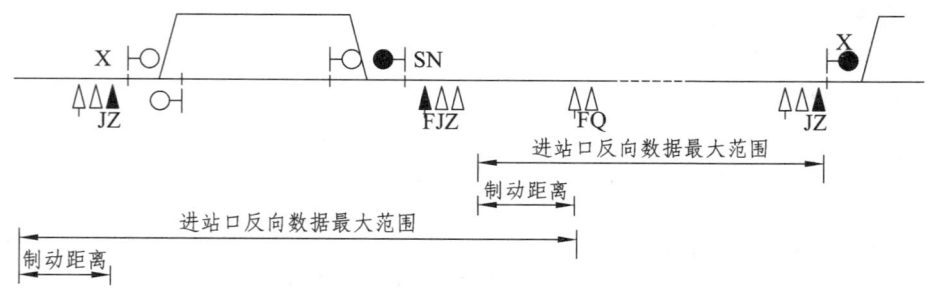

图 3.3.5　反向中继应答器组设置示意图

（9）车站应答器组设置。

① 进站信号机应答器组（JZ）设置。

进站信号机（含反向）外方 30±0.5 m 处设置由一个有源应答器和两个及以上无源应答器构成的应答器组，如图 3.3.6 所示。

正向进站信号机无源应答器组发送线路允许速度、线路坡度、轨道区段及调车危险等反向线路数据和正向线路坡度信息。

反向进站信号机无源应答器组发送线路坡度、线路允许速度、轨道区段、调车危险等正向线路数据和反向线路坡度信息。

有源应答器（含反向）根据区间运行方向发送接车或发车方向应答器链接信息、临时限速信息和正向的特殊区段信息。当排列侧向接车进路且区间运行方向为接车方向时发送应答器链接、线路允许速度、轨道区段及临时限速等信息。

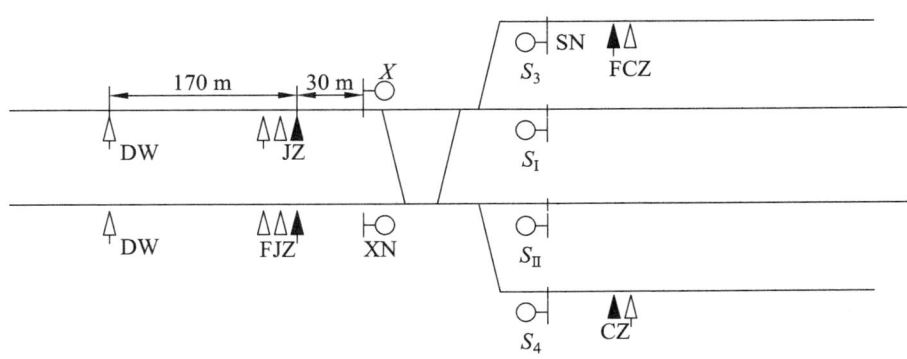

图 3.3.6　进站应答器组设置示意图

② 出站信号机应答器组（CZ）设置。

在车站到发线和有固定转线作业的正线出站信号机设置由一个有源应答器和一个无源应答器构成的应答器组。对客货共线的客运专线，出站信号机处的应答器组安装在出站信号机绝缘节前方 65±0.5 m 处，如图 3.3.7 所示。对仅开动车组的客运专线，到发线出站信号机处的应答器组安装在出站信号机绝缘节前方 20±0.5 m 处，正线出站信号机处的应答器组安装在出站信号机绝缘节前方 30±0.5 m 处。

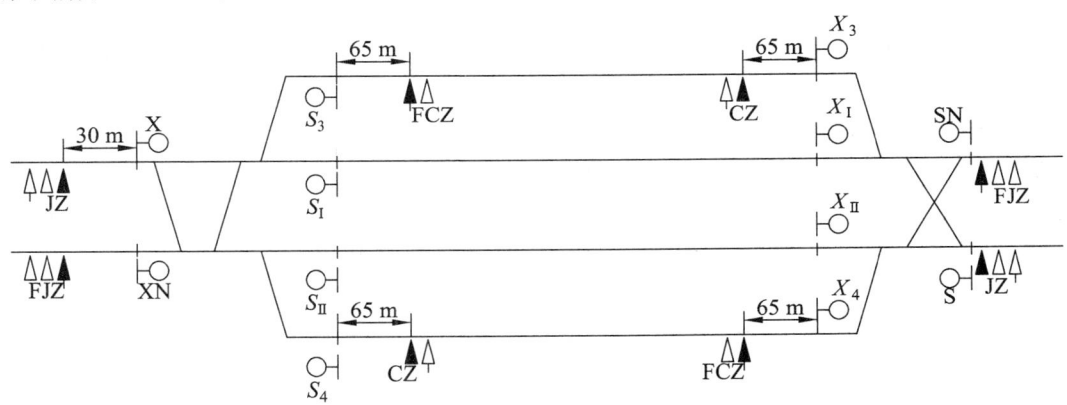

图 3.3.7　客货共线出站应答器组设置示意图

无源应答器用于发送对发车方向有效的线路坡度信息和里程信息。

当发车信号关闭时，有源应答器发送发车方向有效的停车报文，该报文只含绝对停车信息包；当发车信号开放后，发送对发车方向有效的应答器链接、线路允许速度、轨道区段、临时限速及特殊区段等信息。

③ 进路应答器组（JL）设置。

进路信号机外方 30±0.5 m 处设置由 1 个有源和 1 个无源应答器构成的应答器组。当该进路信号机防护的进路为唯一进路时，可不设置有源应答器。

当设置有源应答器组时，发送进路信息、临时限速信息和特殊区段信息，当设置为无源应答器组时，发送线路数据。

④ 调车应答器组（DC）设置。

对于有调车作业并有可能危及正线列车运行安全的调车信号机外方 15±0.5 m 处设置由 1 个有源应答器和 1 个无源应答器构成的应答器组。

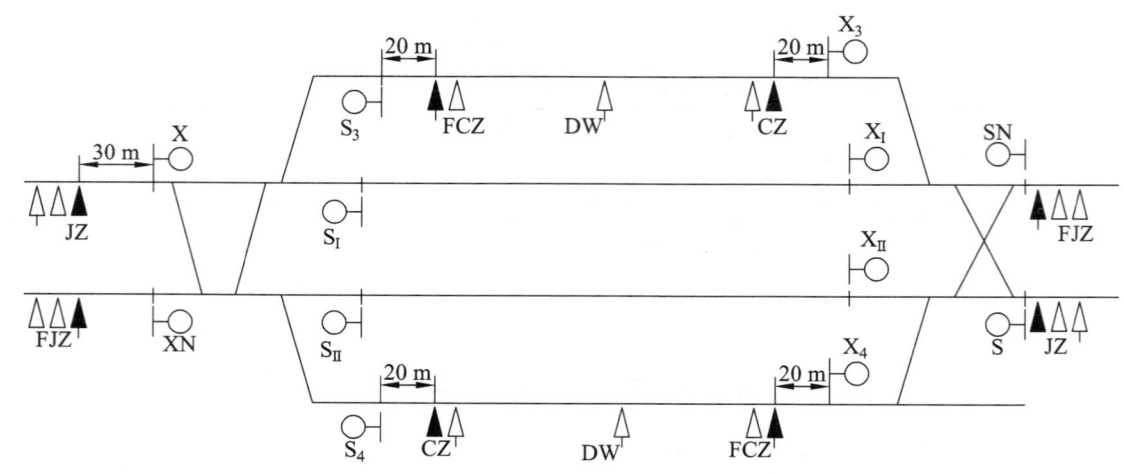

图 3.3.8 客运专线出站应答器组设置示意图

当调车信号关闭时,该应答器组发送调车危险信息,当调车信号开放时,该应答器发送空信息。

⑤ 定位应答器(DW)设置。

车站进站信号机(含反向)外方 $200\pm0.5\mathrm{m}$ 处设置由单个应答器构成的应答器组,用于列车定位。

对于仅开行动车组的客运专线车站各股道中间设置由单个应答器构成的应答器组,用于列车停车定位。

⑥ 中继站应答器组(ZJ)设置。

在上下行线路靠近区间中继站的位置,均应单独设置两组各由 1 个有源应答器和 1 个无源应答器构成的应答器组,用于发送临时限速和线路数据,2 个应答器组之间的距离为 $100\pm0.5\mathrm{~m}$,组内第 2 个应答器为有源应答器,如图 3.3.9 所示。

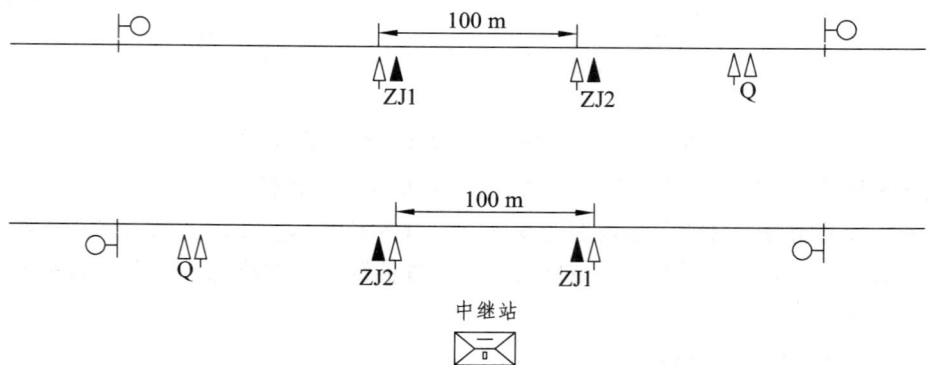

图 3.3.9 中继站应答器组设置示意图

有源应答器根据区间方向发送应答器链接信息和临时限速信息,中继站第 1 组应答器组(ZJ1)中无源应答器增加反向线路数据,满足列车反向运行时,接收到该组应答器后,进入全监控模式。中继站应答器组不能与其他应答器组合并。

(10)等级转换应答器组设置。

① C0/C2 等级转换预告应答器组(YG0/2)设置。

在 C0/C2 等级转换点两侧设置 C0-C2 或 C2-C0 的等级转换预告应答器组，该应答器组由 2 个无源应答器构成，距转换点的距离应大于列车按等级转换点处线路最高允许速度运行 5 s 的走行距离。等级转换点处线路最高允许速度不得大于 160 km/h。

C0-C2 转换预告应答器组应发送 C2 区段应答器链接、线路速度、线路坡度、轨道区段、特殊区段和等级转换预告等信息。

C2-C0 转换预告应答器组应发送 C0 区段应答器链接、线路速度、线路坡度、轨道区段、特殊区段和等级转换预告等信息。

② C0/C2 等级转换执行应答器组（ZX0/2）设置。

等级转换执行点应设置在区间列车较少实施制动的区段，并且该区段内应避免存在分相区。C0/C2 等级转换边界应设置在等级转换执行应答器组处，正向运行和反向运行边界一致。在距闭塞分区入口 30±0.5 m 处设置等级转换执行应答器组，如图 3.3.10 所示。

等级转换执行应答器组只包含应答器链接信息和级间转换执行信息。

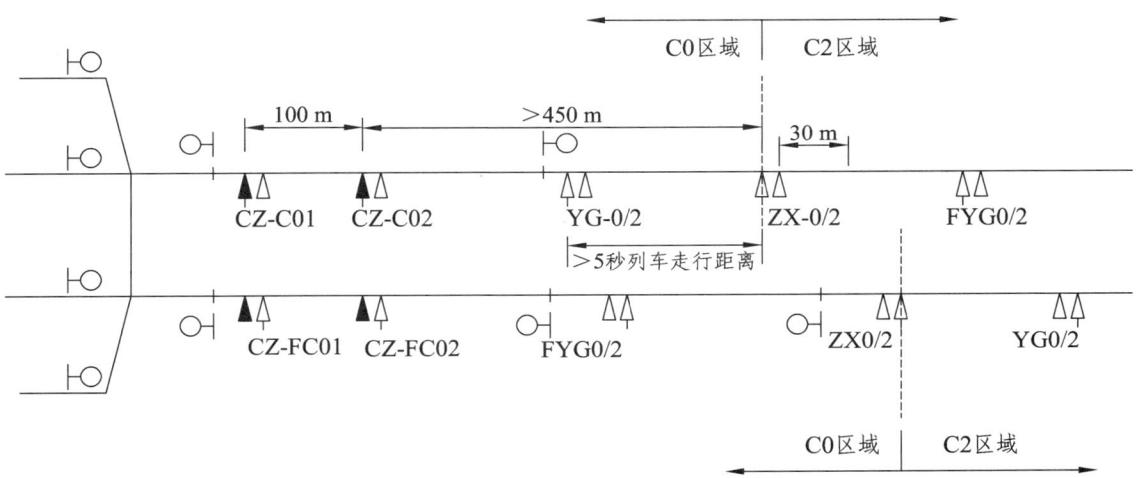

图 3.3.10　等级转换应答器组设置示意图

③ C0 站应答器组设置（CZ-C0）设置。

C0 车站出站口（含反向）设置两组有源应答器和无源应答器构成的应答器组，给列车发送线路数据和临时限速信息。

两个应答器组之间的距离为 100±0.5 m，距离等级转换点最近的应答器组距转换边界应大于 450 m。

（11）自动过分相应答器组设置。

① 分相区预告应答器组。

当用于提供正向线路参数的区间应答器组和车站应答器组的数据范围已覆盖分相区时，这些应答器组应发送"特殊区段"信息包（ETCS-68），同时作为过分相区的预告应答器组。

反向运行，按列车反向运行最高允许速度运行 17 s 的运行距离外方最近的区间应答器组应发送反向过分相预告信息。

② 分相区定位应答器组（DW-F）设置。

过分相区附近不宜设置等级转换点，如过分相区在等级转换点的制动距离范围内，应改变等级转换点位置。如图 3.3.11 所示为过分相应管理组设置示意图。

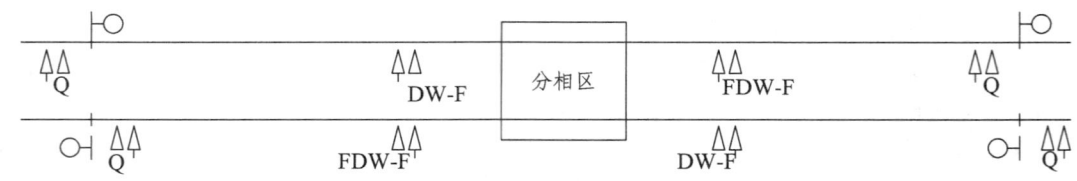

图 3.3.11　过分相应答器组设置示意图

过分相定位应答器组由两个无源应答器构成，用于列车进入分相区的精确定位和发送过分相信息。该应答器组位于分相区外方且至分相区的距离应为列车按该区段线路允许速度运行 5±0.5 m 的距离。

当过分相定位应答器组与相邻的其他应答器组距离不满足组间最小距离时，可与改组应答器合并。

（12）断链应答器（DL）设置。

在长短链边界设置长短链专用的单个应答器构成的定位应答器组，此应答器组分别发送正向和反向的里程信息包（ETCS-79）为单向有效。如图 3.3.12 所示为断链应答器组设置示意图。

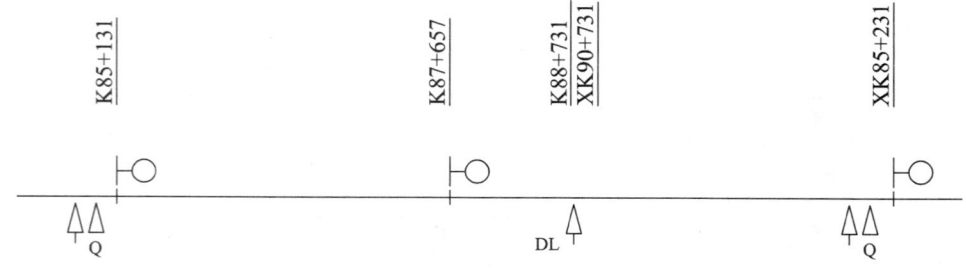

图 3.3.12　断链应答器组设置示意图

（13）大号码道岔（18 号以上）应答器组（DD）设置。

在距大号码道岔外方第二个闭塞分区入口 200±0.5m 处设置由一个有源应答器和一个无源应答器构成的应答器组。如图 3.3.13 所示为大号码道岔应管器组设置示意图。

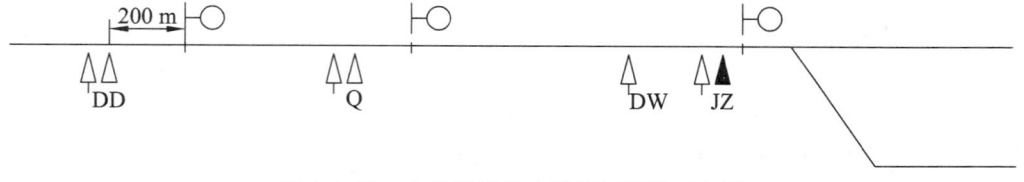

图 3.3.13　大号码道岔应答器组设置示意图

反向接发车进路不发送大号码道岔信息包。

当排列经大号码道岔的侧向接车进路时，应全进路发码。

对于侧进侧出通过进路，由进站口有源应答器预告发车进路上的大号码道岔侧向允许速度。

无源应答器发送正向运行方向有效的线路坡度、线路速度和反方向链接信息。

当排列经大号码道岔的侧向通过进路时，该有源应答器根据进路状态和相关临时限速信息发送大号码道岔信息、应答器链接信息和轨道区段等信息。

当列车进路为道岔直向或列控中心故障、LEU 故障、电缆断线时，大号码道岔应答器组作为区间无源应答器组使用，该有源应答器发送应答器链接、轨道区段信息。

三、应答器报文编制原则

1. 变量定义

变量将用于对单一数据值进行编码,每一个变量只有一种含义。变量可以有特殊值,它们与变量的基本含义有关。特殊值总是变量中的最大值(例如,11…111 = "未知")。备用的变量数值应在正常值和特殊值之间的可变数据范围内。变量的名称是唯一的,同含义的变量具有相同的名称。有符号的变量数值将以"2"的补码形式进行编码。1位布尔变量总是使用"0"作为"假","1"作为"真"。

所有变量都有表 3.3.1 中所示之一的前缀。

表 3.3.1 变量前缀

前缀	含义
D_	距离
G_	坡道
L_	长度
M_	其他
N_	编号
NC_	等级编号
NID_	识别号
Q_	限定
V_	速度

2. 数据包定义

数据包是许多变量在一个单元中的组合,具有固定的数据结构。数据包结构包括 1 个包头、1 个唯一的包编号、信息包的位长度、方向信息、可选的距离标尺和包含系列定义的变量的信息区。1 个数据包结构如表 3.3.2 所示。

表 3.3.2

名称	变量	说明
编号	NID_PACKET	信息包的标识码
方向	Q_DIR	指出信息对哪个运行方向是有效的
长度	L_PACKET	信息包所包含的数据位数
标尺	Q_SCALE	距离/长度的分辨率
信息	……	系列变量

3. 报文结构(信息帧)

报文结构如表 3.3.3 所示。

表 3.3.3

序号	名称	变量	位数	备注
1	帧标志	Q_UPDOWN	1	信息传送的方向（0=车对地，1=地对车）
		M_VERSION	7	语言/代码版本编号（0010000=V1.0）
		Q_MEDIA	1	信息传输媒介（0=应答器，1=环线）
		N_PIG	3	本应答器在应答器组中的位置（000=1，111=8）
		N_TOTAL	3	应答器组中所包含的应答器数量（000=1，111=8）
		M_DUP	2	本应答器信息与前/后应答器信息的关系（00=不同，01=与后一个相同，10=与前一个相同）
		M_MCOUNT	8	报文计数器（0~255）
		NID_C	10	地区编号（高7位=大区编号，低3位=分区编号）
		NID_BG	14	应答器标识号（高6位=车站编号，低8位=应答器编号）
		Q_LINK	1	应答器组的链接关系（0=不被链接，1=被链接）
2	用户信息包		772	用户信息包区
3	信息结束		8	1111 1111，表示信息帧结束

无源应答器报文计数器设定为 255。有源应答器默认报文计数器设定为 252。

LEU 默认报文的报文计数器设定为 0。列控中心默认报文的报文计数器为 253，正常报文的报文计数器均设定为 255。报文计数器禁用 254。

应答器组内除 M_MCOUNT=255 的应答器外，其余各应答器报文计数器相同时，该消息可用。

CTCS-2 级车载设备接收到上述各默认报文，且该应答器组消息可用时，应处理该应答器组中的调车危险、绝对停车信息包内容。

4. 用户信息包

每一个应答器中的用户信息包是根据实际应用的需要由下列 1 个或几个不同的信息模块组合而成。

（1）应答器链接（ETCS-5）。

应答器链接信息模块如表 3.3.4 所示。

表 3.3.4

序号	变量名	位数	说明
1	NID_PACKET	8	信息包标识码=0000 0101
	Q_DIR	2	验证方向（00=反向有效，01=正向有效，10=双向有效，11=备用）
	L_PACKET	13	信息包位数
	Q_SCALE	2	距离/长度的分辨率（00=10 cm，01=1 m，10=10 m）

续表

序号	变量名	位数	说 明
2	D_LINK	15	到下一个链接应答器组的距离增量
	Q_NEWCOUNTRY	1	下一个链接应答器组与前一个的地区关系（0=相同，1=不同）
	NID_C	10	地区编号（Q_NEWCOUNTRY=1）
	NID_BG	14	应答器组编号（下一个被链接应答器组，16383=特殊值，用于重定位信息）
	Q_LINKORIENTATION	1	列车通过被链接应答器组时的运行方向（0=反向，1=正向）
	Q_LINKREACTION	2	当链接失败时，ATP采取的措施（00=紧急制动，01=常用制动，10=无反应，11=备用）
	Q_LOCACC	6	链接应答器允许的安装偏差（0~±63 m，分辨率=1 m）
3	N_ITER	5	包含链接应答器组的数量
	D_LINK（k）	15	到下一个链接应答器组的距离增量
	Q_NEWCOUNTRY（k）	1	下一个链接应答器组与前一个的地区关系（0=相同，1=不同）
	NID_C（k）	10	地区编号（Q_NEWCOUNTRY=1）
	NID_BG（k）	14	应答器组编号（下一个被链接应答器组，16383=特殊值，用于重定位信息）
	Q_LINKORIENTATION（k）	1	列车通过被链接应答器组时的运行方向（0=反向，1=正向）
	Q_LINKREACTION（k）	2	当链接失败时，ATP采取的措施（00=紧急制动，01=常用制动，10=无反应，11=备用）
	Q_LOCACC（k）	6	链接应答器允许的安装偏差（0~±63 m，分辨率=1 m）

变量 Q_NEWCOUNTRY 定义了被链接应答器与本应答器地区编号是否相同，当被链接应答器与本应答器地区编号相同时，变量 NID_C 取消。

一般车站及区间，应答器组链接失败时，Q_LINKREACTION = "无反应"。特殊车站及区间当应答器丢失后，ATP 控车可能存在不安全因素时，Q_LINKREACTION = "常用制动"。

变量 D_LINK 给出了两个应答器组之间的距离，对于一组内有多个应答器的应答器组，其位置信息以该组第一个应答器为准。

对于变量 Q_LOCACC，定义了应答器综合安装误差，Q_LOCACC = 5 m。

当地面无法区分前方进路时，可用 NID_BG = 16383 表示本应答器组前方链接的重定位应答器组编号。

当本应答器组（ETCS-5）的 NID_BG = 16383 时，CTCS-2 级列控车载设备只接收链接距离内含重定位信息（ETCS-16）的应答器组，链接距离 D_LINK 选择含重定位信息的应答器组中距离最远的一个。

（2）重定位信息（ETCS-16）。

重定位信息模块如表 3.3.5 所示。

表 3.3.5

序号	变量名	位数	说　明
1	NID_PACKET	8	信息包标识码=0001 0000
	Q_DIR	2	验证方向（00=反向有效，01=正向有效，10=双向有效，11=备用）
	L_PACKET	13	信息包位数
	Q_SCALE	2	距离/长度的分辨率（00=10 cm，01=1 m，10=10 m）
2	L_SECTION	15	重定位区段长度

重定位区段长度为本应答器组开始至进路终点的距离。

（3）线路坡度（ETCS-21）。

线路坡度信息模块如表 3.3.6 所示。

表 3.3.6

序号	变量名	位数	说　明
1	NID_PACKET	8	信息包标识码=0001 0101
	Q_DIR	2	验证方向（00=反向有效，01=正向有效，10=双向有效，11=备用）
	L_PACKET	13	信息包位数
	Q_SCALE	2	距离/长度的分辨率（00=10 cm，01=1 m，10=10 m）
2	D_GRADIENT	15	到本应答器所描述的坡道信息起始点的距离
	Q_GDIR	1	坡度识别（0=下坡或平坡，1=上坡）
	G_A	8	安全坡度（分辨率=1‰，最大=254‰） （255=非数字值，告知当前坡道的描述在 D_GRADIENT（n）结束）
3	N_ITER	5	包含坡度变化点的数量
	D_GRADIENT（k）	15	到下一个坡度变化点的距离增量
	Q_GDIR（k）	1	坡度识别（0=下坡或平坡，1=上坡）
	G_A（k）	8	安全坡度（分辨率=1‰，最大=254‰）

应答器线路坡度数据应以线路实际的坡度数据为依据，按 1‰ 分辨率向安全侧进行取整，经按下述原则合并后作为应答器线路坡度数据存入应答器。

坡度信息距离及长度分辨率为 1 m（变坡点的位置误差为±5 m）。

（4）线路速度（ETCS-27）。

线路速度信息模块如表 3.3.7 所示。

表 3.3.7

序号	变量名	位数	说明
1	NID_PACKET	8	信息包标识码 = 0001 1011
	Q_DIR	2	验证方向（00 = 反向有效，01 = 正向有效，10 = 双向有效，11 = 备用）
	L_PACKET	13	信息包位数
	Q_SCALE	2	距离/长度的分辨率（00 = 10 cm，01 = 1 m，10 = 10 m）
2	D_STATIC	15	到本应答器所描述的速度信息起始点的距离
	V_STATIC	7	线路最大允许列车运行速度（分辨率 = 5 km/h） （127 = 非数字值，当前线路速度的描述在 D_STATIC（k）结束）
	Q_FRONT	1	允许运行速度出口对车头、车尾的有效性 （0 = 由车载设备确定头尾有效性，1 = 头有效，进入降速区段）
	N_ITER	5	包含列车类型的数量
	NC_DIFF（n）	4	列车类型 （0000 = 主动摆式，0001 = 被动摆式，0010 = 对交叉风敏感的）
	V_DIFF（n）	7	列车最大允许运行速度（分辨率 = 5 km/h）
3	N_ITER	5	包含速度变化点的数量
	D_STATIC（k）	15	到下一个速度变化点的距离增量
	V_STATIC（k）	7	线路最大允许列车运行速度（分辨率 = 5 km/h）
	Q_FRONT（k）	1	允许运行速度出口对车头、车尾的有效性 （0 = 由车载设备确定头尾有效性，1 = 头有效，进入降速区段）
	N_ITER（k）	5	包含列车类型的数量
	NC_DIFF（k，m）	4	列车类型 （0000 = 主动摆式，0001 = 被动摆式，0010 = 对交叉风敏感的）
	V_DIFF（k，m）	7	列车最大允许运行速度（分辨率 = 5 km/h）

应答器线路速度数据应以线路实际的列车允许运行速度为依据，按 5 km/h 分辨率向安全侧进行取整，作为应答器线路速度数据存入应答器，地面不考虑速度对车头车尾的有效性。

5. 图纸表示符号

图纸中利用空心三角表示无源应答器，利用实心黑三角表示有源应答器。组内应答器数量应与三角形个数一致。

三角形下带小竖线的应答器被定义为组内第一个应答器，其后方的应答器依次编号。

图纸中应在应答器下方标识应答器名称、应答器编号及应答器功能号，当该应答器组具有多个功能时，应依次在描述。具体格式为"B 应答器名称/应答器序号-应答器功能号/应答器功能号……"。

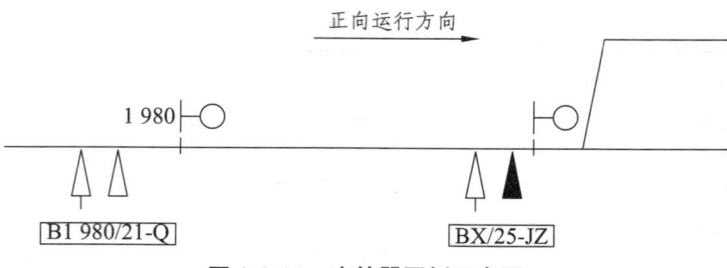

图 3.3.14　应答器图例示意图

6. 应答器编号及命名

应答器编号应具有唯一性，每个应答器的编号由"设备类型编号"、"大区编号"、"分区编号"、"车站序号"、"应答器单元编号"及"应答器组内序号"构成。

单元编号由 3 位十进制表示，编号范围为 1~254。

对车站管辖范围内（含区间）的全部应答器（组）进行统一编号。

应答器编号顺序按照先正线后侧线股道的顺序进行。

正线以列车正向运行方向为参照，按正线贯通、从小到大的原则进行编号，下行编号为奇数，上行编号为偶数。

侧线股道应答器编号，临近正线的第一个股道依次编号，下行侧线股道编号为奇数，上行股道编号为偶数。

对于三、四线等，先进行一线二线编号，再进行三线四线编号，最后进行站内侧线应答器编号，各条线之间宜预留一定编号。

每个应答器组可由 1~8 个应答器组成，以列车正运行方向为参照，列车首先经过的应答器为①，其余应答器依次编号，如图 3.3.15 所示。

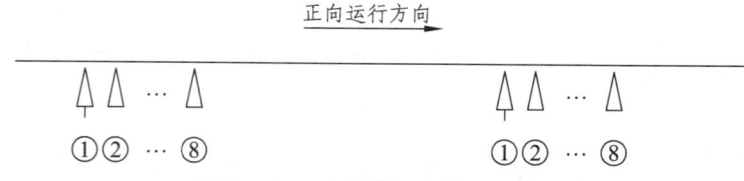

图 3.3.15　应答器组内编号示意图

侧线股道应答器组内编号，下行股道以下行方向为正方向进行编号，上行股道以上行方向为正方向进行编号。

应答器名称由"应答器组名称"-"组内编号"两部分构成。

每个应答器组命名以 B 开头，区间应答器组后加公里标，公里标参照区间通过信号机命名规则执行；站内信号机处的应答器组后加信号机名称，设置在股道中央的定位应答器组后加股道名称。

当应答器组名称相同时，沿列车正向运行方向依次增加"A"、"B"、"C"区分。

应答器编号详细规则参见《列控系统设备和相关设备编号规则及 IP 地址分配原则》。

******【设备维护】******

无源应答器安装调试完成后，它内部存储了相关的报文信息，在列车经过时，应答器被激活并将存储在其内部的报文数据发送给车载设备。

无源应答器完成安装调试即可投入使用，使用时不需要做任何设置或操作。

无源应答器可根据具体使用情况进行制定设备维护周期。如无特殊要求，应答器产品在每季度维护应不少于一次。

一、无源应答器设备维护

无源应答器是通过安装支架固定于轨枕上，与其他轨旁设备没有任何连接，与车载设备是通过无线方式传输数据，对无源应答器的维护内容详见表 3.3.8。

表 3.3.8　无源应答器维护内容

设备名称	工作内容及质量标准	维护工具	人员要求	备注
无源应答器	应答器的组成完整，包括应答器以及安装装置。	—	能够清点设备组成	每季不少于一次
	应答器本身不能有损伤。	—	能够判别损伤程度	
	检查应答器及安装装置是否松动，如有松动，通过相应工具进行紧固。 注意：应答器的专用螺栓的最大力矩不得超过 38 N·m。	扭矩扳手 应答器专用紧固器扳手	能够正确使用维护工具	
	应答器表面及周围不能有杂物，尤其不能有任何金属覆盖。 注意：距应答器四周边 0.3 m 范围内不能有金属杂物。	卷尺	能够正确判断无金属区、识别杂物	
	应答器表面不能有明显较厚的粉尘，如果有则必须进行清扫。 注意：清扫不能损伤应答器表面。	扫把 抹布	能够正确清理粉尘	
	应答器安装符合标准。	卷尺 水平尺 量角器	熟知安装要求、正确使用测量工具	

应答器设备采用更换的方式进行维护。当现场的设备出现故障后，应该利用报文读写工具（使用方法详见 BP 使用说明），将故障应答器的报文写入新的备用应答器，并利用写好报文的应答器换下对应的故障应答器。

（一）应答器故障判断

在故障处理的时候，应先对故障应答器进行定位，确认应答器坐标位置以及标号。然后到达现场，首先应对应答器外观及安装进行检验，检验项目详见图 3.3.16。

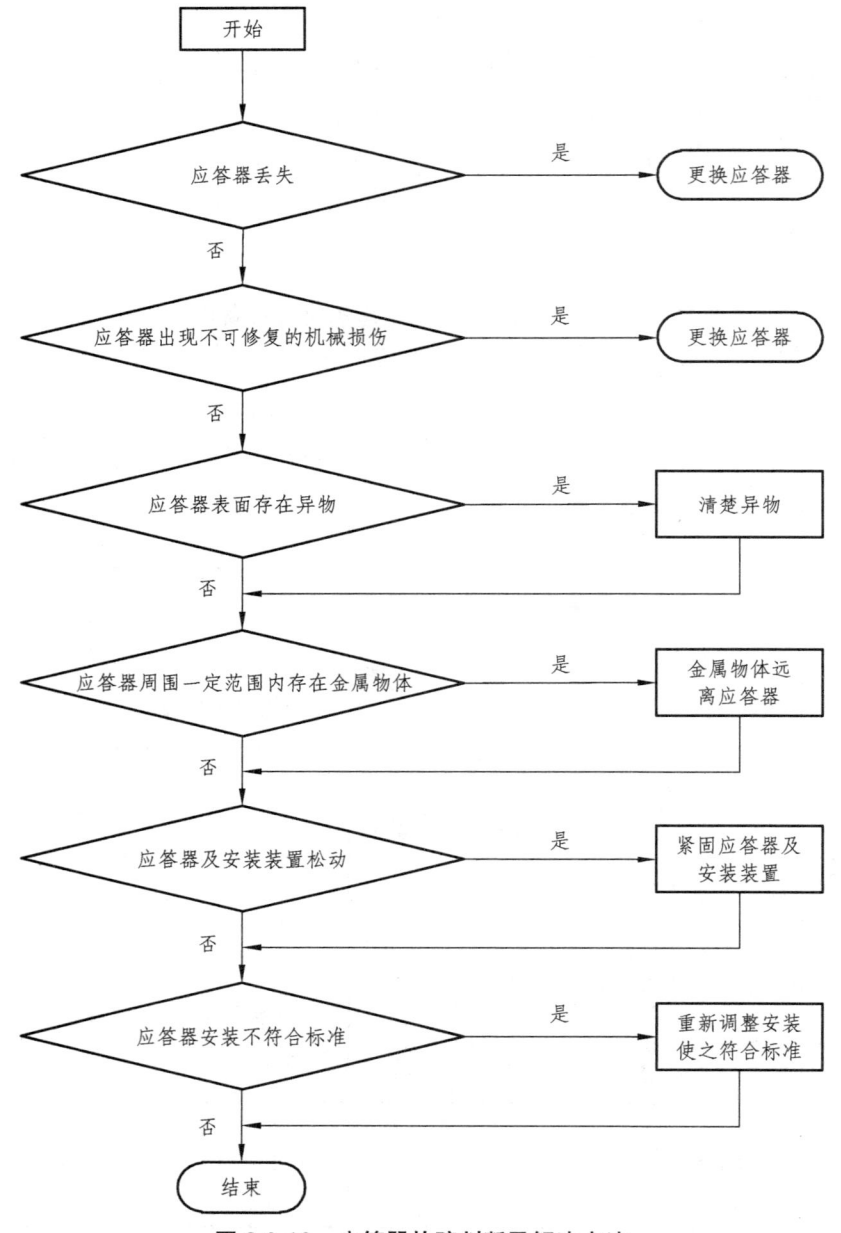

图 3.3.16　应答器故障判断及解决方法

如果上述检验均合格，则需要对应答器存储报文进行检验，需要利用报文读写工具读取存储报文。如果能够读取正确报文，说明无源应答器功能正常。如果不能读取正确报文，则可以将应答器拆下，搬到别的地方进行读取，排除安装地点对应答器传输的影响。当在各种情况下都不能正确读取报文时可判断为应答器故障。

（二）应答器更换

当应答器丢失或应答器故障后，都需要利用备用应答器及时更换，步骤如下：

1. 拆除应答器

拆除应答器专用紧固件，拆除应答器，以上过程需正确使用安装手册中对应的安装工具。

2. 更换应答器

严格按照应答器安装手册对应答器进行零部件准备、安装和检查。

3. 调试应答器

备用应答器均是没有写入报文的空应答器，在更换前需要利用报文读写工具写入需要更换的报文，写入操作必须按照应答器报文写入流程进行操作。在完成应答器报文的写入工作后，方可到现场更换。更换后的应答器需要利用读写工具再进行验证确认。

（三）工程实施安全注意事项

工程实施安全注意事项以现场施工方要求为主。若没有明确要求，需要注意以下事项：

工程实施前，与工程设计单位共同调查确认设备安装位置，检查工作现场电线情况。

在编制项目实施方案和项目实施计划时，除按设计文件要求之外，还必须考虑确保线路的行车安全；取得用户同意并遵守相关安全规定；施工之前，施工区也应进行安全防护。

向参与施工的人员进行技术普及和安全培训教育，必要时还应进行专门操作培训，培训合格后方可上岗。

需要拆动既有线设施的工程，开工前必须与设备管理单位签订安全责任协议书。

邻近既有线轨道施工作业，必须防止设备或工具侵入轨道，影响行车安全。

既有线施工，每个工点必须设置经过培训的安全防护员，保证行车安全和人身安全。

既有线有列车通过时，施工人员必须停止作业，并在安全位置等待，待列车通过后再恢复作业。

操作人员和技术人员的着装不应佩戴金银首饰等金属物品。

雨季时，尽量避免带电作业，如果无法避免，必须制订有效的防护措施。

施工中，应自觉接受监理公司、设备管理单位的指导，服从建设单位的指挥。

施工作业人员所带的工具、材料（包括铁锹、电缆、钢尺、皮尺）与牵引供电设备的带电部分保持 2.0 m 以上距离，与轨旁电气设备保持 1.0 m 以上距离。

在列车内或列车附近作业时，如需要电气操作，必须告知在场的所有施工人员和公务人员，防止出现人身危害。

在行驶的列车内进行作业时，尽量避免碰触到其他设备；不允许列车未停稳就下车，下车前必须告知负责人，未经允许不得擅自上、下车。

对设备清点和检验后，交由指定的施工负责人进行统一管理，每次提取的设备应有详细清单，并由负责人签字确认。

二、有源应答器维护

有源应答器与 LEU 配合使用，通过专用电缆接收 LEU 报文。在列车经过时，有源应答器将此信息传送给车载设备。

有源应答器可向车载设备发送三种报文：

（1）LEU 发送的正常报文：LEU 工作正常而且有合法的输入条件；

（2）LEU 发送的默认报文：LEU 故障（但能发送默认报文）或者 LEU 正常但输入条件非法或无输入；

（3）有源应答器内部的默认报文：LEU 断电或故障（不能与应答器正常通讯）或者 LEU 与有源应答器连接电缆开路、短路。

有源应答器完成安装调试即可投入使用，使用时不需要做任何设置或操作。

有源应答器可根据具体使用情况进行制定维护周期。如无特殊要求，应答器在每季度维护应不少于一次。

（一）有源应答器维护内容

有源应答器在使用的过程中无需进行任何的操作和设置，因此应答器的维护只需定期进行相应的检查。对有源应答器的维护内容详见表 3.3.9。

表 3.3.9 有源应答器维护内容

设备名称	工作内容及质量标准	维护工具	人员要求	备注
有源应答器	应答器的组成完整，包括应答器、安装装置、应答器尾缆及接线盒。	—	能够清点设备组成	每季不少于一次
	应答器本身不能有损伤。	—	能够判别损伤程度	
	检查应答器及安装装置是否松动，如有松动，通过相应工具进行紧固。 注意：应答器的专用螺栓的最大力矩不得超过 38 N·m。	扭矩扳手 应答器专用紧固器扳手	能够正确使用维护工具	
	应答器表面及周围不能有杂物，尤其不能有任何金属覆盖。 注意：距应答器四周边 0.3 m 范围内不能有金属杂物。	卷尺	能够正确判断无金属区、识别杂物	
	应答器表面不能有明显较厚的粉尘，如果有则必须进行清扫。 注意：清扫不能损伤应答器表面。	扫把 抹布	能够正确清理粉尘	
	有源应答器尾缆外护管不能有穿透性损伤和明显老化，如有则必须进行更换。	—	能够判别损伤程度	
	有源应答器尾缆接线盒内电缆连接良好。	扳手 万用表	能够正确使用工具打开接线盒、检查内部电缆接线	
	应答器安装符合标准。	卷尺 水平尺 量角器	熟知安装要求、正确使用测量工具	

（二）有源应答器故障维护

应答器设备采用更换的方式进行维护。当现场的设备出现故障后，应该使用备用应答器换下对应的故障应答器，利用报文读写工具（使用方法详见 BP 使用说明）检查有源部分和无源部分报文是否正确。

（三）应答器故障判断

在故障处理的时候，应先对故障应答器进行定位，确认应答器坐标位置以及标号。然后到达现场，首先应对应答器外观及安装进行检验，检验项目详见图 3.3.17。

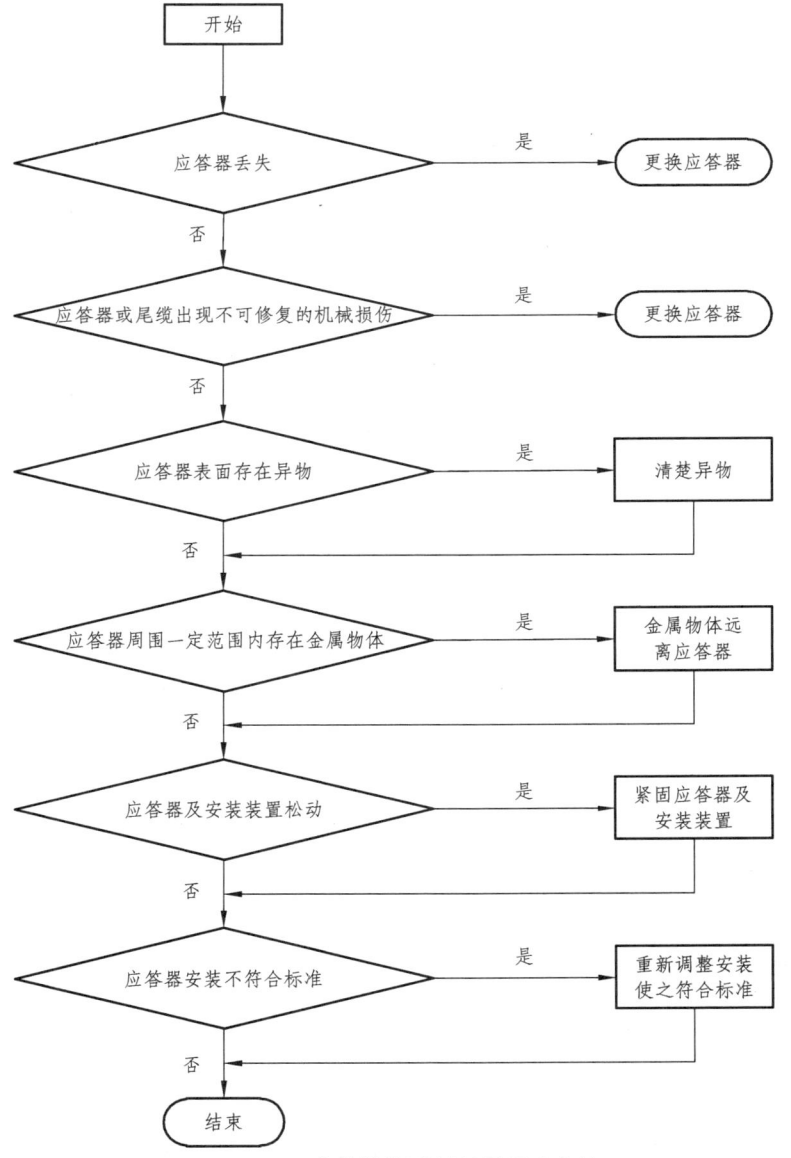

图 3.3.17　应答器故障判断及解决方法

如果上述检验均合格，则需要对应答器存储默认报文（无源部分）及地面电子单元（LEU）

发送报文（有源部分）进行检验，无源部分的检验需要利用报文读写工具读取存储报文。如果能够读取正确报文，说明应答器的无源部分功能正常。如果不能读取正确报文，应使用备份无源应答器在相同位置进行读取，排除安装地点对应答器传输的影响。如无源应答器可以读取正确报文，可判断为有源应答器故障。

有源部分进行检验需要利用报文读写工具判断应答器是否可以可靠发送来自 LEU 的报文；更换 LEU 发送的报文均可正确读取，并且内容一致，则说明应答器的有源部分功能正常。如果应答器无法发送正确报文，需要检查接线盒接线是否正确，见图 3.3.18，并在信号机房工作人员（观察 LEU 面板指示）的配合下共同排查故障。

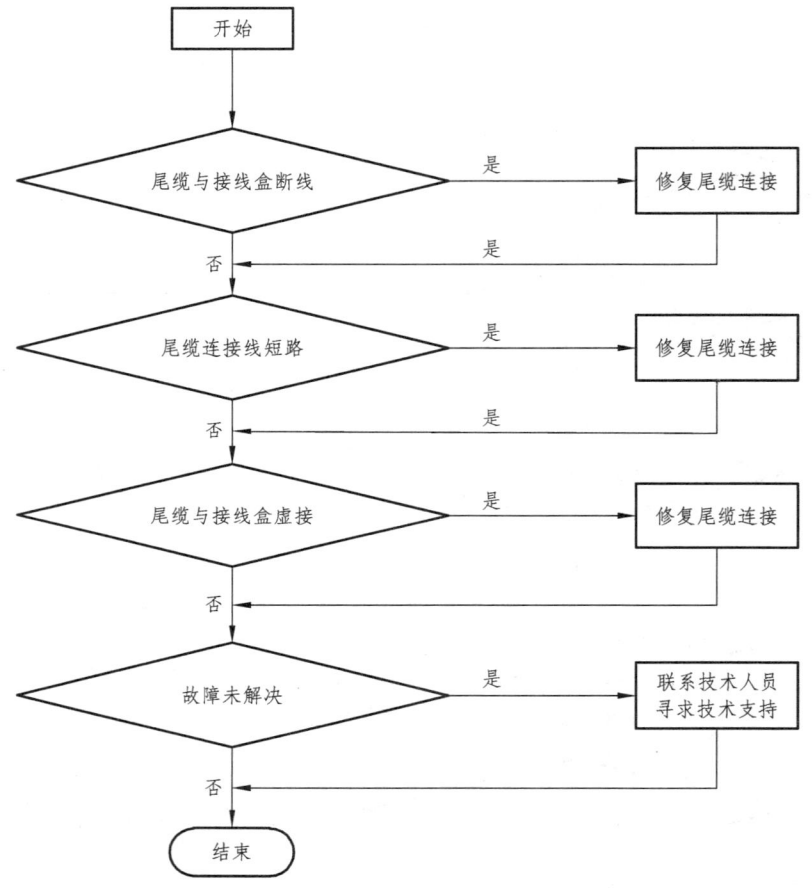

图 3.3.18 尾缆故障判断及解决方法

（四）应答器更换

当应答器丢失或应答器故障后，都需要利用备用应答器及时更换，步骤如下：

拆除应答器。

拆除应答器专用紧固件，松动应答器尾缆防护支架，拆除电缆终端盒内的尾缆连接，拆除应答器，以上过程需正确使用安装手册中对应的安装工具。

更换应答器。

严格按照应答器安装手册对应答器进行零部件准备、安装和检查。

调试应答器。

备用应答器均是写入默认报文的有源应答器,在更换前需要利用报文读写工具检查默认报文,若有差异需进行默认报文写入,写入操作必须按照应答器报文写入流程进行操作(本文第6章)。在完成应答器默认报文的确认工作后,方可到现场更换。更换后的应答器需要利用读写工具再进行验证确认,此外还需要检查尾缆和接线盒的连线是否安全可靠。

(五)工程实施安全注意事项

工程实施安全注意事项以现场施工方要求为主。若没有明确要求,需要注意以下事项:

(1)工程实施前,与工程设计单位共同调查确认设备安装位置,检查工作现场电线情况。

(2)在编制项目实施方案和项目实施计划时,除按设计文件要求之外,还必须考虑确保线路的行车安全;取得用户同意并遵守相关安全规定;施工之前,施工区也应进行安全防护。

(3)向参与施工的人员进行技术普及和安全培训教育,必要时还应进行专门操作培训,培训合格后方可上岗。

(4)需要拆动既有线设施的工程,开工前必须与设备管理单位签订安全责任协议书。

(5)邻近既有线轨道施工作业,必须防止设备或工具侵入轨道,影响行车安全。

(6)既有线施工,每个工点必须设置经过培训的安全防护员,保证行车安全和人身安全。

(7)既有线有列车通过时,施工人员必须停止作业,并在安全位置等待,待列车通过后再恢复作业。

(8)操作人员和技术人员的着装不应佩戴金银首饰等金属物品。

(9)雨季时,尽量避免带电作业,如果无法避免,必须制订有效的防护措施。

(10)施工中,应自觉接受监理公司、设备管理单位的指导,服从建设单位的指挥。

(11)施工作业人员所带的工具、材料(包括铁锹、电缆、钢尺、皮尺)与牵引供电设备的带电部分保持2.0 m以上距离,与轨旁电气设备保持1.0 m以上距离。

(12)在列车内或列车附近作业时,如需要电气操作,必须告知在场的所有施工人员和公务人员,防止出现人身危害。

(13)在行驶的列车内进行作业时,尽量避免碰触到其他设备;不允许列车未停稳就下车,下车前必须告知负责人,未经允许不得擅自上、下车。

(14)对设备清点和检验后,交由指定的施工负责人进行统一管理,每次提取的设备应有详细清单,并由负责人签字确认。

******【巡检作业】******

1. 应答器巡检作业

应答器巡检作业				
项目	作业流程	工作内容及标准	作业方法	备注
作业前准备	确定巡检重点	根据检测车检测发现问题、DMS维护终端报警设备列为巡检重点	对检测车数据进行分析,确定巡检重点	
	仪表料具准备	通信工具、照明工具、个人工具、毛刷、应答器安装工具、应答器档案	通信工具、照明工具试验,料具清点	

续表

项目	作业流程	工作内容及标准	作业方法	备注
		应答器巡检作业		
作业过程	外观检查	1. 检查室外 LEU 机柜安装紧固、密封良好、器材指示灯正常、无异响、无异味； 2. 检查室外 LEU 机柜光纤头的插接状态良好，光纤自然弯曲不打死弯，防脱设施良好； 3. 检查应答器及支座安装牢固，卡具、护管齐全作用良好； 4. 清理应答器附近杂物，表面不能有覆盖物，如石块、金属件、粉尘等。	1. 用扳手、螺丝刀检查各部螺丝紧固； 2. 冰雪后检查应答器外观有、无裂纹破损； 3. 冰雪后检查应答器尾缆有、无被击打痕迹； 4. 应答器四周边 0.315 m 范围内无金属杂物。	
	核对	应答器安装位置、编号、数量与档案进行核对。		
作业后复查	复查设备	1. 确认设备无异状； 2. 料具按照登记清点无遗漏，作业人员全部下道，室内驻站联络员销记； 3. 作业全部结束，人员返回室内或撤除网外，室内驻站联络员离台。		

2. 应答器（含室外 LEU 机柜）检修作业指导书

项目	作业流程	工作内容及标准	检修方法	备注
		应答器（含室外 LEU 机柜）检修作业指导书		
作业前准备	确定检修重点	根据检测车检测问题、DMS 维护终端报警设备列为检修重点。	对检测车数据进行分析，确定应重点检查的应答器。	
	工具、仪表、材料准备	通信工具、照明工具、万用表、兆欧表、个人工具、毛刷、应答器安装工具、报文读取工具、应答器档案等。	通信工具试验，料具清点、仪表校核。	
作业过程	报文核对	读取应答器报文。	1. 无源应答器报文与档案核对一致； 2. 读取有源应答器报文并记录校验码； 3. 断开有源应答器电缆，核对有源应答器默认报文与档案一致； 4. 恢复有源应答器电缆后，再次测试有源应答器报文应与原报文校验码一致。	
	测试试验	1. 应答器电缆绝缘测试（≥1 MΩ）； 2. LEU 输出电压（≥11 V）、有源应答器输入电压（≥7 V）测试； 3. 有源应答器断线和混线试验，查看列控是否产生报警并记录； 4. 室外 LEU 机柜主副 LEU 模块转换试验； 5. 备用光纤测试（波长 1 310 nm 时全程平均损耗小于 0.50 db/km，波长 1 550 nm 时全程平均损耗小于 0.40 db/km，单衰耗点小于 0.5 db）。	1. 有源应答器电缆绝缘测试必须与应答器连接断开后用兆欧表测试； 2. LEU 输出电压、应答器输入电压应用万用表 X1 档测试； 3. LEU 模块主副转换时需断开主用 LEU 模块电源，测试有源应答器报文应不间断且非默认报文； 4. 用 OTDR（光时域反射仪）在室内对室外 LEU 机柜的备用光纤损耗进行测试。	
作业后复查		1. 确认设备无异状； 2. 料具按照登记清点无遗漏，作业人员全部下道，室内驻站联络员销记； 3. 作业全部结束，人员返回室内或撤除网外，室内驻站联络员离台。		

★★★★★★【思考与练习】★★★★★★

1. 简述应答器分类。
2. 有源应答器与无源应答器有何异同?
3. 简述应答器工作过程。
4. 应答器报文发送故障时,可能有哪些原因,如何处理?
5. 应答器巡检作业时需要进行哪些外观检查?
6. 什么情况下应答器组应至少设置两个应答器?
7. 应答器图纸中如何表示无源应答器和有源应答器?
8. 客运专线某站如图 3.3.19 所示,试布置应答器,并标明距离。

图 3.3.19

任务 4 LEU 设备维护

【技能目标】

1. 能按照铁路现场作业标准进行 LEU 日常维护。
2. 具备现场安全作业意识。

【知识目标】

1. 掌握 LEU 的主要功能、工作原理。
2. 掌握 LEU 的结构、设置、连接。
3. LEU 的日常维护要点。

★★★★★★【相关知识】★★★★★★

随着列车运行速度的不断提高,仅依靠轨道电路将闭塞信息传至车载设备的方式,在信息量方面已经不能满足列车安全高速行驶的要求,需要增加应答器设备向列控车载设备提供大量固定信息和可变信息。无源应答器用于发送固定不变的数据,如线路速度,等级切换等信息;有源应答器与 LEU 相连,用于发送来自 LEU 的报文,主要发送进路信息和临时限速信息;LEU 周期接受来自车站列控中心的报文,并将其连续不断地向有源应答器发送。

一、LEU 的功能

LEU 是故障——安全设备，主要有以下功能：

（1）接收外部发送的应答器报文并连续向应答器转发。

（2）接收外部发送的控制命令，根据控制命令选择一条预先存储的报文并连续向应答器发送。

（3）存储几百条至上千条报文。

（4）当输入通道故障或 LEU 内部故障时，向应答器发送预先存储的默认报文。

（5）当有车载天线经过有源应答器时，LEU 不转换新的报文。一台 LEU 可以同时向 4 台有源应答器发送不同内容的报文。

（6）输出开路与短路检测信息。

（7）设备自检及事件记录，并向外部设备上传。

二、LEU 的工作原理

LEU 的工作原理如图 3.4.1 所示。

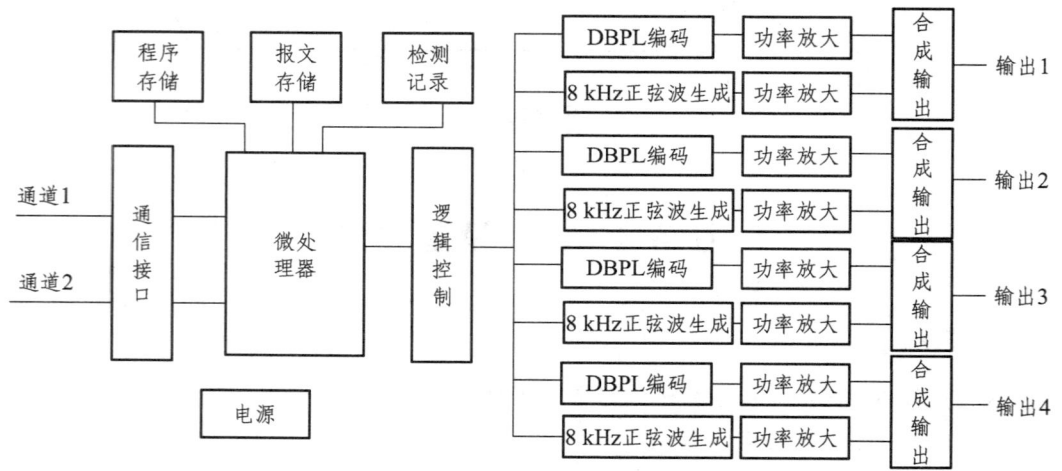

图 3.4.1　LEU 工作原理

微处理器通过通信接口周期性地从列控中心接收报文，并把报文传送至逻辑控制单元，由逻辑控制单元把周期性的报文输入变成连续的报文输出。

如果由于通道故障或 LEU 内部故障，微处理器无法接收到正确的报文，此时，便从报文存储器中选择出相应的默认报文，并传送到逻辑控制单元。

在采用透明传输模式时，报文存储器只存储 LEU 的默认报文，即对每一路输出存储一条默认报文。

输入通道和接口单元是双套同时工作的，即使有一路通道或接口电路发生故障，也不会影响 LEU 与列控中心的通信。

安全通信协议保证了通信的可靠性，除采用常用的编码、帧结构定义和 CRC 校验外，其最大的特点是引入时间戳的概念,从而确保了通信信息的正确性、实时性、完整性以及信息顺序的正确性。

三、LEU 的结构

LEU 与有源应答器相连接,向有源应答器传送可变信息的报文。

在既有线提速区段采用了阿尔斯通和 CSEE 两家公司的 LEU。阿尔斯通的 LEU 采用外形为 3U 的盒子,CSEE 的 LEU 采用标准的 6U 电路板,安装在列控中心的机柜内,占用一层。两种 LEU 外形和实现方式不同,但其基本功能是相同的。

1. 阿尔斯通的 LEU 构成

阿尔斯通 LEU 结构如图 3.4.2 所示。

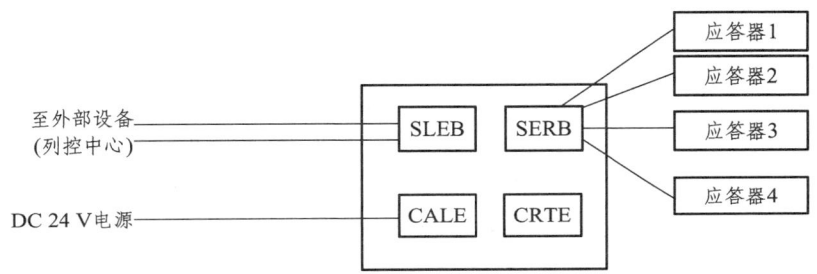

图 3.4.2 阿尔斯通 LEU 连接示意

LEU 盒内安装有母板,在母板上插接 4 块电路板,这 4 块电路板分别为电源板、数据处理板、S 接口通信板和输出板。

(1) 电源板 CALE。

左数第 1 块电路板,通过插头连接外部的 DC 24 V 电源,将其转换为 LEU 所需的工作电源。

(2) 数据处理板 CRTE。

左数第 2 块电路板,是整个 LEU 的核心控制部分,不需要通过插头与外部连接。

它采用 Motorola MPC860 微处理器及双套应用软件,既有线提速区段使用的 LEU 采用透明传输模式,即把接收到的报文转发到应答器,它主要完成以下工作:

① S 接口的安全通信管理,正确接收列控中心发来的报文;

② 向 4 个有源应答器转发正确报文;

③ S 接口异常时,向 4 个有源应答器发送相应的默认报文;

④ 向列控中心传送自检结果,并存储记录。

除透明传输模式外,LEU 还可以存储约 1 000 条报文,根据外部的输入条件,选择相对应的报文输出。

(3) 串行输入接口板 SLEB。

左数第 3 块电路板,通过插头与列控中心的串行通信线连接,是 LEU 接收报文的通道。

串行通信板作为 LEU 的串行通信接口,将 RS-422 通信接口电平转换为数字电路电平,接收列控中心发送的报文,并向列控中心发送 LEU 的状态。

串行通信板包含两路独立的 RS-422 串行接口,每路接口有 2 个 LED,1 个黄色,1 个绿色,黄灯亮表示接收数据,绿灯亮表示发送数据。

（4）应答器输出板 SERB。

左数第 4 块电路板，通过插头与应答器传输电缆连接，向 4 个有源应答器输出可变信息的报文。

2. CSEE 公司的 LEU 构成

（1）CSEE 公司的 LEU 的组成。

LEU 模块的组成如下：

1 个组匣（Rack）；

1 块 CALM 电源板，最大功率 120 W 条件下的输入电压在 DC 19～30 V 之间；

1 块 MTOR 板；

1 块 C 接口板及安全子板。

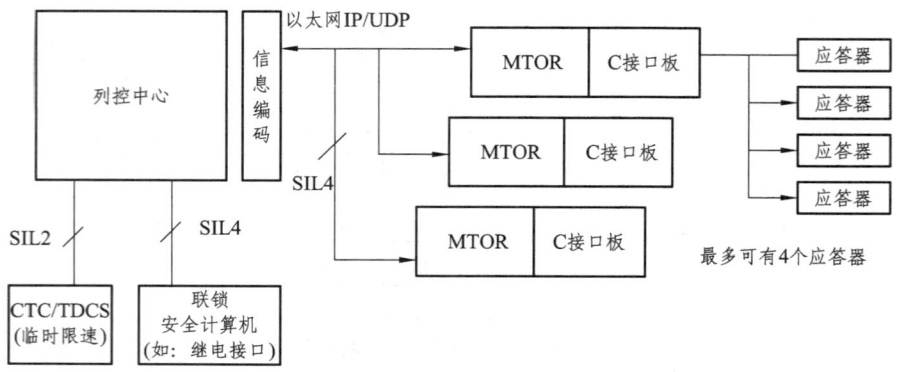

图 3.4.3　CSEE 公司的 LEU 构成框图

① 组匣。

LEU 机笼属 E2 扩展型，内有 220 mm 深、6U 高和 9 步（1 步=20 mm）宽。组匣中，BDU（LEU）模块使用 3 步宽度，CALM 板使用 1 步宽度。BDU（LEU）标准功率 60 W，输入电压 24 V。

② MTOR 板。

66 MHz（或 132 MHz）的（摩托罗拉）Freescale 系列 Coldfire 5407 处理器；512 K 字节的导入闪存；2 M 字节的程序闪存；8 M 字节的数据存储器；外接"看门狗"；2 个以太网 10BASE-T 口或 2 个 PROFIBUS 口（带隔离）；1 个 RS485 串口（带隔离）；1 路安全输出（带隔离）；8 路安全输入（带隔离）。

③ "C" 接口板。

"C" 接口板配有 FPGA，该接口板有 4 个 "C" 接口用以驱动 4 个应答器。FPGA 使 MPC 能够通过安全机制保证信息及时更新；如果 MPC 检查到问题，安全开关将断掉同应答器的连接。接口提供了同应答器接口的硬件资源。"C" 接口板按照欧洲标准提供雷电防护。

（2）技术特点。

① 接口特点。

S 接口采用以太网 IP/UDP 协议，通信通道采用双通道冗余设置。

在列控中心和 BDU（LEU）之间传输的 3 类信息：

a. 初始化。列控中心向 BDU（LEU）发送其配置信息。

b. 指令。列控中心从 BDU（LEU）处接收到正确信息后视本链接正确，于是可向 BDU（LEU）发送指令信息。

c. 状态。列控中心每个循环中向每个通道上发送同一个指令信息。接收到该信息后，BDU（LEU）以含有 BDU（LEU）状态情况的状态信息进行回复。

BDU（LEU）通过周期性地将信息发给 4 个有源应答器，并保证信息的高度完整性和安全等级。

BDU（LEU）与列控中心通信中断时，向应答器发送其存储的默认报文。

② 通信协议。

初始化时，列控中心向 BDU（LEU）发送其配置信息。连续接收到两个正确 INI 信息后，该配置信息将被 BDU（LEU）采用。列控中心从 BDU（LEU）处接收到正确信息后会视本链接正确，于是可向 BDU（LEU）发送指令信息。

A 通道或 B 通道均独立处理。一个通信可以只在一个通道上建立。

每个循环中向列控中心各个通道发送同一个指令信息。接收到该信息后，BDU（LEU）以含有 BDU（LEU）状态的信息进行回复。

采用安萨尔多公司简单有效的"DE/DR"时间标注机制，所有的信息均有时间标注并通过检查。

采用在欧洲地铁和铁路系统上广泛应用的 SACEM 编码技术，实现对安全数据的完整性检查。

（3）灯位说明。

如图 3.4.4 所示为 BDU 灯位示意图。

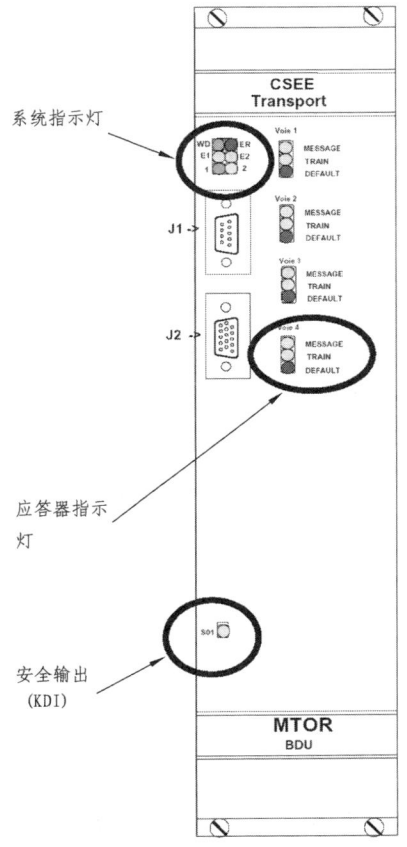

图 3.4.4　BDU 灯位示意图

① 系统指示灯。

如图 3.4.5 所示为 BDU（LEU）前面板示意图。

图 3.4.5　BDU（LEU）前面板示意图

a. LED 1：绿色，表示"看门狗"激活，标识 WD，正常状态常亮。
b. LED 2：红色，表示是否与列控中心连接正常，标识 ER，在与列控中心连接成功的状态下常灭，与列控中心未连接的状态下闪烁。
c. LED 3：黄色，以太网连接 1 状态，标识 E1，连接状态常亮。
d. LED 4：黄色，以太网连接 2 状态，标识 E2，连接状态常亮。
e. LED 5：绿色，用户可编程状态，标识 1，正常状态快速闪烁。
f. LED 6：黄色，用户可编程状态，标识 2，正常状态常灭。

② 安全开关指示灯。
S01 灯，位置为左下角：黄色，表示安全开关是否打开，正常状态下常亮。

③ 电源指示灯。
如图 3.4.6 所示为 BDU（LEU）电源灯示意图。
固定在正面的 4 个系统 LED 灯的可视化块表示：
a. LED 1：出现 5 V1 电压，绿色，标识 5 V1，通电状态下常亮。
b. LED 2：出现 5 V L 电压，绿色，标识 5 VL，通电状态下常亮。
c. LED 3：出现 24 VE 电压，绿色，标识 24 VE，通电状态下常亮。
d. LED 4：出现 24 VR 电压，绿色，标识 24 VR，通电状态下常亮。

④ 应答器通道指示灯。如图 3.4.7 所示为 BDU（LEU）应答器通道指示灯示意图。
a. LED 1：黄色，当向应答器通道发送报文时，闪烁。
b. LED 2：黄色，当监测到列车通过应答器时，点亮，通常情况下常灭。
c. LED 3：红色，当出现故障时点亮。例如输出应答器短路或者开路。

图 3.4.6　BDU（LEU）电源灯示意图　　图 3.4.7　BDU（LEU）应答器通道指示灯示意图

四、室外 LEU 系统

在欧洲列控系统 ETCS 中，LEU 安装在室外，与应答器的连接电缆较短，LEU 可以通过检测电缆的阻抗来判断断线、短路故障。而中国列控系统中，LEU 安装在室内，与应答器的连接电缆较长。从有线传输理论可知，长线路的特性阻抗与线路终端的开、短路无关。因此，这种方式安装的 LEU 对于电缆远端的断线、短路故障检测不到，因此在维修终端指示通道正常时仍有通道断线、短路的可能。

LEU 室外系统安装于轨道旁，在列控系统地面设备中充当列控中心和有源应答器之间数据传输的桥梁和纽带，它是保证高速动车组安全行车的重要地面电子设备之一。主要用于实时接收列控中心传送的报文数据并将其发送给有源应答器，实现数据的安全传输。

LEU 室外系统由 LEU 设备、机柜以及切换设备组成。

1. 组　成

LEU 室外系统主要有 6 个功能部分组成：LEU 单元、光电转换单元、继电器切换单元、电源单元、防雷单元和机柜。

2. 主要功能

（1）能实时接收列控中心传送的应答器报文，并发送给有源应答器；

（2）当与列控中心通信中断时，向有源应答器发送其存储的默认报文。

3. 特　点

（1）与有源应答器间采用专用屏蔽电缆进行连接，传输长度最长可达到 3.5 km；

（2）BDU（LEU）通过周期性地将信息发给 4 个有源应答器，并保证信息的高度完整性和安全等级；

（3）LEU 具备系统状态报警指示灯；

（4）具备有源应答器断路、短路、有车占用、网络检测等功能；

（5）具备应答器切换功能接口；

（6）报文传输，其误码率为 10-15。

4. 原　理

LEU 室外系统对外关系如图 3.4.8 所示。

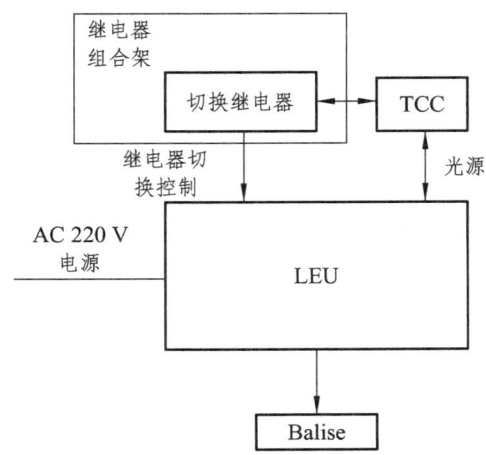

图 3.4.8　室外 LEU 系统对外关系

（1）与列控中心接口。

LEU 室外系统与列控中心传输通道设计为光纤传输方式，以满足速率要求。采用以太网转光纤的光电转换单元，如图 3.4.9 所示。

每套 LEU 室外系统配置 4 台光电转换单元，其中 2 台放置在列控中心机柜内，2 台放置在 LEU 户外机柜内。

通信光缆的要求如下：

① 与列控中心采用 2 路通道通信；
② 光缆采用：单模光纤，1 300 nm，SC 接口。

（2）继电器切换接口。

如图 3.4.10 为继电器切换示意图。

继电器切换单元由室内继电器（QHJ1）和室外继电器（QHJ3、QHJ4、QHJ5、QHJ6）两部分组成。室内继电器位于继电器组合架上，室外继电器位于 LEU 机柜内。QHJ1 使用 JWXC-1700 继电器。

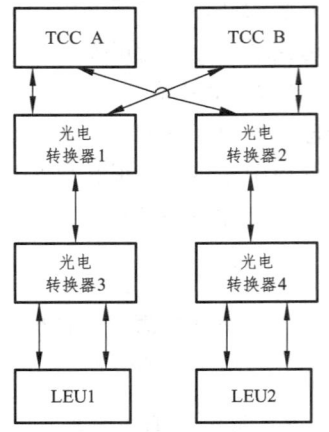

图 3.4.9 与列控中心通信方式

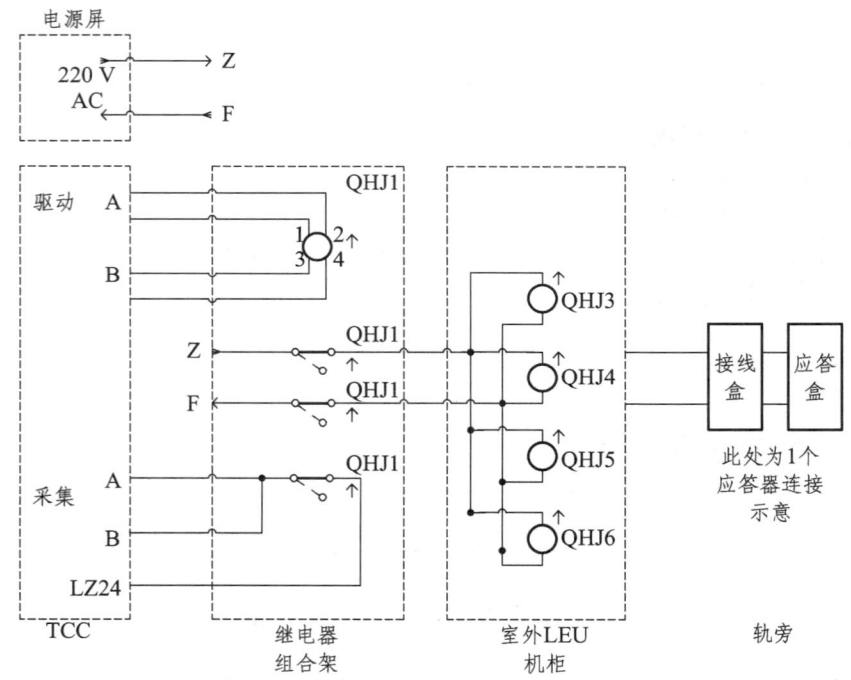

图 3.4.10 继电器切换

取消 QHJ2，主系和备系同时驱动 QHJ1，QHJ1 吸起，220 VAC 切换电源经 QHJ1 的前接点驱动 QHJ3/4/5/6 吸起，LEUA 通过 QHJ3/4/5/6 的前接点连接应答器 1/2/3/4，LEUB 连接负载电阻。

如果 LEUA 故障，列控中心收到 LEUA 故障信息，列控中心停止驱动 QHJ1 导致其落下，220 VAC 切换电源无法送至室外，QHJ3/4/5/6 落下，LEUA 连接负载电阻、LEUB 通过 QHJ3/4/5/6 的后接点连接应答器 1/2/3/4。

五、LEU 监测系统

LEU 监测系统主要通过 CAN 总线接收来自 LEU 发送的状态信息、报文信息等，实现监测与数据记录的功能，如图 3.4.11 所示。

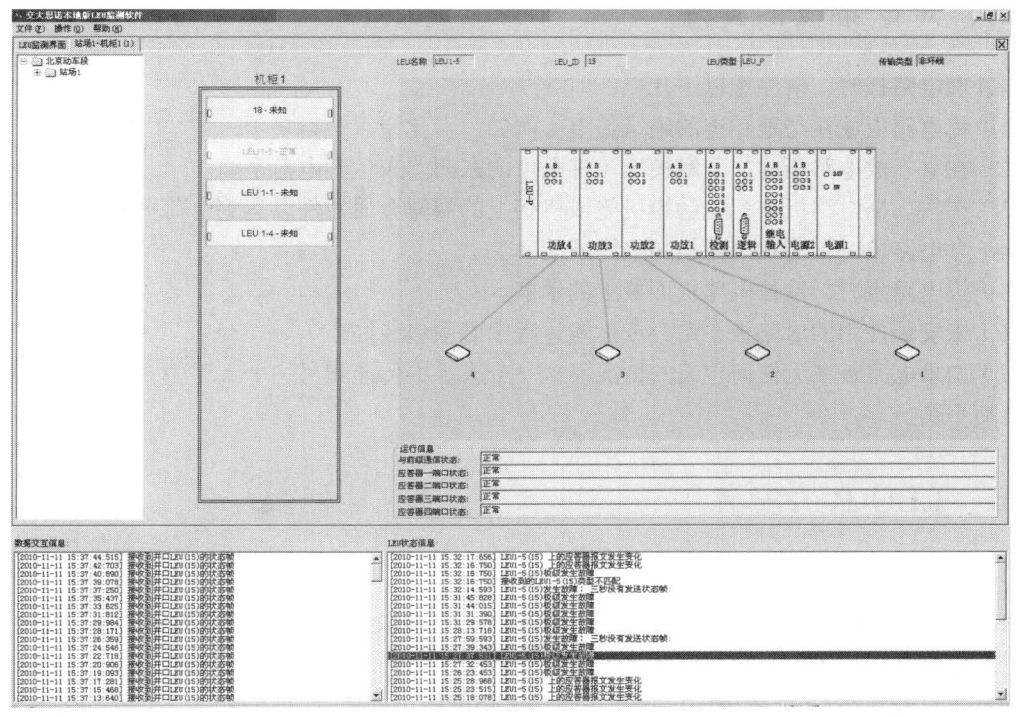

图 3.4.11

点击树状列表中的某个 LEU 或机柜中的某个 LEU，右边显示该 LEU 的详细状态信息：包括面板图、与前级通信状态、应答器各端口状态。

启动软件后，点击"操作"菜单下的"查询历史数据"，弹出查询 LEU 历史数据对话框进入查询 LEU 历史数据界面。

★★★★★★【设备维护】★★★★★★

下面以 LEU-P 设备为例介绍 LEU 设备维护，包括主机使用、维护、管理相关的要求及异常处理方式。通过设备维护以保障 LEU-P 稳定、可靠工作。

一、通用安全规则

（1）为保护人员及避免损伤器件，维护人员必须严格遵守以下规则，相关人员必须熟悉本说明以确保正确操作。

（2）当对设备进行操作时，操作人员必须遵守所规定的规章制度及有关安全工作的法规。只有有资格的技术人员才能进行操作。

（3）未经许可而改变 LEU 内部接线或外部接线，将不能保证 LEU 或有源应答器的正常工作。

（4）只有得到有关部门授权批准，才能进行 LEU 的检测和维护工作。
（5）在进行轨旁工作时，必须执行铁道部制定的安全规则。
（6）只能用被认可和校准的工具、检测设备和材料来进行维护和维修工作。

二、对电路板的处理

当处理电路板时，请注意以下几点：
（1）将电路板放在与地相连的绝缘垫上（例如：炭化泡沫塑料垫）。
（2）在拿、放电路板前，先触摸地（零电位的东西）来达到电荷平衡。
（3）在拔、插电路板前，先触摸机笼或机柜上的裸露金属器件以达到电荷平衡。
（4）拿电路板时，请拿电路板的边缘或前面。
（5）拔电路板时，请拉电路板面板上的手柄。
（6）未安装使用的电路板在贮存或运输过程中必须包装好。
（7）如果电路板在无任何包装的情况下从一个人手中传递到另一个人手中，则必须先握手以达到电荷平衡。

三、LEU-P 的安装

1. 安装前的检查

LEU 主机安装在机械室的 LEU 专用机柜中，安装前检查主机外观不应有损坏，螺钉应紧固，并通电检查机柜风扇是否均运转良好。

确定主机安装在 LEU 机柜的位置，并确保机柜配线正确。

确定主机供电电源额定电压为直流 24 V，允许电压波动范围 21~30 VDC。

确定单台 LEU 供电电源额定功率不小于 50 W。

确定使用及贮存环境温度在 −40 ℃~+70 ℃ 范围内，湿度在 75%~95%，非凝聚状态的环境下。

确定大气压力在 86 kPa~106 kPa 范围内，最低工作气压不低于 51.22 kPa。

2. 主机的安装

将 LEU 主机沿机柜导槽插入相应位置，前面板使用四个专用螺丝固定。

安装完成后将线缆按照对应标识插入 LEU 后面板连接器底座中，不同型号连接器使用不同颜色标识，具有防插错功能。

LEU 安装完成后在机柜上贴相应机柜号 LEU 号标识。

LEU 接地采用机柜接地方式，整机柜 LEU 安装完成后，测量 LEU 后面板及连接器外壳对地电阻应小于 0.5Ω。

四、电气接口

1. 维护及监测接口

（1）报文维护接口 M1。

LEU-P 通过 M1 接口实现本机参数配置、报文烧录等功能。

此接口位于逻辑板前面板上，为 DB9 母头。采用 RS485 通信方式，波特率 38 400。

表 3.4.1

孔位号	1	2	3	4	5
信号	GND	SCIB	SCIA	SCIZ	SCIY

（2）监测接口 M2。

LEU-P 通过 M2 接口将本机的状态信息实时传递给监测工控机。

此接口位于检测板前面板上，为 DB9 公头。采用 CAN 总线通信。

表 3.4.2

孔位号	2	3
信号	CANL	CANH

2. 面板指示

（1）电源板 1。

表 3.4.3

灯位	状态	含义
24 V	亮	24 V 电源供电正常
	其他	24 V 电源供电异常
5 V	亮	5 V 电源输出正常
	其他	5 V 电源输出异常

（2）电源板 2。

表 3.4.4

灯位	状态	含义
A1	亮	功放板 1、2 路电源开启
	灭	功放板 1、2 路电源切断
A2	灭	预留
A3	灭	正常
	亮	第 1、2 路动态方波异常
B1	亮	功放板 3、4 路电源开启
	灭	功放板 3、4 路电源切断
B2	灭	预留
B3	灭	正常
	亮	第 3、4 路动态方波异常

（3）继电输入板。

B1、A1、B2、A2分别指示第一通道的四路继电器接点状态，B3、A3、B4、A4分别指示第一通道的四路继电器接点状态，B5、A5、B6、A6分别指示第一通道的四路继电器接点状态，B7、A7、B8、A8分别指示第一通道的四路继电器接点状态，当继电器接点闭合时，相应的面板指示灯被点亮。

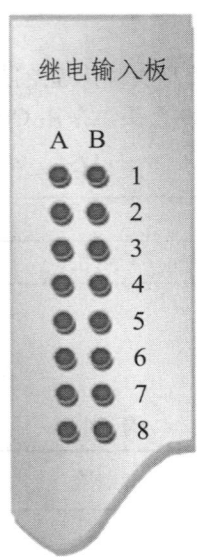

图 3.4.12

（4）逻辑板。

表 3.4.5

灯位	状态	含义
A1	快闪	指示逻辑板电源及晶振状态正常
	其他	逻辑板异常
B1	1 s 闪亮	逻辑板工作正常
	快闪3次，慢闪1次	逻辑板报警
	其他	逻辑板异常
A2	1 s 闪亮	通道1报文比较一致
	其他	异常
B2	1 s 闪亮	通道2报文比较一致
	其他	异常
A3	1 s 闪亮	通道3报文比较一致
	其他	异常
B3	1 s 闪亮	通道4报文比较一致
	其他	异常
注：报文维护模式指示灯状态为：B1快闪3次，慢闪1次，其余灯灭		

（5）检测板。

表 3.4.6

灯位	状态	含义
A1	闪亮	检测板自检通过
	常亮	检测板自检未通过
	常灭	灯故障
A2	闪亮	故障方波正常
	常亮	故障方波异常
	常灭	灯故障
B1	闪亮	第 1 路应答器接收正常报文
	常亮	第 1 路应答器接收默认报文
	常灭	灯故障
B2	闪亮	第 2 路应答器接收正常报文
	常亮	第 2 路应答器接收默认报文
	常灭	灯故障
B3	闪亮	第 3 路应答器接收正常报文
	常亮	第 3 路应答器接收默认报文
	常灭	灯故障
B4	闪亮	第 4 路应答器接收正常报文
	常亮	第 4 路应答器接收默认报文
	常灭	灯故障
A6	闪亮	与逻辑板 SCI 通信正常
	常亮	与逻辑板 SCI 通信异常
	常灭	灯故障
B6	闪亮	CAN 监测正常
	常亮	未连接 CAN 监测
	常灭	灯故障

注：A3、A4、A5、B5 灯为预留，保持常灭。

（6）功放板。

表 3.4.7

灯位	状态	含义
A1	亮	指示 DBPL 码正常
	灭	指示 DBPL 码异常
A2	灭	C 接口通道状态正常（仅针对有源应答器）
	亮	C 接口通道状态异常（仅针对有源应答器）
B1	亮	指示 8.82kHz 正常
	灭	指示 8.82kHz 异常或 1 km 内线缆开路
B2	灭	预留

（7）继电输出板（选配）。

表 3.4.8

	灯位组合状态		含义
继电输出板 (OUT1, OUT2 指示灯)	OUT1	两灯同时亮	主机工作正常
	OUT2		
	OUT1	OUT1 灭	主机报警：功放板报中有 1~3 路异常；或检测板和逻辑板通信异常。
	OUT2	OUT2 亮	
	OUT1	OUT1 亮	主机报警：4 路应答器 DBPL 码比较结果中任意一路不一致；4 路功放板报全部异常；逻辑板故障。
	OUT2	OUT2 灭	
	OUT1	同时灭	严重故障报警
	OUT2		

3. 电气接口

LEU-P 电气接口由安装在插箱后面板的 XC 连接器来完成。

（1）24 V 接口 X12。

表 3.4.9

航插针号	1	2
信号名	DGND	P24 V
对应线缆	1	2
线缆尾部标号	G	24 V

（2）S 接口 X16。

表 3.4.10

航插针号	1	2	3	4	5	6	7	8	9
信号名	1	2	3	4	5	6	7	8	9
对应线缆	1-1	2-1	1-2	2-2	1-3	2-3	1-4	2-4	1-5
线缆尾部标号	1	2	3	4	5	6	7	8	9
航插针号	10	11	12	13	14	15	16	19	
信号名	10	11	12	13	14	15	16	+24 V	
对应线缆	2-5	1-6	2-6	1-7	2-7	1-8	2-8	1-9	
线缆尾部标号	10	11	12	13	14	15	16	+24 V	

（3）C 接口 X15。

表 3.4.11

航插针号	1	2	4	5
信号名	A4	B4	A3	B3
对应线缆	1-1	1-2	2-1	2-2
线缆尾部标号	A4	B4	A3	B3
航插针号	10	11	13	14
信号名	A2	B2	A1	B1
对应线缆	3-1	3-2	4-1	4-2
线缆尾部标号	A2	B2	A1	B1

（4）M2 接口 X13。

表 3.4.12

航插针号	1	2	3
信号名	CAN-GND	CANH	CANL
对应线缆	PE	1	2
线缆尾部标号	G	H	L

（5）继电输出接口 X14（选配）。

表 3.4.13

航插针号	1	2	3	4
信号名	OUT1+	OUT1-	OUT2+	OUT2-
对应线缆	1-1	1-2	1-3	1-4
线缆尾部标号	1+	1-	2+	2-

五、LEU-P 的使用

LEU-P 与其控制的有源应答器之间的传输电缆长度不应大于 2 500 m。

1. 首次使用

LEU-P 在第一次通电使用之前，要求做必要的检查工作，以保证安装工作准确无误。

① 核实 LEU-P 默认报文已经正确写入处理器板；
② 检查 LEU-P 各个插头位置是否正确、是否插好；
③ 检测 LEU-P 电源有无短路现象；
④ 检测输入电源电压是否满足要求；
⑤ 打开电源开关，观察 LEU 各个电路板是否与"用户接口"一致。

对于配备了监测系统的，应根据 LEU 安装位置配置其 CAN 通信地址。配置说明如下：

① CAN 通信的实际地址为"机柜号+LEU 在柜内序号"组成的两位十进制数，例如：机柜 1 的第 3 台 LEU，其 CAN 通信地址应配备为"13"；

② 检测板面板朝下、插座朝上、正面放置，"JP201"拨码开关即地址设置区域；

③ 从左向右的数字依次标识为 8 到 1（拨码开关文字倒置显示），CAN 通信地址配置符合 BCD 编码规则，高四位 8~5 为机柜号、低四位 4~1 为 LEU 在机柜内序号；例如"13"则设置拨码开关从 8~1 为"0001 0101"；需要注意的是：定义拨码开关向上拨为设置"1"、向下拨至"ON"状态为"0"。

2. 正常运营

打开电源开关，LEU-P 即可工作。

LEU-P 采集联锁继电器接点状态，并根据接点组合选择存储在 LEU 中的报文信息，并向其控制的有源应答器传送相应的报文。

可以通过观察 LEU-P 处理器板上的指示灯来判定主机工作状态。

六、报文数据管理

铁路局电务处为报文数据管理的主管部门，报文的日常维护管理及档案由电务检测所负责；电务段报文数据维护管理由电子设备车间负责。

LEU-P 设备提供商负责默认报文的编制和写入。报文的写入和维护通过专门的软件，并有操作权限要求。

报文恢复参照以下步骤：

① 如 LEU-P 需恢复报文应由电务段负责完成，报文数据文件由路局电务检测所提供。

② 进行报文数据恢复时，电务段应向路局电务处提出申请，批准后方可进行。

③ 路局电务检测所根据电务段提供的 LEU-P 和应答器安装位置和编号，传送其报文数据。

④ 报文数据恢复后，将恢复的报文传回路局电务检测所，电务检测所与传出的报文进行比较验证，验证正确后，向电务段发送数据恢复正确的确认信息。

七、维护与维修

1. 日常维护

参照列控系统地面设备的要求，LEU 日常养护周期为：室内设备每日 1 次，无人值班车站每月不少于 2 次；室外设备每月不少于 2 次。

每日维护工作主要是检查 LEU 主机指示灯显示是否正常；检查 LEU 监测系统（如配备）显示 LEU 状态是否正常。

LEU 属于 24 小时不间断工作设备，定期上电复位可以有效消除故障的积累、及时发现系统隐患、延长工作寿命。因此建议每运行 6 个月进行一次整机复位并进行电路板级检查，重新上电后，应观察 LEU 指示灯和监测软件显示状态，确保 LEU 正常，并记录在附表一。同时应检测 LEU 航空插头、接线端子有无松动，如果有松动应加以紧固（需注意编号及位置）。

具体电路板级检查措施为：将 LEU 断电后逐一拔出电路板，并观察板级器件、跳线、拨码开关等是否正常，如有异常应记录在附表一的备注栏内，并及时替换、报修。

对于 LEU 机柜的维护主要是查看机柜顶部风扇是否正常运转，如有异常应及时更换。

对于配备了 LEU 监测系统的，还应定期（推荐不超过 3 个月）进行一次数据库的备份，并反馈技术服务人员对历史数据进行确认。

2. 例行检查

相关管理部门需定期组织对列控设备的检查，LEU-P 相关检查项见附表二。

3. 维　修

列控系统设备维护实行维修和大修两种修程。

维修实行对设备电路板、模块的换板、换块修。大修周期为 10 年。

八、软件维护说明

LEU-P 采用嵌入式软件设计，无需用户维护，若涉及软件维护或升级，请反馈技术服务人员。

※※※※※※【巡检与检修作业】※※※※※※

1. 应答器巡检作业

项目	作业流程	工作内容及标准	作业方法	备注
应答器巡检作业					
作业前准备	确定巡检重点	根据检测车检测发现问题、DMS 维护终端报警设备列为巡检重点。	对检测车数据进行分析，确定巡检重点。	
	仪表料具准备	通信工具、照明工具、个人工具、毛刷、应答器安装工具、应答器档案。	通信工具、照明工具试验，料具清点。	
作业过程	外观检查	1. 检查室外 LEU 机柜安装紧固、密封良好、器材指示灯正常、无异响、无异味； 2. 检查室外 LEU 机柜光纤头的插接状态良好，光纤自然弯曲不打死弯，防脱设施良好； 3. 检查应答器及支座安装牢固，（整体道床锚栓不失效、石砟道床螺丝紧固）卡具、护管齐全作用良好； 4. 清理应答器附近杂物，表面不能有覆盖物，如石块、金属件、粉尘等。	1. 用扳手、螺丝刀检查各部螺丝紧固； 2. 冰雪后检查应答器外观有、无裂纹破损； 3. 冰雪后检查应答器尾缆有、无被击打痕迹； 4. 应答器四周边 0.315 m 范围内无金属杂物。	
	核对	应答器安装位置、编号、数量与档案进行核对（此项工作应在更换和施工开通前进行）。		
作业后复查	复查设备	1. 确认设备无异状； 2. 料具按照登记清点无遗漏，作业人员全部下道，室内防护员人员销记； 3. 作业全部结束，人员返回室内或撤出网外，室内防护员离台。		

2. 应答器（含室外 LEU 机柜）检修作业

应答器（含室外 LEU 机柜）检修作业					
	编号	SJGBZ/XZ.2-19			
项目	作业流程	工作内容及标准	检修方法		备注
作业前准备	确定检修重点	根据检测车检测问题、DMS 维护终端报警设备列为检修重点。	对检测车数据进行分析，确定应重点检查的应答器。		
	工具、仪表、材料准备	通信工具、照明工具、万用表、兆欧表、个人工具、毛刷、应答器安装工具、报文读取工具、应答器档案等。	通信工具试验，料具清点、仪表校核。		
作业过程	报文核对	读取应答器报文。	1. 无源应答器报文与档案核对一致； 2. 读取有源应答器报文并记录校验码； 3. 断开有源应答器电缆，核对有源应答器默认报文与档案一致； 4. 恢复有源应答器电缆后，再次测试有源应答器报文应与原报文校验码一致。		
	测试试验	1. 应答器电缆绝缘测试（≥1 MΩ）； 2. LEU 输出电压（≥11 V）、有源应答器输入电压（≥7 V）测试； 3. 有源应答器断线和混线试验，查看列控是否产生报警并记录； 4. 室外 LEU 机柜主副 LEU 模块转换试验； 5. 备用光纤测试（波长 1 310 nm 时全程平均损耗小于 0.50 db/km，波长 1 550 nm 时全程平均损耗小于 0.40 db/km，单衰耗点小于 0.5 db）。	1. 有源应答器电缆绝缘测试必须与应答器连接断开后用兆欧表测试； 2. LEU 输出电压、应答器输入电压应用应答器专用仪表测试； 3. LEU 模块主副转换时需断开主用 LEU 模块电源，测试有源应答器报文应不间断且非默认报文； 4. 用 OTDR（光时域反射仪）在室内对室外 LEU 机柜的备用光纤损耗进行测试。		
作业后复查	1. 确认设备无异状； 2. 料具按照登记清点无遗漏，作业人员全部下道，室内防护员人员销记； 3. 作业全部结束，人员返回室内或撤出网外，室内防护员离台。					

附录1 LEU 日常维护检查表

车站名				
检查日期		检查人员（签字）		
LEU 机柜名称		机柜风扇状态	正常□ 异常□	
主机型号/数量		主机型号/数量		
LEU 名称　　检查项	LEU 电路板状态	航插线缆连接	复位后 LEU 状态（指示灯/监测）	备注
LEU1	正常□ 异常□	正常□ 异常□	正常□ 异常□	
LEU2	正常□ 异常□	正常□ 异常□	正常□ 异常□	
LEU3	正常□ 异常□	正常□ 异常□	正常□ 异常□	
LEU4	正常□ 异常□	正常□ 异常□	正常□ 异常□	
LEU5	正常□ 异常□	正常□ 异常□	正常□ 异常□	
LEU6	正常□ 异常□	正常□ 异常□	正常□ 异常□	
LEU7	正常□ 异常□	正常□ 异常□	正常□ 异常□	
LEU8	正常□ 异常□	正常□ 异常□	正常□ 异常□	
LEU9	正常□ 异常□	正常□ 异常□	正常□ 异常□	

附录2 LEU-P运行状态检查表

站名											
检查日期				检查人员（签字）							
LEU-P型号数量											
名称	LEU-P面板指示灯状态	LEU-P与继电联锁连接状态	LEU-P端口号	对应应答器名称	是否与应答器正确连接	指示灯是否正确	有源应答器连接线断路应报警	有源应答器连接线短路应报警	LEU-P的端口都能输出正确的报文	"C"接口是否正常	其他
LEU1											
LEU2											

注：

（1）LEU-P 面板指示灯状态：根据 LEU-P 技术规格书确定面板指示灯状态是否正常。

（2）LEU-P 与继电器连锁连接状态：每个 LEU-P 都通过 X16 接口与继电器连锁连接，当继电器接点吸合时，LEU-P 主机继电输入板相应指示灯被点亮。

（3）LEU-P 的端口号：LEU-P 连接应答器的端号。

（4）对应应答器名称：根据设计图纸确定每个 LEU-P 端口对应的应答器的编号。

（5）与应答器的连接是否正确：应答器电缆与 LEU-P 电缆的接线端子上应标明对应的应答器名称，LEU-P 端口与接线端子的连接应保证双方正确对应。

（6）LEU-P 端口指示灯是否正确：根据 LEU-P 技术规格书，确定其与应答器接口所对应的指示灯是否正常显示。

（7）LEU-P 至有源应答器线缆短路、断路能够报警指示：LEU-P 能够监测至有源应答器的线缆状态并有报警提示。

（8）LEU-P 的端口都能正确的输出报文：LEU-P 的端口能够输出正确的报文。使用报文读取工具读出的报文与列控中心发出的报文一致。

（9）LEU-P 的 "C" 接口输出："C" 接口输出符合相关规定。

******【思考与练习】******

1. 地面电子单元 LEU 的传输距离是多少？
2. 地面电子单元 LEU 的功能是？
3. 一个 LEU 控制几个应答器？
4. LEU 日常维护检查哪些项？
5. LEU 巡检作业时需要进行哪些外观检查？
6. LEU 何时向有源应答器发送默认报文？

7. LEU 检修作业时如何进行报文核对？

8. 列控中心、LEU 设备完全故障时，应怎样处理？

任务 5　200C 型车载设备维护

【技能目标】

1. 能按照现场作业标准完成 200C 车载设备日常维护；
2. 具备现场安全作业意识。

【知识目标】

1. 掌握 200C 车载设备基本知识；
2. 掌握 200C 车载设备维护要点。

＊＊＊＊＊＊【相关知识】＊＊＊＊＊＊

一、CTCS2-200C 车载设备基础知识

列控系统是在传统自动闭塞基础上增加列车自动控制功能的信号防护系统，由车载设备和地面设备组成。它的基本原理为：对列车实际速度和允许速度进行连续比较，使列车实际速度限制在安全允许的范围内。

如图 3.5.1 所示为 CTCS2-200C 车载设备的示意图。CTCS2-200C 设备是基于计算机的冗余结构（3 取 2 结构），与列车和连续传输的接口是冗余的，BTM 和 DMI 不冗余。故障时，CTCS2-200C 设备使用隔离开关进行隔离。

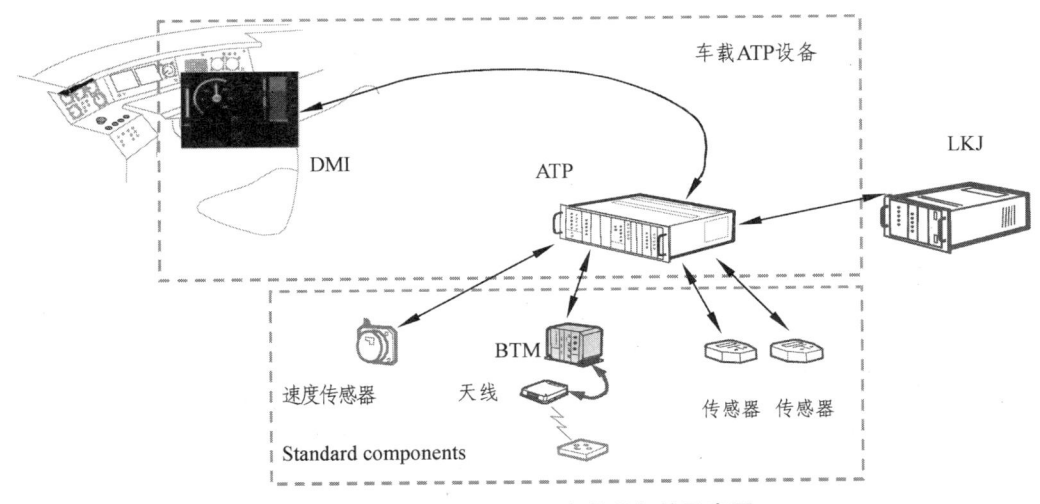

图 3.5.1　CTCS2-200C 车载设备的示意图

1. 车载设备

车载设备包括：

（1）保证系统功能的车载安全计算机（目标点的计算、速度控制、显示信息的管理等）。
（2）人机界面 DMI，提供驾驶信息，人机对话窗口。
（3）用于 CTCS-2 级、TVM 秦沈线的连续传输传感器和 CTCS-0/1 级的连续传输传感器。
（4）速度传感器，测试列车的实际运行速度。
（5）与 LKJ 接口。
（6）BTM 和天线，对地面应答器传输信息进行译码和接收。
（7）TVM 秦沈线上列车装配的点式传输传感器。

2. 地面设备

（1）对于 CTCS-0 级，FSK 或 1/p 既有连续传输。
（2）对于 CTCS-1 级，1/p 既有连续传输，固定欧标应答器的点式传输。
（3）对于 CTCS-2 级，1/p 连续传输，固定和可变应答器的点式传输。
（4）对于 TVM，1/p（装备 TVM300 的区段）或 n/p（装备 TVM430 的区段）的连续传输，BSP 和 EMBO 点式传输。

二、CTCS2-200C 系统硬件描述

CTCS2-200C 设备安装在动车组上，供电电源是直流 110 V（标称）。阿尔斯通车提供一个 24 V 的直流电源给 24 V/110 V 直流变流器供应电源。川崎车提供一个 100 V（标称）的直流电源，电压范围：77～137 V DC。

1. 系统框图

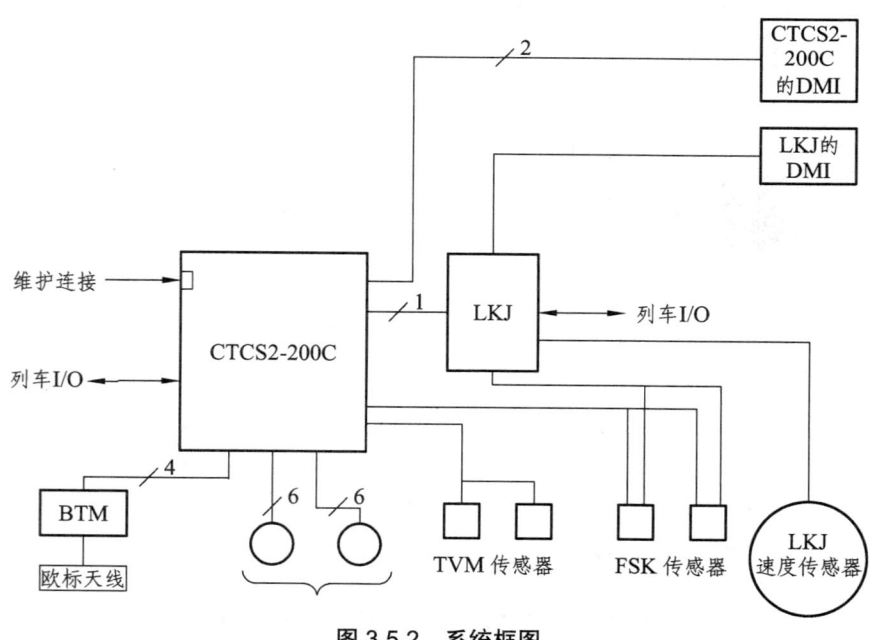

图 3.5.2　系统框图

2. 控制面板

如图 3.5.3 所示为 CTCS2-200C 系统控制面板。

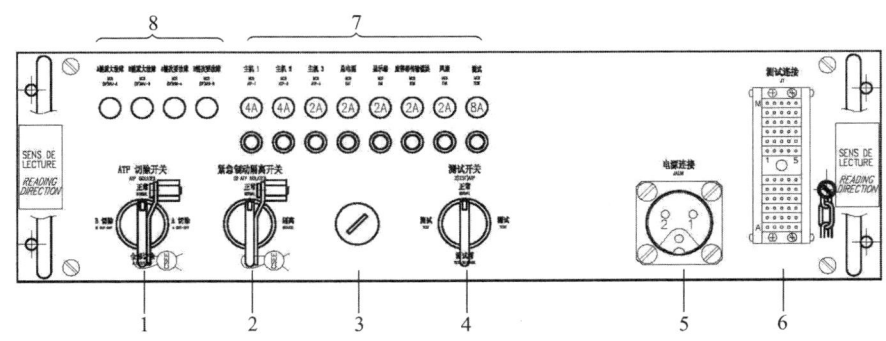

图 3.5.3 控制面板

1—ATP 切除开关；2—紧急制动隔离开关；3—塑料插头；4—测试开关；5—电源连接；
6—测试连接；7—保护电路断路器；8—报警电路断路器

3. 选择开关

（1）ATP 切除开关。

CTCS2-200C 总开关，用来切除 A 链、B 链或双链的电源。它锁定（铅封）在位置 1 "正常"，如图 3.5.4 所示。

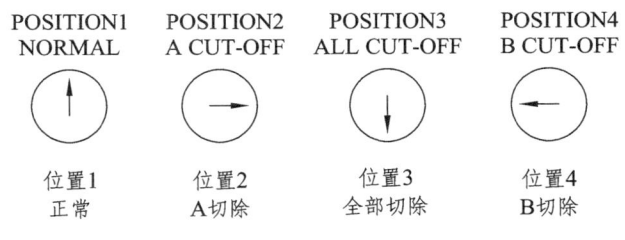

图 3.5.4 ATP 切除开关

注：ATP 切除开关主要由维护人员使用。

（2）紧急制动隔离开关。

隔离紧急制动和强常用制动，即使速度控制功能无效。它锁定（铅封）在位置 1 "正常"，如图 3.5.5 所示。

注：紧急制动隔离开关主要是在 CTCS2-200C 故障无法继续执行任务的情况下由司机进行操作的。

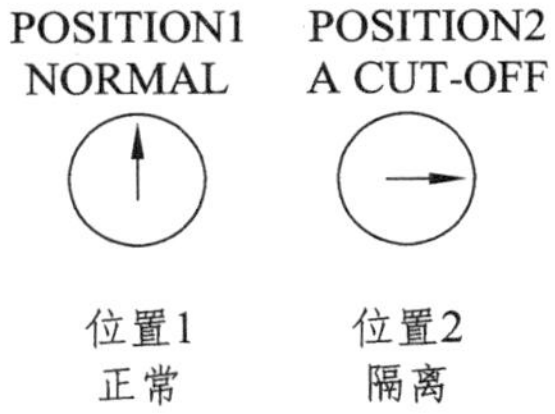

（3）测试开关。

它锁定在位置 1 "正常"。在位置 2（或位置 4）时，开始 "请求测试"。位置 3 和测试箱一起使用，如图 3.5.6 所示。

图 3.5.5 紧急制动隔离开关

注：测试开关由维护人员使用。测试开关在 "测试箱" 位置（位置 3）时，应断开与轨道电路传感器（包括 FSK 传感器）、速度传感器和 BTM 的连接，以便使用测试箱进行模拟测试。

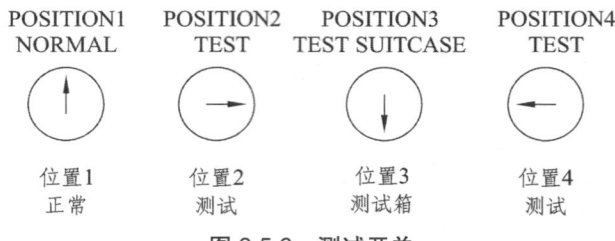

图 3.5.6 测试开关

4. 欧标应答器天线包含两个天线

一个是调谐到 27 MHz 的发送线圈,当从应答器上经过时,它给应答器发送射频功率,应答器利用接收到的功率向欧标应答器天线发送信息。

一个调谐到 4.2 MHz 的接收线圈,接收欧标应答器发送的信息。欧标应答器天线下表面距钢轨轨面的距离:190~200 mm(典型值)。

5. 连续传感器和点式传感器

(1)TVM 连续传感器(TVM 2G)。

TVM 连续传感器在轨道和 CTCS2-200C 设备之间提供一个接口,在 CTCS-2 模式和 TVM 模式时,能从轨道接收到连续数据。TVM 连续传感器是封装在塑料盒子里的铜线圈。每个传感器有一根带接头的电缆,可插入连接盒中。TVM 连续传感器感应回路中调制信号电流产生的电磁场,该回路由轨道和列车的第一车轴形成。TVM 连续传感器安装在机车下部、第一轴前方,每个轨道上有一个传感器。

(2)TVM 点式传感器(TVM 1/P、TVM 2G 和 TVM430)。

TVM 点式传感器仅适用于运行在秦沈线上的列车。TVM 点式传感器在轨道和 CTCS2-200C 设备之间提供一个接口,能够从用于点式数据传输的感应环路接收数据。TVM 连续传感器是封装在塑料盒子里的铜线圈。每个传感器有一根带接头的电缆,可插入连接盒中。如图 3.5.7 和图 3.5.8 所示分别为 TVM 1/P 和 TVM 2G 传感器以及 TVM430 传感器。

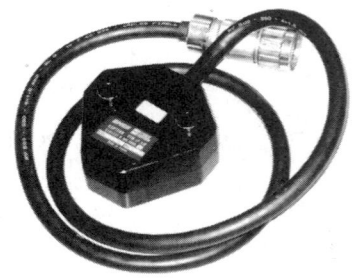

图 3.5.7 TVM 1/P 和 TVM 2G 传感器

图 3.5.8 TVM430 传感器

注:在阿尔斯通动车组上,TVM 2G、TVM 1/P 和 TVM430 3 个传感器共 4 组(总计 12 个传感器)安装在一个木制的防护盒内。

(3)FSK 传感器。

FSK 连续传感器在轨道和 CTCS2-200C 设备之间提供一个接口,在 CTCS-0/1 级,能从轨道接收到连续数据。如图 3.5.9 所示为 FSK 传感器。

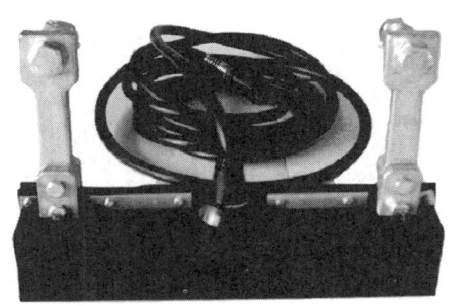

图 3.5.9　FSK 传感器

FSK 连续传感器是封装在塑料盒子里的铜线圈。每个传感器有一根带接头的电缆,可插入连接盒中。

FSK 连续传感器安装在机车下部、第一轴前方,每个轨道上有一个传感器。

FSK 传感器下表面距钢轨表面的距离:

阿尔斯通动车组:165±5 mm

川崎动车组:155±5 mm

6. 速度传感器

通道速度传感器(带有连接电缆和连接器)安装在车轮上,给 CTCS2-200C 设备提供速度信号(连接到 CODOUH 板)。测速系统使用 2 个速度传感器。速度传感器的工作电源是 12~30 V,输出为方波信号,在 3 kΩ 载荷下输出幅度:高电平>9 V,低电平<2 V。测量范围是 0~2 000 rpm(转/分)。如图 3.5.10TQG15(X)-1 速度传感器的前视图和侧视图。

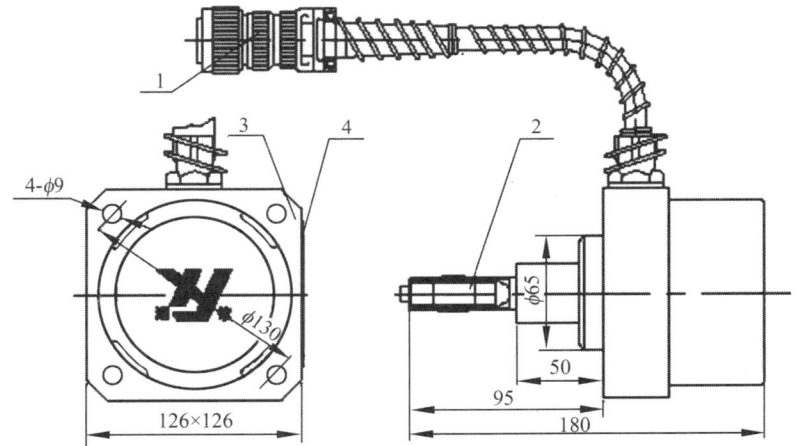

图 3.5.10　TQG 15(X)-1 速度传感器的前视图和后视图

7. 人机接口界面 DMI

DMI 主要是为司机提供驾驶信息并接收司机的输入。DMI 显示器与司机控制台为一体,安装在机车内通风良好的地方。放置位置应保证能轻松读取信息,并应防止可能妨碍阅读的明显反光(可以考虑配置一个保护罩)。DMI 所要求的电源为直流 110 V。如图 3.5.11 所示为 DMI 实物。

图 3.5.11　DMI 实物

8. 与 LKJ 接口

LKJ 和 CCTE-1/2 之间采用串行连接进行数据通信。继电器组匣的电缆连接，使得 LKJ 或者 CTCS2-200C 能控制动车组的制动。

三、系统功能描述

CTCS2-200C 的主要功能是实现信息传输，对列车进行速度测量和列车定位并控制列车运行速度，如果发生超速，能够使列车减速或停车。如图 3.5.12 所示为 CTCS2-200C 系统的输入和输出。

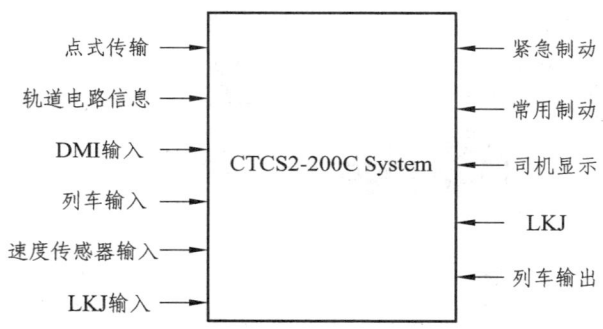

图 3.5.12　CTCS2-200C 系统的输入和输出

1. 行车许可计算

在 CTCS-2 中，车载设备根据轨道电路传输的信息和欧标应答器信息（线路数据和 TSR）进行行车许可计算，如表 3.5.1 所示。

表 3.5.1

控制模式	顶棚速度/km·h^{-1}	临时限速	行车许可	备注
SB	0	No	No	
SH	40	No	No	
FS	200	Yes（强制的）	Yes	基于实时线路数据和 TSR
PS1	45	Yes（如果可用）	No	对 H、HU、U3 和 PS1 时的最大距离做出反应

续表

控制模式	顶棚速度/km·h^{-1}	临时限速	行车许可	备 注
PS2	80（或大号码道岔处的速度）	Yes（如果可用）	No	对 H、HU、U3 和 PS2 时的最大距离做出反应
PS3	120	Yes（强制的）	Yes	基于 TSR 和预定义的线路数据
PS4	4	Yes（如果可用）	Yes	
CO	20	Yes（如果可用）	No	
OS	2	Yes（如果可用）	No	OS 时的最大距离和时间
TR	0			
PT	0			

在没有线路数据的模式下，行车许可的计算将使用预先确定的线路数据。计算行车许可时，只有具有"通过信号机"、"出站信号机"和"进站信号机"的区段被考虑作为闭塞分区的限制。在下列情况下计算行车许可：

（1）列车通过应答器组并收到应答器组信息；
（2）检测到轨道电路绝缘节；
（3）检测到地对车传输的数据发生变化；
（4）列车速度范围发生变化；
（5）每次模式改变。

如果行车许可缩短，不应删除线路数据和 TSR。

表 3.5.2

低频/Hz	代码	危险点位置	限速 速度/km·h^{-1}（VRSP）	位置（LRSP）	备 注
10.3	L3	当前闭塞分区前方第 5 个闭塞分区的末端	No		
11.4	L	当前闭塞分区前方第 3 个闭塞分区的末端	No		
12.5	L2	当前闭塞分区前方第 4 个闭塞分区的末端	No		
13.6	LU	当前闭塞分区前方第 2 个闭塞分区的末端	No		
14.7	U2	当前闭塞分区前方第 2 个闭塞分区的末端	45	下一闭塞分区末端	
15.8	LU2	当前闭塞分区前方第 2 个闭塞分区的末端	No		等同于 LU
16.9	U	下一闭塞分区末端	No		

续表

低频/Hz	代码	危险点位置	限速		备注
18	UU	下一闭塞分区末端	45	当前闭塞分区末端	
19.1	UUS	下一闭塞分区末端	80	当前闭塞分区末端	用于 80 km/h 道岔和大号码道岔
20.2	U2S	当前闭塞分区前方第 2 个闭塞分区的末端	80	下一闭塞分区末端	用于 80 km/h 道岔和大号码道岔
21.3	L5	当前闭塞分区前方第 7 个闭塞分区的末端			
22.4	U3	立即停车			不用于 CTCS2
23.5	L4	当前闭塞分区前方第 6 个闭塞分区的末端			
24.6	HB	当前闭塞分区末端	20	当前闭塞分区末端	转换到 CO，如果当前闭塞分区末端没有进行转换，列车将转换到 TR 模式
25.7	锁频				
26.8	HU	当前闭塞分区末端			
27.9	占用或反向				
29	H	立即停车			
无码					

2. 危险点计算

根据接收到的轨道电路信息，危险点将设置在距离闭塞分区末端一段距离处。表 3.5.3 给出了该距离（参数化）。

表 3.5.3

接收的 TC	距离/m
L5、L4、L3、L2、L、LU、LU2、U2、U2S、U、UU、UUS	100
HU、HB	0

3. EOA 计算

EOA 和 DP 之间的距离取决于接收到的轨道电路信息。表 3.5.4 给出了该距离（参数化）。

表 3.5.4

接收的 TC	距离/m
L5、L4、L3、L2、L、LU、LU2、U2、U2S、U、UU、UUS	100
HU、HB	30

4. PS3 模式下的行车许可

因为 PS3 基于默认线路数据，在轨道电路默认长度的末端，每段轨道电路代码可被认为是 VRSP（直到列车进入新的轨道电路）。这种情况主要应用于 PS3，因为 PS3 基于默认线路数据。PS3 模式下的每一轨道电路代码可被认为是理论 EOA 处的 VRSP（对应闭塞分区的默认长度）。

实际闭塞分区可能比理论上的闭塞分区长。在 PS3 模式预先确定的 EOA 之后，为了在信号机处停车，可以转换到 OS 模式继续执行任务。输出限制：由多个轨道电路组成的闭塞分区中，最后一个轨道电路的长度将比闭塞分区默认长度（750 m）长。

表 3.5.5 提供了每段轨道电路代码相应的 VRSP 速度（参数化）：

表 3.5.5

接收的 TC	VRSP/（km·h^{-1}）
L5、L4、L3、L2	120
L	100
LU、LU2、U2、U2S、UUS	80
U、UU	45
HU、HB	0

在 PS3 模式下使用预先确定的线路数据进行行车许可计算。

从 FS 转换到 PS3 的过程中，仅行车许可延伸部分（未定义区域的前方）根据预先确定的线路数据进行计算。

如果转换到 PS3 时相应于 EOA（在最近区段接收到 HU 码），EOA 在 FS 模式下进行控制；在接收到开放代码（允许列车越过最近区段）时，建议转换到 PS3 并执行转换。

5. 无码接收

容许少于 2 s 的"无码"接收，CTCS2-200C 设备无任何反应。2 s 包括 CRN 处理和传输延时。

（1）FS 模式下。

如果列车位于 CTCS-1 信息包定义的无码区域，CTCS2-200C 将保持相同的 EOA。

如果列车位于 CTCS-1 信息包定义的无码区域，将保持相同的限速直到当前轨道电路的末端。

如果列车不在 CTCS-1 信息包定义的无码区域，并且是在非 HU 码之后，CTCS2-200C 将触发 MSB。

如果列车不在 CTCS-1 信息包定义的无码区域，且是在 HU 码之后，CTCS2-200C 将触发 EB。

预见无码区域的正向情况相应于道岔的进站口，在轨道电路道岔区没有轨道电路信息。

（2）PS3 模式下。

如果紧跟 UU 或 UUS 码（VRSP = 45 或 80 km/h）之后是无码，将保持当前 VRSP 的限速和

EOA 直到接收到新的代码。

如果紧跟 HU 码之后是"无码"，触发 EB（转换到 TR 模式）。2 s 后触发 EB。

如果非 HU、UU 或 UUS 的代码之后紧跟着"无码"，将触发 MSB。

（3）PS4 模式下。

如果紧跟 UU 或 UUS 码之后是无码，将保持当前 VRSP 的限速和 EOA 直到接收到新的代码。

如果紧跟 HU 码之后是"无码"，触发 EB（转换到 TR 模式）。2 s 后触发 EB。

如果非 HU、UU 或 UUS 的代码之后紧跟着"无码"，将触发 MSB。

在 PS4 模式下使用预先确定的线路数据进行行车许可计算。

在 PS4 模式预先确定的 EOA 之后，为了将列车停在期望的地点，可以转换到 OS 模式继续执行任务。

（4）其他模式。

在 PS1、PS2、CO、OS、SH 模式下收到无码，列车不进入冒进模式，对当前模式、VRSP 和 EOA 都没有影响。

6. 接收到 27.9 Hz

27.9 Hz 相应于反方向的运行（称为"反向"）。

27.9 Hz 也用于未锁定的进路。在侧线进路的道岔区也可能接收到 27.9 Hz。

（1）当列车处于运行状态，如果收到 27.9 Hz，将触发 EB（转换到 TR 控制模式），下列情况除外：

列车来自反向区域；列车处于 FS 模式，已经读到反向区域的通知（进站入口处的反向进路）；列车处于 PS1 或 PS2 模式（列车出站并进入反向区域）；列车处于 CO 或 OS 模式；列车处于 SH 模式；

在 FS、PS3 或 PS4 模式下，如果 UU 或 UUS 码（VRSP = 45 或 80 km/h）后立即收到 27.9 Hz，将维持当前 VRSP 的限速和 EOA 直到收到新的代码。

（2）反向运行。

从出站到下一站进站信号机前的一段距离（相应于制动距离），传输 27.9 Hz；从该距离到进站信号机，向列车传输正常码序。反向运行区域由欧标应答器信息 CTCS-3 定义。反向运行的限速为 V_reverse = 200 km/h。欧标应答器将定义其他线路数据（SSP、坡度、定义轨道电路的 CTCS-1）。

CTCS-1 信息的输出限制，在传输 27.9Hz 的距离内，轨道电路的限制认为是"没有信号机"（NID_SIGNAL = 没有信号机）。

在传输正常码序的距离内，区段限制（相应于传输信息的变化），认为是"通过信号机"（即使没有信号机）（NID_SIGNAL = 通过信号机，除了进站信号机）。

对于反向运行，CTCS-1 信息包中 NID_SIGNAL 中间绝缘节的值为 0000；反向轨道最后一个绝缘节为 0011 或 0001，收到的载频不是 27.9 Hz。当接收到 27.9 Hz 时，相应的 EOA 是进站信号机（如 CTCS-3 信息所定义的）。在反向运行终点，当接收到其他轨道电路代码时，重新计算行车许可。在反向欧标应答器之前接收到 27.9 Hz 在接收到反向欧标应答器信息之前，接收到 27.9 Hz 调制频率视为无码信息。在反向运行模式中，当列车来自正线（反方向），在出站后的道岔区域可能会发生此种情况；这种情况下，进站信号机欧标应答器应该描述反向轨道和当前区段直到定义为"通过信号机"的第一位置。

7. 接收到 25.7 Hz

25.7 Hz 调制频率用来锁定传输载频。在 CTCS-2 中，通过 CTCS-1 传输的信息实现锁闭功能。然而，鉴于 CTCS-2 区域可以以 CTCS-0/1 级的降级模式使用，可以采用由地面发送的 25.7 Hz 频率。25.7 Hz 频率传输的最大周期为 2 s。CTCS2-200C ATP 容许接收 25.7 Hz 频率。

25.7 Hz 频率的接收将视为"无码"。

8. VRSP 释放

当列车尾部越过接收新轨道电路信息（不同于无码）的位置时，VRSP 释放。在多个 VRSP 的情况下，列车将采用最大限制的 VRSP。在每种情况下，当接收到一个新的轨道电路代码时，列车将计算相应的行车许可。

9. TSR

TSR 信息由 CTCS-2 信息包传输。L_TSRarea 定义了信息包覆盖的区域长度。L_TSRarea 应用于列车头。只要列车运行在 TSR 覆盖的区域，则授权列车在 FS 或 PS3 模式下运行。当列车进入非 TSR 覆盖的区域，则准备从 FS 或 PS3 模式转换到 PS4 模式。当列车处于非 FS 或 PS3 模式下，且进入非 TSR 覆盖的区域，可以保持当前模式。如果列车处于 PS1 或 PS2 模式，当列车运行 D_exit 距离后转换自动进行。当列头部越过 L_TSRarea 所定义的位置时，触发从 FS/PS3 到 PS4 的预备转换；列车速度需降到 45 km/h（PS4 的速度）。当列车速度低于 45 km/h 时，向司机提议转换到 PS4。当司机确认提议的转换时，转换到 PS4。

输出限制：因为列车可能以最大速度进入非 L_TSRarea 覆盖的区段，如果 TSR 正好在 L_TSRarea 定义的边界处，地面系统将通过轨道电路信息发送一个与 TSR 限制相一致的限速低频。

10. 速度监督

对于从较多限制模式到较少限制模式的转换，在列车尾部没有通过转换点时，速度监督将确保维持较多限制的顶棚速度。CTCS2-200C 的安全行为：

（1）警告：当首次检测到超速时的提示。

（2）MSB：CTCS2-200C 自动触发，如果触发条件不再满足，司机可以缓解。

（3）EB：CTCS2-200C 自动触发，它确保列车完全停车，不考虑司机的操作；EB 只有在列车完全停车后才可缓解。

（4）对于与线路条件相关的固定限速，当列车速度超过允许速度 2 km/h 时触发警告；当列车速度超过允许速度 5 km/h 时触发 MSB；当列车速度超过允许速度 10 km/h 时触发 EB。

以 200 km/h 为例，当列车速度是 202 km/h 时触发警告；当列车速度是 205 km/h 时触发 MSB；如果此时 MSB 失效，当列车速度是 210 km/h 时触发 EB。

（5）对于 TSR 或与道岔侧向位置相关的限速，当列车速度达到允许速度时触发警告；当列车速度超过运行速度 5 km/h 时触发 MSB；当列车速度超过运行速度 10 km/h 时触发 EB。

以 80 km/h TSR 为例，当列车速度为 80 km/h 时触发警告；当列车速度为 85 km/h 时触发 MSB；如果 MSB 失效，当列车速度为 90 km/h 时触发 EB。

11. 其他功能

1）触发最大常用制动。

在下列情况下触发最大常用制动：轨道电路信息不一致；应答器信息不一致；收到无码，H

或 U3（取决于当前模式）；超速；CTCS2-200C 设备故障。

在 CTCS-2 级，如果最大常用制动不起作用，则触发紧急制动（EB）。MSB 命令由负输出管理。列车处于 0 级或 1 级时，若 CTCS2-200C 触发 MSB，MSB 将自动缓解。

在 CTCS-0 级和 CTCS-1 级，CTCS2-200C 触发的 MSB 对列车无效。

（1）由于应答器或 TC 不一致引起的 MSB 的缓解。

如果由于链接错误或应答器信息不一致或 TC 不一致触发 MSB，则 MSB 应在停车时缓解。

如果由于链接错误或应答器信息不一致或 TC 不一致触发 MSB，当 MSB 已经被触发后应删除可用的线路描述。

由于立即转换到 PS4 模式，这些数据的删除不会触发 EB。如果 MSB 作用期间，CTCS2-200C 读到新的应答器组，将获取应答器数据。

停车后允许 CTCS2-200C 转换到其他模式。如果 MSB 作用期间，CTCS2-200C 读到新的应答器组，它将根据获取的数据执行应答器和 TC 一致性功能。

如果新的数据不一致：触发 MSB（已经在进行中）和删除已获取的数据。停车时，司机可释放 MSB（使用释放键）。释放 MSB 时，CTCS2-200C 转换到可用模式（如果 MSB 作用期间没有收到新的数据，将转换到 PS4 模式）。

（2）由于代码引起的 MSB 的缓解。

如果由于收到的代码而触发 MSB，当收到允许码时，MSB 自动缓解。停车时，如果接收的代码不允许列车继续运行，司机将转换到 OS 模式。转换到 OS 模式自动缓解 MSB。

（3）由于超速引起的 MSB 的缓解。

机控优先时，如果由于超速而触发 MSB，则当列车速度等于或低于允许的限制速度时 MSB 自动缓解。人控优先时，如果由于超速而触发 MSB，则当列车速度等于或低于允许的限制速度时授权司机缓解 MSB。

2）触发紧急制动。

下列情况下触发 EB：上电阶段的测试；超速；转换到冒进模式；由列车静止监督功能或防溜逸功能监测到列车移动；MSB 无效；CTCS2-200C 设备故障。

列车处于 0 级或 1 级时，若 CTCS2-200C 触发 EB，EB 将自动缓解（除因故障触发的 EB 外）。

（1）EB 缓解。

在任何情况下，EB 只能在停车时方可缓解。如果在上电测试阶段触发 EB，EB 将自动缓解。在所有其他情况下，要求司机按压缓解键。

（2）制动优先权。

列车可以处于"机控优先"或"人控优先"。处于人控优先时，列车应完全由司机控制（牵引和制动）。处于机控优先时，当接近减速点[由于停车或限速（SSP 或 TSR）]时，CTCS2-200C 系统自动控制常用制动。两种情况下（"机控优先"或"人控优先"），司机都可以控制列车制动。为了在"机控优先"下驾驶列车，CTCS2-200C 应处于 FS 模式。机控优先时，CTCS2-200C 可以启动常用制动，最大常用制动和紧急制动，即使司机同时正在实施常用制动。机控优先时，有效制动将是司机控制的制动和 CTCS2-200C 系统实施的制动之间最大的制动。机控优先时，如果目标速度不是 0 km/h，当列车速度低于目标速度时，CTCS2-200C 将缓解常用制动（包括 MSB）。机控优先时，如果目标速度是 0 km/h，当列车速度为 0 km/h 时，CTCS2-200C 授权司机缓解常用制动（包括 MSB）。机控优先时，当目标速度增加时，系统允许司机提速。

机控优先时，CTCS2-200C 可以触发三级常用制动：SB1、SB2、SB3（相应于最大常用制动）。CTCS2-200C 设备记录列车处于"机控优先"时发生的事件。维护工具可以更改列车处于"机控优先"时发生的事件。机控优先到人控优先的转换在收到 UU 或 UUS 闭塞分区的末端执行，如果关联信号是进站信号机。

3）大号码道岔的防护。

通常在 UUS 区段末，车载设备都要实施 80 km/h 的限速。而对于道岔侧向允许速度大于 80 km/h 的大号码道岔，应在收到 U_2S 码前增加一组可变应答器。应答器组 1 发送 CTCS-4 数据包，包含到大号码道岔的距离 D_TURNOUT 和道岔侧向列车最大允许通过速度 V_TURNOUT。

注：只有在道岔后有足够的距离停车时，才传输 CTCS-4 数据包。

四、200C ATP 故障分析

（一）SAM 数据解析包说明

200C 车载设备主要记录两种格式的数据文件，SAM 文件和 MID 文件。SAM 文件中存储设备的周期性信息及事件信息，MID 文件中存储设备的日志性信息。对于 ATP 设备的故障分析，主要是查看 SAM 文件解析后的数据包，MID 文件作为辅助分析文件。

SAM 文件解析后，会生成若干个数据包，在进行数据分析时，主要对以下包做重点检查：

1. msg_100_V210Rev98 包

100 包中记录了 ATP 的时间信息，及一些设备的状态信息，下表列出了常用 Excel 列的对应关系及含义：

表 3.5.6

序号	Excel 列	含 义	说 明
1	D	ATP 机器周期	每一周期间隔 150 ms，可用来累加计算 ATP 时间
2	E	控车设备情况	包括未装备，等级 1，STM 等信息。其中，等级 1 表示此时处于 CTCS-2 级运行，STM 表示在其他等级运行，未装备为启机后的待机状态
3	F	模式	包括 CTCS-2 级的各种模式（部分监控用 SR 表示），国内信号系统（SN）及系统故障（SF）等信息
4	I	列车位置	为每次 ATP 启机后，列车实际运行的累计里程；重新启机后，里程将从零开始计算
5	L	列车速度	列车运行速度
6	P	DMI 状态	包括 DMI 正常，DMI 初始化及 DMI 故障三个状态
7	Q	测速测距状态	包括测速系统初始化，正常及故障三个状态
8	R	列车接口状态	包括接口初始化，正常及故障三个状态
9	S	BTM 状态	包括 BTM 初始化，正常及故障三个状态
10	AD	年	提供时间信息

续表

序号	Excel 列	含 义	说 明
11	AE	月	提供时间信息
12	AF	日	提供时间信息
13	AG	时	提供时间信息
14	AH	分	提供时间信息
15	AI	秒	提供时间信息

2. msg_105_V210Rev98 包

105 包中记录了 DMI 上显示的文本信息，下表列出了常用 Excel 列的对应关系及含义：

表 3.5.7

序号	Excel 列	含 义	说 明
1	D	ATP 机器周期	每一周期间隔 150 ms，可用来累加计算 ATP 时间
2	L	DMI 文本信息	记录了 DMI 显示的文本信息 注：如果没有新文本信息，旧信息将不会被更新

3. msg_152_V210Rev98 包

152 包中记录了 ATP 运行级别、控车模式、列车位置、列车允许速度、制动干预速度、机车信号、轨道电路长度等信息，是故障分析时的重要信息来源，下表列出了常用 Excel 列的对应关系及含义：

表 3.5.8

序号	Excel 列	含 义	说 明
1	D	ATP 机器周期	每一周期间隔 150 ms，可用来累加计算 ATP 时间
2	E	CTCS 等级	包括 CTCS 等级及 TVM 制式
3	F	STM 控制设备	包括各种级别下的控制设备，CTCS-2 级时为 Kernel，TVM 制式时为 TVM，其他级别为 LKJ
4	G	CTCS 控车模式	包括 CTCS-2 级的各种模式，及 TVM，LKJ 模式 注：NP 表示每次启机后的起始记录，周期累加计算时间时，以 NP 作为间隔
5	H	列车位置	为每次 ATP 启机后，列车实际运行的累计里程；重新启机后，里程将从零开始计算
6	M	列车速度	列车运行速度
7	P	目标速度	ATP 控制的目标速度，只限于 CTCS-2 级有效
8	Q	允许速度	ATP 控制的允许速度，只限于 CTCS-2 级有效
9	R	制动干预速度	ATP 控制的制动干预速度，即允许速度加 5 km/h，只限于 CTCS-2 级有效
10	T	坡度长度	提供应答器给出的可用坡度长度，只限于 CTCS-2 级有效

续表

序号	Excel 列	含 义	说 明
11	U	线路速度（SSP）长度	提供应答器给出的可用线路速度长度，只限于 CTCS-2 级有效
12	V	轨道区段长度	提供应答器给出的可用轨道区段长度，只限于 CTCS-2 级有效
13	X	临时限速（TSR）长度	提供应答器给出的可用临时限速长度，只限于 CTCS-2 级有效
14	Y	当前信号低频	提供当前的信号情况，只限于 CTCS-2 级有效
15	Z	当前信号载频	提供当前的信号情况，只限于 CTCS-2 级有效
16	AA	前一变化信号低频	只在有信号变化时才改变记录，只限于 CTCS-2 级有效
17	AB	当前信号类型	提供应答器中给出的当前区段信号类型，只限于 CTCS-2 级有效
18	AC	当前轨道区段起始点	提供列车运行到当前轨道区段起点时的里程数，只限于 CTCS-2 级有效
19	AD	当前轨道区段终点	提供列车运行到当前轨道区段终点时的里程数，与前者的差值为当前轨道区段的长度（该值与 CTCS-1 包的描述一致），只限于 CTCS-2 级有效
20	AE	当前闭塞分区终点	提供列车运行到当前闭塞分区终点时的里程数，只限于 CTCS-2 级有效
21	AF	当前授权终点	提供列车运行到授权终点的里程数，只限于 CTCS-2 级有效
22	AG	当前移动授权计算点	提供列车运行到当前移动授权计算点的里程数，只限于 CTCS-2 级有效
23	AP	CFSK 板工作状态	辅助分析当前电路板工作状态
24	AQ	CFSK 感应当前轨道区段信号的电压值	单位为 mv，仅供参考使用，在 TVM 区段无效

4. msg_203_V210Rev98 包

203 包中记录了应答器的接收状态、报文解析状态及应答器报文的包头信息，下表列出了常用 Excel 列的对应关系及含义：

表 3.5.9

序号	Excel 列	含 义	说 明
1	D	ATP 机器周期	每一周期间隔 150 ms，可用来累加计算 ATP 时间
2	E	应答器接收状态	异常时将会记录到接收异常（Reception Default）
3	F	报文解析状态	解析失败会提示错误
4	G	接收位置	记录接收到应答器时的里程数
5	H	信息传送方向	参见应答器报文编制原则中对包头的定义
6	I	版本号	参见应答器报文编制原则中对包头的定义
7	J	信息传输媒介	参见应答器报文编制原则中对包头的定义

续表

序号	Excel 列	含 义	说 明
8	K	应答器组内位置	参见应答器报文编制原则中对包头的定义
9	L	应答器组中应答器数量	参见应答器报文编制原则中对包头的定义
10	M	与前后应答器关系	参见应答器报文编制原则中对包头的定义
11	N	报文计数器	参见应答器报文编制原则中对包头的定义
12	O	地区编号	参见应答器报文编制原则中对包头的定义 该值为：大区编号值×8+分区编号，十进制
13	P	应答器组编号	参见应答器报文编制原则中对包头的定义 该值为：车站编号×256+应答器编号，十进制
14	Q	链接关系	参见应答器报文编制原则中对包头的定义

5. msg_226_V210Rev98 包

226 包中记录了 BTM 的一些状态及报警信息，在故障分析时主要关注报警，下表列出了常用 Excel 列的对应关系及含义：

表 3.5.10

序号	Excel 列	含 义	说 明
1	D	ATP 机器周期	每一周期间隔 150 ms，可用来累加计算 ATP 时间
2	T	报警 9，硬件测试故障	该报警指出在 BTM 的周期性检查中，发生错误 根据现场经验，如果出现该报警，则需要检查 BTM 车上电缆包括 27MHz 电缆及信号接收电缆和 BTM 车下天线电缆，看是否有电缆松动情况
3	U	报警 8，应答器报文报警	该报警指示出在 BTM 自检时或者列车在待机模式时收到了不期望的应答器报文
4	V	报警 7，禁止接收报警	该报警指出 ATP 主机向 BTM 发送了禁止状态改变的请求
5	W	报警 6，RDT 运行报警	该报警指出 BTM 此时无法执行 ATP 发送的任何请求
6	X	报警 5，BTM 温度报警	该报警指出在进行 BTM 温度测试时检测到错误
7	Y	报警 4，BTM 风扇报警	该报警指出在进行风扇检查时发生错误
8	Z	报警 3，天线报警	该报警指出在进行 BTM 天线测试时发生错误 根据现场经验，如果出现该报警，则需要检查 BTM 车上电缆包括 27MHz 电缆及信号接收电缆和 BTM 车下天线电缆，看是否有电缆松动情况
9	AA	报警 2，CTODL 报警	该报警指出在 CTODL 同步中检查到中断
10	AB	报警 1，非系统主机报警	该报警指出 BTM 接收到了非系统主机发送的 PDU
11	AC	报警 0，错误 PDU 报警	该报警指出 BTM 接收到了主机发送的异常 PDU

6. msg_227_V210Rev98 包

227 包中记录了列车接口的信息，这一包的数据也就是 MTORE 板上指示灯的一个记录，具体各个输入输出的定义需要结合 ATP 原理图进行查看：

表 3.5.11

序号	Excel 列	含 义	说 明
1	D	ATP 机器周期	每一周期间隔 150 ms，可用来累加计算 ATP 时间
2	E	输入变化	指示出输入有变化
3	F	输出变化	指示出输出有变化
4	G—BV	A，B 两路接口信息	A，B 两路接口的输入输出状态 注：ESxx 为安全输入，Exx 为普通输入 SSxx 为安全输出，Sxx 为普通输出 例如：ES8A/B 记录的为紧急制动反馈，当状态为 NO 时为无制动，反之为有制动

7. msg_233_V210Rev98 包

233 包中记录了 ATP 设备中的列车设备参数的一些设置，下表列出了常用 Excel 列的对应关系及含义：

表 3.5.12

序号	Excel 列	含 义	说 明
1	D	ATP 机器周期	每一周期间隔 150 ms，可用来累加计算 ATP 时间
2	G	记录的数据类型	记录的数据为设备参数（JDE）
3	J	设备编号	该编号为列车设备的编号，由该编号可以知道列车编号 计算方式：MC1/8 端设备编号 = 车号×2 − 1 MC2/1 端设备编号 = 车号×2
4	K	链路 A 与 BTM 连接关系	说明 BTM 与 ATP 的 A、B 两个链路的连接关系，现在的固定配置是 BTM 与 B 链路连接
5	L	链路 B 与 BTM 连接关系	说明 BTM 与 ATP 的 A、B 两个链路的连接关系，现在的固定配置是 BTM 与 B 链路连接
6	N	默认的启机后级别	默认启机后进入的 CTCS 级别，现在的固定配置是 CTCS-2 级，如果启机时 BTM 故障，则会进入 CTCS-0
7	O	机控/人控优先	ATP 设备配置的控车形式，分为人控优先和机控优先两种形式
8	P	秦沈配置情况	ATP 设备是否为秦沈配置
9	Q	列车类型	目前的列车类型主要为阿尔斯通和川崎重工两种

8. msg_236_V210Rev98 包

236 包中记录了应答器报文的包头信息及应答器报文的报文网页链接关系，下表列出了常用 Excel 列的对应关系及含义：

表 3.5.13

序号	Excel 列	含义	说明
1	D	ATP 机器周期	每一周期间隔 150 ms，可用来累加计算 ATP 时间
2	E	接收位置	记录接收到应答器时的里程数
3	F	接收时间	该项为 BTM 的周期，与 ATP 周期无关
4	G	信息传送方向	参见应答器报文编制原则中对包头的定义
5	H	版本号	参见应答器报文编制原则中对包头的定义
6	I	信息传输媒介	参见应答器报文编制原则中对包头的定义
7	J	应答器组内位置	参见应答器报文编制原则中对包头的定义
8	K	应答器组中应答器数量	参见应答器报文编制原则中对包头的定义
9	L	与前后应答器关系	参见应答器报文编制原则中对包头的定义
10	M	报文计数器	参见应答器报文编制原则中对包头的定义
11	N	地区编号	参见应答器报文编制原则中对包头的定义 该值为：大区编号值×8 + 分区编号，十进制
12	O	应答器组编号	参见应答器报文编制原则中对包头的定义 该值为：车站编号×256 + 应答器编号，十进制
13	P	链接关系	参见应答器报文编制原则中对包头的定义
14	Q	报文内容	该项记录了解析后的报文内容的链接信息，报文内容以网页形式记录

（二）常用分析方法说明

1. ATP 时间计算方法

在计算 ATP 时间时，由于 ATP 的周期是固定累加的，不能直接作为时间来使用，还需要进行换算，具体的换算方法如下：

（1）每次启机后，在 152 包中的 G 列都会有 NP 的记录，这表示一次启机开始，记录下该周期数（下称 T_0）；

（2）按照上述周期数 T_0，在 100 包中查找相应的周期（大于或等于 T_0），并且在该周期下 100 包中记录到了时间信息（24 小时制，100 包中的 AD 至 AJ 列，以下称该时间为 T），记录时间 T，对应的周期为 T_1；

（3）选择需要计算时间的周期数（下称 T_2，T_2 的选择必须在本次启机与下次启机之间时，该计算才有效），按照下述公式进行计算：

$$\text{分钟数} = \text{ceil}\left(|T_1 - T_2| \times \frac{0.15}{60}\right)$$

使用该公式计算出分钟数后，在原来时间 T 的基础上，累加相应的分钟数，就可以大概计算出当前周期的时间。

注：ceil 为向下取整函数，用来计算两个周期之前相差的分钟数。

2. 紧急制动判断

如果要检查某一时间内是否有紧急制动输出（制动可由车载 ATP 或列车自身设备输出），可检查列车紧急制动接口对 ATP 的反馈信息。反馈信息主要是通过 227 包中的 N 列（A 链反馈）和

AK 列（B 链反馈）来显示，当该列状态为 NO 时，表示此时无紧急制动输出；反之，当该列状态为 YES 时，表示此时有紧急制动输出。

3. 系统故障判断

当发生系统故障时，一般都是由于 ATP 某一设备异常或操作异常导致，以下为一简单说明：
DMI 故障，系统故障：在 100 包中 P 列的 DMI 状态为故障；
测速测距故障，系统故障：在 100 包中 Q 列的测速系统状态为故障；
列车接口故障，系统故障：在 100 包中 R 列的列车接口状态为故障；
应答器信息接收模块故障，系统故障：在 100 包中 S 列的 BTM 状态为故障；
当列车在 ATP 紧急制动隔离情况下运行时，ATP 也会报系统故障。

4. 典型故障介绍

在目前运用的 I48 版本的软件中存在一些典型的故障问题和一些运用中常见的故障，这些问题会偶发，但都为已知的问题，或为软件处理原因引起，或为尚未找到原因的问题，如表 3.5.14 所示为一简单统计：

表 3.5.14

序号	故障描述	故障原因	分析说明
1	列车接口故障	一个周期内安全输入全部消失	查看 100 包中的 R 列，找到列车接口故障的周期，对照在 227 包中检查 G 至 T 列，AD 至 AQ 列，也就是两链路的所有安全输入状态，如果该状态都为 NO，则为此类故障，该问题为 I48 软件已知处理问题。
2	应答器信息接收模块故障	BTM 启机异常 ATP B 链启机异常 BTM 自身故障	1. 重新启机，查看 BTM 是否能起来，同时在 100 包中的 S 列会提示 BTM KO。 2. 由于 BTM 默认的连接链路是 ATP B 链，所以如果 B 链启机异常，也会导致 BTM 启机异常，在 100 包中的 S 列会提示 BTM KO。 3. 查看 226 包中是否有 BTM 报警，如果有，则需检查 BTM 天线和电缆，以及在启机后检查 BTM 27 MHz 灯是否点亮，报警重点关注报警 3 和 9。
3	应答器接收异常	应答器信息错误 偶发应答器丢失 在一次任务中，丢失多个应答器 偶发的（如编号 2818）应答器接收异常	1. 查看应答器报文，看是否有不符合定义的地方。 2. 先检查 203 包中的 E，F 列，看是否有应答器接收状态异常和解析异常，同时，根据 236 包中的 J 列可以判断丢失的应答器在应答器组中的位置，从而判断丢失的为哪个应答器；分析丢失原因，主要查看 226 包中是否有 BTM 报警；如果有，则需检查 BTM 天线和电缆，以及在启机后检查 BTM 27 MHz 灯是否点亮，报警重点关注报警 3 和 9。 3. 该问题需要检查轮径设置，可能是由于轮径配置问题引起测距误差导致。 4. 尚未查明原因。
4	紧急制动	ATP 故障 列车超速 其他原因	1. 检查是否有 ATP 系统故障。 2. 在 152 包中，查看列车的允许速度与运行速度，确定是否为列车超速，仅在 CTCS-2 级及 TVM 模式时有效。 3. 需视情况分析。

CRH5 型动车组 CTCS2-200C 列控车载设备电气原理图

※※※※※※【检修作业】※※※※※※

1. CRH5 型动车组电务车载设备 I 级修作业

序号	流程	内容	标准及方法	关键控制
1	检修前准备工作	收集车载设备运行信息	掌握当日入所动车组运行中的异常信息，查看 DMS 数据进行预分析，制定一级检修和故障处理方案。 1. 浏览 DMS 查询终端，掌握 ATP 运行工作状态。 2. 上级及其他部门反馈的动车组运行故障信息。	必须全员参加检修准备会，结合实际做好安全预想
		参加动车所每日交班会	参加动车所每日一级修交班会，重点做好如下工作： 1. 了解动车组当日运行情况。 2. 掌握一级修作业检修计划。 3. 提出当日电务检修作业要求及配合条件，做好记录。	
		检修作业准备会	值班班长召开作业准备会，布置检修任务，明确作业时间、地点、任务及人员分工。	
		工具及防护用品检查	1. 检查检修作业的工具、设备，确认性能良好。（包括 CIR 库检台，转储 U 盘、笔记本电脑、数据线、手台、摄像手电、检修工具等）。 2. 防护用品检查确认（工作服、工作帽、工作鞋）。	
2	作业申请和接车试验	作业申请	到动车所值班室办理作业申请，登记检修作业内容及作业要求。	
		访问司乘人员	访问司乘人员： 1. 查看《动车组运行状态交接单》，了解车载设备运用情况。 2. 发现设备故障或异常信息，启动《故障处理流程》。	
		设备上电试验	车载设备上电，发现设备故障异常信息，启动《故障处理流程》。	
3	断电检查车外设备	加装作业锁	在"作业申请登记处"进行登记： 1. 领取电务作业锁。 2. 确认作业股道已经"无电"、接触网接地杆完成挂接。 3. 加装电务作业锁。	采用录像手电，形成全程视频文件存档
		车外设备检查	检查 FSK 线圈（含接线盒、调整板）、BTM 天线、速度传感器等设备防脱落：安装螺栓牢固，防松标记无错位；连接电缆固定、绑扎良好，无破损、磨卡；卡子无松动；无积水和结冰；密封及防水、防潮作用良好： 1. 速度传感器防松螺母作用良好；检查插头与车体航空插座之间无松动和虚接。 2. FSK 线圈开口销齐全，劈开角度符合要求；接线盒、调整板无松动。 3. BTM 天线连接电缆防护措施良好；插头防护罩密封良好；防松螺母作用良好。	
		撤锁、销记	完成车外设备检查作业后，撤除作业锁；在"作业申请登记处"销记。	

续表

序号	流程	内容	标准及方法	关键控制
			CRH5型动车组电务车载设备I级修作业	
4	供电作业	建立LKJ检测试验记录数据文件	1. 确认LKJ数据版本符合要求。 2. 按规定输入作业者工号及作业车次，建立检测记录数据文件，并进入监控状态。	
		LKJ设备外观检查	1. LKJ显示器面膜按键开关无破损，数据、模式、应急电话标识清晰、版本正确。 2. 检查各设备及插件安装牢固，无破损；螺丝齐全紧固状态良好。 3. 正常状态下LKJ隔离开关应置于"正常"位置。	
		LKJ设备指示灯工作状态	1. LKJ主机电源插件正常状态下指示灯全部点亮，且亮度一致。 2. TAX装置电源插件面板指示灯全亮，通信记录插件指示灯显示正常。 3. TMIS插件指示灯显示正常。 4. 机车语音记录插件指示灯显示正常。 5. LAIS车载主机上电后面板指示灯显示正常；在WLAN网络内，主机正常注册成功后，各指示灯显示正常。	
		检查IC卡数据文件输入功能	利用专用IC卡，试验显示器IC卡数据文件输入功能正确。	
		LKJ设备状态检测	按压[查询]→4，检查设备状态，所有显示灯（黑匣子、和谐号扩展盒除外）应全亮绿灯，不能不亮或亮红灯，否则应进行相应检查；检查"监控版本"、"数据版本"、"彩显版本"和当前使用的一致，"地面数据"、"监控软件"应显示"一致"；按压1键，检查地面信息、通信、扩展通信、LAIS软件版本正确、设备状态良好。	
		查询LKJ系统参数及各输入信号	1. 日期、时间准确。 2. 按压[查询]→5，核对机车型号、机车号正确无误，轮径参数正确。 3. 控制软件版本和车载数据文件版本符合当前装车要求。 4. 按压[查询]→2，要求乘务员（或整备司机）扳动换向手柄，检查机车工况向前、向后、零位、非零位、牵引、制动正确（分析工区通过运用文件分析工况正确则不需乘务员扳动手柄，只核对当前手柄位置显示正确）。 5. 环线发码检测，显示器显示的色灯、速度等级与动车组信号显示相对应，语音提示与显示相符。	
		LKJ显示器功能检查	利用"键盘检测"功能检查各按键，逐个按压各键灵活、响应正确；背光工作正常，屏幕各显示区显示清晰、正确；显示器语音提示清晰、正确。	

续表

序号	流程	内容	标准及方法	关键控制
			CRH5型动车组电务车载设备I级修作业	
4	供电作业	LKJ制动试验	1. 试验前通知动车组司机（或机械师）将各电气开关、控制手柄、制动手柄须置于相应位置，确认机车下部及周围安全状况。 2. 按动车组允许试验要求，将监控主机的隔离开关拨至隔离位（军专特运及重点运输时），ATP工作在CTCS-0/2级，选择A、B机"常用制动试验"，进行常用7级试验，EMU显示器上不显示LKJ输出指令；将监控主机的隔离开关拨至正常位，ATP工作在CTCS-0/1级，选择A、B机"常用制动试验"，进行常用7级实验，LKJ屏幕显示器显示正确，EMU显示器输出正确，压力表输出正确。 3. 按动车组允许试验要求，将监控主机的隔离开关拨至隔离位（军专特运及重点运输时），ATP工作在CTCS-0/2级，选择A、B机"紧急制动试验"，EMU显示器上不显示LKJ输出指令；将监控主机的隔离开关拨至正常位，ATP工作在CTCS-0/1级，选择A、B机"紧急制动试验"，LKJ屏幕显示器"卸载"、"紧急"状态灯亮，EMU显示器输出正确，压力表输出正确。超过规定时间，"卸载"、"紧急"状态灯灭。 4. 两端均做AB机常用、紧急制动试验。 5. 试验结束后通知动车组司机（整备司机）恢复动车组控制手柄位置。	
		LKJ语音录音试验	按压录音插件上回放按钮，应能回放正确的测试语音，回放语音应清晰。	
		转录LKJ文件	1. 使用转储器或专用IC卡转储当次检测作业文件及新运行记录文件；观察是否进行校时，核对日期时间应准确，与标准时间误差不大于30秒；转储功能正确，数据文件完整（两端转录）。 2. 将LKJ运行记录文件、检测作业文件发送至分析工区。 3. 数据存档。	
5	联检作业	CIR、合路器设备外观、紧固状态检查	1. 主机、MMI、打印机、主机各插板和附属设备安装牢固，表面清洁、无污垢，各部螺丝齐全、紧固到位，指示灯显示正常。 2. 检查主机、合路器各部电缆连接正确，插头、转接头紧固良好。 3. MMI按键动作灵活、接触可靠。 4. 送受话器固定螺丝安装牢固，插件紧固，外观无破损，摘挂良好，PTT键按压自如，无卡阻。	
		LBJ电子铅封状态检查	1. 检查MMI显示LBJ报警功能开启状态，并确认MMI显示"LBJ已连接"。 2. 检测LBJ电子铅封状态，发现MMI显示有发送和接收报警信息状态时，须分别下载LBJ和CIR记录单元数据，下载后确认电子铅封显示正确。	

续表

| \multicolumn{6}{c}{CRH5型动车组电务车载设备I级修作业} |
序号	流程	内容	标准及方法	关键控制
5	联检作业	CIR设备检测	1. 确认机车号注册成功，显示与机车号、端号一致。 2. 确认通信模式为自动，运行区段显示本区段线路G网通信模式。 3. 注册车次号为0D2345并显示注册成功。 4. 设备自检，各模块自检正常，无打"×"项。 5. 选择"GPRS数据"选项，按"确认"键发送测试信息，收到地面库检设备发送的"调度命令"数据信息和语音提示后，按"确认"键签收。 6. 选择"450MHz同频通话"项，按压"确认"键，收到回铃音后摘机，进行语音通话测试，讲话内容：CRH5型5×××1车或0车450MHz同频通话试验，监听回放语音清晰、完整。 7. 选择"450MHz异频通话"项，按压"确认"键，收到回铃音后摘机，进行语音通话测试，讲话内容：CRH5型5×××1车或0车450MHz异频通话试验监听回放语音清晰、完整。 8. 选择"GSM-R通话"项，按压"确认"键，收到回铃音后摘机，进行语音通话测试，讲话内容：CRH5型5×××1车或0车G网通话试验，监听回放语音清晰、完整。 9. 选择"记录单元测试"项，按压"确认"键，记录的语音回放清晰、完整。 10. 打印机无卡纸、夹纸现象，打印调度命令字迹清晰，并留存。 11. 防护报警装置试验：进入"运行区段"选项，选择沈局管内457.7MHz区段，再选择"LBJ出入库检测"选项，按压"确认"键，MMI显示"注意！列车报警试验，请确认！"后，按"确认"键，当MMI显示"报警"、"列尾排风"、"风压查询"、"列尾消号"、"列尾确认"信息时再分别依次按下相应键，查看"LBJ出入库检测结果"信息正常。 12. 查询CIR库检台检测结果，各单元显示检测合格。	1.在进行LBJ检测作业时必须在450M模式下进行，且不准兼做其他作业； 2.检测作业时，必须查看MMI显示内容，严禁不看显示内容进行按键操作。
		ATP车上设备外观检查	检查司机室、ATP机柜内设备外观无异状；各电缆绑扎、连接良好： 1. 检查显示屏（DMI）面膜按键无破损、翘起；液晶屏表面无裂痕和明显划痕；重要提示标识清晰、完整，粘贴牢固。 2. 主机柜内各单元（含BTM主机）、插件外观无异状；插接件安装牢固，无松动；控制组匣备开关在"正常"位置，断路器完好不弹出。 3. 与QR5等相关设备结合部电缆、接插件安装完好，无破损。	
		ATP功能试验	1. 启机：自检时间超过120秒即为故障状态；启机后，DMI无故障文本信息；各插件、单元表示灯显示正确。 2. 等级选择试验：分别选择CTCS0（LKJ）、CTCS2等级，选择上下行载频，确定接收规定的上下行载频信息。 3. DMI按键作用良好，语音、报警声音清晰。	

续表

		CRH5型动车组电务车载设备Ⅰ级修作业			
序号	流程	内容	标准及方法		关键控制
5	联检作业	下载ATP运行数据	1. 下载SAM和MID数据，发送分析工区。 2. 如果发现设备故障，启动《故障处理流程》。 3. 数据存档。		
		签发合格证	1. 向分析工区索取分析确认号码。 2. 确认数据版本、检修参数正确，建立出库前试验文件或转储最后一个记录文件，并将出库前试验文件或最后一个记录文件发送至分析工区确认。 3. 在《动车组质量联检记录单》车载设备栏内签字；填写《车载设备检测记录》；填发《LKJ系统检测合格证》。		

2. CRH5型车载设备Ⅱ级修作业

		CRH5型车载设备Ⅱ级修作业			
序号	流程	内容	方法及标准	周期	关键控制
1	作业准备	数据分析	1. 分析最后一个交路运行数据，发现设备异常，纳入检修作业项目中。 2. 数据包括ATP主机A、B组匣的SMA和MID数据；LKJ数据。 3. 检查、核对轮径值。轮径尺寸发生变化时，调整参数，保证测速准确。	每次	必须全员参加开工会并做好安全预想
		修订计划	1. 根据技术履历，确认本次Ⅱ级修作业常规检修项目。 2. 数据分析存在问题纳入检修作业。 3. 上级下达的重点工作。	每次	
		检修作业准备会	1. 工长组织召开作业准备会，布置检修任务，明确作业地点、时间、任务及相关人员分工。 2. 确定各项检修作业项目实施方案和控制措施。	每次	
		工具及防护用品检查	1. 检修作业的工具、仪表、材料（二级修专用小车）。 2. 防护用品检查确认（工作服、工作帽、工作鞋）。	每次	
		作业申请	1. 到动车所值班室登记，填写作业申请单。 2. 在"作业申请登记处"登记领取电务作业锁；确认作业股道已经"无电"、接触网接地杆完成挂接；加装电务作业锁。	每次	

续表

\multicolumn{7}{c}{CRH5 型车载设备 Ⅱ 级修作业}
序号	流程	内容	方法及标准	周期	关键控制
2	车外设备检查	FSK 线圈、BTM 天线、速度传感器	各部件安装螺栓紧固；外观无异状、无破损；防护设施完整；连接电缆固定、绑扎良好；密封及防水、防潮装置良好，无积水和结冰。 外观无异状，无破损，防护设施完整。天线连接电缆绑扎紧固良好、无破损、弯曲无异状。天线和线缆密封及防水、防潮作用良好。 1. FSK 线圈。开口销完好，开口角度符合标准；调整板安装牢固；接线盒连接插头无锈蚀，防水腻子无脱落。 （1）安装标准：高度：距离轨面 165±5 mm；偏移：钢轨中心±5 mm。 （2）螺栓力矩：M6：6.9 N·m；M20：120 N·m。 （3）电气参数（单组）：电感≥60 mH；电阻≤8 Ω；品质因数≥5.5。 2. BTM 天线。电缆防护措施良好；插头防护罩密封良好；防松螺母作用良好。 (1)安装标准：高度：距离轨面 190 mm+10/−0 mm；偏移：距钢轨中心<10 mm。 (2)螺栓力矩：M8：17 N·m。	每次（每年测试 FSK 线圈电气参数）	使用录像手电
			3. 速度传感器。检查插头与车体航空插座之间无松动和虚接。 （1）更换老化的防水密封垫。 （2）螺栓力矩：M8：18 N·m±1 N·m。 （3）更换作用不良防松螺母；标识防缓标记。	空心轴探伤同步	使用录像手电
3	车上设备检查	ATP 主机柜内各单元和插件、DMS、LKJ 相关设备、CIR 主机及合路器	各主机、单元、插件等安装紧固；插接件不破损，外观清洁、无异状；各连接电缆绑扎良好、无异状，弯曲半径不小于 5 倍线径；各开关、断路器动作可靠，处于正确位置；各组匣、插件固定螺丝不缺失、不松动；插件捏手完整；各插头、插座清洁；各主机电源保险管型号、规格符合要求紧固良好。 1. ATP 主机柜外观无倾斜、龟裂、损伤、腐蚀现象；组匣风扇及过滤网除尘；CCTE、CBCH、CODOU 插件粘贴 1、2、3 标识；地线与车体安装牢固。 2. BTM 主机风扇清灰除尘，电源、发送、接收插头防缓标记无松动。 3. DMS 设备电缆连接牢固，磁力天线吸附良好、无倾斜。 4. LKJ 主机表面无裂痕、无严重划痕和变形；机箱底座安装螺丝紧固无松动；减震胶垫齐全、无开裂；安装位置周围无裸露的导线及杂物；检修合格证齐全、清晰、粘贴良好。 5. TAX 箱底座安装螺丝紧固无松动，减震胶垫齐全、无开裂；检修合格证齐全、清晰、粘贴良好；语音记录装置、TMIS 单元，安装正确紧固，防护到位。 6. LAIS 车载设备表面无裂痕、无严重划痕和变形；密封胶垫无裂纹破损。 7. GPS 信息接收装置（含 GPS 天线）、LKJ 总线扩展盒表面清洁、无裂痕；紧固螺丝无锈蚀、松动。 8. CIR 主机、合路器表面清洁、无污垢；电缆、馈线标牌正确无缺失；IC 卡固定座无损坏，触点处接触良好。	每次	

续表

序号	流程	内容	方法及标准	周期	关键控制
			CRH5 型车载设备 Ⅱ 级修作业		
3	车上设备检查	司机室 ATP 和 LKJ 显示器、CIR 设备	1. 各部安装螺丝紧固,外观无异状;连接电缆固定良好,无破损;地线连接牢固;各部件表面清洁、无污垢。 2. ATP 和 LKJ 显示屏、MMI 屏幕表面无划痕,按键良好;重要提示标识清晰,粘贴牢固;更换不良面膜;清理 DMI 设备 CF 卡碎片;检查 LKJ 显示器 IC 卡座无损坏,插、拔 IC 卡灵活无卡滞。 3. CIR 打印机安装良好、紧固到位;外观无破损;打印纸充足,色带不干。	每次(半年清理 CF 卡)	
4	车上设备测试	电阻	1. 各设备地线与车体接地电阻<0.5 Ω(ATP 机柜、LKJ 及相关设备、CIR 和 DMS 主机、DMI 显示屏等)。 2. 各断路器接触电阻<0.1 Ω。	每年	
		电源	直流电源电压范围:110 V±20 V(升弓状态下)。	每次	
		驻波比	各天线驻波比<1.5(ATP 的 MT、G 网语音、G 网数据、450 MHz、LBJ 单元等天线)。	半年	
		下车测试	LKJ、TAX、语音记录装置新造 2 年后的监控主机Ⅱ级修(60 万 km)时下车,新造 LKJ 显示器Ⅱ级修(60 万 km)和新造 2 年后的显示器Ⅱ级修(30 万 km)下车;按Ⅱ级修标准解体检修测试,检查车上电缆连接器无变形、破损、弯针、退针、断针、锈蚀。		
5	上电测试(录像手电)	ATP 测试	1. 自检:司机钥匙置于"1"位,开 LKJ 电源开关;系统上电,启机在 120 s 内 ATP 自检完成进入待机模式后,DMI 应无异常报警信息输出,DMI 显示制动测试成功。DMI 显示时间与 LKJ 显示器时间一致。 2. 主机检查:机柜内风扇运行正常,无异响,A 系及 B 系 MTORE 插件 E16 灯应常亮;检查 ATP 各插件灯位、控制组匣断路器状态是否正常;DMS 设备工作状态良好。 3. DMI 检查:屏幕各区显示颜色正确、显示内容符合规定、亮度正常;按键及功能键作用良好,提示音输出清晰、良好;带双冗余显示功能的 DMI(TPX15D 型显示器)除上述测试外,还需要进行辅屏测试。ATP 断电,将 DMI 前面板开关切换至辅屏位,重启 ATP,DMI 上电后 30 s 内同时按压上行和下行按键进入测试模式,确认内容如下: (1)灯板上前三排数码管的右边 3 个数码管和第四排的 4 个数码管都循环显示"0~9、b、C、H、S、U、L、8、−"字符,且所有数码管显示字符一致,无显示不全的现象。 (2)辅屏面膜按键的四个 LED 灯熄灭,按压按键则对应的按键灯亮,再次按压按键则对应的按键灯灭。	每次	

续表

\multicolumn{5}{c}{CRH5 型车载设备 II 级修作业}				
序号	流程	内容	方法及标准	周期	关键控制
5	上电测试（录像手电）	ATP测试	（3）分相有效和分相执行两个 LED 灯会一直按照 1Hz 频率亮灭显示。 4. 等级转换：启动后系统自动进入 CTCS-2 级待机模式，操作 DMI，进行 CTCS-2 和 CTCS-0 等级转换，等级转换应正常；等级转换操作过程中，DMI 显示界面正确，声光提示正确。 5. 机车信号信息检测：选择循环发码，机车信号解析正常、显示正确，并且与 LKJ 显示屏灯位显示一致。 6. BTM 检测：进口 BTM：确认 BTM 灯显状态正常，使用应答器在车底 BTM 天线下划过时，BTM 主机上的"B DET"灯和"V TEL"灯应同时点亮；国产 BTM：确认 BTM 灯显状态正常。 7. CODOU 插件状态确认：分别对 3 块 CODOU 插件硬件状态进行监测，应无异常信息。		
		LKJ显示器	1. 检查显示辉度上下一致，字符、图形显示正确清晰，亮度可调。 2. 检查面膜无破损，按压各键灵敏、响应正确，面膜背光功能正常。 3. 检查语音提示清晰，内容正确，音量大小可调。	每次	
		LKJ主机检测	检测 LKJ 系统的工作状态：按压【查询】键，选择"设备状态"栏目，查看 LKJ 系统信息 1. "黑匣子"信息：没有安装黑匣子或者黑匣子故障的显示红色的"故障"。 2. "显示器状态"信息：I、II端显示器工作正常显示绿色。 3. 版本信息检查，"监控版本"、"数据版本"、"彩显版本"和当前使用的一致；"地面数据"、"监控软件"应显示"一致"。 4. "双紧急制动"信息：双紧急制动正常显示绿色。 5. LKJ 主机各插件工作正常显示绿灯。 6. "模入自检"信息：工作正常时，各通道都显示绿色。 7. "通道状态"信息：工作正常时，各通道都显示绿色。 8. "主机自检 AB"信息：工作正常时，A/B 两列都显示绿色。	每次	
		LKJ参数检查与设定	1. 检查参数输入功能并形成测试记录文件：参数输入功能正常，能形成测试记录文件。 2. 检查日期、时间：日期、时间显示准确。 3. 检查机车型号参数：机车型号参数与所安装的动车组一致。 4. 检查轮径：轮径正确。 5. 检查控制软件和车载数据文件版本：控制软件和车载数据文件版本与当前装车使用要求相符。	每次	

续表

序号	流程	内容	方法及标准	周期	关键控制
			CRH5型车载设备Ⅱ级修作业		
5	上电测试（录像手电）	LKJ输入信号检查	1. 检查监控装置接收信号显示：监控装置接收信号与动车组信号显示一致。 2. 检查工况显示：工况显示与动车组实际工况一致。 3. 检查速度信号显示：LKJ显示速度与动车组实际一致。	每次	
		LKJ输出指令及信号检查	1. 试验前通知动车组司机（或整备司机）将各电气开关、控制手柄、制动手柄须置于相应位置，确认机车下部及周围安全状况。 2. 按动车组允许试验要求，将监控主机的隔离开关拨至隔离位，ATP工作在CTCS-0/2级，选择A、B机"常用制动试验"，进行常用7级试验，EMU显示器上不显示LKJ输出指令；将监控主机的隔离开关拨至正常位，ATP工作在CTCS-0/1级，选择A、B机"常用制动试验"，进行常用7级试验，LKJ屏幕显示器显示正确，EMU显示器输出正确，压力表输出正确。 3. 按动车组允许试验要求，将监控主机的隔离开关拨至隔离位，ATP工作在CTCS-0/2级，选择A、B机"紧急制动试验"，EMU显示器上不显示LKJ输出指令；将监控主机的隔离开关拨至正常位，ATP工作在CTCS-0/1级，选择A、B机"紧急制动试验"，LKJ屏幕显示器"卸载"、"紧急"状态灯亮，EMU显示器输出正确，压力表输出正确。超过规定时间，"卸载"、"紧急"状态灯灭。 4. 两端均做AB机常用、紧急制动试验。 5. 试验结束后通知动车组司机（整备司机）恢复动车组控制手柄位置。	每次	
		LKJ通信检查	检查IC卡数据输入和转储功能正确。	每次	
		语音记录装置检查	1. 上电检查指示灯显示正常。 2. 按压录音插件上回放按钮，应能回放正确的测试语音，回放语音应清晰。	每次	
		CIR数据核对	1. APN：GRIS.SY。 2. 主用GROS IP：10.13.1.76，备用GROS IP：10.13.137.2。 3. 归属GRIS IP：10.12.129.3。 4. 按照本工区实际使用的库检电话、库检IP号码进行核对，并确认设置正确。	每次	
		CIR版本确认	软件版本查询：软件版本号应是当前运用数据版本号。设置-维护界面-软件版本号查询-核对版本号。	每次	

续表

			CRH5型车载设备Ⅱ级修作业		
序号	流程	内容	方法及标准	周期	关键控制
5	上电测试（录像手电）	LBJ电子铅封状态检查	1. 检查MMI显示LBJ报警功能开启状态，并确认MMI显示"LBJ已连接"。 2. 检测LBJ电子铅封状态，发现MMI显示有发送和接收报警信息状态时，须分别下载LBJ和CIR记录单元数据，下载后确认电子铅封显示正确。	每次	1.在进行LBJ检修作业时必须在450M模式下进行，且不准兼做其他作业； 2.检修作业时，必须查看MMI显示内容，严禁不看显示内容进行按键操作。
		CIR功能试验	1. 车次号注册：注册车次号为0D2345，在GSM-R模式下，按【设置】键选择"车次号注册"项，手动输入车次号按【确认】键，再次选择"本务机"或"补机"按【确认】键。	每次	
			2. 选择通信模式：使用"手动"方式，可转到相应的工作线路；使用"自动"方式，自动显示当前所在的运行线路。按【设置】键，依次选择"设置"-"运行区段"-路局名-线路名或依次选择"设置"-"运行区段"-"手动/自动模式"。	每次	
			3. 设备自检：选择"自检"项，CIR进入自检状态，正确输入或选择库检设备IP地址后按【确认】键；各模块状态检测正常。	每次	
			4. GPRS数据功能测试：选择"GPRS数据"选项，按【确认】键发送测试信息，收到地面库检设备发送的"调度命令"数据信息和语音提示后，按【确认】键签收。	每次	
			5. 450 MHz数据功能测试：选择"450 M数据"选项，按【确认】键发送测试信息，收到地面库检设备发送的"450 MHz 数据"数据信息和语音提示后，按【确认】键签收。	每次	
			6. 450 MHz同频通话：选择"450 M同频通话"选项，按【确认】键发送测试信息，收到回铃音后摘机，进行7 s标准语音通话测试，讲话内容：CRH5型5×××1车或0车同频通话试验，库检台回放试验语音清晰；讲话时轻抖动话机绳，如话机绳芯线有半断，发射指示灯会闪动，回放语音会有杂音或闪断现象。	每次	
			7. 450 MHz异频通话：选择"450 M异频通话"选项，按"确认"键发送测试信息，收到回铃音后摘机，进行7 s标准语音通话测试，讲话内容：CRH5型5×××1车或0车异频通话试验，库检台回放试验语音清晰。	每次	
			8. GSM-R通话：选择"GSM-R通话"选项，按【确认】键发送测试信息，收到回铃音后摘机，进行7 s标准语音通话测试，讲话内容：CRH5型5×××1车或0车G网通话试验，库检台回放试验语音清晰。	每次	

续表

序号	流程	内容	方法及标准	周期	关键控制
			CRH5 型车载设备 Ⅱ 级修作业		
5	上电测试（录像手电）	CIR 功能试验	9. 记录单元测试：选择"记录单元测试"项，按压【确认】键，记录单元语音回放清晰、完整。	每次	
			10. 调度命令打印试验：调度命令打印正常，打印机无卡纸、夹纸现象。在主界面按"查询"键，调出调度命令信息，按【打印】键。	每次	
			11. 防护报警装置试验：进入"运行区段"选项，选择沈局管内 457.7 MHz 区段，再选择"LBJ 出入库检测"选项，按压"确认"键，MMI 显示"注意！列车报警试验，请确认！"后，按"确认"键，当 MMI 显示"报警"、"列尾排风"、"风压查询"、"列尾消号"、"列尾确认"信息时再分别依次按下相应键，查看"LBJ 出入库检测结果"信息正常。	每次	
			12. 关机确认：关机后 CIR 设备应持续供电 45 s 以上，MMI 显示车次号注销成功、机车号注销成功，并伴有语音提示。	每次	
		查询 CIR 库检台检测结果	1. 各项检测单元显示合格。 2. 查询检测语音回放清晰、标准。	每次	
6	清扫	除尘	使用吸尘器对机柜内、各主机进行清扫、除尘。	每次	
7	下载检修作业数据	ATP 设备	1. 使用数据转储装置进行 SAM/MID 数据转储。 2. 擦除 SAM/MID 历史数据。 3. 转储 DMI 日志文件。 4. 分析数据，确认设备正常。 5. 恢复设备电源按钮状态，重启检查自检状态。	每次（半年转储 DMI 日志）	
		LKJ 设备	1. 提前分析 LKJ 运行文件，对主机、显示器、速度、工况、信号等异常信息进行有针对性整治。 2. 关闭 LKJ 主机、TAX 箱，30 s 后重新上电。 3. 使用转储器或专用 IC 卡转储当次检测作业文件及新运行记录文件；观察是否进行校时，核对日期时间应准确，与标准时间误差不大于 30 s；转储功能正确，数据文件完整（两端转录）。 4. 将 LKJ 运行记录文件、检测作业文件和主体化机车信号文件发送至分析工区。 5. 分析 LKJ 检测试验记录数据文件，检查装置记录功能：对转储的 LKJ 运行记录数据、机车信号文件，进行质量分析，按照制定的分析标准，无设备质量异常。 6. 转储语音录音文件。	每次	
		存档	ATP、LKJ 数据存档。	每次	
			如需更换硬件，更换硬件后需要上电再次进行状态确认；确认完毕后，需要再次下载、分析数据进行复核。	每次	
8	填记	填写记录	填记《二级修检修记录》、《技术履历簿》、《动车组车载无线设备集中修记录》。	每次	
		销记	1. 检修作业结束，撤除电务作业锁，交"作业申请登记处"。 2. 到动车所值班室销记。	每次	

★★★★★★【思考与练习】★★★★★★

1. 简述 CTCS2-200C 车载设备构成。
2. CTCS2-200C 系统输入输出信息有哪些?
3. 简述车载设备常用故障分析方法。
4. CRH5 型车载设备 I 级修作业制动试验如何操作?
5. CRH5 型车载设备 II 级修作业 ATP 如何测试?
6. ATP 下载检修作业数据需进行哪些操作?

项目四
CTCS-3 级列控设备维护

以 CTCS-3 级列控设备为载体,学习 CTCS-3 级列控设备的基本结构、工作原理、信息流程、日常维护、典型故障处理,训练学生具备 CTCS-3 级列控设备的日常操作与维护、故障分析与处理的能力。

【案例分析】

CRH380B 型 5×××-1 车 C3 降 C2 故障。

2015 年 3 月 19 日,CRH380B 型 5××× 车组(1 车主控)担当上海虹桥至长春之间 G1××× 次,21 点 33 分运行哈大高铁公主岭南至长春西间 974.05 km 处,C3 降级 C2 后 ATP 故障停车。入库下载数据,数据中 21 时 33 分 43 秒 ATPCU 报 a、b 代码比较不一致,如下所示:

69　15-03-19 21:33:43;978　FID: VitalCompare　LID: 503　TID: SMGM_LogTask
　　041173898　　ATP A BA00U013 VC: Current level! a=1, b=3
70　15-03-19 21:33:43;976　FID: B-Channel　LID: 0　TID: SMGM_LogTask
　　041173895　　ATP A 621AU000 [CAB] Different errors reported in A and B
80　15-03-19 21:33:25;915　FID: wi_a_RBChand LID: 252　TID: SMGM_LogTask
　　041156128　　ATP A 5281R000 Handover already done, 9977862 is active!

JRU 记录里 21 时 33 分 37 秒最后一次收到 RBC 发送来的信息,20 s 未再次收到 RBC 发送的信息,导致车载判断无线超时,触发最大常用制动,C3 等级降至 C2 等级控车。这次故障是在 RBC 移交过程中触发 A/B 比较不一致导致 ATP 死机停车。

任务 1　CTCS-3 系统认知

【技能目标】

1. 能进行 CTCS-3 的控车模式转换。
2. 能按照现场标准完成人机界面 DMI 的操作。
3. 具备现场安全作业意识。

【知识目标】

1. 掌握 CTCS-3 级列控系统的基本原理和设备构成。
2. 掌握 CTCS-3 的控车模式和人机界面 DMI 的操作。

★★★★★★【相关知识】★★★★★★

一、系统概述

CTCS-3 级列控系统包括地面设备和车载设备。地面设备由 RBC、TCC、ZPW-2000（UM）系列轨道电路、应答器（含 LEU）、GSM-R 通信接口设备等组成；车载设备由车载安全计算机（VC）、GSM-R 无线通信单元（RTU）、轨道电路信息接收单元（TCR）、应答器信息接收模块（BTM）、记录单元（JRU/DRU）、人机界面（DMI）、列车接口单元（TIU）等组成。

RBC 根据轨道电路、联锁进路等信息生成行车许可，并通过 GSM-R 无线通信系统将行车许可、线路参数、临时限速传输给 CTCS-3 级车载设备；同时通过 GSM-R 无线通信系统接收车载设备发送的位置和列车数据等信息。

TCC 接收轨道电路的信息，并通过联锁系统传送给 RBC；同时，TCC 具有轨道电路编码、应答器报文储存和调用、站间安全信息传输、临时限速功能，满足后备系统需要。应答器向车载设备传输定位和等级转换等信息；同时，向车载设备传送线路参数和临时限速等信息，满足后备系统需要。应答器传输的信息与无线传输的信息的相关内容含义保持一致。

车载安全计算机根据地面设备提供的行车许可、线路参数、临时限速等信息和动车组参数，按照目标距离连续速度控制模式生成动态速度曲线，监控列车安全运行。

二、系统主要设计原则

1. 牵引计算

在客运专线 CTCS-3 系统中，牵引计算主要包括列车运行速度和时间的计算、闭塞分区的划分以及列车追踪间隔时间的计算等内容。

列车运行距离和运行时分计算采用如下公式：

$$\mathrm{d}s = \frac{1\,000 \times (1+r) \times (v_2^2 - v_1^2)}{25.92 \times g \times c} \quad (\mathrm{m}) \tag{4.1}$$

$$\mathrm{d}t = \frac{1\,000 \times (1+r) \times (v_2 - v_1)}{3.6 \times g \times c} \quad (\mathrm{s}) \tag{4.2}$$

其中　$\mathrm{d}s$ 和 $\mathrm{d}t$ ——分别由速度 v_1 变化到 v_2 的运行距离增量和运行时间增量；

c ——单位合力，N/kN；

r ——回转质量系数，即列车回转质量与列车总质量之比。对于引进和国产化的各种类型动车组来说，回转质量系数 r 值不同，故按照实际提供的数值进行计算；

g ——重力加速度 9.81 m/s²。

公式（4.1）和（4.2）中的单位合力 c 要考虑列车运行阻力、坡道、曲线等阻力，列车运行阻力按照各种列车运行阻力的公式进行计算，坡道和曲线阻力暂按现行《牵规》规定进行计算。列车牵引计算要充分结合动车组车载生成的制动控车模式曲线进行计算。

2. 计算列车追踪间隔时间的原则

（1）列车追踪间隔时间 $I_{追}$ 的定义。

列车追踪间隔时间 $I_{追}$ 是指同种列车、同种速度和同种运行方式下的列车追踪间隔时间。列车追踪间隔时间 $I_{追}$ 包含列车在区间追踪间隔时间 $I_{区}$、在车站的发车间隔时间 $I_{发}$、到达间隔时间 $I_{到}$ 及列车通过车站的追踪间隔时间 $I_{通}$ 四部分，需要对各部分逐点计算并取其最大值。

（2）区间的追踪间隔时间 $I_{区}$。

如图 4.1.1 所示为区间追踪时间示意图。

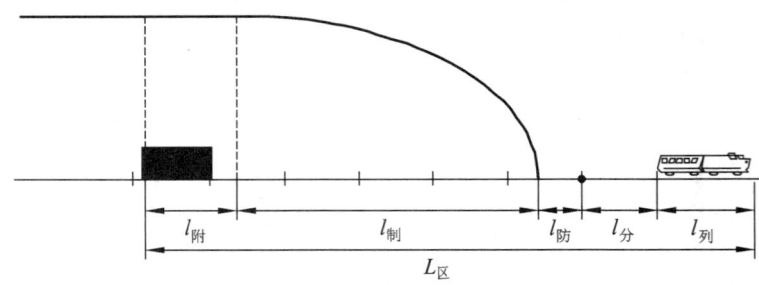

图 4.1.1　区间追踪时间

$$I_{区}=3.6\frac{L_{区}}{v_{运}}=3.6\frac{l_{列}+l_{分区}+l_{防}+l_{制}}{v_{运}}+t_{附} \tag{4.3}$$

其中　$l_{列}$——列车长度，m；

　　　$l_{分区}$——闭塞分区长度，m；

　　　$l_{防}$——列车安全防护距离，m；

　　　$l_{制}$——车载 ATP 形成的制动模式曲线区域长度，m；

　　　$v_{运}$——前后列车间隔距离内列车平均运行速度，km/h；

　　　$t_{附}$——包含信号系统应变时间及司机确认目标距离和速度变化的时间，s。

（3）在车站的发车间隔时间 $I_{发}$。

如图 4.1.2 所示为车站发车间隔示意图。

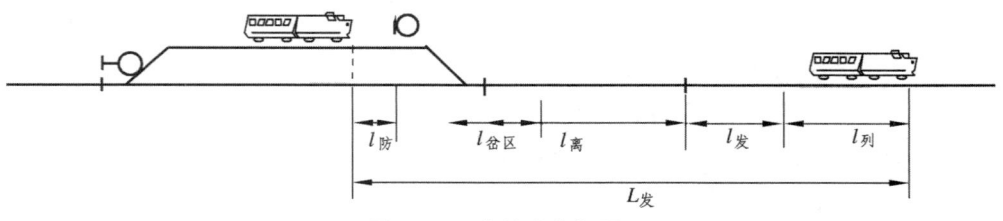

图 4.1.2　车站发车间隔

$$I_{发}=3.6\frac{L_{发}}{v_{运}}=3.6\frac{l_{防}+l_{岔区}+l_{离区}+l_{列}}{v_{运}}+t_{发作}$$

其中　$t_{发作}$——车站办理列车发车作业时间，具体时间组成见附表。

（4）在车站的到达间隔时间 $I_{到}$。

如图 4.1.3 所示为车站到达时间间隔示意图。

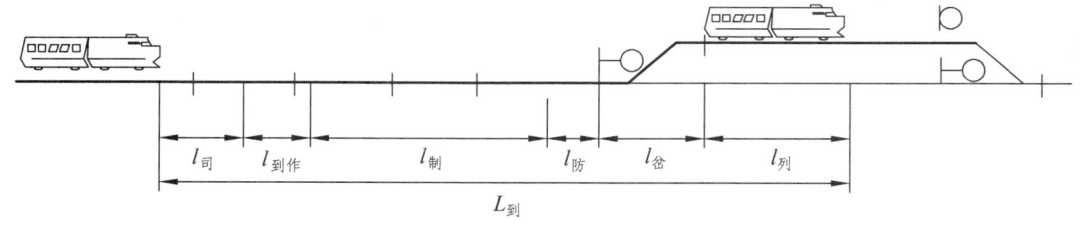

图 4.1.3 车站到达时间间隔

$$I_{到}=3.6\frac{L_{到}}{v_{运}}=3.6\frac{l_{列}+l_{岔区}+l_{防}+l_{制}}{v_{运}}+t_{到作} \quad (4.5)$$

其中 $t_{到作}$——车站办理列车到达作业时间,s。

(5)通过车站的追踪间隔时间 $I_{通}$。

在客运专线上,列车通过车站按自动通过考虑,其列车通过车站的追踪间隔时间 $I_{通}$ 的计算办法同区间追踪间隔 $I_{区}$ 一样。

3. 划分闭塞分区的原则

闭塞分区长度原则上按照不少于 2 000 m 进行设计,满足 350 km/h 速度、3 min 列车追踪运行的要求。闭塞分区配置要考虑电气化分相绝缘器的位置,以防止列车停车再运行时无法越过无电区域。

4. 列车安全防护距离

(1)原则。

① 列车安全防护距离的长短与车载 ATP 设备中设计的制动控制模式曲线有关,列车安全防护距离应确保列车在危险点之前停车。

② 列车控制模式曲线设置两条,一条为常用制动模式曲线,另一条为紧急制动模式曲线。

③ 在一般情况下,ATP 超速防护设备正常启动常用制动时,不应触发紧急制动。

(2)设定。

根据客运专线股道有效长度 650 m 的要求,在设计列车的制动模式曲线时,列车安全防护距离最大值应控制在站内 60 m、区间 110 m 的范围内。

5. 应答器的设置原则

(1)进站信号机处:设置由 1 个有源应答器和 1 个无源应答器组成的应答器组,用于列车定位;同时发送线路参数和临时限速。

(2)反向进站信号机处:设置由 1 个有源应答器和 1 个无源应答器组成的应答器组,用于列车定位;同时发送线路参数和临时限速。

(3)出站信号机处:设置由 1 个有源应答器和 1 个无源应答器组成的应答器组,用于列车定位;同时发送线路参数、临时限速和绝对停车信息。

(4)区间线路:每个闭塞分区入口处设置由 2 个及以上无源应答器组成的应答器组,用于列车定位;同时发送线路参数。

(5)中继站处:上下行线各设置两组由 1 个有源应答器和 1 个无源应答器组成的应答器组,用于发送临时限速信息,两组应答器之间的距离为(100±5)m。

(6)为保证调车作业不危及正线运行列车的安全,可根据需要设置由 1 个有源应答器和 1 个无源应答器组成的应答器组,用于提供调车危险信息。

（7）等级转换分界：设置预告点和转换点用于提供等级转换信息。在进入 CTCS-3 区域时，在预告点前方适当距离根据需要设置无线连接点。无线连接点、预告点和转换点设置由 2 个及以上无源应答器组成的应答器组。

（8）RBC 切换点：在两个相邻的 RBC 的边界处设置 2 个无源应答器组成的应答器组，用于提供 RBC 切换命令、接收 RBC 的 ID 及电话号码。

（9）利用牵引供电换相点前一定距离设置的 2 个无源应答器组成的应答器组提供过分相信息。

（10）在 18 号（不含）以上道岔前第二个闭塞分区入口处应设置由 1 个有源应答器和 1 个无源应答器组成的应答器组，根据道岔区段及列车运行前方轨道区段空闲条件，向后备系统提供道岔侧向允许列车运行的速度。

（11）当用于定位的应答器组间隔超过 1 500 m 时，中间应增设无源应答器用于列车定位。

三、系统结构

CTCS-3 级列控系统结构图如图 4.1.4 及扫一扫二维码所示插图所示。

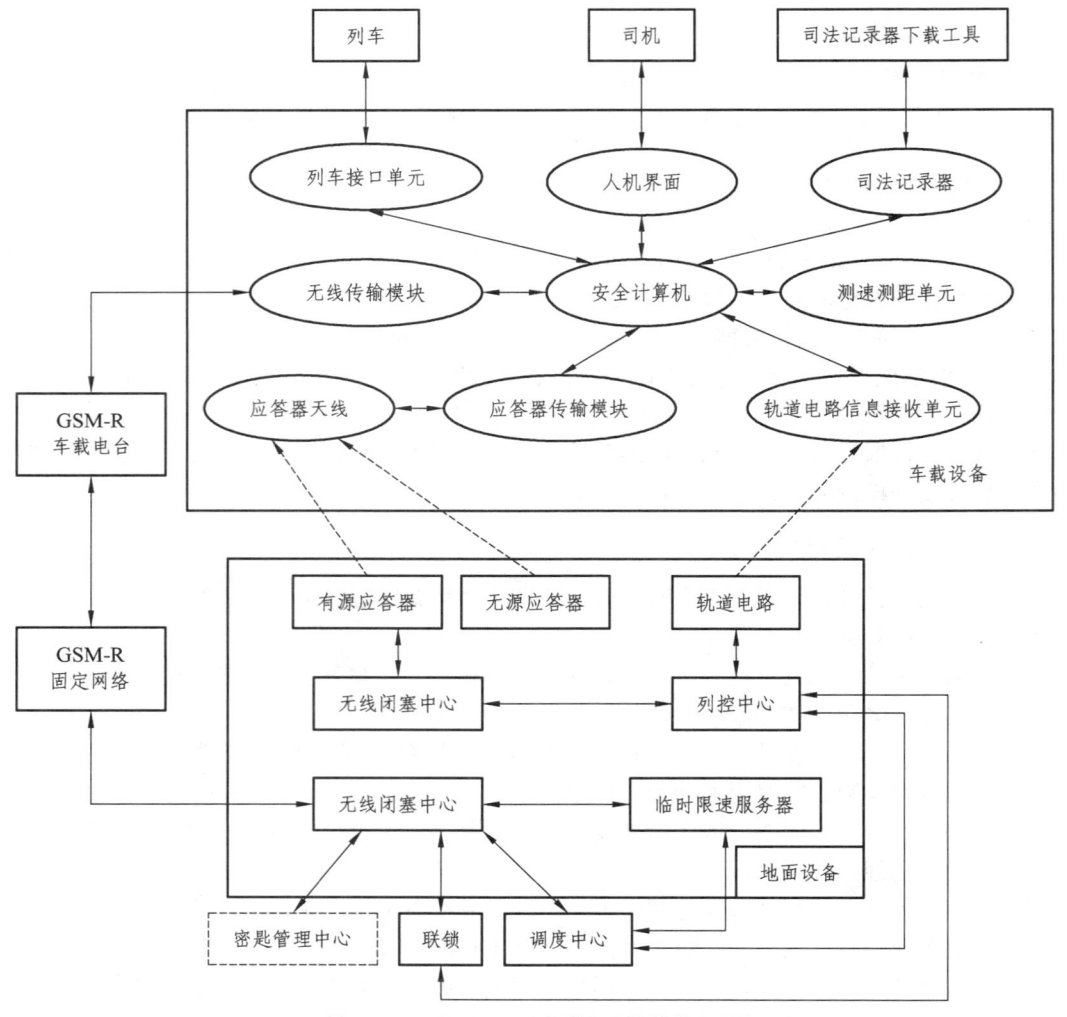

图 4.1.4　CTCS-3 级列控系统结构框图

CTCS-3 级列控系统总体结构图

CTCS-3 级地面设备结构示意图

CTCS-3 级列控系统车载设备总体结构图

四、列控车载设备

1. 配置原则

车载设备中的车载安全计算机（VC）、应答器信息接收模块（BTM）、安全输入输出接口（VDX）、轨道电路信息接收单元（STM/TCR）、测速测距单元（SDU）、人机界面（DMI）等关键设备均采用冗余配置。

车载安全计算机中的 CTCS-3 控制单元和 CTCS-2 控制单元独立设置，CTCS-3 控制单元负责在 CTCS-3 线路正常运行时的核心控制功能，CTCS-2 控制单元负责后备系统的核心控制功能。

300 km/h 动车组不装设列车运行监控装置（LKJ）。

2. 设备配置

车载设备采用分布式结构。设备包括车载安全计算机（VC）、应答器信息接收模块（BTM）、轨道电路信息接收单元（STM/TCR）、测速测距单元（SDU）、人机界面（DMI）、列车接口（TIU）、司法记录单元（JRU）、GSM-R 无线通信单元（RTU）、动态监测接口等。

车载设备与动车组的接口采用继电器或 MVB 总线方式。

3. 设备功能

CTCS-3 级列控车载设备负责接收地面数据命令信息，生成速度模式曲线，监控列车运行，保证列车运行安全。

CTCS-3 级列控车载设备应具有以下基本功能：

（1）自检功能。

车载设备启动时首先要进行系统自检以确认设备是否有效，自检包括：测试常用制动、紧急制动命令能否正确输出，测试 TCR 完好，测试 DMI 显示等。车载设备的自检完成后能够在 DMI 上显示自检结果。

（2）数据的输入和存储。

车载设备能够记录外部输入的列车参数以及发生变化的时间，记录存储的列车参数包括：

① 车次号，由司机手动输入并存储。

② 司机 ID 号，由司机手动输入并存储。

③ 列车长度，由司机手动输入并存储。

④ 列车类型，司机通过菜单选择并存储，未选择时采用默认值。

⑤ 列车最大允许速度（结构速度），司机通过菜单选择并存储，未选择时采用默认值。

⑥ 列车装载限界，司机通过菜单选择并存储，未选择时采用默认值。

⑦ 列车轴重，司机通过菜单选择并存储，未选择时采用默认值。
⑧ 列车供电类型，司机通过菜单选择并存储，未选择时采用默认值。
⑨ 应答器天线1距离车头的距离，司机手动输入并存储，未选择时采用默认值。
⑩ 应答器天线2距离车头的距离，司机手动输入并存储，未选择时采用默认值。

（3）界面显示。

列控车载设备提供显示和操作界面 DMI，安装在司机便于操作和观察的位置，为司机提供驾驶过程的参考信息。

DMI 显示格式采用铁道部统一的技术标准，满足 CTCS-3 级系统显示、兼容 CTCS-2 级系统显示的要求。显示内容包括：

① 警示信息显示：预警时间、目标距离、目标速度等信息。
② 速度信息显示：列车当前速度、控制模式、实际运行状态、缓解速度等信息。
③ 设备状态信息显示：设备运行状态、列控车载设备制动、工作模式等信息。
④ 距离信息显示：距离坐标；开始实施制动的地理位置；命令和通告；坡度曲线；与速度曲线有关的信息；最不利限制速度曲线；起模点；列车位置及地理位置等信息。
⑤ 报警信息显示：车次号和司机号；日期和时间；文本信息；列车制动标识；司机活动监督；GSM-R 状态监视等信息。

（4）信息接收及发送。

① 在 CTCS-3 级模式下：

车载设备通过 GSM-R 无线通信系统向 RBC 发送司机选择输入和确认的数据（如车次号、列车长度），列车固有性质数据（列车类型、列车最大允许速度、牵引类型等），车载设备在 RBC 的注册、注销信息，定期向 RBC 报告列车位置、列车速度、列车状态（正常时）和车载设备故障类型（非正常时）信息，列车限制性信息以及文本信息等。

同时，车载设备接收 RBC 发送的行车许可（包括车载设备识别号、目标距离、目标速度以及可能包括的延时解锁相关信息、防护区相关信息、危险点相关信息），紧急停车（无条件紧急停车和有条件紧急停车），临时限速，外部报警信息以及文本信息等。

车载设备通过应答器获取列车的位置信息。

② 在 CTCS-2 级模式下：

BTM 接收无源应答器的列车定位信息和一定范围内的线路参数以及有源应答器的进路线路参数信息和临时限速信息。

车载设备的轨道电路信息读取模块具有接收多个载频的功能，并从中解调出低频信息。

静态曲线比较：

车载设备根据列车数据和线路数据生成静态列车速度曲线，静态曲线考虑线路速度等级、线路允许速度、列车的限制速度等计算得到线路所有位置的列车允许速度。

（5）动态曲线计算。

车载设备考虑列车运行的各种限制生成动态列车制动模式曲线，动态曲线包括常用全制动曲线和紧急制动曲线。计算动态列车制动模式曲线的公式和参数经过评估，在保证安全的前提下尽量优化制动曲线，减少制动距离。

（6）列车定位。

车载设备具有确定列车位置的功能，该功能是依据地面应答器收到的信息并以此为基准点通过测速单元等设备测量列车运行距离来获得列车位置。计算列车位置时要考虑测速设备的误差。车载设备应定时向 RBC 报告列车位置。

（7）速度的测量及显示。

车载设备通过安装在车轮上的速度传感器和安装在车体的雷达能够实时测试列车的运行速度，测速单元把速度传感器和雷达的输入进行测量和逻辑运算，得到列车的实际速度，并把列车运行速度送主机模块，同时通过 DMI 向司机显示。

（8）行车许可和限速命令显示。

车载设备根据得到的行车许可和限速命令通过 DMI 向司机显示目标距离、允许速度，还可以运用声音提示等方式向司机进行报警，提供司机足够的显示信息，方便司机驾驶。

（9）行车许可和限制速度的监督。

车载设备允许司机以最大安全速度行驶，保证列车在静态和动态速度模式曲线监督下安全运行。当列车速度超过报警速度值时向司机报警，报警持续到实际速度低于允许速度为止；列车速度超过常用制动速度值时，车载设备实施常用制动直到实际速度低于缓解速度，此后可以由设备或司机选择缓解常用制动；如果常用全制动失效列车速度超过紧急制动速度值，车载设备实施紧急制动，列车停稳后司机才能缓解紧急制动。

（10）司机操作的监督。

车载设备某些情况下要求司机在一定间隔（时间或距离）内应答。如果在规定的间隔未接收到司机的应答信息，则以声音形式向司机报警，如果司机在报警后的一定时间内未做出响应，车载设备实施紧急制动，直到列车停稳后方可缓解紧急制动。当列车在完全监控方式时，该监督功能可以取消。

（11）溜逸防护。

为防止列车溜逸，车载设备监视列车的运行方向和当前运行状态。当列车发生溜逸时，车载设备实施紧急制动，该制动只能在列车停车后才能由司机缓解。

（12）信息记录。

车载设备将输入的数据、接收的数据和计算的数据进行信息记录，所有记录的数据与统一时钟和位置参考点对应；记录数据可以通过标准输出接口转储到其他介质上以便分析。

（13）自动过分相。

车载设备能根据地面设备提供的数据提供前方过分相信息。

（14）站名和公里标显示。

车载设备能根据地面提供信息提供当前车站站名显示和固定点公里标信息。

（15）在非 CTCS-2/CTCS-3 级区段运行功能。

在没有装备 CTCS-2/CTCS-3 级地面设备而具有 ZPW-2000 轨道电路的区段，列控车载设备支持以机车信号模式（CS）行车。

（16）特殊行车功能。

车载设备支持重联等特殊行车功能。

车载设备支持使用有重联控制装置的多机牵引。使用多机牵引时，不必隔离正在工作的牵引单元上的车载设备，但该牵引单元的列车冒进防护功能被禁止，车载所接收的信息不影响正在工作的牵引单元操作；用于全体乘务人员、维护人员的信息，可在本务机车司机室外的其他司机室 DMI 上显示。

(17) 其他防护功能。

紧急停车：遇到紧急情况时，司机将紧急消息通过无线发送给 RBC，RBC 自动将该消息发送给正接近报警地点的列车。列车司机在 5 s 内确认收到的紧急报警信息并决定安全停车的地点，否则设备将实施紧急制动。

施工防护：列车收到地面施工信息后可执行施工防护。施工信息包括施工地段的位置、长度、速度限制等基础数据。列车通过施工地段的速度受到监督，直到列车全部通过施工地段前，列车速度不能超过限制速度。

进路适应性防护：车载设备能将列车实际与为列车建立的进路的基础数据比较，以确定列车能否在该进路运行。只有符合进路要求的列车才能在该进路上运行，列车在禁止运行的进路外方停车。

4. 集成功能

CTCS-3 列控车载设备既包含 CTCS-3 控制单元，也包括 CTCS-2 控制单元，二者同时运行。CTCS-3 控制单元负责 CTCS-3 级模式下的核心控制逻辑计算功能；CTCS-2 控制单元负责 CTCS-2 级核心控制逻辑计算功能；两者共用 DMI 人机界面模块、列车接口单元模块、测速测距模块、BTM 模块、速度传感器及雷达速度传感器，CTCS-3 控制单元连接 GSM-R 单元，并负责系统总线管理及统一对外输出。CTCS-2 级车载控制单元连接轨道电路读取器单元（TCR），从 TCR 获得行车许可信息。

当 CTCS-2 控制单元设备控车的时候，CTCS-2 控制单元根据接收到轨道电路信息和应答器信息计算限速曲线，对列车的速度进行监督控制，并把相关信息通过 DMI 进行显示。CTCS-2 控制单元监督控制功能的实现，需要 CTCS-3 控制单元的辅助和监管，这时 CTCS-3 控制单元的作用如下：

监视整个系统包括 CTCS-2 级设备的状态是否安全。

控制系统的启动包括自检（CTCS-2 控制单元设备自检，当 CTCS-3 控制单元授权之后 CTCS-2 控制单元也可以检查列车接口）。提供访问列车接口通道。提供制动的控制。提供对速度传感器数据的访问通道。

在 CTCS-3 级设备控车时，CTCS-2 设备仍正常接收轨道电路信息和应答器信息，并根据接收到的地面信息计算限速曲线，根据列车实际运行速度和限速曲线进行比较，但计算和比较结果不作为控制列车的依据和不传送 DMI 显示，仅作为 CTCS-3 控制单元的备用，在 CTCS-3 转换到 CTCS-2 时能马上投入控车和送 DMI 显示。

CTCS-3 和 CTCS-2 之间的转换分为正常转换和故障转换，正常转换通过转换点地面设置的应答器实现不停车转换；在 GSM-R 通信中断时，当列车运行速度降至后备系统可控的允许速度后车载设备自动转为 CTCS-2 级设备控车（需司机确认）。

CTCS-2 控制单元和 TCR（轨道电路读取器）故障不影响 CTCS-3 级的正常运营；CTCS-3 级专用模块（如 GSM-R 模块）故障不影响 CTCS-2 级的正常运营。

5. 安全技术平台

CTCS-3 级列控车载设备采用分布式模块结构，各模块之间通信采用了高安全高可靠的车辆总线 Profibus 和 MVB 双总线方式，对列车紧急制动输出采用专用的安全输出。

安全平台由两套硬件软件完全一致的车载安全计算机组成，两套车载计算机互为备用。

6. 车载设备接口

（1）内部接口。

车载设备内部接口包含：人机界面接口、速度传感器接口、雷达接口、运行记录单元接口、与轨道电路信息处理接收器接口、应答器信息处理接收器接口、GSM-R 无线通信器接口等。

（2）外部接口。

车载设备外部接口包含：动车组接口、GSM-R 接口、动态检测接口、应答器接口、轨道电路接口、司法记录器下载接口、电源接口等。

7. 主要技术参数

（1）输入额定工作电压：110 V DC；输入最大工作电压：137.5 V DC；输入最低工作电压：77 V DC。输入最大功耗电流：16 A。

（2）系统平均故障间隔时间（MTBF）：大于 10^5 h。

（3）记录时间：用于事故分析的详细记录时间：不少于 24 小时；用于一般设备状态记录时间：不少于 30 天。

（4）测速测距误差：列车速度低于 30 km/h 时，测速误差不大于 2 km/h；列车速度高于 30 km/h 时，测速误差不大于列车速度的 2%；系统综合误差：不大于 2%。

（5）TCR 主要指标：信息的确认应变时间：不大于 2 s；从有信息转无码或无效信息时应变时间：不大于 4 s。

五、TCC

TCC 是 CTCS-2 级列控系统地面子系统的核心部分。根据轨道区段占用信息、联锁进路信息、线路限速信息等，产生列车行车许可命令，并通过轨道电路和有源应答器，传输给车载子系统，保证其管辖内的所有列车的运行安全。

TCC 采用 2×2 取 2 安全计算机平台，具有技术成熟、可靠等特点。TCC 之间通过安全局域网进行连接，实现 TCC 之间、与车站联锁之间安全信息传输。

CTCS-3 级列控系统各车站、线路所及中继站均设置一套 TCC，中继站距离一般不超过 15 公里，特殊困难地段不能超过 20 公里。

六、轨道电路

1. 区间轨道电路

区间采用计算机编码控制的 ZPW-2000（UM）系列无绝缘轨道电路，轨道电路的传输长度满足相关技术条件的要求。

轨道电路的正常码序为：L_5—L_4—L_3—L_2—L—LU—U—HU，满足 CTCS-2 级 300 km/h 速度列车安全运行的要求。

2. 站内轨道电路

复杂大站：正线及股道区段采用计算机编码控制的 ZPW-2000（UM）系列有绝缘轨道电路，

其他区段采用 25 Hz 轨道电路。

一般车站：全站采用与区间同制式的、由计算机编码控制的 ZPW-2000（UM）系列有绝缘轨道电路。

为避免邻线轨道电路的干扰，当站内横向相邻同方向载频的轨道电路长度超过 650 m（线间距不小于 5 m）时，应对轨道电路进行分割。

七、应答器与 LEU

应答器用于向 CTCS-3 级列控系统车载设备提供位置、等级转换、建立无线通信等信息，同时对 CTCS-2 级列控系统车载设备提供线路速度、线路坡度、轨道电路、临时限速等线路参数信息。

应答器报文信息格式采用铁道部统一的技术标准，应答器设置满足 CTCS-3 系统、兼容 CTCS-2 系统的要求。

1. 应答器

（1）无源应答器。

无源应答器存储固定信息，当列车经过无源应答器上方时，无源应答器接收到车载天线发射的电磁能量后，将其转换成电能，使地面应答器中的电子电路工作，把存储在地面应答器中的数据循环发送出去，直至电能消失（即车载天线已经离去）。

（2）有源应答器。

有源应答器通过专门电缆与地面电子单元（LEU）连接，可实时发送 LEU 传送的数据报文。

当列车经过有源应答器上方时，有源应答器接收到车载天线发射的电磁能量后，将其转换成电能，使地面应答器中发射电路工作，将 LEU 传输给有源应答器的数据循环实时发送出去。直至电能消失（即车载天线已经离去）。当与 LEU 通信故障时，有源应答器变为无源应答器工作模式，发送存储的固定信息（默认报文）。

（3）应答器主要技术参数。

① 报文长度：1 023 bit；

② 感应线圈尺寸：200 mm×390 mm；

③ 定位精度：1 m；

④ 接收电磁能量频率：27.095 MHz±5 kHz 连续波（CW）；

⑤ 平均传输速率：564.48（1±2.5%）kbit/s；

⑥ 上行数据链路传输方式：移频键控 FSK；

⑦ 中心频率：4.234 MHz±175 kHz；

⑧ 调制频偏：282.24 KHz±7%；

⑨ 温度范围：−40 ~ +70 °C。

2. LEU

LEU 通过串行通信接口与 TCC 设备连接，将来自 TCC 的报文连续向有源应答器发送，从而实现向车载设备发送可变信息。当 LEU 与 TCC 通信故障或接收的数据无效时，LEU 向有源应答器发送默认报文。

LEU 主要技术指标：

（1）输出数量：4 路独立的输出；

（2）报文长度：1 023 bit；

（3）平均传输速率：564.48 kbit/s±200×10^{-6}；

（4）温度范围：−40 ~ +70 ℃。

八、车站联锁

车站联锁采用高可靠性硬件和冗余结构，符合故障——安全的实时控制系统。硬件和软件结构实现了模块化和标准化。

车站联锁软件的安全性完善度等级满足 SIL4 级，有关电源、电磁环境、外部接口、人机接口（考虑操作失误）等环境条件和使用条件的设计与安全性完善度等级相适应。

（1）车站联锁与 RBC 设备接口，向其提供进路状态信息、紧急状态消息、紧急停车区以及限速消息等，接收传来的行车许可状态、列车相关状态等消息。

（2）车站联锁与车站 TCC 系统接口，向其提供接车进路状态信息，接收传来的列车占用轨道信息、临时限速信号降级显示命令并予以执行。车站联锁通过安全局域网连接实现车站联锁与 TCC 之间的安全信息传输。

（3）车站联锁与 CTC 系统接口，向其提供车站状态和表示信息，接收 CTC 传来的操作和控制命令并予以执行。

（4）车站联锁设置车站维修终端：主要用于联锁系统的维护、运行及操作记录、各种故障记录报警等，维护终端提供故障分析参考。与信号集中监测系统接口，实现对室内外联锁设备的监测功能。

（5）车站联锁符合《TB/T 3027—2002 计算机联锁技术条件》的技术要求。

（6）临时限速服务器及操作终端。

调度中心设列控系统专用临时限速服务器及临时限速操作终端。用于临时限速的下达与取消。为了提高临时限速命令的安全性，保证 RBC 和 TCC 临时限速命令的一致性、完整性、有效性、以及冲突检测等功能，在调度中心设列控系统专用临时限速服务器（TSR 服务器）。临时限速服务器的功能如下：

① 对限速命令进行安全存储，验证限速命令来源的合法性、限速数据的有效性，校核发往两个目标系统（RBC 和 TCC）的临时限速一致性。

② 执行命令时检查两个目标系统的临时限速执行情况，当发生一致性冲突或其他异常情况下，向目标系统发送导向安全的恢复指令，同时向操作员终端发送报警信息，提醒操作员处理。

③ 记录限速命令的操作和状态变化日志，供查询和分析。

④ 临时限速服务器直接与 RBC/联锁安全数据通信以太网连接，通过该网络实现与 RBC 和 TCC 的通信连接，传输临时限速相关信息。

临时限速服务器对安全性要求很高。数据存储必须采用特定的安全存储方式，数据传输必须采用安全传输协议，逻辑处理必须采用安全计算和输出。因此，临时限速服务器应采用高可靠性和高安全性计算机系统，同时与其他子系统之间的数据交换也应采用安全通信协议。

在调度中心 CTC 施工调度台，放置一台临时限速专用操作终端，用于施工调度员进行临时限速的相关操作。临时限速专用操作终端直接与临时限速服务器相连接。

九、CTC

CTC 系统由调度中心系统、车站系统和调度中心与车站、车站与车站之间的网络系统 3 部分组成。

调度中心系统包括中心机房设备和调度所设备。中心机房设备包括数据库服务器、应用服务器、通信前置服务器、网络设备、电源设备、防雷设备、网管工作站、电务维护工作站等。调度所设备包括调度员工作站、助理调度员工作站、值班主任工作站、计划员工作站、综合维修工作站等,调度大厅设置大屏显示系统用于宏观显示。

车站设备包括车站自律机、车务终端、必要的网络设备、防雷设备、联锁系统接口设备、列控系统接口设备和无线系统接口设备等。

CTC 系统独立组网,设计为双网,包括调度中心的双局域网、车站的双局域网、车站之间的双通道网络、调度中心与抽头站间的双 2M 数字通道网络、车站与相关段所间的双 2M 数字通道网络等。各车站、调度中心根据需要设专用于车站、中心设备间通信的网络交换机设备。

系统关键硬件如数据库服务器、通信服务器、应用服务器、行调台、车站自律机、车务终端等均采用双机热备模式,中心及车站均提供功能丰富、可视化电务维护系统,系统在信息安全传输、网络安全、防病毒、防火墙及动态身份认证均配置相关系统,确保系统安全可靠运行。

在 CTCS-3 系统中,CTC 系统设备符合《分散自律 CTC 系统技术条件》(科技运函〔2004〕15 号)、《客运专线 CTCS-2 列控系统配置及运用原则》(铁集成〔2007〕124 号)的要求。

CTC 设备主要负责将阶段计划自动转化为进路命令发送给车站联锁系统实现对列车的调度;通过增加 CTC/RBC 接口服务器与 RBC 交互登陆、时间、列车等信息,并通过 CTC/RBC 接口服务器将调度命令实时下达到列车(包括临时限速命令),为调度员指挥安全行车提供必要条件;通过与其他系统的接口,向调度员提供更多的信息和为其他系统提供信息。

十、信号集中监测系统

信号集中监测系统由综合维修段部分、站机部分、终端部分以及广域网数据传输部分组成。

各综合维修段分别设置双机热备服务器、终端、维护工作站各 1 套以及相应的数据网络通信设备及通信防雷器件。

信号集中监测主要实现对站场表示状态、外电网输入(相电压/线电压/电流/频率/功率/相位角)、信号电缆回线(对地绝缘)、电源输出(对地漏泄电流)、25 Hz 轨道电路(接收端交流电压/相位角)、道岔转辙机(动作电流)、道岔表示线(交/直流电压)、列车信号机(点灯回路电流、灯丝断丝)、排架熔丝(断丝报警)的监测。

对于智能电源屏、RBC、ZPW2000A 轨道电路、TCC、计算机联锁、智能灯丝报警系统等自身具备监测能力的系统通过统一的接口与集中监测系统进行通信,获取监测信息,实现对信号设备的集中监测。

信号集中监测设备符合《信号微机监测系统技术条件》(运基信号〔2006〕317 号)的技术要求。

十一、信号电源

CTCS-3 级列控系统采用一级负荷贯通线（10 kV）作为主供电源，综合电力贯通线作为备用电源直接为车站、中继站、线路所等处信号设备提供可靠电力电源。

各车站、区间信号中继站、线路所、动车所、调度中心均设置智能电源屏，为列控、联锁、CTC、信号集中监测等所有信号设备提供统一的信号电源。

如将 RBC 集中设置在调度中心，将单独设置 1 套专为 RBC 供电的信号电源。

各车站、区间信号中继站、线路所、动车所和调度中心设置双套不间断电源 UPS，为信号系统中计算机设备及通信网络设备提供断电保护。车站、区间信号中继站和 CTC 调度中心配置纯在线式双机并联 UPS，蓄电池总备用时间为 30 min。

综合维修段、综合维修工区配置纯在线式单机 UPS，蓄电池备用时间为 10 min。

电源屏设置备用电源回路，其他信号设备通过电源屏直接供电。

十二、其他设备

1. 进/出站信号

CTCS-3 级区段的进站和出站处均设置信号机，信号机灯丝条件不纳入联锁检查。

2. 调车信号

CTCS-3 级列控系统车站内设置的调车信号采用传统调车信号机。

3. 区间信号标志牌

CTCS-3 级列控系统的区间不设地面信号机，在闭塞分区分界处（尽量利用接触网杆）设置标志牌，标志牌如 4.1.5 图所示。

图 4.1.5　区间信号标志牌

4. 风、雨、雪自然灾害防护

对于可以提前预测的灾害，如风、雨、雪等，可以采用临时限速的方法，确保列车运行安全。

系统预留地震防护接口。

5. 塌方、落物的灾害防护

对于塌方、落物等突发事件，应通过灾害监测系统（非本信号设备）及时监测出事件的发生，通过灾害报警开关接点条件直接将信息传送给管辖事发地点范围的车站联锁和 TCC，联锁关闭相关进路并将信息传输给 RBC，由 RBC 确保相关区段上运行的 CTCS-3 级列控系统列车安全。

6. 车站站台紧急情况防护

车站站台设置紧急防护开关，当车站出现紧急情况（如：落物）时，相关人员即时触发防护开关，并将信息传送给管辖事发地点范围的车站联锁和 TCC，与上述塌方、落物防护一样，确保列车安全。

7. 房屋与环境

车站信号设备用房应设有电缆井或电缆引入室、防雷分线室、电源机械室、设备安装室等，并应注意提高机房的防尘密闭性能。

信号计算机及外部设备用房设计应满足国家标准 GB 50174—2008《电子计算机机房设计规范》要

求，机房的场地选择应符合国家标准 GB/T 2887—2000《电子计算机场地通用规范》的规定。

室内防火应符合铁路标准 TB 10063—2007《铁路工程设计防火规范》及国家标准 GB 50116—1998《火灾自动报警系统设计规范》的规定，电缆穿过房间隔墙、楼板时，应采用防火包带包扎，孔洞应采用防火堵料封堵。

房屋的承载力应满足信号设备的荷载要求。

信号机械房屋内的环境，应满足防雷、防尘、防潮、防震、防火、防鼠等要求，对温度、湿度要求较高的设备用房应设空调，重要计算机房应设专用机房空调和防静电地板，机房空调应设置防雷保安器，空调设备外壳应按不同防雷区接入相应接地汇集线。

潮湿地区和隧道内的信号设备应考虑相应的防潮和防腐蚀措施。

信号设备用房宜设环境监测设备，并联网实行集中监测。

8. 中继站一体化机房

为降低客运专线工程建造时间，并考虑中继站无须人员职守的特点，中继站设备用房设计采用可以进行工厂化施工的信号与安全系统集装箱。集装箱单元外形尺寸为 9 m（长）×3 m（宽）×3.36 m（高），通过组合，可拼装构成 2 箱体、3 箱体、4 箱体以上的设备用房，以满足中继站信号及安全系统设备的安装要求。

为满足信号及安全设备正常运行，集装箱应具有以下基本功能，并配置以下相应的设施设备：

照明、配电、环境监测系统。

空气调节系统：满足中继站室内设备的环境要求。

防雷及接地保护系统：集装箱应设有防止雷电波侵入的设备和设施，并符合铁道部信号防雷规范标准要求。箱体设计对直击雷、电磁感应雷均考虑预防及接地处理。

综合接地系统：应满足信号及安全设备的综合接地要求。

防静电系统：集装箱的内部应考虑静电泄漏和中和问题，设置消除静电设施，限制静电的积累使其不超过安全限度；为防止电子设备的电磁场危害，应整体考虑集装箱的电磁屏蔽设计；室内地面安装设备防静电地板，强度满足设备载重要求和电缆布线要求。

9. 接　地

采用综合接地系统，该接地系统由贯通地线、接地装置（或接地极）、引接线、接地端子以及接触网闪络保护接地装置等构成。全线沿铁路上、下行线敷设两根贯通地线，客运专线正线采用截面为 70 mm^2 的耐腐蚀并符合环保要求的接地铜缆；与客运专线衔接的联络线及动车走行线的贯通地线采用截面为 35 mm^2 的耐腐蚀并符合环保要求的接地铜缆。综合接地系统的贯通地线的任意点处的接地电阻应不大于 1 Ω。

贯通地线通过车站时，沿车站两侧电缆槽走向直接埋设于信号电缆槽下或铺设在电缆槽内，并采取砂防护。

车站综合站房处设置综合地网，室内机房信号设备应设置安全地线、屏蔽地线和防雷地线，以上地线均与综合地网相连接，并由综合地网引出至贯通地线。

路基地段，贯通地线直接埋设于信号电缆槽下，通过分支引接线引至信号电缆槽。分支引接线以接触网支柱为间隔（约 50 m）设置，每处预留一个长度为 6 m 的分支引接线和一个接地端子供设备接地使用。

桥梁及隧道地段，贯通地线铺设在电力电缆槽内，并采取砂防护。接地端子按 100 m 间隔设置，接地端子直接灌注在电缆槽侧壁或其他混凝土制品中。在隧道的进口及综合洞室适当位置设置 2 个接地端子，通过连接钢筋和引接线与贯通地线相连，分别供通信、电力接地使用。

钢轨与贯通地线进行阻抗连接的最小间隔距离为 1 200 m，特殊困难条件下，不得小于 1 100 m。

距线路两侧 20 m 范围以内的铁路设施中需要接地的装置，原则上应与综合接地系统等电位连接，各设备接地时宜单独与接地端子连接接地，对于距离综合接地系统较远的设备，需要接地时采用分散接地方式。

对于距离综合接地系统较远的设备以及不便与铁路综合接地系统等电位连接的第三方设施（如路外公共建筑物、金属管线等），需要接地时应单独设置接地极，其接地体距综合接地系统的距离应不小于 20 m，交叉地段应进行可靠的隔离或绝缘防护。

10. 防雷

全线车站、线路所、中继站及动车所均采用系统防雷设计。

系统综合防雷由设备建筑物防雷和信号设备雷电及电磁脉冲防护两大部分组成。

设备建筑物防雷按新建建筑物考虑，主要包括：避雷带、避雷网、引下线、综合地网、水平接地装置、电磁屏蔽网及设备楼层间的等电位连接等组成。

设备防雷主要包括：电源防雷、信号设备防雷、传输通道防雷及等电位连接等，原则符合铁道部《铁路信号设备雷电及电磁兼容综合防护实施指导意见》等有关规定。

信号设备除考虑上述防雷措施外，还应根据需要采取相应的屏蔽措施。室内各种缆线应根据传输性质、受干扰程度，分层、分方向分开位置设置。电力线路和信号传输线路的间距应符合铁路标准 TB/T 3074—2003《铁路信号设备电磁脉冲防护技术条件》的规定，条件不许可时应采用屏蔽电缆，布放电缆护套和电缆屏蔽层应做接地处理。与信号设备相连的信号传输线路和低压电力线路的走线应尽可能采用最短的直线方式。

防雷装置和屏蔽装置不得改变原系统性能，不得影响被保护设备的正常工作，并应满足信号设备受雷电电磁脉冲干扰时不得导致危险状态。不得借用并联型防雷设备的端子连接其他设备。

室外信号设备的金属箱盒壳体应接地，进出金属箱、盒的电源线、信号线宜采用屏蔽电缆或非屏蔽电缆穿钢管埋地敷设，屏蔽电缆的金属屏蔽层或钢管应良好接地。严禁用钢轨代替地线。

信号设备与 CTC 设备处在不同空气介质时，其通信接口应采用光电隔离措施。

★★★★★★【思考与练习】★★★★★★

1. 试画 CTCS-3 系统结构图，并说出 CTCS-3 与 CTCS-2 的区别。
2. CTCS-3 车载设备主要包括哪些？
3. CTCS-3 级列控车载设备具有哪些基本功能？
4. 轨道电路在 CTCS-3 级列控系统中的作用？
5. CTCS-3 级列控系统在 CTCS-2 级列控系统的基础上增加了哪些地面设备？
6. 在 CTCS-3 级列控系统中临时限速命令如何下达？
7. 当 CTCS-3 级列控系统地面设备故障，车载设备如何操作？
8. 在 CTCS-3 级列控系统中采用什么作为备用系统？
9. CTCS-3 级区段和 CTCS-2 级区段边界，列控系统如何进行级间转换？
10. 用于 CTCS-3 级的应答器传输哪些信息？

任务2　RBC设备维护

【技能目标】

1. 能正确识别RBC的主要接口连接。
2. 能按照铁路维护标准对RBC进行日常维护。
3. 具备铁路现场安全知识。

【知识目标】

1. 掌握RBC的作用、结构、原理、设置。
2. 掌握RBC的主要功能与接口连接。
3. 掌握RBC的日常维护要点。

******【相关知识】******

无线闭塞中心（RBC）系统是CTCS-3级列控系统的核心设备，满足CTCS-3级列控系统总体列车控制要求。RBC根据车载子系统、列控地面子系统其他系统、地面外部系统提供的列车状态、轨道占用、临时限速命令、联锁进路状态、灾害防护等信息，产生针对所控列车的行车许可（MA）及线路描述、临时限速等控制信息，通过GSM-R无线通信系统传输给车载子系统。RBC通过GSM-R无线通信系统接收车载子系统的消息。对车载子系统发送的请求消息进行响应，接收列车数据、位置报告、确认信息等作为逻辑处理的依据。RBC系统向地面列控地面子系统其他系统和地面外部系统提供来自于车载系统的信息。RBC是以计算机软硬件和网络通信为主要技术手段控制列车安全运行的信号系统。RBC系统应能满足不同站场与运输作业的需要，保证行车安全、提高运输效率、降低维护难度。

一、RBC配置原则

RBC的配置原则重点考虑三大重要因素：控制能力、接口能力及维护适应性。RBC及其他关键设备应采用冗余配置。

每台RBC的控制能力包括：同时登录的列车数量；同时设定的进路数量；同时激活的临时限速数量；同时激活的紧急区域数量；同时激活的临时调车区域数量。

综合考虑各种限制条件和运行调试、维修维护的便利性，RBC主机宜集中设置。

二、RBC设备配置

RBC系统结构由以下部分构成：RBC主机、ISDN服务器、RBC维护终端、接口服务器、RBC本地终端、RBC司法记录器。如图4.2.1所示。

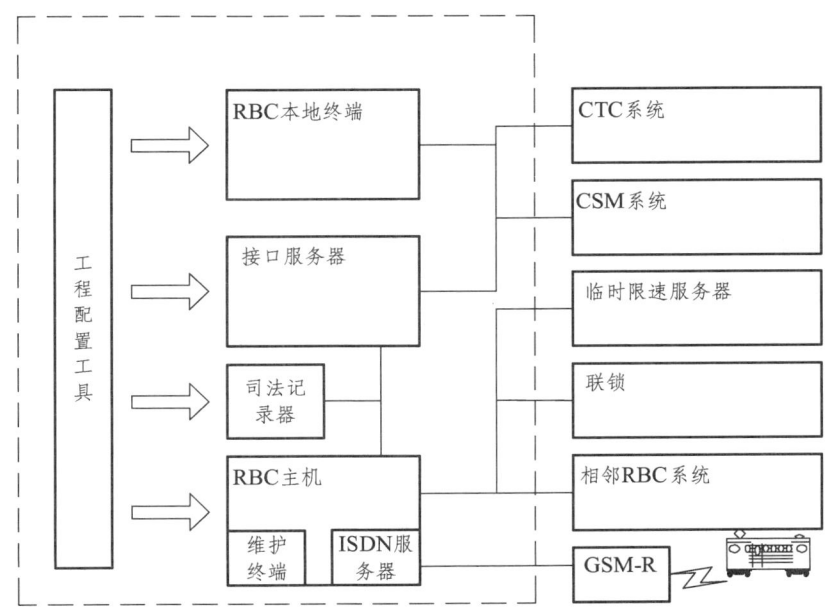

图 4.2.1　RBC 系统结构图

在机械室应配置 RBC 本地终端与 RBC 主机相连，实现 RBC 系统的维护与操作。

RBC 系统应配备独立的维护终端，实现 RBC 主机的维护。

RBC 系统应装备 R-JRU（RBC 司法记录器），并记录所有的交互事件和系统状态，存储于 R-JRU。

RBC 系统应能离线接受来自密钥管理系统的密钥。

RBC 系统通过接口服务器实现与 CTC、CSM 系统接口。

RBC 系统应提供系统控制工具，实现冗余单元切换。

RBC 软件版本升级、线路数据更新时，不应影响正常行车。

RBC 系统应实现以下通信接口：与联锁系统接口、与临时限速服务器接口、与 CTC 系统接口、与集中监测系统接口、与 GSM-R 系统接口、与列车接口、与相邻 RBC 系统接口。

（一）RBC 机柜

RBC 机柜主要包括以下几部分：

RBC 主机，由 VPC_A、VPC_B、VPC_C 组成，运行 RBC 应用程序；

VPC_T，运行维护、诊断、试验、记录和仿真应用程序；

VPC_I，运行 ISDN 应用程序；

LCM/KVM，监控器、键盘和鼠标多路复用器；

DSW，内部交换机；

ESW，外部交换机。

RBC 机柜布置图

1. 无线闭塞单元 RBU

无线闭塞单元 RBU，是 RBC 系统的核心逻辑处理单元，系统框架为基于通用计算服务器的 2×2 取 2 计算机系统。采用冗余结构，每一系由三台服务器组成，分别为 VPC_A1、VPC_B1、

VPC_C1 和 VPC_A2、VPC_B2、VPC_C2，其中 VPC_A 和 VPC_B 为故障——安全处理单元，用于实现 RBC 主机的逻辑功能，VPC_C 为伺服处理单元，用于处理 RBC 主机设备对外接口和通信功能。

每个 RBC 能同时管理 60 列已经注册列车；同时管理 480 条已激活的进路；同时管理 250 个已激活的临时限速；同时管理 100 个已激活的紧急区域。

2. ISDN 服务器

ISDN 服务器，是 RBU 和 GSM-R 设施之间的接口。它和 RBU 通过以太网连接，和 GSM-R 网络采用基本多路连接（S2M）。1 套 RBC 机柜中包含有 4 个 ISDN 服务器：VPC_I1、VPC_I2、VPC_I3 和 VPC_I4。

每个 RBC 在每个 ISDN PRI 通道上最多可以处理 30 辆列车的信息。

3. 维护终端（VPC_T）

维护终端是向维护工程师和其他技术人员提供 RBC 系统技术支持的系统。每个 RBC 至少设置一个维护终端。RBC 维护终端应能更新 RBC 软件，实现维护和诊断，访问 RBC 的诊断数据，实现 RBC 在线单元和备用单元的切换。

4. 网络设备交换机

（1）2 台内部交换机：

DSW1 和 DSW2 用于无线闭塞单元 RBU 中各服务器（VPC_A、VPC_B、VPC_C）之间的通信；

（2）3 台外部交换机：

ESW1 和 ESW2，外部交换机用于实现无线闭塞单元 RBU 的对外通信，连接到安全数据网及 VIA 接口；

ESW3 实现无线闭塞单元 RBU 的服务器、ISDN 服务器到 RBC 本地终端 VPC_T 的通信功能。

5. 其他设备

（1）3 个电源 PDU，为 RBC 机柜内的服务器及网络设备提供电源；

（2）液晶显示套件；

（3）KVM 交换机，用于实现对 RBC 机柜内各服务器的切换操作，最多可支持 16 路信号。

（二）接口服务器机柜

接口服务器机柜主要包括以下几部分：R-JRU、接口服务器、接口服务器维护终端、LAN 交换机。

接口服务器机柜布置图

接口服务器机柜外围尺寸：648 mm×2 020 mm×1 105 mm（宽×高×深）。

接口服务器机柜的两相电源都应配备独立的 16A 保险丝。

1. VIA 服务器

VIA 服务器采用冗余结构，由左网服务器 VIA_L 及右网服务器 VIA_R 组成，实现接口信息的处理输出。每个 VIA — VIA 个接口服务器可以满足 9 个 RBC 的需求，并与一套 RBC 本地终端连接，能同时支持 300 列已注册列车。

若 CTC 通过接口服务器向 RBC 发送消息，则接口服务器应判决将该消息传送至哪个 RBC。接口服务器应将来自 RBC、司法记录器、RBC 本地终端和其自身的报警信息报告给 CSM。若接口服务器接收到一条消息，则接口服务器应将该消息转发至消息中指定的目的设备。

2. 司法记录单元 R_JRU

R-JRU 对 RBC 系统的各种控制、接口等信息进行记录，并且其记录可作为司法依据，用于系统事故后的故障调查。

（1）RBC 系统应记录所有的交互事件和系统状态，R-JRU 软件能够实时地对数据进行完整的保存，完整的数据包信息并保存 30 天。

（2）R-JRU 必须能够确保所有的记录数据可以通过相应的下载工具进行下载。

（3）R-JRU 保存的数据不能因 R-JRU 电源掉电而丢失。

（4）若 R-JRU 存储空间已满，则 R-JRU 应在数据存储空间内进行循环存储，先前存储的数据会一直保存，直到被新的事件重写所覆盖。

（三）RBC 本地终端

RBC 本地终端主要包括工作站、显示器、键盘和鼠标等 4 部分，如图 4.2.2 所示。

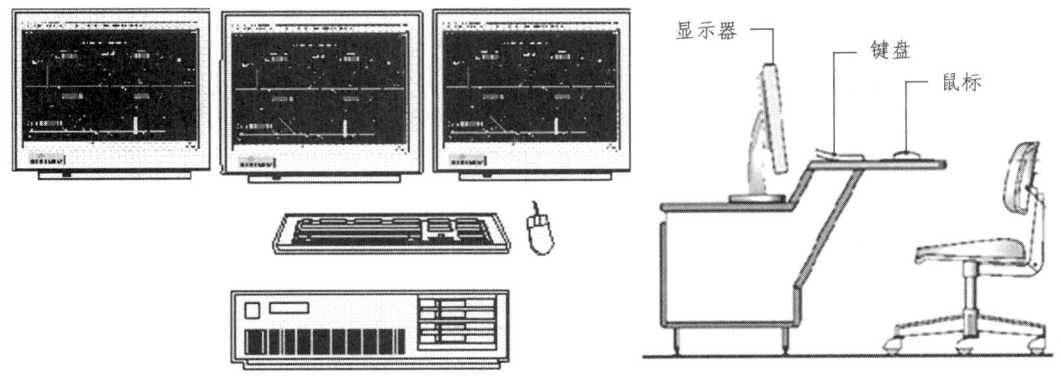

图 4.2.2　本地终端

RBC 本地终端的电源应配备 2A 保险丝。

（1）RBC 本地终端显示 RBC 系统的工作状态，用于系统的维护、诊断；应具有基于图形窗口的用户界面；

（2）RBC 本地终端应为登录的操作员分配不同的访问权限，以实现不同目的的使用；

（3）使用 RBC 本地终端应能实现 RBC 主机的在线、待机切换；

（4）使用 RBC 本地终端应能实现接口服务器的在线、待机切换；

（5）RBC 本地终端应通过用户和密码保护限制不同类型用户的访问与操作。

（四）各设备面板指示灯状态

1. RBC 服务器面板

LKR-T 型 RBC 机柜中服务器：VPC_A、VPC_C、VPC_T 和 VPC_I 均为 IBM X 系列服务器，型号为 IBM X3550 M2；VPC_B 则采用 IBM P 系列服务器，型号为 IBM P510。

操作信息面板上从左至右依次为：USB 接口、电源指示灯、电源控制按钮、硬盘驱动器指示灯、位置指示灯、信息指示灯、系统错误指示灯和释放滑锁。

各项说明如下：

（1）硬盘：设备调试结束以后，正常情况下禁止插拔硬盘，若需要更换硬盘，必须确认服务器处于关闭状态。

（2）电源指示灯：当此绿色指示灯点亮但不闪烁时，表明服务器开启；当此指示灯闪烁时，表明服务器关闭但仍然与交流电源相连；当此指示灯熄灭时，表明已切断交流电源或者电源或指示灯本身出现了故障。

（3）硬盘驱动器活动指示灯：当此绿色的指示灯点亮时，表明某个硬盘驱动器正在使用中。

（4）信息指示灯：当此淡黄色的指示灯点亮时，表明发生了一般事件。查看错误日志以获取其他信息。

（5）系统错误指示灯：表明发生系统错误，系统板上的光通路诊断面板上的指示灯也会点亮以帮助定位错误信息来源。

2. 光通路指示灯群说明

（1）REMIND 按钮：用于在显示屏幕上显示错误信息，直到错误被更正。

（2）所有指示灯全部熄灭：说明进行了机器检查，服务器正在识别机器检查、服务器在识别机器检查时被打断或无法识别机器检查。

（3）VOERSPEC：说明没有足够的电源启动系统。

（4）LOG：信息在 BMC 日志和系统错误日志中显示。

（5）LINK：SMP 扩展端口或 SMP 扩展电缆出现故障。

（6）PS：电源发生故障或已卸下。

（7）PCI：PCI 适配器发生故障。

（8）SP：Remote Supervisor Adapter II 发生故障或缺少，或者为连接扁平电缆。

（9）FAN：风扇发生故障或已经卸下；风扇发生故障还会导致 TEMP 指示灯点亮。

（10）TEMP：系统温度或组件已经超出规格。

（11）CPU：微处理器发生故障、缺少或未正确安装。

（12）VRM：直流电-直流电稳压器出现故障或丢失。

（13）MEM：内存发生故障，内存卡上的错误指示灯也点亮。

（14）NMI：硬件错误已报告给操作系统，PCI 或 MEM 指示灯也可能会点亮。

（15）CNFG：发生配置错误。

（16）DASD：硬盘驱动器发生故障或已经卸下。

（17）RAID：RAID 控制器指出发生了故障。

3. VIA 机柜服务器

VIA 机柜内有两个服务器：VIA-L、VIA-R，服务器型号：HP ProLiant DL380 G7

面板指示灯从上至下：

（1）UID 灯：

蓝色——激活状态；闪烁——系统正在被远程控制；灭灯——没有被激活。

（2）外部组件健康指示灯：

绿色——正常状态；琥珀色——系统降级工作；红色——外部部件故障。

（3）电源指示灯：

绿色——开机；琥珀色——待机；空/无颜色——关机。

（4）网络指示灯：（左上角处）

绿色闪烁——网络活动状态；空/无颜色——没有连接。

三、RBC 系统的主要功能

（一）RBC 系统启动

若 RBC 重启，则 RBC 应：根据 CTC 时钟进行时间同步，以保证系统时间的标准和统一；向 CTC 请求紧急停车状态信息；清除所有保存的信号授权（SA）信息和紧急区域信息；清除所有保存的临时限速（TSR）信息，并等待 TSR 服务器初始化；清除所有保存的列车注册和列车监控状态数据。

（二）列车注册与注销

RBC 系统应能实现列车的注册与注销，并接受来自列车的列车数据和位置报告。

1. 列车注册

（1）RBC 应接受来自列车的 GSM-R/ISDN 的呼叫。

（2）RBC 接受新的列车注册条。

（3）若 RBC 中注册列车数量超过了可以配置的正常容量（配置的最大值减 4），则 RBC 应给 CTC 发送报警消息。

（4）RBC 应接受没有位置信息的列车注册。此后 RBC 不应向列车发送任何行车许可，也不向列车发送允许进入调车模式的信息。

（5）RBC 应接受离开调车模式的列车的连接重建和注册。

（6）RBC 完成列车注册后，应向该列车发送位置报告参数和行车许可请求参数。

2. 列车注销

（1）如果列车司机关闭 CTCS-3 车载设备，连接会立即释放。

（2）如果监控从 CTCS3 级改变为 CTCS2，RBC 不能从 RBC 方面重建已关闭的 ISDN 连接。

（3）若 RBC 接收到位置不在 RBC 管辖范围内的列车位置报告，则 RBC 应向该列车发送终止通信会话的命令。

（4）若 RBC 认为列车尾部已经离开所管辖区域，则 RBC 应向该列车发送终止通信会话的命令。

（5）若 RBC 与列车通信会话关闭，则 RBC 应注销该列车并通知 CTC。

(三)级间转换

RBC 系统应能接受运行于 CTCS-3 级的列车转换至 CTCS-2 级运行的请求,接受运行于 CTCS-2 级下的 CTCS-3 级列车的注册请求。

(1)仅当列车位置报告中的参考应答器为等级转换预告应答器时,RBC 才能向级间转换区内处于 CTCS-2 等级的列车发送行车许可。

(2)若 RBC 向级间转换区内处于 C2 等级的列车发送行车许可,则在行车许可中应包含级间转换命令。

(3)仅当列车位置报告中的参考应答器为等级转换预告应答器时,RBC 才能向离开 C3 区域的列车发送级间转换命令。

(4)仅当列车行车许可延伸到等级转换边界,RBC 才能向离开 C3 区域的列车发送级间转换命令。

(四)RBC–RBC 切换

RBC 移交:RBC 系统应能保证通过 RBC-RBC 边界的列车获得 MA 的一致性,使列车不减速通过 RBC-RBC 边界。

(1)RBC-RBC 切换时需要相邻的 RBC 交换边界信息。边界信息的交换可以通过 RBC-IL 接口实现,也可以通过 RBC-RBC 接口实现。

(2)在 RBC-RBC 切换时,切换 RBC 向列车发送的行车许可应能够根据联锁或相邻 RBC 提供的 SA 信息,延伸至接受 RBC 管辖区域内。

(3)若列车位置报告中的参考应答器为 RBC 切换边界内的出口预告应答器,则 RBC 应向列车发送 RBC 切换命令。

(4)若接受了 RBC 切换命令的列车不再通过 RBC 切换边界,则切换 RBC 应向列车发送终止与接受 RBC 通信会话的信息包 42。

(五)行车许可

行车许可:RBC 系统应能根据从联锁获得的进路、轨道区段占用等信息以及从列车获得的状态信息,向列车发送行车许可。

1. 接 车

(1)仅当联锁解锁车站内列车占用的进路,RBC 才能向列车发送缩短到列车前端的行车许可。

(2)仅当列车在站内停稳,RBC 才能向列车发送缩短到列车前端的行车许可。

2. 发 车

(1)若处于 C3 等级的列车在泊车区段发车,相应联锁进路为列车进路,则 RBC 应根据下表选择此泊车区段的行车许可模式,对于列车进路包含的 SA 区段则采用全监控模式的行车许可。

(2)仅当 RBC 认为位于泊车区段上的列车的前端和前方进路起点之间没有其他列车,RBC 才能向该列车发送行车许可。

3. 区间线路

RBC 应允许区间线路的双方向运行。

（六）临时限速

RBC 系统应能根据 TSR 服务器发送的临时限速命令，向相关列车发送临时限速信息。

（1）RBC 接收到临时限速服务器下达的临时限速命令，应进行有效性检查，并将检查结果反馈给临时限速服务器。

（2）RBC 根据确认执行的临时限速命令，生成相应的临时限速信息包。临时限速信息包应与相应的行车许可同时发送。

（3）RBC 应向临时限速服务器反馈临时限速命令的执行结果。RBC 应向临时限速服务器实时报告限速初始化状态。

（4）若 RBC 接受临时限速设置命令，则 RBC 应向所有行车许可延伸进入此临时限速区域的列车发送该临时限速信息。

（5）若 RBC 接受临时限速取消命令，则 RBC 应向所有行车许可延伸进入此临时限速区域的列车发送撤销该临时限速信息。

（6）RBC 应能够处理对双方向有效的临时限速命令。

（7）若针对某一列车的行车许可因该列车的模式转换而被 RBC 系统删除，则 RBC 系统应删除该行车许可中包含的可被删除的临时限速信息。

（七）过分相区

RBC 系统应能向列车提供分相区相关信息，实现自动过分相。

若列车的行车许可延伸进入分相区，则 RBC 应将分相区信息填充至线路条件信息包中，并发送至列车。

（八）调车

RBC 系统应能接受列车的调车模式请求，并可以接受离开调车模式的列车重新注册的请求。

（九）灾害防护

RBC 系统应能根据联锁或调度员的紧急停车命令，向列车发送紧急停车消息。

（十）维护与诊断

RBC 系统应具备完整的自诊断、维护、测试、管理手段。

四、RBC 接口

（一）RBC 与车站联锁设备接口

RBC 和联锁系统将站间线路划分为若干个信号授权 SA 区段，然后以此为基本单位进行信息交互，它以对象的方式传递信息，对象包括列车状态、信号授权和紧急停车区。

RBC 通过列车状态对象向联锁发送列车相关信息，包括：列车信息；行车许可状态；列车的位置信息；列车长度信息；列车速度信息。

联锁通过信号授权对象向 RBC 发送进路状态相关信息，包括：进路类型；进路状态；降级状态；SA 区段的 ID 号；危险点信息；列车溜入检测标志；开口速度。

联锁中可设置紧急停车区，其状态可通过紧急区对象传递给 RBC。如果紧急停车区被激活，那么 RBC 将向该区域内以及将要进入该区域的列车发送无条件或有条件紧急停车消息，并在撤销该紧急停车区前不会对该区域下发新的行车许可。

接口方式：RBC 与联锁系统通过冗余配置的 TCP/IP 信号专用安全通信网连接，采用安全通信协议，实现信息安全传输。

1. 连接方式

RBC 系统通过信号安全数据网与联锁系统接口。连接方式见图 4.2.3。

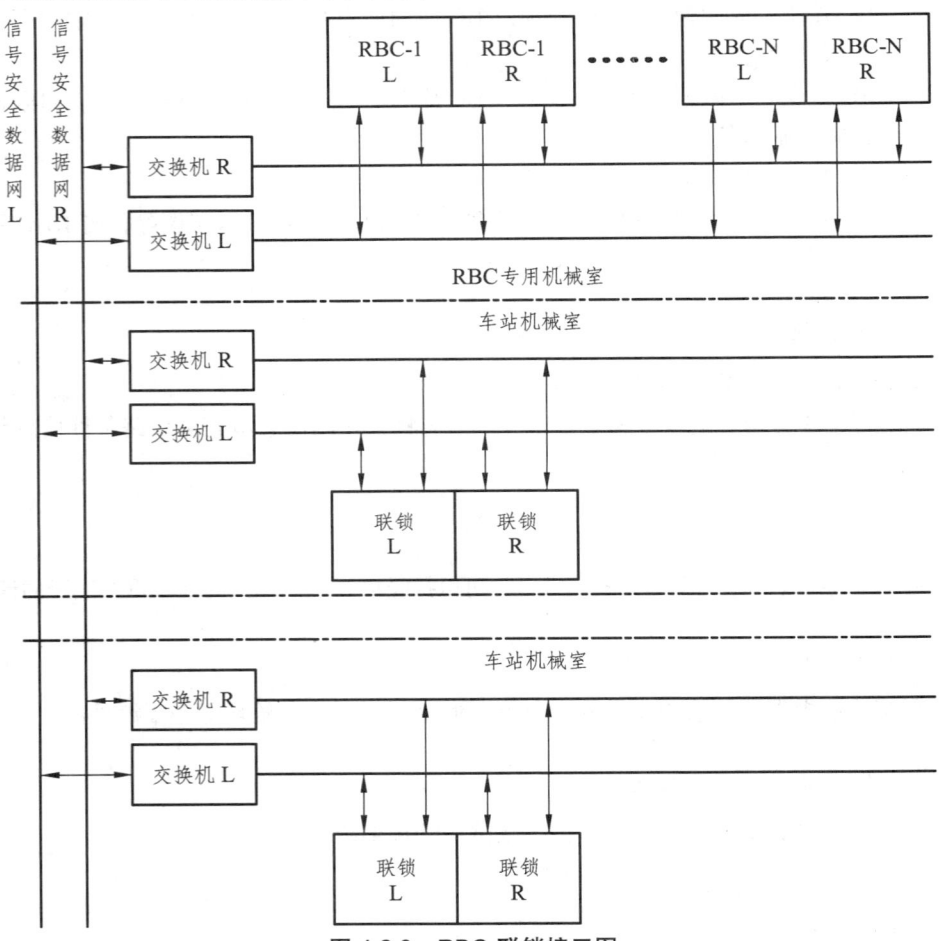

图 4.2.3　RBC-联锁接口图

RBC 主机的 L 机和 R 机分别连接至信号安全数据网 L 和 R。

2. 接口要求

RBC 系统的主、备系通过冗余网络与联锁的主、备系同时建立连接。

RBC 系统的主系应通过冗余网络向联锁的主系和备系发送列车信息。

RBC 系统的主、备系均从联锁的主系接收信号授权信息和紧急停车区域信息。

RBC 应能接收来自联锁的周期性信号授权信息，其内容至少应包括：进路类型、进路状态、降级状态、危险点、溜入状态。

RBC 系统移交区的信号授权信息，通过联锁传递。

RBC 系统从联锁周期性接收的紧急停车区域信息。

若 C3 列车在 RBC 的控制范围内，则 RBC 向联锁发送的列车信息应至少包括：列车状态、行车许可状态、列车位置、列车速度、C3 列车的长度。

每次列车状态发生变化时，RBC 系统应能向联锁发送列车信息。

RBC 系统至少每 $t_{RBC-IL-TI}$ 向联锁发送一次列车信息。

RBC 向列车发送 MA 后，RBC 系统向联锁报告。

如果多列列车在同一 SA 区段，RBC 系统按下述优先顺序选择发送哪列车的列车信息：分配了该 SA 区段进路的列车、列车状态为-有列车、列车距离-距离该 SA 区段末端 SA 信号机最近的列车。

3. 异常处理

RBC 系统在 $t_{RBC-IL-Connect}$ 内没有通过某连接通道接收到来自联锁的消息，则 RBC 应认为该连接通道故障，并向 CSM 发送相应报警。

RBC 系统在 $t_{RBC-IL-Connect}$ 内没有接收到来自联锁的任何消息，则 RBC 应认为与该联锁的通信会话中断，并向 CSM 发送相应报警。

RBC 系统与联锁的通信会话中断后，停止向位于该联锁控制区域内的所有列车发送消息；停止向 MA 已经延伸到该联锁控制区域内的所有列车发送消息。然后将所有来自该联锁的输入置为安全状态。安全状态如下：站内 SA："无进路"状态；区间 SA："占用"状态；紧急区域：激活状态。

（二）与临时限速服务器接口

1. 连接方式

RBC 系统通过信号安全数据网与临时限速服务器系统接口。连接方式见图 4.2.4。

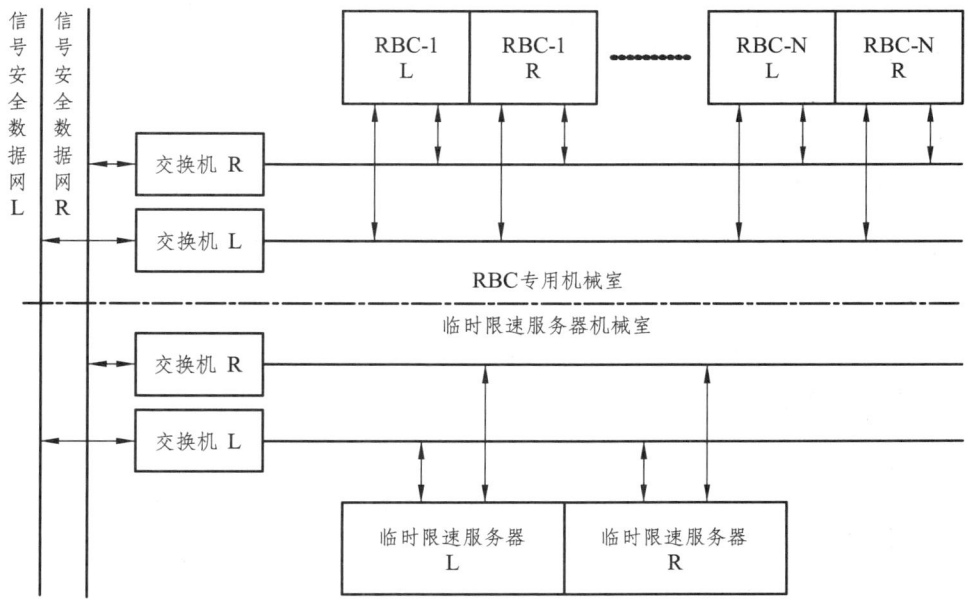

图 4.2.4　RBC-临时限速服务器接口图

RBC 主机的 L 机和 R 机分别连接至信号安全数据网 L 和 R。

2. 接口要求

RBC 从 TSR 服务器接收临时限速命令、临时限速状态请求和生命信号。包括：TSR 刷新请求、初始化命令、验证 TSR、执行 TSR、TSRS 生命信息。

RBC 向 TSR 服务器发送临时限速状态等，包括：TSR 成功状态、TSR 错误回执、RBC 初始化状态信息。

临时限速命令中至少应包含如下信息：设备标识符、TSR 标识符、限速值、限速原因、调度命令号、操作者 ID、线路号、起始里程长链标志、终点里程长链标志、起始里程系标志、结束里程系标志、起始点里程标、结束点里程标。

RBC 系统收到一条 TSR 命令：

（1）若接受该 TSR 命令，则 RBC 应在 $t_{RBC-TSR-Reaction}$ 内返回相应的 TSR 状态；

（2）若 RBC 不接受 TSR 命令，则 RBC 应在 $t_{RBC-TSR-Reaction}$ 内向 TSR 服务器返回一个包含错误码的错误消息；

（3）若 RBC 接收到一个不符合顺序的 TSR 消息，则 RBC 应在 $t_{RBC-TSR-Reaction}$ 内向 TSR 服务器返回一个包含错误码的错误消息。

若 RBC 接受来自 TSR 服务器的刷新请求，则 RBC 应向 TSR 服务器发送全部激活的 TSR 状态。

3. 异常处理

如果 RBC 不接受某一 TSR 命令，应向 TSR 服务器返回一个包含错误码的错误消息。

RBC 系统接收到不符合顺序的 TSR 消息，应向 TSR 服务器发送报警。

若一条消息中存在多个关于同一 TSR 区域的 TSR 命令，RBC 执行最后一条命令，并向 TSR 服务器发送报警。

若 RBC 在 $t_{RBC-TSR-Connect}$ 内没有通过某连接通道接收到来自 TSR 服务器的消息，则 RBC 应认为该连接通道故障。RBC 应向 CSM 发送该报警信息。

若 RBC 在 $t_{RBC-TSR-Session}$ 内没有接收到来自 TSR 服务器的任何消息，则 RBC 应认为与该 TSR 服务器的通信中断。RBC 应向 CSM 发送该报警信息。RBC 应继续向 MA 在 TSR 影响范围内的列车发送已经激活的 TSR。

（三）RBC 与 CTC 设备接口

1. 接口方式

RBC 系统通过接口服务器与 CTC 系统的 RBC-CTC 接口服务器。连接方式见图 4.2.5。

RBC 主机的 L 机和 R 机分别与 CTC-RBC 接口服务器 L 和 R 连接。

2. 接口要求

若 RBC 接受来自 CTC 的连接检查消息，则 RBC 应向 CTC 发送连接状态消息。

若 RBC 接受来自 CTC 的列车状态请求命令，则 RBC 应向 CTC 同时发送静态和动态列车状态。

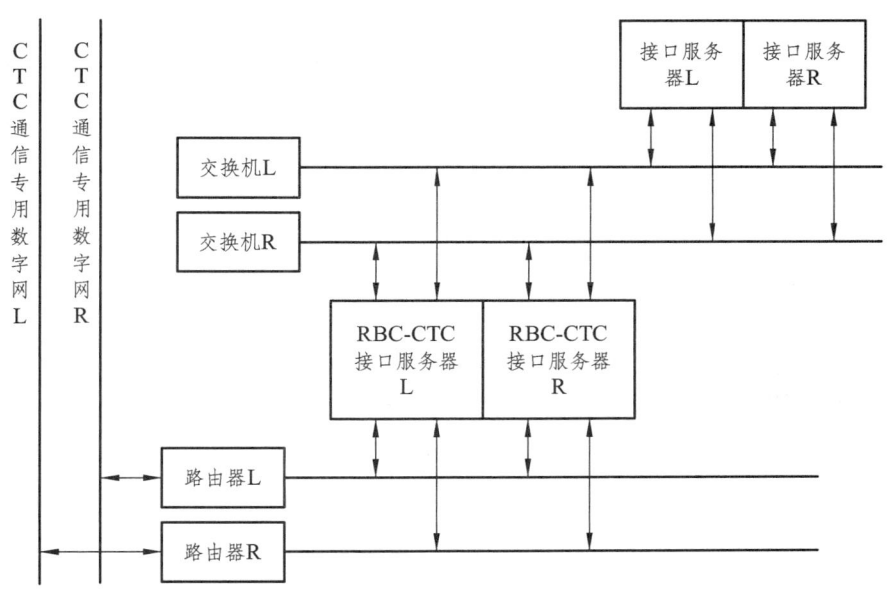

图 4.2.5　RBC-CTC 系统接口图

静态列车状态消息至少应包括：列车 ID、车次号、列车等级、列车长度、列车最大速度、限界、轴重、气密性、牵引类型数、牵引类型、STM 数、STM 的 ID。

动态列车状态消息至少应包括：列车 ID、车次号、过读误差、欠读误差、列车完整性、列车长度、列车速度、列车模式、CTCS 等级、STM ID、前端信号板、前端偏移量、位置状态、无线通信状态、紧急停车状态、请求进路状态、列车请求、列车删除状态等。

RBC 主、备系都应向 CTC 发送连接状态。主系应能向 CTC 发送数据消息。

若 RBC 与 CTC 之间的连接关闭，则 RBC 应仅能接受来自 CTC 的建立连接消息来建立连接。

若 RBC 接受来自 CTC 的建立连接命令，则 RBC 应向 CTC 发送 RBC 控制区域内所有列车的静态状态和动态状态。

若 RBC 接受来自 CTC 的连接检查消息，或 RBC 已经向 CTC 发送完毕全部的列车状态，或发生接口服务器或 RBC 主备切换，则 RBC 应向 CTC 发送连接状态消息。

若 RBC 中的列车信息更新，则 RBC 应向 CTC 发送动态列车状态。

若 RBC 从 CTC 接受的消息包含反馈请求，则 RBC 应在 1 000 ms 内向 CTC 发送一条包含反馈码的反馈消息。

若 RBC 接受一条 CTC 命令，则 RBC 应在 1 000 ms 内响应该命令。

3.异常处理

若 RBC 不接受 CTC 命令，则 RBC 应向 CTC 返回一条带错误码的错误消息。

若 RBC 接收到不符合顺序的 CTC 命令，则 RBC 应向 CTC 发送报警消息。

若 RBC 在 $t_{RBC-CTC-Connect}$ 内没有通过某连接通道接收到来自 CTC 的消息，则 RBC 应认为该连接通道故障，并向 CSM 发送报警信息。

若 RBC 在 $t_{RBC-CTC-Session}$ 内没有接收到来自 CTC 的任何消息，则 RBC 应认为与该 CTC 的通信中断，并向 CSM 发送该报警信息。该通信中断不应影响 RBC 系统其他功能。

（1）登录及注销。

CTC 向 RBC 发送登录信息和注销信息，登录信息包括操作 ID 号、操作员 ID 号、操作员用户名和密码，操作号用于操作反馈，用户名和密码在登陆时使用，操作员 ID 将在其他指令下使用以验证操作员。注销信息只包括操作号和操作员 ID 号。

（2）设置和撤销紧急停车命令。

CTC 可以通过 RBC 向列车下发无条件紧急停车命令，也能够撤销下发的紧急停车命令。对于 CTC 发来的命令，RBC 将无条件执行。

（3）时间同步信息，由 CTC 向 RBC 发送，CTC 系统采用 NTP 时间同步协议。

（4）列车状态。

当 RBC 与 CTC 通信连接建立后，RBC 需要向 CTC 发送所有的列车状态信息。随着列车运行，当列车状态发送变化时，RBC 需要主动向 CTC 发送更新的列车状态信息。CTC 系统也可以根据需要，主动要求 RBC 向 CTC 发送指定列车的状态信息。列车状态信息包括列车状态请求消息和列车状态消息。

（5）RBC 工作状态。

RBC 系统应周期向 CTC 发送其工作状态信息，包括 VIA-RBC 连接状态、RBC 设备在线信息和 VIA 设备在线信息。

（6）报警信息。

RBC 系统内部如发生需要通知调度员的报警信息时，如 GSM-R 无线单元内列车数量超限的报警，可通过接口传送至 CTC 系统。

（7）文本信息。

（8）操作反馈信息。

CTC 向 RBC 发送的操作信息时数据中都带有操作号信息，此时 CTC 将启动超时检测机制，要求 RBC 在规定间内返回应答信息。如果 CTC 接收操作反馈信息失败，则采取相应防护措施。操作反馈信息数据中也包括对应的操作号信息。

接口方式：在 CTC 系统调度中心设置 CTC/RBC 接口服务器，CTC/RBC 接口服务器通过以太网通信端口一端接入 RBC 网络，另一端接入 CTC 调度中心局域网。

CTC 系统通过协议转换器（VIA）设备和 RBC 系统进行数据交换。CTC-RBC 接口服务器为双套配置，同时和多套 VIA 相连。

RBC 与临时限速操作服务器接口

接口信息内容：临时限速信息包括临时限速命令和临时限速状态。临时限速服务器/RBC 间交换的所有数据均采用安全通信协议，保证数据交换的安全。

接口方式：RBC 通过信号专用安全数据通信网直接与临时限速服务器连接，传输临时限速相关信息。

（四）RBC 与信号集中监测设备接口

RBC 向集中监测站机传送的主要信息包含有：RBC 设备的运行状态信息、维护诊断信息等。

在控制中心设置信号监测终端系统，终端计算机一端接入 RBC 的非安全局域网，一端接入监测局域网。RBC 的本地终端将所有 RBC 的维护、诊断信息汇总、处理，并按照规定的应用层通信协议，将 RBC 的监测信息发送给信号集中监测的终端计算机，通过信号集中监测网络，将 RBC 监测信息发送给各级维修中心。

1. 接口方式

RBC 系统通过接口服务器与集中监测系统的 RBC-CSM 接口服务器接口。连接方式见图 4.2.6。

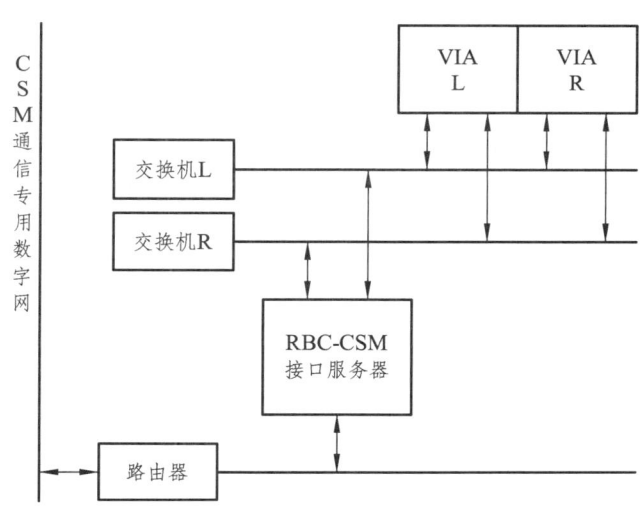

图 4.2.6　RBC-集中监测系统接口图

RBC 主机的 L 机和 R 机分别通过以太网与 CSM-RBC 接口服务器 L 和 R 连接。

2. 接口要求

RBC 应向 CSM 发送所有的内外部接口状态。

RBC 在线单元应向 CSM 发送数据消息。

若 RBC 接受来自 CSM 的连接检查消息，则 RBC 应向 CSM 发送连接状态消息。

RBC 应能响应来自 CSM 的状态请求命令。

RBC 的主备系都应向 CSM 发送连接状态信息。

若 RBC 与 CSM 之间的连接关闭，则 RBC 应仅能接受来自 CSM 的建立连接消息来建立连接。

若 RBC 接受来自 CSM 的连接检查消息，或发生接口服务器或 RBC 主备切换，则 RBC 应向 CSM 发送连接状态消息。

若 RBC 从 CSM 接受的消息包含反馈请求，则 RBC 应在要求的时间内向 CSM 发送一条包含反馈码的反馈消息。

（五）RBC 与 GSM-R 网络之间的接口

RBC 通过 ISDN PRI 接口与 GSM-R 网络移动交换机（MSC）连接。

PRI 接口 D 信道符合下列规范：

[YDN034.1-1997]，《ISDN 用户-网络接口规范：第 1 部分物理层技术规范》。

[YDN034.2-1997]，《ISDN 用户-网络接口规范：第 2 部分数据链路层技术规范》。

[YDN034.3-1997]，《ISDN 用户-网络接口规范：第 3 部分第三层基本呼叫控制技术规范》。

[YDN034.4-1997]，《ISDN 用户-网络接口规范：第 4 部分补充业务技术规范》。

PRI 接口 B 信道符合[YDN034.1-1997]，《ISDN 用户—网络接口规范第 1 部分：物理层技术规范》，并采用 V.110 协议进行用户数据的速率适配。

一个 RBC 与 MSC 的 PRI 接口必须冗余配置，MSC 为这些接口分配统一的 ISDN 呼入号码，并按照负荷分担的原则将车载台对某个 RBC 的呼叫路由到一个可用的 PRI 接口上。

主要技术参数：

（1）安全性：安全完整性等级 SIL4（TUV 功能安全认证，SIL 等级认证：SIL1、SIL2、SIL3、SIL4）。

（2）RBC 监督内部故障时间循环：1 s。

（3）网络：RBC 硬件支持以太网 TCP/IP 通信，速率 10 M/100 Mbit/s。

（六）与列车接口

1. 接口要求

RBC 和列车之间的传输层接口应符合 ITU-T X.224 的要求。

RBC 和列车之间的网络层接口应符合 ITU-T T.90 的要求。

RBC 和列车之间的数据链路层接口应符合 ISO/IEC 3309、ISO/IEC 4335、ISO/IEC 7809 的要求。

仅 RBC 在线单元应向 MA 在受 TSR 影响区域的列车发送 TSR 信息。

若 RBC 在规定时间内未收到列车对有应答要求的消息的反馈，则 RBC 应重复发送该消息，直到达到规定的次数为止。

RBC 应基于本务端车载设备的 CTCS ID 来标识列车。

RBC 应在向列车发送行车许可的同时，发送永久和临时限速、线路坡度、轨道条件、进路适宜性等的信息。

RBC 向列车发送 MA 的同时，还应发送至少覆盖 MA 定义的整个线路的线路描述。线路描述包括：

链接信息，始终发送，必须。

坡度曲线，始终发送，必须。

静态速度曲线，始终发送，必须。

轴重速度曲线，需要时发送，可选。

临时限速，需要时发送，可选。

轨道条件，需要时发送，可选。

进路适应性数据，需要时发送，可选。

若 RBC 向列车发送一个"缩短行车许可"命令，则 RBC 要求接收确认。

若 RBC 向列车发送紧急消息，则该消息中应包含由 RBC 确定的标识号。

若 RBC 重复发送紧急消息，则 RBC 应使用与原消息相同的标识号。

2. 异常处理

如果在规定时间内（T_NVCONTACT）未收到有效数据，RBC 应请求终止通信会话，并断开安全连接。

＊＊＊＊＊＊【巡检与检修作业】＊＊＊＊＊＊

1. RBC 设备巡检作业

	RBC 设备巡检作业				
	编号	SJDBZ/XZ.4-10		
项目	作业流程	工作内容及标准	作业方法	备注
作业前准备	确定巡检重点	设备工作状态、网络通信质量查询、机房内空调工作情况	通过对维护终端和网管服务器进行查询系统工作状态和机械室巡检完成	
	仪表料具准备	电话	查询和巡检	
作业过程	巡视检查	1. 检查机房温、湿度，确认无异常，无异声、异味，设备及器材表面无过热现象； 2. 检查电电源屏行正常，无报警信息，指示灯显示正常； 3. 检查 UPS 设备、风扇工作、开关状态正常，无报警信息，指示灯显示正常； 4. 检查各交换机、路由器工作正常，服务器工作正常； 5. 各处防尘、防鼠良好； 6. 通过网管终端检查网络的工作情况，检查各节点的设备连接正常； 7. 检查闲置 USB 口、光驱的封条粘贴牢固、无破损。	1. 利用机械室内的温、湿度计查看机房温、湿度，用点温仪测量设备温度特别是 UPS 电池连接处和服务器风扇。温度为 20±2℃，湿度控制在 10%～80%； 2. 利用智能电源屏的监测窗口观察电源屏电压、电流、报警信息。通过观察模块工作指示灯判断指示灯是否正常； 3. 利用 UPS 监测窗口观察 UPS 是否有报警。逆变器工作是否正常； 4. 通过查询维护终端和网管服务器确认各服务器工作正常，网络连接状态正常。光衰耗符合系统要求； 5. 通过对机房内个服务器外观进行检查，无报警提示 USB 口加封良好无破损情况。	
	巡检重点	1. 查看 RB 机房内温度电源系统工作正常无报警； 2. 查看各服务器工作正常，设备无报警信息提示； 3. 查看网络连接状态。	1. 通过查看室内温度计和查看电源系统提示窗； 2. 通过查看维护终端和对服务器前表示灯进行查看； 3. 通过查看网管服务器。	
作业后复查		1. 检查维护终端没有报警信息； 2. 机柜门关闭良好； 3. 关闭照明； 4. 锁闭房门。			

2. RBC 设备检修作业

RBC 设备检修作业				
编号		SJDBZ/XZ.4-11		
项目	作业流程	工作内容及标准	检修方法	备注
作业前准备	确定检修重点	主备系切换、系统内存清理、UPS 充放电、电源切换试验、设备各部位螺丝检查。	现场作业。	
	工具、仪表、材料准备	通信工具、万用表、吹风机、吸尘器、热成像仪、专用万可螺丝刀、200mm 螺丝刀、毛刷、棉纱、白布、个人工具。	通信工具试验、料具清点、仪表校核。	
作业过程	设备检修	1. 对机柜内内部、外观使用吸尘器进行清扫； 2. 测量各电源对地绝缘，UPS 进行充放电，主副电源切换； 3. RBC 服务器、VIA 服务器、临时限速服务器、维护终端进行切换； 4. 对 RBC 服务器、临时限速服务器、VIA 服务器内存进行清理。	1. 机柜内部各部位逻辑、电源线、网线、视频数据线紧固情况进行检查，发现松动立即进行处理； 2. 断开 UPS 输入电源，UPS 进行放电记录 UPS 电池放电时间，在电源屏上操作主副电源切换； 3. 在 RBC、临时限速、VIA 服务器上通过命令进行主备系切换，对内存空间进行清理； 4. 查看服务器时间与 CTC 时间进行核对。	
	测试	1. 检查测试地线及防雷检查：测试地线电阻，整修不合标准地线，防雷、安全和屏蔽地线接地电阻<1 Ω； 2. 测量防雷保安器接线柱之间的绝缘电阻符合标准（0.25 MΩ～10 MΩ）。		
作业后复查		1. 复查调整或测试过的设备； 2. 机柜门关闭良好； 3. 关闭照明； 4. 锁闭房门。		

✶✶✶✶✶✶【思考与练习】✶✶✶✶✶✶

1. 简述哈大高铁 LKR-T 型 RBC 系统设备的组成。
2. 简述 RBC 与联锁中断 3 s 后的处理措施。
3. 检查 RBC 与 ISDN 连接状态时没有看到 ISDN2 如何处理？
4. RBC 主备系切换如何操作？
5. 如何打开 RBC 维护终端界面？

任务 3 GSM-R 认知

【技能目标】

1. 能按照现场标准完成安全数据网的巡检作业和检修作业。
2. 具备现场安全作业意识。

【知识目标】

1. 掌握 GSM-R 基本知识。
2. 掌握安全数据网维护要点。

******【相关知识】******

GSM-R 为列控系统提供的无线信道容量，满足《铁路 GSM-R 数字移动通信系统工程设计暂行规定》中相关规定，列控系统每列车需要占用 1 个无线信道（RBC 间切换时占用 2 个），对于大型车站，由于停靠、通过的列车数量较多，需要占用大量的无线信道资源。

GSM-R 核心网包括移动交换子系统、GPRS 子系统、智能网子系统，应按照全路核心网建设规划建设，各条客运专线接入相关节点。满足《铁路 GSM-R 数字移动通信系统工程设计暂行规定》中相关规定。

一、中国铁路对 GSM-R 系统的应用需求

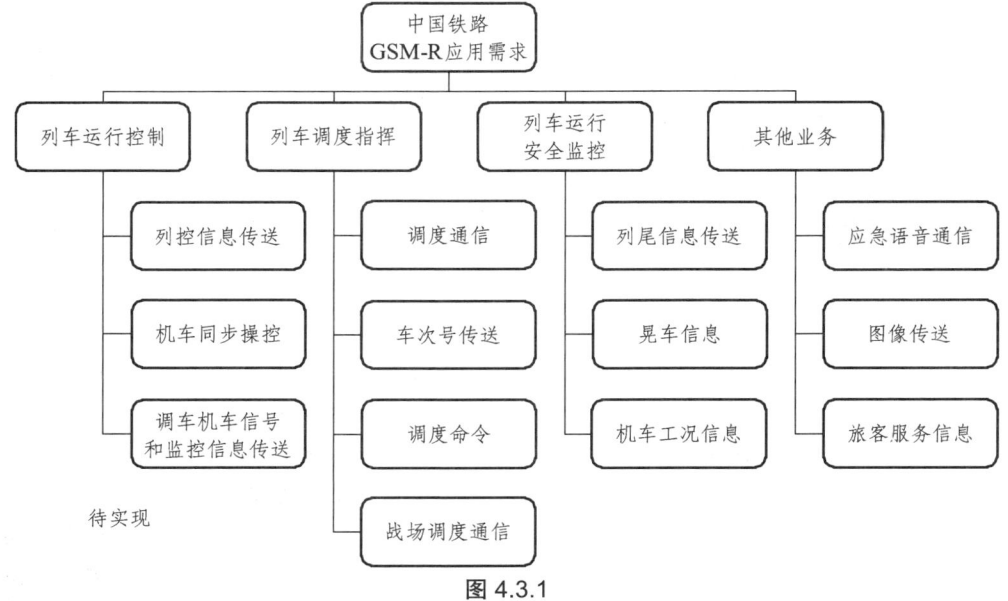

图 4.3.1

1. 列车运行控制类

（1）列车运行控制信息传送：是中国列控系统（CTCS3/4）建设的基本前提。CTCS-3 级是基

于无线通信的固定闭塞，CTCS-4 级是基于无线通信的移动闭塞，要求基于无线网络实现车 – 地实时、双向、不间断的数据传送。

（2）机车同步操控：机车同步操控信息传送是实现重载运输的必要条件。当由多台机车牵引组合列车时，为了实现牵引过程中同时加速、减速、制动，本务机车和补机机车之间需要通过无线信道实时传递控制命令。

（3）调车机车信号和监控信息传送：实现地面主机对调车机车车载主机的站场调车机车信号、调车作业通知单和监控信息传送，车载主机接收信息，并进行相应的加工处理，与既有的列车运行监控记录装置交换显示，控制机车。

2. 列车调度指挥类

（1）调度通信：包括有线调度通信和无线调度通信，无线列车调度大三角（调度员、车站值班员、司机）和小三角（助理值班员、司机、运转车长）通信是基础的通信需求。

（2）列车无线车次号校核信息传送：将从机车运行安全监控记录装置（TAX 箱）采集的车次号、机车号、位置(公里标)、机车速度、列车总重、车辆计长、车辆辆数等车次号信息，通过无线信道，在编组站、沿线车站的规定位置向车站实时传送，由 CTC（TDCS）系统进行车次号校核。

（3）调度命令信息传送：调度命令主要包括调度命令、行车凭证、调车作业单、进路预告信息、调车请求信息等，是调度员或车站值班员向司机下达的书面命令，是列车安全运行的重要依据，此信息应确保实时、可靠地从地面传递到运行机车上，运行机车收到调度命令后，应及时把确认信息传送至地面。

（4）站场调度通信：站场调度通信包括车站、驼峰调车、平面调车、货运、列检、车号和商检等站场移动通信业务，具体包括站场调车语音通信和站场调车数据传送。平面调车通信和驼峰调车通信是站场通信最重要的组成部分。

3. 列车运行安全监控类

（1）列尾信息：列尾信息包括：司机发送的列车尾部风压查询信息、排风制动信息；列尾主机发送的电池欠压、主风管风压异常告警信息。异常情况下，列尾风压值应自动、间歇（间隔不小于 10 秒）循环多次发送给机车电台。

（2）晃车信息：在地面维修中心和车载设备之间传送轨道动态监测数据。

（3）机车工况信息：为确保行车安全，需要在车、地之间实现机车工况、车辆工况和牵引工况等信息的无线传送。

4. 其他业务

（1）应急语音通信：应急通信是指铁路在发生行车事故及自然灾害等公共突发事件时应提供的通信联络手段，实现事故现场与救援指挥中心以及事故现场救援人员之间的通信。

（2）图像传送：图像指包括照片、图像等在内的数据通信业务。

（3）旅客服务信息：包括运行列车上的售票补票业务、旅行信息查询服务等。

二、系统结构

GSM-R 系统 = GSM-R 网络 + GSM-R 终端 + 支撑系统。

GSM-R 网络 = GSM-R 核心网 + GSM-R 无线网。

GSM-R 系统结构图

GSM-R 核心网 = 移动交换网 + 智能网 + GPRS 网。
GSM-R 无线网：基站、直放站、漏缆及天馈系统等。
GSM-R 终端：车载终端、手持终端、固定终端等。
支撑系统：网管、SIM 卡管理系统等网络运行、业务支撑系统。
配套系统：信令、同步、传输、电源、机房等基础设施。

1. 移动交换子系统 SSS

SSS 负责完成用户的业务交换功能以及用户数据与移动性管理、安全性管理所需的数据存储功能。

移动业务交换中心（MSC）：负责用户的移动性管理和呼叫控制；

拜访位置寄存器（VLR）：负责存储进入该区域内已登记用户的信息；

归属位置寄存器（HLR）：是一个负责管理移动用户的数据库。HLR 存储本归属区的所有移动用户数据，如识别标志、位置信息、签约业务等；

鉴权中心（AuC）：是存储用户鉴权算法和加密密钥的实体，AuC 只通过 HLR 和其他网络实体通信；

设备识别寄存器（EIR）：存储网络中所有运行移动台的识别码 IMEI 和设备状态标志（白色、灰色和黑色）；

互连功能单元（IWF）：与固定网络的数据终端之间提供速率和协议的转换；

组呼寄存器（GCR）：用于存储移动用户的组 ID；

短消息服务中心（SMSC）：负责向 MSC 传送短消息信息；

确认中心（AC）：记录、存储铁路紧急呼叫相关信息。

2. 智能网子系统 IN

IN 是在 SSS 中引入的智能网功能实体，将网络交换功能和业务控制功能相分离，实现对呼叫的智能控制。其包含以下内容：

（1）GSM 业务交换点（gsmSSP）。
（2）GPRS 业务交换点（gprsSSP）。
（3）智能外设（IP）。
（4）业务控制点（SCP）。
（5）业务管理点（SMP）。
（6）业务管理接入点（SMAP）。
（7）业务生成环境点（SCEP）。

3. 通用分组无线业务子系统 GPRS

GPRS 负责为无线用户提供分组数据承载业务。

SGSN：服务 GPRS 支持节点：移动性管理、寻路等功能。

GGSN：网关 GPRS 支持节点：为 GPRS 网与外部数据网络相连的网关。

DNS：域名服务器：负责提供 GPRS 网内部 SGSN、GGSN 等网络节点的域名解析等。

RADIUS：认证服务器：负责存储用户的身份信息，并完成用户的认证和鉴权等功能。

边界网关（BG）：支持用户在不同网络运营商 GPRS 网络间的漫游，并提供网络之间必要的安全机制。

计费网关（CG）：实时采集多个GSN节点的话单记录；产生适合向计费中心传送的话单文件。

4. 无线子系统

MSC ←—A接口—— BSS ——无线接口→ 移动终端

图 4.3.2

BSS通过无线接口直接与移动台相接，负责无线信号发送接收和无线资源管理；与MSC相连，实现移动用户之间或移动用户与固定网络用户之间的通信连接，传送系统信号和用户信息等。其包含以下内容：

（1）基站控制器（BSC）。

（2）分组控制单元（PCU）。

（3）编译码和速率适配单元（TRAU）。

（4）小区广播短消息中心（CBC）。

（5）基站收发信机（BTS）。

（6）无线中继传输设备（直放站、干放等）。

（7）天馈线（天线、馈线、漏缆等）。

BSC与BTS间的Abis接口：2M接口，协议不开放。

BSC与TRAU间的Ater接口：2M接口，协议不开放。

MSC与TRAU的A接口：2M接口，协议不开放。TRAU设在MSC侧。

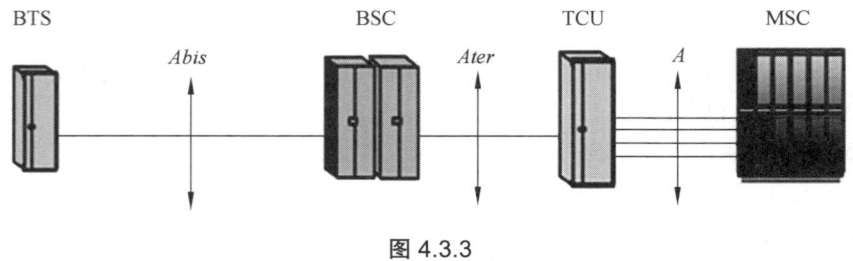

图 4.3.3

5. 运行与支撑子系统OSS

（1）网络管理系统

交换OMC-S、智能网OMC-I、GPRS网管OMC-D、基站网管OMC-R、直放站网管OMC-T等。

（2）监测系统

在开通C3线路区段，应设置接口监测系统。接口监测系统包括Abis接口监测、A接口监测、PRI接口监测、综合分析、网关、网管等。长度大于5 km的隧道应设置漏缆监测系统。

（3）SIM卡管理系统

采用铁道部管理中心、路局发卡中心两级结构。

6. 无线终端设备

无线终端是供GSM-R系统用户直接操作、使用，用来接入GSM-R网的设备，包括移动台和无线固定台。

（1）移动台包括车载台，手持台。移动台由移动设备和 SIM 卡组成。
（2）无线固定台为非移动状态下使用的无线终端，具备与移动台相同的业务功能。

7. GSM-R 系统与相关系统互联（一）

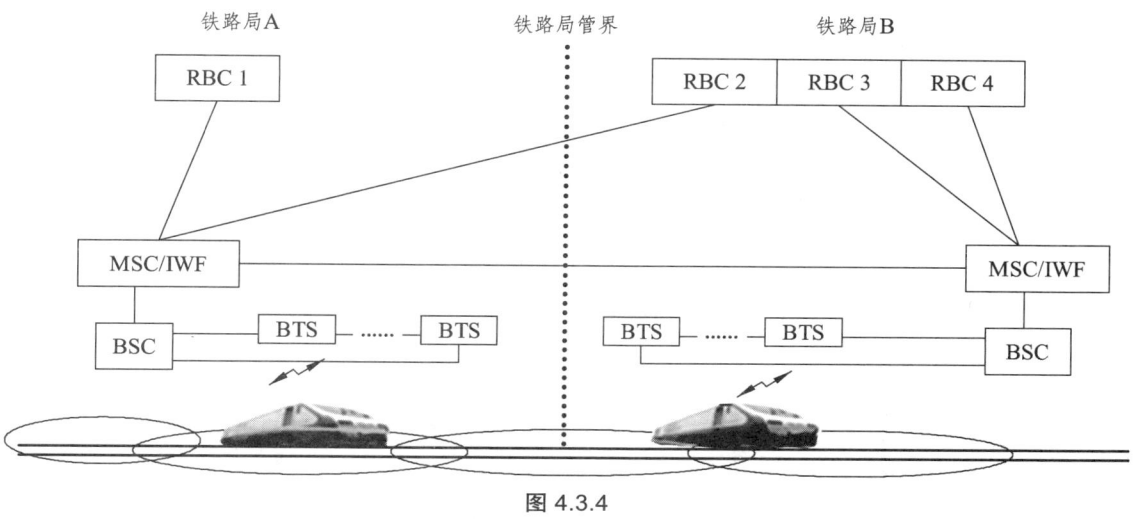

图 4.3.4

（1）RBC1 呼叫列控车载设备，MSC 通过 HLR 查找车载设备所在位置区，建立通信链路连接；
（2）列车从 RBC3 管辖范围运行时，需进行跨 MSC 切换；
（3）IWF 互连功能单元负责速率适配和协议处理。

8. GSM-R 系统与相关系统互联（二）

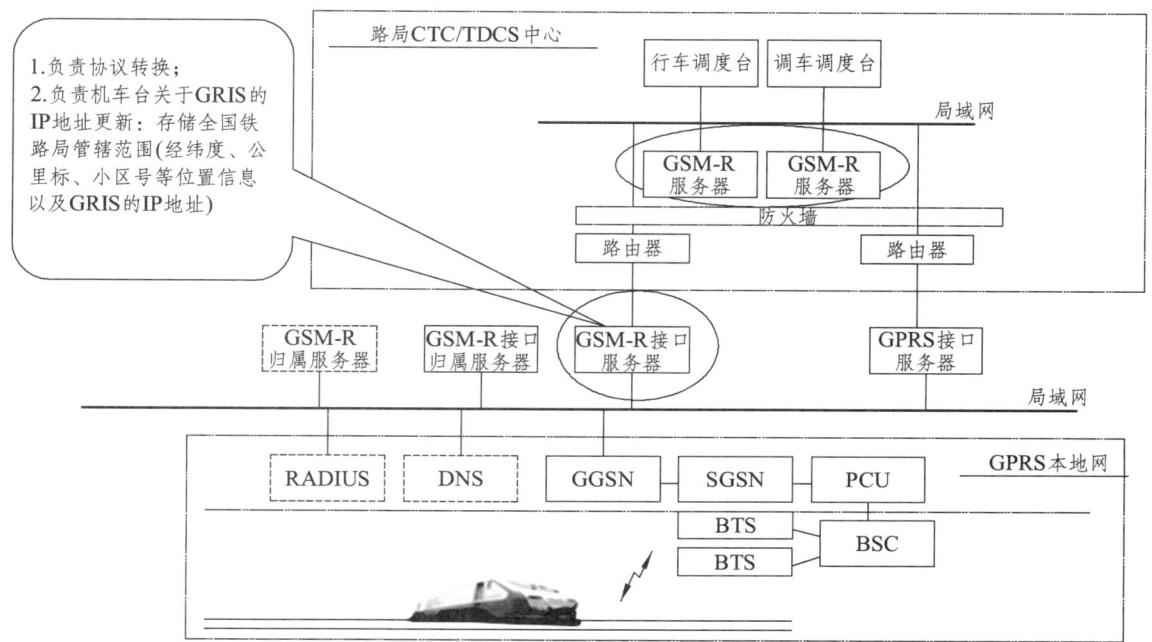

图 4.3.5

三、GSM-R 无线覆盖网络结构

采用交织冗余覆盖方案，排序为奇数（1、3、5……）或偶数（2、4、6……）的基站达到的覆盖都分别能够满足系统规定的 QOS（Quality of Service，服务质量，是网络的一种安全机制，是用来解决网络延迟和阻塞等问题的一种技术）指标，如图 4.3.6 所示。这种覆盖结构允许在单点（单个基站或单个直放站远端机）故障的情况下仍然能够满足系统规定的 QOS 指标。

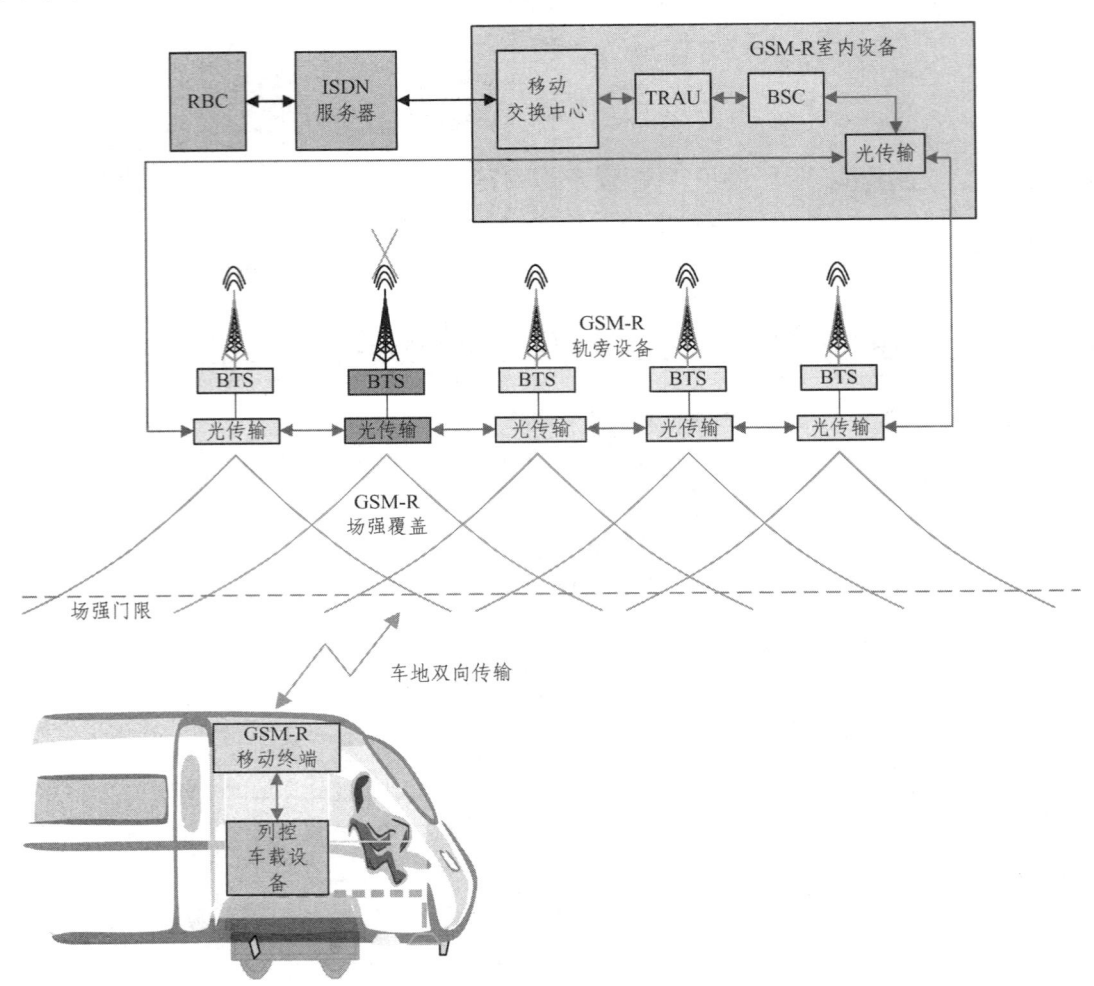

图 4.3.6　GSM-R 交织冗余覆盖示意图

切换区长度及位置选择满足《铁路 GSM-R 数字移动通信系统工程设计暂行规定》中相关规定。

基站频率配置应满足各类业务正常应用的需求，在两个 RBC 交界区域，还应考虑从一个 RBC 向另一个 RBC 切换时每列车双移动终端使用的容量需求。

四、主要技术参数

（1）移动台发起的连接建立时间：< 8.5 s（95%）、≤ 10 s（100%）；

（2）连接建立失败概率：$< 10^{-2}$；
（3）最大端到端传输时延（30 byte 用户数据块）：≤ 0.5 s（99%）；
（4）连接丢失概率：$\leq 10^{-2}$/h；
（5）传输干扰时间 T_{TI}：< 0.8 s（95%）、< 1 s（99%）；
（6）传输无差错时间（传输恢复时间）T_{REC}：> 20 s（95%）、> 7 s（99%）；
（7）网络注册时延：≤ 30 s（95%）、≤ 35 s（99%）、≤ 40 s（100%）。

五、信号数据传输网络

信号数据通信网络由 RBC/联锁安全数据通信以太网、TCC/联锁安全数据通信局域网、CTC 数据通信以太网、信号监测数据通信以太网构成，实现联锁、列控、CTC、监测系统及系统间的安全数据通信和非安全数据通信。

1. RBC/联锁安全数据通信以太网

RBC/联锁安全数据通信以太网是由专用光缆构成的、满足信号安全信息传输要求的冗余工业以太网，用于实现 RBC 与车站联锁设备、RBC 与邻线 RBC 之间的信息交换。数据传输网络必须具备双独立设备及双物理通道，以便单设备或单通道失效时，不会导致通信的中断。

RBC 设备及联锁设备采用双以太网接口接入安全通信网，对双以太网接口中业务信息的判别及倒换由 RBC 设备及联锁设备自身完成。

（1）系统功能。

① 为 RBC 设备及联锁设备间的数据通信提供全线车站至调度所的广域互联服务。
② 提供独立的双网络承载服务。
③ 双网同时在线，不存在主用和备用之分。
④ 可对信号数据传输网络设备的每个端口进行安全性设置，只容许符合条件的设备接入该端口。
⑤ 提供 SNMP 进行远程网络管理。
⑥ 支持快速生成树协议（RSTP）。
⑦ 端口可以设定为固定速率，可以关闭不使用的端口。
⑧ 可以同时从多个端口接收数据，也可以同时发送数据到多个端口。
⑨ 端口与设备地址对应关系表存储在交换机的内存中，交换机可通过此表判断数据的来源以及决定数据的目的端口。
⑩ 信号数据传输网络只提供物理层、链路层的通信服务，上层的安全协议由 RBC 和联锁系统实施。支持三层功能，可按需求实现多种业务的隔离与互通。

（2）网络构成。

如图 4.3.7 所示为 CTCS-3 级列控系统网络结构示意图。

RBC/联锁安全数据通信以太网络拟采用高可靠性的工业以太网交换机构成。

RBC/联锁安全数据通信以太网络采用客运专线两侧不同物理路由的两条干线光缆中的各 4 芯光纤构成。

网络结构采用双环冗余方案，全线车站和调度所的交换机以环形方式构成两个独立运行的环形千兆以太网。

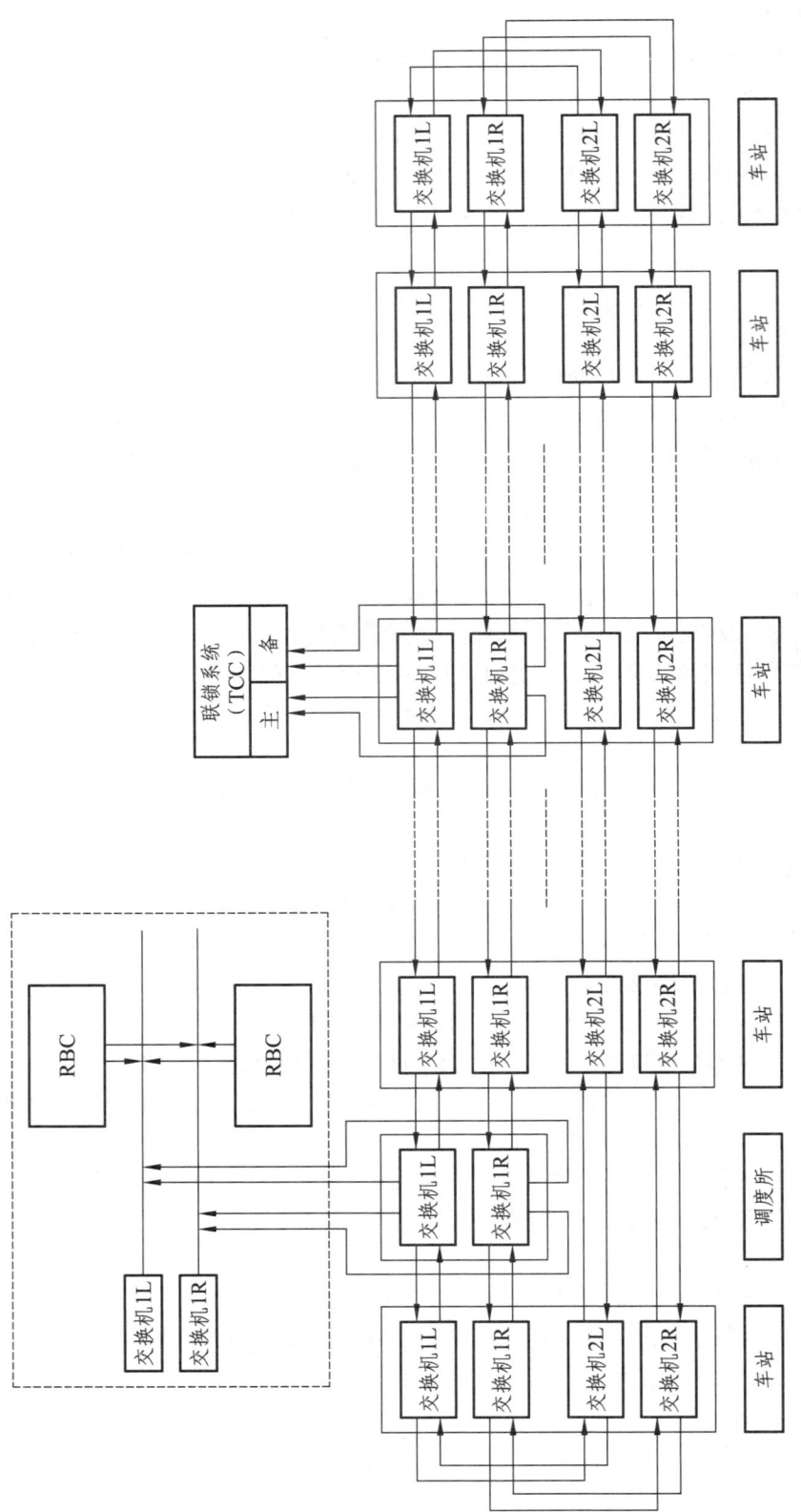

图 4.3.7 CTCS-3 级列控系统网络结构示意图

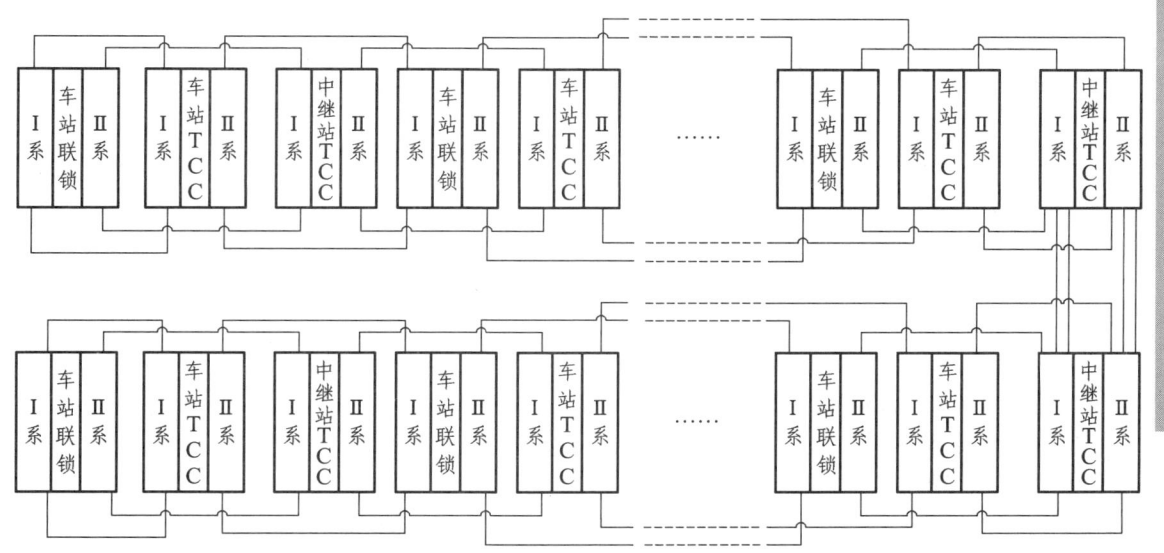

图 4.3.8　TCC/联锁安全数据通信局域网

每个环网上容许单点故障，故障时路径切换时间<200 ms。

双网同时在线运行，数据在哪个网上传输的选择取决于 RBC 和联锁设备，从一个网络切换到另一个网络的切换过程也取决于 RBC 和联锁设备。

（3）网络安全。

通过只允许授权的 MAC 地址访问网络来杜绝非法入侵，运用 SSL 协议确保数据的完整性和安全性。

（4）网络管理。

在调度所设置信号数据传输网络网管中心设备，在重要大站设备机房设置网管远程终端设备。

网管系统主要实现各种故障报警、历史故障查询、每个交换机的各端口状态、端口及网络流量监测、交换机配置管理、系统的安全维护等功能。

网管基于 SNMP 协议（Simple Network Management Protocol，简单网络管理协议，前身是简单网关监控协议 SGMP，用来对通信线路进行管理。）对网络进行监视和控制，具有对标准 RMON（Remote Network Monitoring 远端网络监控）1-3 & 9 参数（统计、历史、报警和事件）的图形化显示功能。

网管基于 WEB 浏览器管理或 C/S（Client/Server，客户机/服务器网）方式实现对网络中某一单个网络设备的远程配置、设备运行状态监测等。

通过对网络的全面监视，能够实现综合的负载和故障分析，能够实现流量的实时监测，网络设备故障的报警监测。

自动发现并显示所有支持 SNMP 的设备，自动识别所有的网络产品，显示网络的逻辑结构和 IP 地址与 MAC 地址之间的关系。

具有完善的安全管理功能，可以实现不同等级的控制访问权限。

支持 VLAN（Virtual Local Area Network，虚拟局域网）配置。

（5）IP 地址分配原则。

IP 地址的分配应满足铁道部对全路信号系统 IP 地址分配管理办法、标准的相关要求。

主要技术参数：

① 交换容量（bps）：调度所≥9.6 Gbps；车站≥5.6 Gbps。

② 转发能力（pps）：调度所≥6.4 M pps；车站≥3.8 M pps。

③ IP 路由：支持静态，RIP v1/2。

④ MAC 地址表深度：≥8 K。

⑤ 整机支持组播数：≥512。

⑥ 802.1Q VLAN 数目：≥64。

⑦ 基于端口 VLAN：支持。

⑧ SDRAM 大小：≥16 M。

⑨ 广播风暴抑制：支持。

⑩ ROMN1、SNMP1/2/3、WEB 网管、CLI 配置、TELNET 配置、FTP 配置：支持。

⑪ 端到端延时（单环故障时）：<200 ms。

⑫ 具体有如下地址段，应与其他信号主机系统统筹考虑分配：

10.0.0.0 ~ 10.255.255.255

172.16.0.0 ~ 172.31.255.255

192.168.0.0 ~ 192.168.255.255

根据工程实际情况，以上参数可进一步调整优化。

2. TCC/联锁安全数据通信局域网

TCC/联锁安全数据通信局域网是由专用光缆构成的信号安全信息传输专网，用于实现车站联锁设备与 TCC 之间、车站联锁设备之间、TCC 之间的信息交换。组网方案如图 4.3.8 所示。

主要技术参数：

（1）局域网回线由 L 回线和 R 回线双重构成；

（2）局域网发送数据长为 4 K 字节；

（3）双系装置系统周期范围：200 ~ 400 ms。

3. CTC 数据通信以太网

CTC 系统独立组网，分别采用通信数据网提供的站间光纤和 2 M 专用数字通道，用于 CTC 调度中心与车站分机之间的信息传输。组网方案可扫一扫二维码得 CTC 数据通信以太网图。

CTC 系统独立组网，设计为双网，包括调度中心的双局域网、车站的双局域网、车站之间的双光纤通道网络、调度中心与抽头站间的双 2M 数字通道网络、车站与相关段所间的双 2 M 数字通道网络等。

每个车站配置双交换机和光纤接入设备，连接站间光纤。

抽头站配置路由器和协议转换器，连接去调度中心（和相关段所）的数字通道。

调度中心配置路由器和协议转换器，连接去车站的数字通道。

相关动车段所配置配置路由器和协议转换器，连接去相关车站的数字通道。

CTC 数据通信以太网

4. 信号监测数据通信以太网

信号监测数据通信以太网采用通信数据网提供的 2 M 专用数字通道，用于微机监测系统的信息传输。组网方案可扫一扫二维码得信号监测数据通信以太网图。

信号集中监测系统独立组网，设计为单网，包括综合维修段的局域网、车站的局域网、综合维修工区和调度所的监测终端局域网、车站间的 2 M 数字通道网络、综合维修段与抽头站间的 2 M 数字通道网络、终端与车站间的 2 M 数字通道网络等。

信号监测数据通信以太网

每个车站配置路由器和协议转换器，构成车站间以太网。

综合维修段配置路由器和协议转换器，构成综合维修段与抽头车站间的以太网。

终端系统配置路由器和协议转换器，构成终端与相关车站或综合维修段间的以太网。

采用 TCP/IP 技术组网。IP 地址和域名由铁道部统一分配。

☆☆☆☆☆【巡检与检修作业】☆☆☆☆☆

1. 列控巡检作业

列控巡检作业					
SJDBZ/XZ.4-12						
项目	作业流程	工作内容及标准		作业方法	备注
作业前准备	确定巡检重点	重点对问题处理情况进行跟踪。		对问题库内问题、现场反映问题处理情况进行分析。	
	仪表料具准备	通信工具、个人工具、棉纱。		通信工具试验，料具清点。	
作业过程	信息查询	1. 对当前及历史报警信息进行查询分析； 2. 对当前连接状态进行查看。		1. 点击报警按钮，查看当前是否存在报警内容、历史报警信息是否全部恢复； 2. 在维护终端内查看网络连接图应均显示绿色。	
	列控设备	1. 检查各器材、板件、网络设备指示灯显示正常； 2. 检查各部螺丝紧固，防脱设施良好； 3. 检查网线、光纤头的插接状态良好，光纤自然弯曲不打死弯； 4. 检查风扇工作正常，无异常噪音及过热现象； 5. 柜内清洁，无异物、异响、异味； 6. 用易碎贴封堵 USB 口； 7. 对界面显示信息进行核对； 8. 对查询、状态监测、远程登录等功能进行检查试验； 9. 回放分析列车运行情况； 10. 机柜电源指示灯显示正常； 11. 并联模块输出电压、电流达标且保持均衡，标准：≥23 V（LKD2-T2 型）。		1. 目视查看设备指示灯正常； 2. 对界面显示的信号设备状态、方向显示、进路显示等均显示正常； 3. 对维护终端各软件功能进行逐一操作，能够正常实现； 4. 在列控维护终端上回放上下行各 2 对客车运行，观察列车占用表示和码序变化是否正确。	

作业过程	TSRS 检查	1. 查看 TSRS 两系设备外部工作指示灯显示正常； 2. 查看 TSRS 维护终端无报警信息； 3. 查看 TSRS 系统工作状态正常。	1. 通过观察确认 TSRS 两系设备外部工作指示灯显示正常； 2. 通过 TSRS 维护终端的监测软件查看 TSRS 维护终端无报警信息； 3. 通过 TSRS 维护终端的监测软件查看 TSRS 的工作状态，跟相关设备的接口状态。	
作业过程	安全数据网检查	1. 查看 RBC 两系设备外部工作指示灯显示正常； 2. 查看 ISDN 服务器设备外部工作指示灯显示正常； 3. 查看 RBC 系统工作状态正常。	1. 通过观察确认 RBC 两系设备外部工作指示灯显示正常； 2. 通过观察确认 ISDN 服务器设备外部工作指示灯显示正常； 3. 通过检测软件确认 RBC 工作状态正常，与相关设备的通信正常。	
作业后复查		1. 复查调整或测试过的设备； 2. 机柜门关闭良好； 3. 关闭照明； 4. 锁闭房门。		

2. 列控检修作业

列控检修作业				
SJDBZ/XZ.4-13				
项目	作业流程	工作内容及标准	检修方法	备注
作业前准备	确定检修重点	根据问题库信息、近期发生的列控故障确定检修重点。	对问题库内问题、现场反映问题、近期出现的列控故障位置进行检修。	CF 卡插拔必须在天窗内进行，否则易造成列控设备重启。（防止发生意外影响设备使用）
作业前准备	工具、仪表、材料准备	通信工具、万用表、吹风机、吸尘器、热成像仪、专用万可螺丝刀、200 mm 螺丝刀、毛刷、棉纱、白布、个人工具。	通信工具试验，料具清点、仪表校核。	
作业过程	列控设备	1. 检查设备各板件、部件、配线无异味，温升正常； 2. 倒机切换试验； 3. 安全数据网左环、右环通道断网试验； 4. LEU 冗余切换试验； 5. 电源冗余试验； 6. 对列控设备中的 CF 卡、板件拨码开关进行核对并建立档案。	1. 利用热成像仪对各部件温度进行检查； 2. 主备系手动切换试验：通过切换面板旋钮手动将主系切换到备系、再切换回来（通号列控设备无此项试验）； 3. 主备系自动切换试验：关闭主系任何一个板件应能自动转到备系工作； 4. 断网试验：通道试验时，应询问网管值班人员，确认该通道环上没有其他通道单断后，再分别断开安全数据网交换机尾纤进行安全数据网左环、右环通道断网试验； 5. LEU 冗余切换试验：断开正线主用 LEU 时应自动转到热备 LEU，在分线盘测量 LEU 输出电压无中断或明显变化现象；侧线 LEU 更换到冷备 LEU 时，进行排路试验，在分线盘测试 LEU 输出报文正确（与更换前该进路输出报文对比正确）； 6. 电源冗余试验：逐个单独断开电源模块，列控设备无异常。	

续表

	TSRS 设备	1. 检查 TSRS 维护终端无报警信息； 2. 检查 TSRS 与 RBC、CTC、TCC 的双通道正常； 3. 检查 TSRS 双系运行正常； 4. TSRS 切换试验，人工或自动切换试验良好； 5. TSRS 双系断电重启后，试验在 CTC 中心能否对 TSRS 进行初始化操作； 6. 试验下达临时限速命令是否能正确执行。	1. 通过 TSRS 维护终端的监测软件确认是否有报警信息； 2. 通过 TSRS 维护终端的监测软件确认 TSRS 与 RBC、CTC、TCC 的双通道正常； 3. 通过观察和进入各服务器确认设备运行正常； 4. TSRS 切换试验，需要在主用系的 VPC_C 中执行：service vpu restart 命令，该系的三台服务器将被触发自动启动； 5. TSRS 双系断电重启后，联系驻所人员，让调度员对 TSRS 进行初始化操作； 6. 通过检测软甲确认下达的临时限速是否正在执行。	
	安全数据网	1. 检查网管终端，左右网均无通道中断和设备报警； 2. 检查 ODF 架，各光纤接头接触良好，连接紧固； 3. 配合通信部门进行通道质量测试。	1. 通过网管检测网络拓扑图确认左右网均无通道中断和设备报警； 2. 通过观察、手碰确认 ODF 架，各光纤接头接触良好，连接紧固； 3. 联系通信核心网通过他们的监测软件确认与通信接口部位的连接是否正常。	
	测试	1. LEU 输出电压测试，≥11 V； 2. 备用光纤测试(波长 1310 nm 时全程平均损耗小于 0.50 db/km，波长 1550nm 时全程平均损耗小于 0.40 db/km，单衰耗点小于 0.5 db)。	1. 用万用表 X1 挡在 LEU 机柜后万科端子上测试 LEU 输出电压； 2. 用 OTDR（光时域反射仪）在室内对室外 LEU 机柜的备用光纤损耗进行测试。	
作业后复查	1. 复查调整或测试过的设备； 2. 机柜门关闭良好； 3. 关闭照明； 4. 锁闭房门。			

★★★★★★【思考与练习】★★★★★★

1. GSM-R 技术是建立在什么技术之上？能面对公众移动通信吗？
2. GSM-R 系统包括那些部分组成？
3. C3 列控业务是基于分组域（GPRS）数据传输业务吗？
4. 服务于 C3 线路的 GSM-R 系统传输无差错时间是多少？
5. 如何保障 C3 列控用户信道资源不被其他用户争抢造成业务中断？
6. 交织单网的无线网络能够解决多点故障吗？

任务 4 TSRS 设备维护

【技能目标】

1. 能按照现场标准完成 TSRS 设备巡检作业和检修作业。
2. 具备现场安全作业意识。

【知识目标】

1. 掌握 TSRS 设备基本知识。
2. 掌握 TSRS 设备维护要点。

******【相关知识】******

临时限速是指线路固定限速以外的、具有时效性的限速,包括:施工、维修引起的计划性限速,自然灾害、设备故障引起的突发性限速等。

一、既有线临时限速

既有线 CTCS-2 列车运行控制系统是 ATP 车载设备与地面列控中心、应答器设备、CTC/TDCS、联锁、自动闭塞的集成系统。其中与 CTC 的连接方式如图 4.4.1 所示。

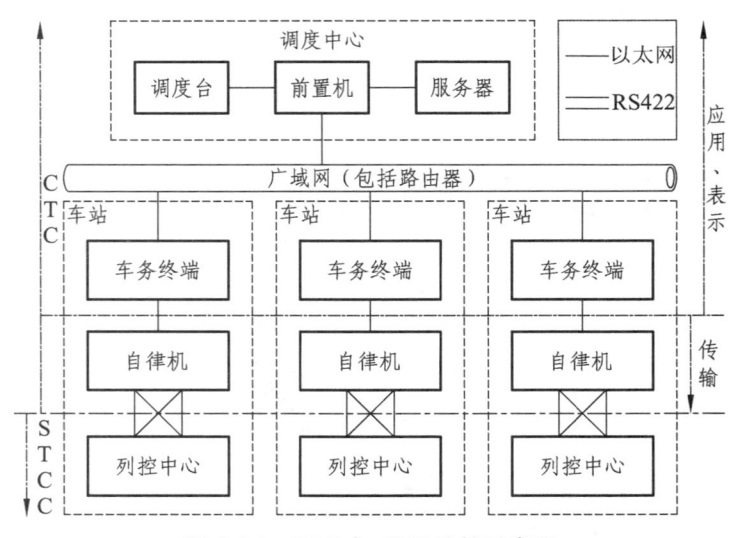

图 4.4.1 TCC 与 CTC 连接示意图

列控中心与 CTC/TDCS 在车站进行交换信息。列控中心与车站 CTC 自律机或 TDCS 车站分机采用 RS-422 串行口进行交叉连接,使用统一的通信协议。

在既有线,CTC/TDCS 和列控中心的车站车务终端合并设置。因此,CTC/TDCS 必须保证其稳定和可靠的工作,否则列控系统将失效。

(一)既有线临时限速处理基本原则

1. 临时限速调度命令的生成

(1)临时限速调度命令,CTC 由综合维修调度员拟定,并输入限速参数。TDCS 由列车调度员完成。

(2)CTC/TDCS 系统根据限速参数自动生成调度命令正文的相关内容,但该部分内容不能进行修改;其他补充内容,调度员可以根据需要增加。

(3)对于限速值为 25 km/h 和 35 km/h 的限速调度命令,速度参数选择格式为"25(45)"、"35(45)",CTC/TDCS 按 45 km/h 向列控中心传送,系统按实际速度值自动生成限速调度命令文本。但文本中必须附加"司机必须按调度命令人工控制列车速度"。

(4)临时限速调度命令由列车调度员负责校核。

2. 临时限速调度命令的下达与签收

(1)拟定的临时限速调度命令,经列车调度员校验后向相关车站下达。正常情况下,区间限速选择相邻两站,站内限速选择相邻三站。

(2)车站值班员核查并签收临时限速调度命令。CTC 无人车站的核查、签收由综合维修调度员完成。

(3)列车调度员监督相关车站签收回执情况。在规定时间内未回执时,应发出报警信息。

3. 签收后的临时限速调度命令的管理

(1)CTC/TDCS 系统将签收后的限速调度命令按车站、顺序分解,集中存入服务器确认命令列表中。

(2)调度台或车站可以通过 TDCS/CTC 界面访问服务器,获得当前已经确认的临时限速调度命令列表。

4. 临时限速调度命令发送至列控中心执行

(1)车站值班员(CTC 无人站由综合维护调度员)从确认命令列表中提取限速命令,并在合适的时机发送至列控中心执行;在命令的有效时段内,列控中心将保持所收命令的有效性。发送时机选择:一般情况下,区间限速应在本站办理相关列车通过或发车进路前发送;本站站内限速,在办理相关列车通过或接车进路前发送;前方站站内限速,应在本站办理相关列车通过或发车进路前发送。

(2)TDCS/CTC 系统应保证临时限速数据在系统内部及系统间的传输可靠性。

5. 车站列控中心的初始化

当列控中心复位后或者其他需要的初始化,由车站值班员(CTC 无人站由综合维修调度员)执行初始化操作或者重新发送原有的限速命令。

6. 车站值班员限速

车站值班员可以在特殊情况下,在车务终端上人工输入限速信息并发送至列控中心。

7. 站场图上的临时限速实时显示

临时限速命令发送至列控中心执行后,在 TDCS/CTC 站场图上以相应位置黄色方框显示。如果临时限速处于有效状态,即区间运行方向相同的发车车站已设置,则将显示黄色方框。如果有限速但没有设置,则应定时提醒车站值班员。

8. 临时限速的取消

调度员在拟定临时限速调度命令中选择"限速后恢复常速",此时系统会自动在确认命令列表中产生一条相应的取消命令;或从实时列表中选取正在执行的限速命令,生成取消临时限速调度命令,流程与限速流程相同。

9. 车站列控中心状态显示

调度所、车站 TDCS/CTC 界面应具有列控中心设备状态表示。

(二)既有线临时限速操作流程

1. 调度中心设置限速流程

如图 4.4.2 所示为 CTC/TDCS 调度中心限速设置流程。

```
调度中心:

┌─────────────────────────────────────────────────┐
│ CTC综合维修调度员或TDCS列车调度员选取调度命令菜单,进入调度 │
│ 命令编辑界面                                       │
└─────────────────────────────────────────────────┘
                       ↓
┌─────────────────────────────────────────────────┐
│ 选择新建调度命令,选择"列控限速命令",然后点击"输入限速"按  │
│ 钮。输入限速数据,确认返回后自动生成调度命令文本,如果不选择"列控 │
│ 限速命令"则按照原有调度命令处理                        │
└─────────────────────────────────────────────────┘
                       ↓
┌─────────────────────────────────────────────────┐
│ 编辑调度命令其它内容。自动生成的调度命令文本应不允许修改。编辑  │
│ 完毕后发送给列车调度员校验                            │
└─────────────────────────────────────────────────┘
                       ↓
┌─────────────────────────────────────────────────┐
│ 列车调度员进行校验,弹出临时校验输入窗口,按照文本命令内容再  │
│ 次输入相关数据后,系统将自动进行比较。校验无误后允许发送。若发现 │
│ 调度命令拟定错误,则向拟定发送通报信息                   │
└─────────────────────────────────────────────────┘
                       ↓
┌─────────────────────────────────────────────────┐
│ 此时命令不可修改。列车调度员根据限速要求选择受令车站,并下发 │
│ 调度命令到各车站,等待各站的签收                        │
└─────────────────────────────────────────────────┘
                       ↓
┌─────────────────────────────────────────────────┐
│ 车站由值班员进行签收,CTC无人车站由综合维修调度员代为签收。   │
└─────────────────────────────────────────────────┘
                       ↓
┌─────────────────────────────────────────────────┐
│ 对于相关受令车站均已签收的调度命令,CTC/TDCS软件对其进行分 │
│ 解,将分解确认后子命令发往服务器储存                     │
└─────────────────────────────────────────────────┘
                       ↓
┌─────────────────────────────────────────────────┐
│ 下发命令时,调度员可根据需要选择是否同时生产相应的取消限速子命 │
│ 令,如果选择生成,则不需要用调度命令的形式下发取消限速         │
└─────────────────────────────────────────────────┘
                       ↓
┌─────────────────────────────────────────────────┐
│ 对于无人车站,综合维修调度从临时限速命令数据下载本车站确认命  │
│ 令,选择适当时机发送                                 │
└─────────────────────────────────────────────────┘
                       ↓
┌─────────────────────────────────────────────────┐
│ 发送命令以后,显示执行回执。                          │
└─────────────────────────────────────────────────┘
```

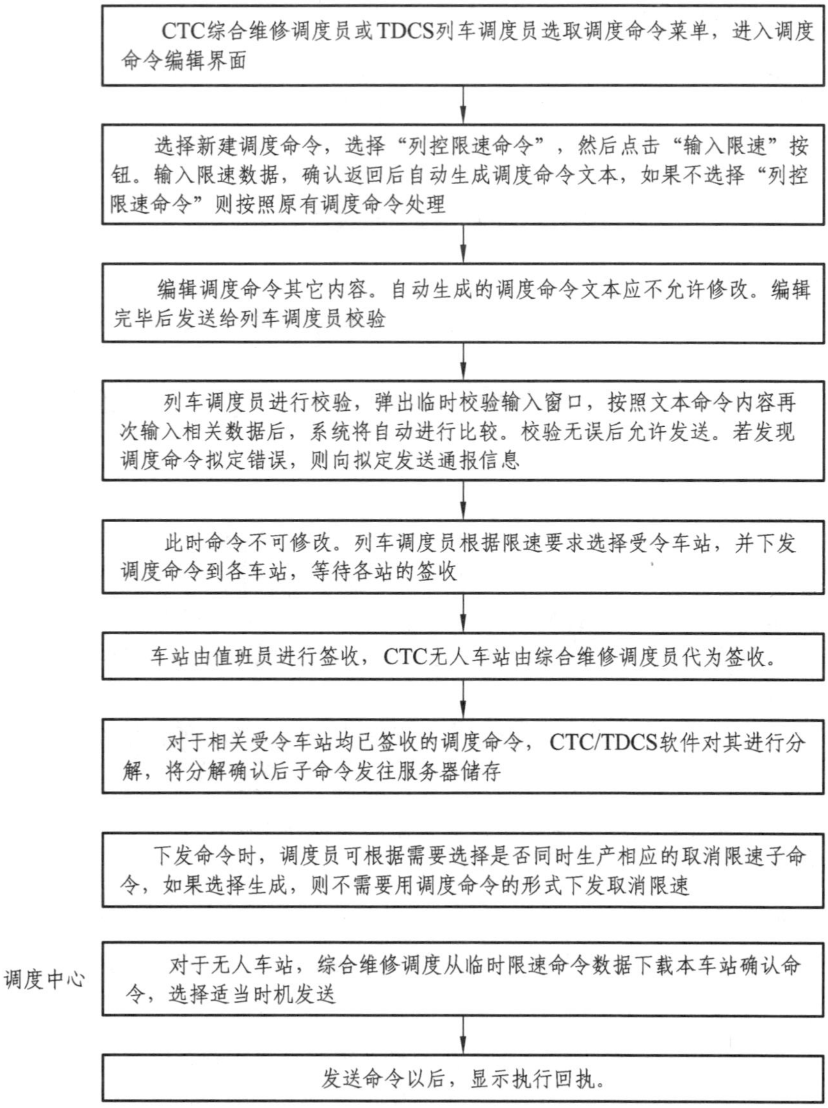

图 4.4.2　CTC/TDCS 调度中心限速设置流程

2. 调度中心取消限速流程

如图 4.4.3 所示为 CTC/TDCS 调度中心限速取消流程。

```
┌─────────────────────────────────────────────────────────────┐
│ CTC综合维修调度员或TDCS列车调度员打开限速命令管理窗口，在相应车 │
│ 站实际限速列表中选中需要取消的限速，右键选择"取消限速"，输入密码 │
└─────────────────────────────────────────────────────────────┘
                              ↓
┌─────────────────────────────────────────────────────────────┐
│ 弹出调度命令编辑窗口，选择相应限速调度命令模板，自动生成取消调度 │
│ 命令文本，编辑调度命令其它文本。将调度命令发送至列车调度员以校验限速 │
│ 数据                                                         │
└─────────────────────────────────────────────────────────────┘
                              ↓
┌─────────────────────────────────────────────────────────────┐
│ 列车调度员进行校验。点击检验按钮，弹出临时限速校验对话框。手工输 │
│ 入相关限速数据，系统确认无误，则校验成功。此时调度命令可以下发，但是 │
│ 内容不能修改。如果发现调度命令拟定错误。则向拟定者发送通报信息   │
└─────────────────────────────────────────────────────────────┘
                              ↓
┌─────────────────────────────────────────────────────────────┐
│ 列车调度员下发调度命令到各受令车站，等待签收。对于CTC无人车站， │
│ 由综合维修调度员代为签收                                     │
└─────────────────────────────────────────────────────────────┘
                              ↓
┌─────────────────────────────────────────────────────────────┐
│ 对于相关受令车站均已签收的命令，CTC/TDCS软件进行分解，将分解后 │
│ 的确认子命令发往服务器存储                                   │
└─────────────────────────────────────────────────────────────┘
                              ↓
┌─────────────────────────────────────────────────────────────┐
│ 如果在设置限速调度命令下发过程中，已经选择生成了相应的取消命令， │
│ 则此上述步骤可省略                                           │
└─────────────────────────────────────────────────────────────┘
                              ↓
┌─────────────────────────────────────────────────────────────┐
│ 对于CTC无人车站，综合维修调度员从数据下载车站的分解子命令，在适 │
│ 当的时机下发。                                               │
└─────────────────────────────────────────────────────────────┘
                              ↓
┌─────────────────────────────────────────────────────────────┐
│ 发送命令以后，显示执行回执。                                  │
└─────────────────────────────────────────────────────────────┘
```

图 4.4.3　CTC/TDCS 调度中心限速取消流程

3. 车务终端操作流程

如图 4.4.4 所示为 CTC/TDCS 车站限速流程。

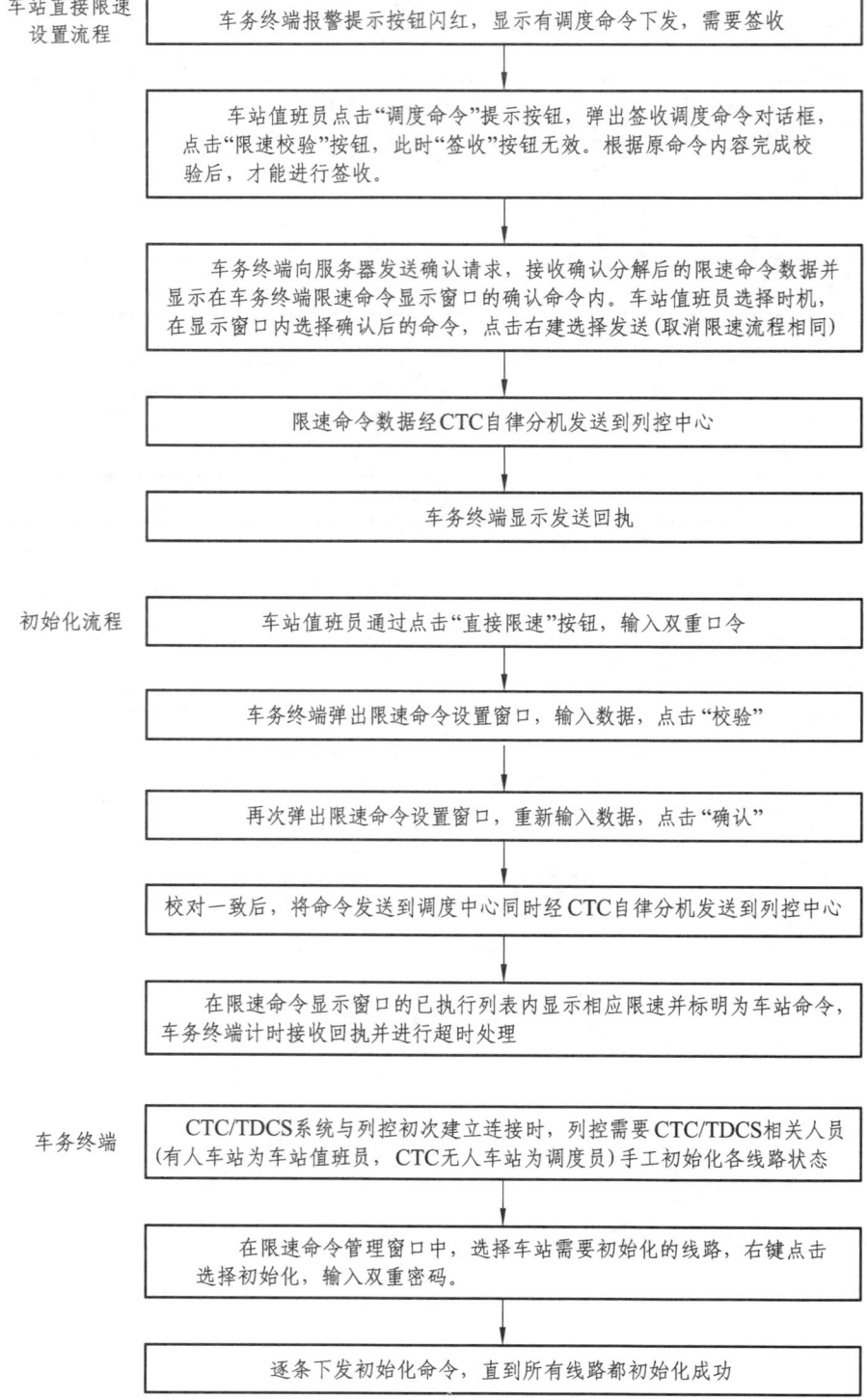

图 4.4.4　CTC/TDCS 车站限速流程

4. 列控回执处理流程

如图 4.4.5 所示为 CTC/TDCS 限速设置回执处理流程。

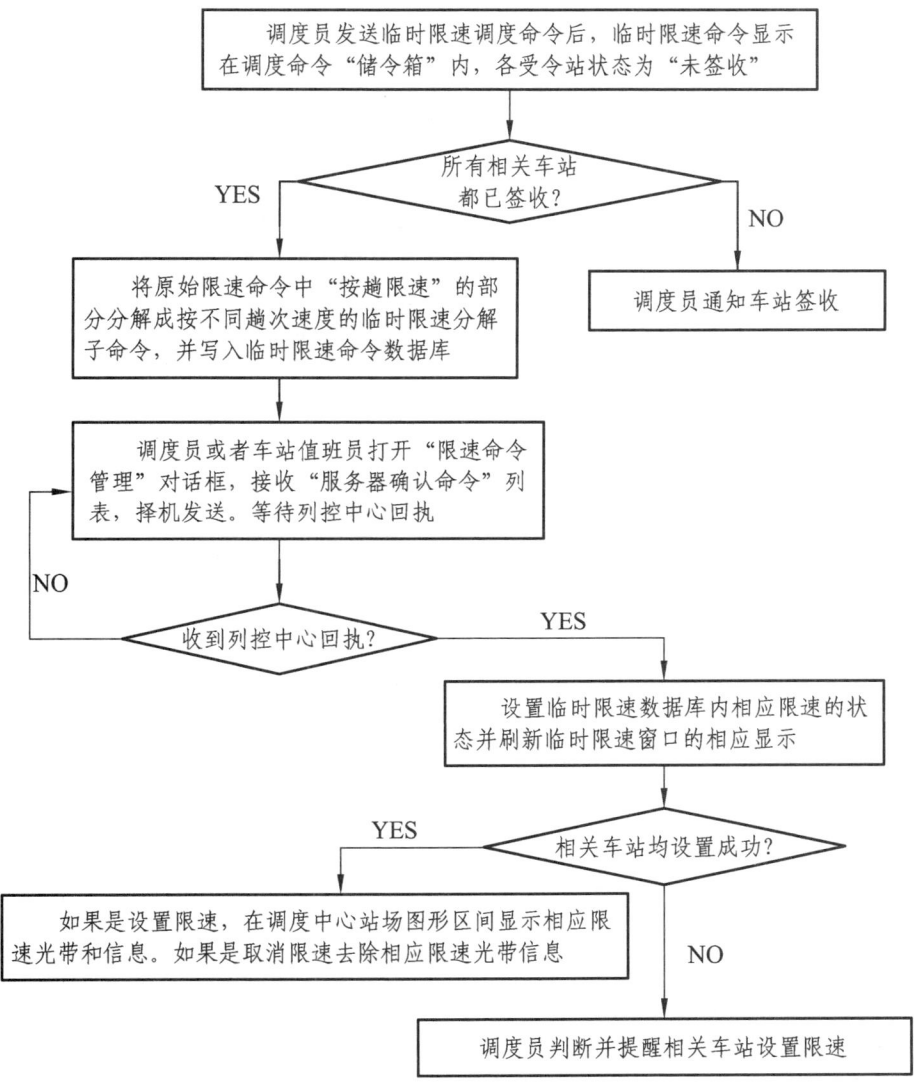

图 4.4.5 CTC/TDCS 限速设置回执处理流程

5. 自律机或车站分机工作流程

如图 4.4.6 所示为 CTC 自律机/TDCS 车站分析限速处理流程。

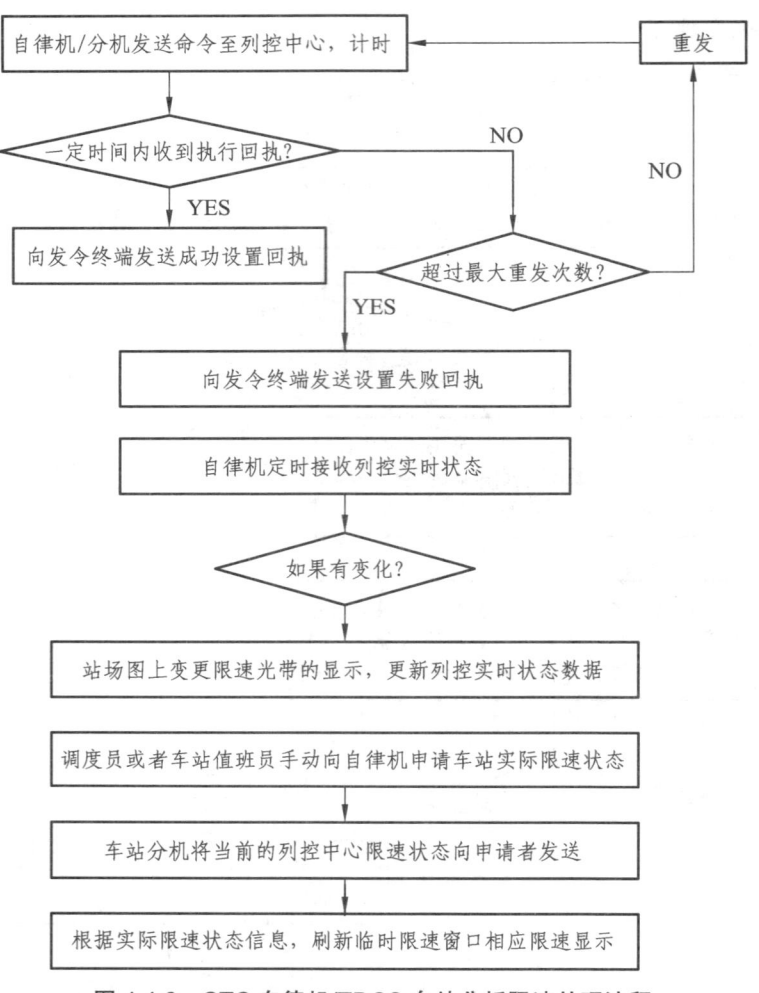

图 4.4.6 CTC 自律机/TDCS 车站分析限速处理流程

二、客运专线临时限速

临时限速是客运专线列控系统的重要功能。临时限速的设置应满足运输安全,实现灵活设置。客运专线列控限速调度命令由临时限速服务器(TSRS)集中管理。

TSRS 设置于靠近调度中心的车站,分别向列控中心(TCC)及无线闭塞中心(RBC)传递临时限速指令。TCC 应根据进路状态、临时限速等信息实时组帧生成用户报文(830 bits),并编码生成相应的应答器报文(1 023 bits),经 LEU 传输至有源应答器;RBC 应根据行车许可、临时限速等信息实时生成相应的无线消息,经 GSM-R 传输至车载设备。

临时限速命令的设置与取消均采用双重口令,经调度员确认下达后立即执行。临时限速服务器系统应与 CTC 系统统一时间和日期,CTC 系统负责授时。

客运专线临时限速命令由临时限速服务器管理,临时限速服务器与临时限速服务器维护终端、CTC、TCC、RBC 和 CSM 等设备的关系如图 4.4.7 所示。

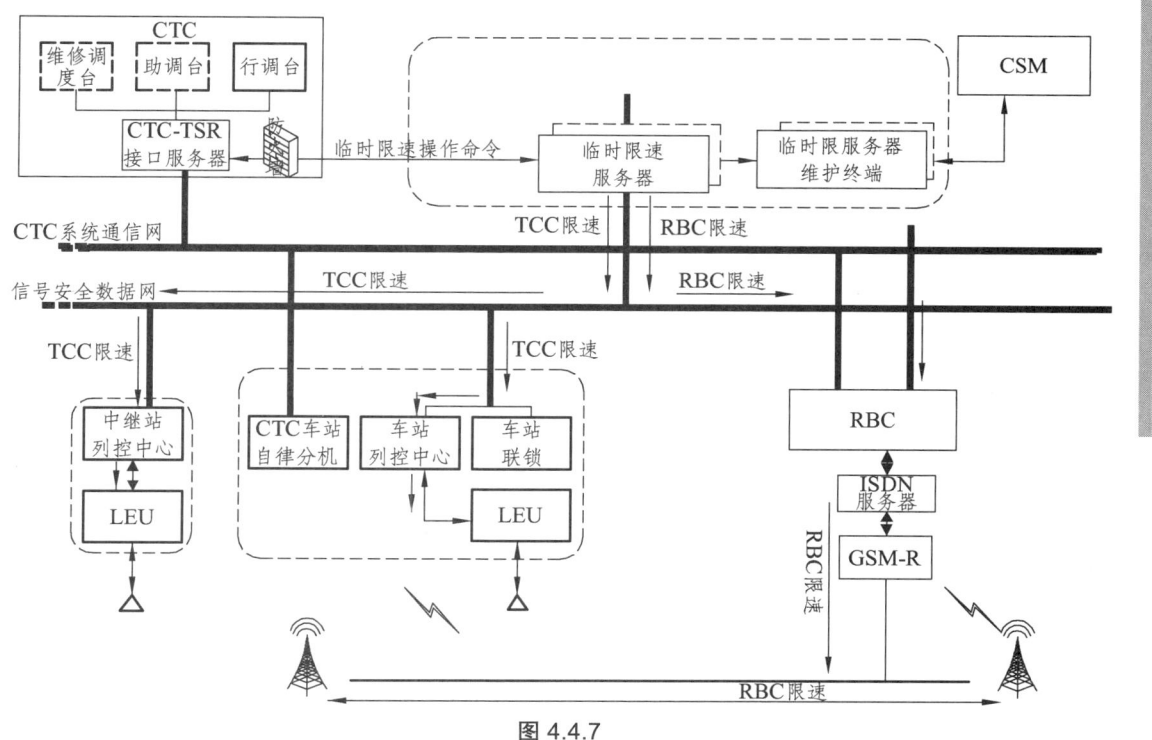

图 4.4.7

（一）客运专线临时限速操作流程

（1）施工调度台负责拟写临时限速调度命令，行车调度台负责拟定临时限速调度命令。

行车调度员在行调台检索待拟订的临时限速调度命令，确认后生成临时限速调度命令（含文本），下发给临时限速服务器进行有效性校验。临时限速服务器校验成功后，将该临时限速调度命令存入待执行列表中，并向 CTC 返回校验成功；若校验失败，向 CTC 返回失败原因。行车调度员可根据失败原因调整临时限速命令参数，重新尝试下发，如图 4.4.8 所示。

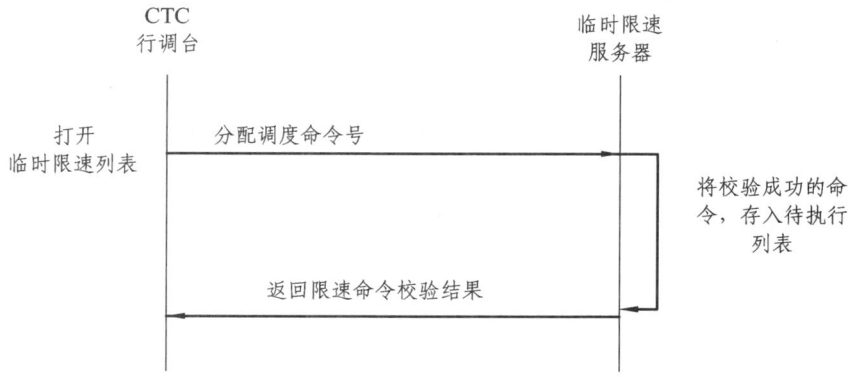

图 4.4.8　拟定临时限速调度命令的操作流程图

（2）临时限速服务器对即将执行的临时限速调度命令以其计划开始执行时间的前 30 min 起，提示调度员确认激活，并可间隔 10 min 重复提示直至确认或超出该临时限速命调度命令的计划结束时间,如图 4.4.9 所示。

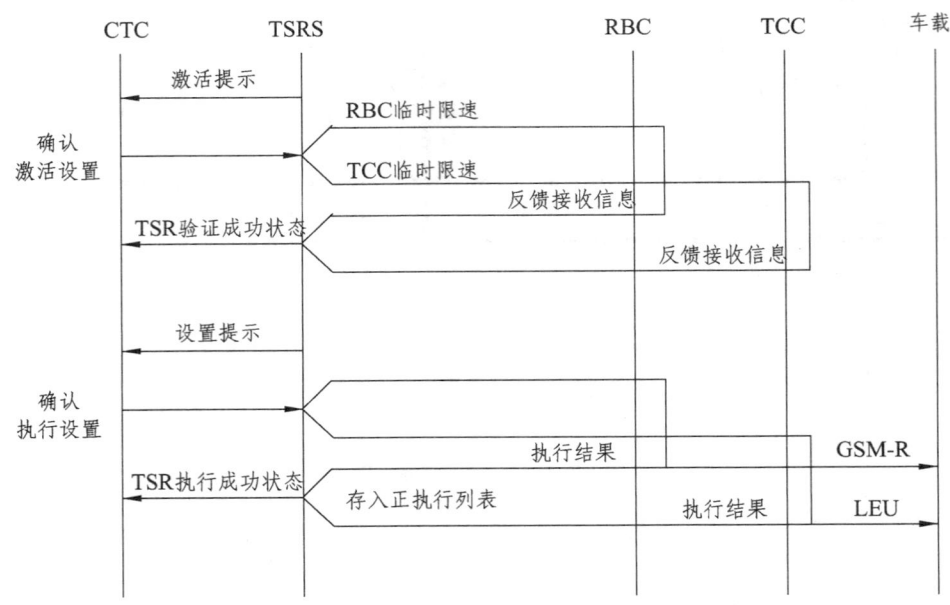

图 4.4.9　设置临时限速命令的操作流程图

(3)行车调度员根据 CTC 的激活提示,选取并激活即将执行的临时限速调度命令。

临时限速服务器根据临时限速调度命令参数信息判别相关 TCC 和 RBC,并根据相关 TCC 和 RBC 的管辖范围及接口协议要求,进行拆分和转换为相应设备所识别的临时限速信息。

相关 TCC 和 RBC 分别对接收的临时限速信息进行有效性判断后,将验证结果反馈给临时限速服务器。

(4)临时限速服务器对 TCC、RBC 的验证结果进行综合判定,若存在任一设备验证失败或超时未返回验证结果,则向 CTC 返回限速验证失败。行车调度员根据验证失败原因可选择撤销或重新尝试激活验证。若全部设备验证成功,则向 CTC 返回限速验证成功;同时,向行车调度员提供下达设置时机的参考提示。

(5)行车调度员根据 CTC 的设置提示,选取并设置验证成功的临时限速调度命令。

(6)临时限速服务器将临时限速调度命令拆分和转换后分发给相关 TCC 和 RBC 执行。

(7)相关 TCC 和 RBC 分别执行接收到的临时限速信息,并将执行结果反馈给临时限速服务器。

(8)临时限速服务器对 TCC 和 RBC 的执行结果进行综合判定,若存在任一设备执行失败或超时未返回执行结果,则向 CTC 返回限速失败。行车调度员根据执行失败原因可选择取消或重新尝试设置;若全部设备执行成功,则向 CTC 返回限速成功。

(9)对于执行成功的临时限速信息,RBC 和 TCC 分别通过 GSM-R 无线通信和有源应答器将临时限速信息发送给车载设备。

(10)当行车调度员确认临时限速调度命令可取消时,经行调台再次拟定与该设置命令的限速区位置参数完全一致的取消命令,然后下发给临时限速服务器做校验和存储,如图 4.4.10 所示。

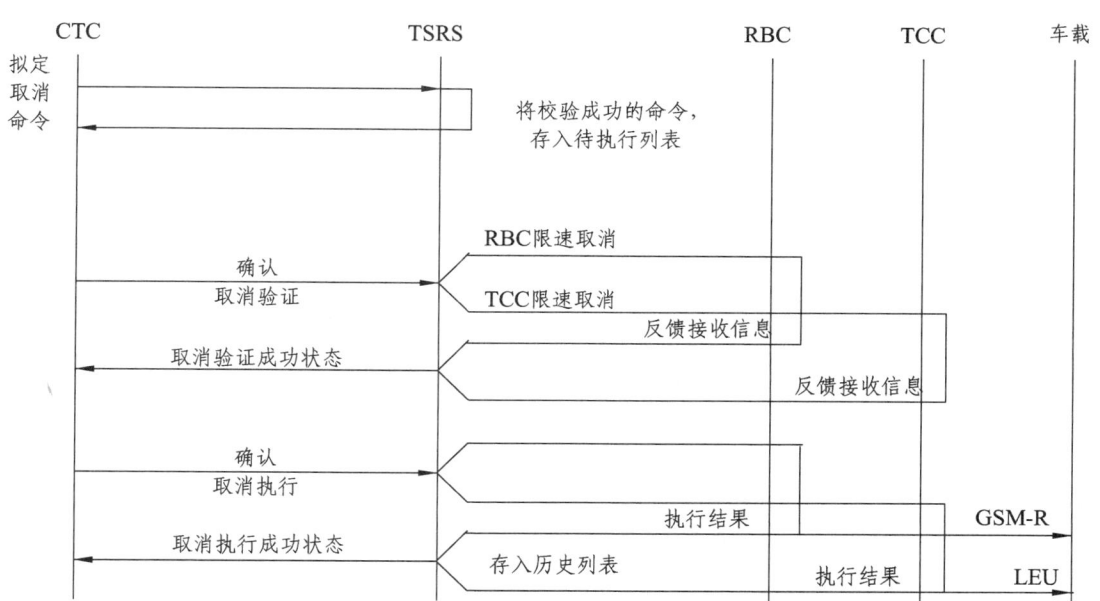

图 4.4.10　取消临时限速命令的操作流程

（11）临时限速服务器校验成功后，将该临时限速调度命令存入待执行列表中，并向 CTC 返回校验成功；若校验失败，向 CTC 返回失败原因。行车调度员可根据失败原因调整临时限速命令参数，重新尝试下发。

（12）行车调度员根据 CTC 的校验成功回复，选取下达取消验证命令。

（13）临时限速服务器将取消验证命令分发至相关 TCC 和 RBC。

（14）相关 TCC 和 RBC 分别对接收的临时限速取消信息进行有效性判断后，将验证结果反馈给临时限速服务器。

（15）临时限速服务器对 TCC 和 RBC 的验证结果进行综合判定，若存在任一设备验证失败或超时未返回验证结果，则向 CTC 返回取消验证失败。行车调度员根据验证失败原因可选择重新尝试取消或通知设备维护。若全部设备验证成功，则向 CTC 返回取消验证成功。

（16）当行车调度员确认临时限速调度命令取消验证操作成功时，即可下达取消执行命令。

（17）临时限速服务器将取消执行命令分发至相关 TCC 和 RBC。

（18）相关 TCC 和 RBC 分别执行临时限速取消信息，并将执行结果反馈给临时限速服务器。

（19）临时限速服务器对 TCC 和 RBC 的执行结果进行综合判定，若存在任一设备执行失败或超时未返回执行结果，即向 CTC 返回限速取消失败。行车调度员根据执行失败原因可选择重新尝试取消或通知设备维护。若全部设备执行成功，则向 CTC 返回限速取消成功。

（20）若 TSR 系统完全故障，造成临时限速命令无法下达执行时，调度员应采用限速调度命令文本流程，通知司机按文本限速调度命令控制列车运行。

（21）若设置低于 45 km/h 的限速，CTC/TDCS 按 45 km/h 向 TSRS 传送，并按实际速度值自动生成限速调度命令文本，通知司机按文本限速调度命令控制列车运行。

（22）涉及跨局的临时限速调度命令，以工务局界划分限速区域归属地。由线路正向上的限速起点所在的调度局负责拟定、下达和取消。

（23）涉及跨调度台显示界的临时限速调度命令，须由相应调度台拆分后分别负责拟定、下达和取消。

（二）临时限速调度命令要求

（1）临时限速调度命令应包括调度命令号、线路号、起始里程标、终点里程标、限速值、计划执行开始时间、计划执行结束时间等信息。侧线临时限速命令应增加车站号信息，且起点与终点里程标固定为 K0000 + 000 和 K9999 + 999。

（2）区间及站内正线临时限速按实际里程标设置（单位：米），临时限速值分辨率为 5 km/h，最低限速值 45 km/h，最长限速区长度为 TSRS 对应的调度台管界范围。

（3）相邻两处正线限速调度命令的拟定间距应至少为 10 m。

（4）侧线临时限速以上、下行侧线分别（不含正线）按区设置，限速区长度（L_TSR）为进路长度加 80 m。临时限速值设 45 km/h。

（5）临时限速调度命令的线路号宜按下行正线、上行正线、下行侧线、上行侧线的顺序编号，如图 4.4.11 所示。

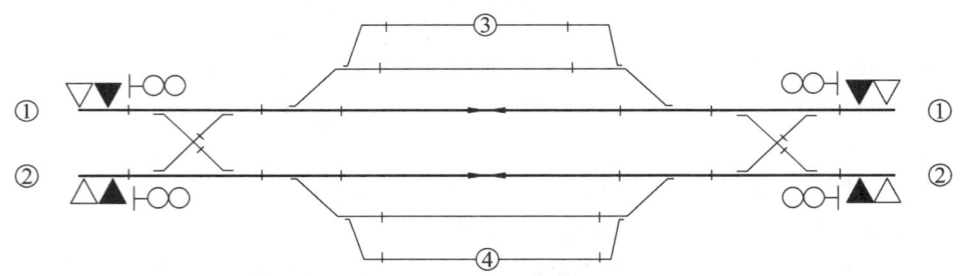

图 4.4.11　站内限速区划分和线路编号示意图

（6）临时限速取消命令须与要取消的临时限速设置命令的限速区位置参数完全一致，不得对某一限速区进行分段取消或覆盖取消。

（7）临时限速取消命令为立即下达方式。

（8）临时限速命令的起点与终点位置必须按线路正向顺序排列，不得交换。

三、既有线列控中心临时限速命令的处理

动车组临时限速设置精度：
限速区起点精度 100 m；
限速区长度分为 8 档（100 m、500 m、1 000 m、1 500 m、2 000 m、3 000 m、4 000 m、6 000 m）；
限速分为 5 档（45 km/h、60 km/h、80 km/h、120 km/h、160 km/h）；
限速区长度超过 2 000 m 时，可按区间限速处理。若遇限速速度小于 45 km/h 的特殊情况，由司机按调度命令控车。

应答器临时限速管辖范围及关系：

（1）站内正线有临时限速时，前方站出站口应答器、本站进站口应答器分别发送相应临时限速报文。

（2）办理正线通过且离去区段有临时限速时，进站口、出站口应答器分别发送相应临时限速报文。

（3）CTCS 级间转换处，应答器临时限速管辖范围应向外延伸，延伸长度为线路允许速度到 45 km/h 的制动距离。

（4）在区间其余地点有临时限速时，出站口应答器发送相应临时限速报文，进站口应答器的报文中应有限速预告信息。

（5）同一临时限速由不同的应答器发送报文时，其报文含义应具有一致性。各应答器报文的限速区速度、长度应完全一致，限速区起点之间应有固定的数学关系式，应答器报文的选择应建立对应逻辑关系。

（6）根据限速区起点与对应应答器之间的距离、限速区长度、限速区速度、进路及信号机状态等信息，选择存在列控中心中的报文。

（7）根据临时限速调度命令中的执行时间、进路办理情况等信息，经计算确定应答器报文的发送时机，实时将所选的报文向对应的 LEU 传送；特殊情况下，由车站值班员在车务终端上确定发送时机。

（8）进站口应答器，在进站信号机开放时控制 LEU 向应答器发送报文，直至列车完全越过进站信号机。出站口应答器，在其有效时段内连续控制 LEU 向应答器发送报文。

（9）LEU 实时接收列控中心传送的数据报文并发送给对应有源应答器，实时更新有源应答器的数据，实现应答器对变化数据的发送。

四、客专列控中心临时限速命令的处理

1. 列控中心应答器报文的发送

（1）列控中心根据联锁系统建立的进路信息和临时限速服务器发送的临时限速命令向相应的应答器发送报文。

（2）设置在进站信号机（含反向）处的有源应答器，作为接车口使用时，列控中心接收到车站联锁系统接车进路建立的信息后，应向相应的应答器发送接车进路报文，直至该接车进路第一区段解锁后，恢复向应答器发送停车报文。

（3）设置在进站信号机（含反向）处的有源应答器，根据区间线路方向，作为发车口使用时，应向相应的应答器发送区间临时限速和线路数据报文，直到区间线路方向改变。

（4）设置在到发线两端的有源应答器，当接车进路建立后，维持发送绝对停车报文；当发车进路建立后对应出站信号机处的应答器发送发车进路报文，第一区段解锁后，恢复发送停车报文。

（5）进站口应答器报文：

① 当排列正线接车进路或通过进路时，进站口有源应答器发送包含正线线路数据的应答器报文。

② 当排列侧向接车进路时发送包含侧线线路数据的应答器报文。

（6）正线及侧线到发线出站（含反向）应答器报文：

① 对有图定转线作业的正线出站有源应答器及侧线到发线出站有源应答器，当发车信号关闭时，有源应答器发送发车方向有效的停车报文，当发车信号开放时，发送包含发车进路信息的应答器报文。

② 排列接车进路时，处于反向发车位置的出站应答器发送停车报文，如果排列的是通过进路，处于反向发车位置的出站应答器发送正向的线路预告报文。

（7）中继站有源应答器作为 CTCS-2 级列控系统临时限速的更新点，中继站列控中心根据区间线路方向控制应答器发送临时限速信息和应答器链接信息。

（8）大号码道岔应答器报文

① 对于侧向进路，当站内接、发车进路及离去区段（从出站口开始列车从线路最高允许速度减速到 0 km/h 的常用制动距离）范围内没有低于大号码道岔侧向最高允许速度的临时限速且上述离去区段空闲时，列控中心应控制大号码道岔应答器发送大号码道岔信息包，道岔前方区段发 UUS 码。

② 当站内接、发车进路或离去区段范围内有大于等于 80 km/h 而小于大号码道岔侧向最高允许速度的临时限速时，进站口有源应答器发送相应限速报文，大号码道岔应答器不发送大号码道岔信息包，道岔前方轨道区段发 UUS 码。

③ 当站内接、发进路或离去区段范围内有低于 80 km/h 的临时限速时，进站口有源应答器发送相应限速报文，大号码道岔应答器不发送大号码道岔信息包，道岔前方轨道区段发 UU 码。

④ 对于侧进侧出通过进路，由列控中心控制进站口有源应答器预告发车进路上的大号码道岔侧向允许速度信息。

⑤ 当列车进路为大号码道岔直向进路时，列控中心控制大号码道岔有源应答器发送轨道区段信息和线路信息。

⑥ 当排列反向接发车进路时，列控中心不发送大号码道岔信息包。

⑦ 该大号码道岔信息仅在地面发送 UUS 码时有效，当列车已接收到大号码道岔信息，地面信号关闭时或进路缩短时，列控中心应取消发送 UUS 码。

2. 临时限速设置规则

（1）CTCS-2 级。

① TCC 单方向 TSR 管辖范围应从本站进站口开始至前方车站出站口（或中继站）第二个有源应答器组再增加一个制动距离，制动距离应涵盖从线路最高允许码降至 HU 码的所有闭塞分区并延伸 100 m，如图 4.4.12 所示。

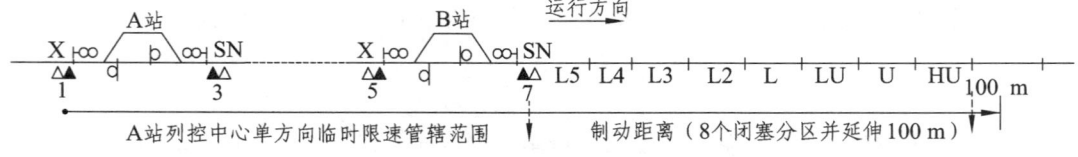

图 4.4.12　TCC 对 TSR 管辖范围示意图

② 车站 TCC 和中继站 TCC 均应作为 CTCS-2 级 TSR 的更新点，在其 TSR 管辖范围内，应具备同时设置 5 处（含末端 45 km/h）TSR 的能力，如图 4.4.13 所示。

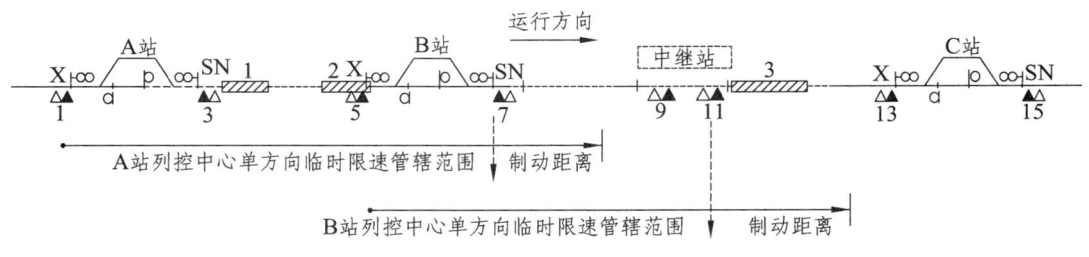

图 4.4.13　TCC 对 TSR 多处设置示意图

③ 进站/出站口应答器正线 TSR 有效区段长度（L_TSRarea）为 TCC 单方向 TSR 管辖范围外加 100 m，并在 L_TSRarea 末端内方固定设置 100 m 长的 45 km/h 限速区，如图 4.4.14 所示。

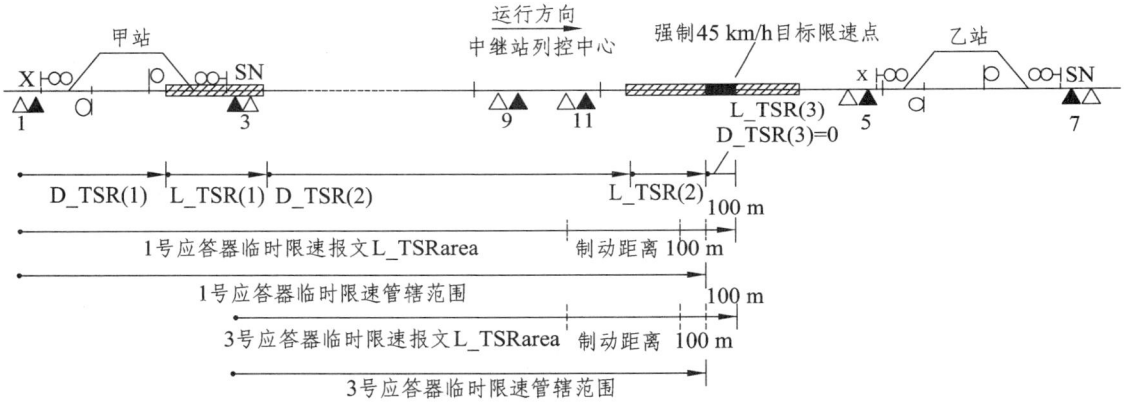

图 4.4.14　正线 TSR 有效区段长度示意图

④ 对于没有直股发车条件的侧向接车进路，限速区长度为接车进路长度并延伸 80 m，如图 4.4.15 所示。

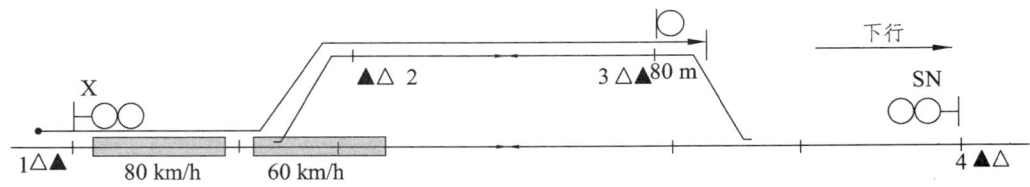

图 4.4.15　没有直股发车条件的侧向接车进路 TSR 有效区段长度示意图

⑤ 当进路内没有 TSR 时，进站口应答器发送无限速报文；当进路内有 TSR 时，进站口应答器发送限速值较低的限速报文（图中取进路限速 60 km/h 报文），且该限速值不得超过线路最高允许速度值。

⑥ 对于可直股发车的侧向接车进路，TSR 有效区段长度为进站口至出站口加 80 m，如图 4.4.16 所示。

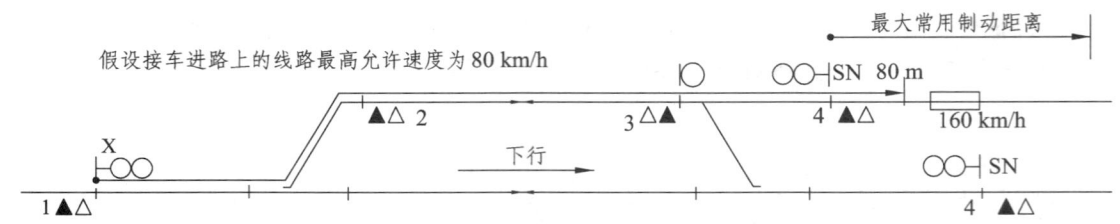

图 4.4.16　可直股发车的侧向接车进路 TSR 有效区段长度示意图

⑦ 当进路内或离去区段（从出站口开始列车从当前线路最高允许速度减速到 45 km/h 的制动距离）内没有 TSR 时，进站口应答器发送无限速报文；当进路和离去区段内有 TSR 时，进站口应答器发送限速值较低的限速报文，且该限速值不得超过线路最高允许速度值（图中取进路限速 80 km/h 报文）。

⑧ 对于侧向发车进路，出站信号机处应答器的 TSR 管辖范围应从该应答器位置开始至前方车站（中继站）第二组有源应答器外加一个制动距离。当发车进路内和出站口应答器内没有 TSR 时，出站信号机处应答器发送全线无限速报文，TSR 有效区段长度为其 TSR 管辖范围加 100 m，并在 L_TSRarea 末端内方固定设置 100 m 长的 45 km/h 限速区，如图 4.4.17 所示。

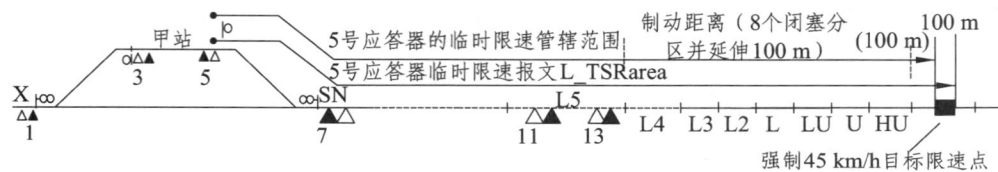

图 4.4.17　侧向发车前方无限速时 TSR 有效区段长度示意图

⑨ 对于侧向发车进路，当发车进路内或离去区段（从出站口开始列车从当前线路最高允许速度减速到 45 km/h 的制动距离）内没有限速时，发送无限速报文；若设有多处 TSR，则发送限速值较低的限速报文，且该限速值不得超过线路最高允许速度值。TSR 有效区段长度均为从出站信号机处应答器开始至出站口加 80 m，如图 4.4.18 所示。

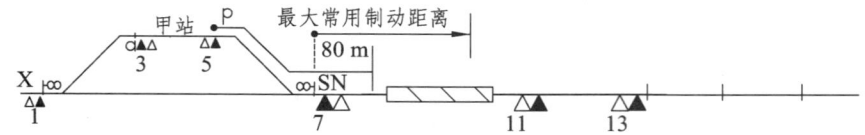

图 4.4.18　侧线发车前方有限速时 TSR 有效区段长度示意图

⑩ 客运专线 CTCS-2 级与既有线 CTCS-2 级间转换区域边界处的既有车站，改造后其 TCC 的 TSR 管辖范围为：

与既有线连接侧，按既有线 CTCS-2 级限速方式下达、归档，如图 4.4.19 所示。既有改造站 TCC 须按既有线 CTCS-2 技术规范实施正线进站信号机降级。

与客运专线连接侧，按客运专线 CTCS-2 级限速方式下达，不需要归档，如图 4.4.20 所示。

⑪ 与等级转换点相邻的 CTCS-0 级车站 TCC 的 TSR 管辖范围应从站外有源应答器开始至前方车站出站口或中继站第二个应答器组外加一个制动距离。该 CTCS-0 级车站外有源应答器的 TSR 有效区段长度和 TSR 管辖范围如 4.4.21 所示。

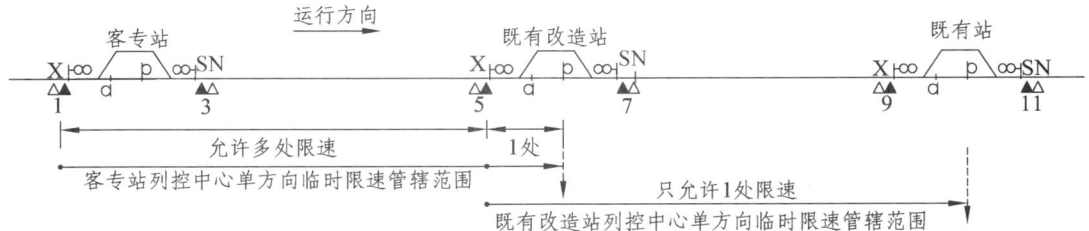

图 4.4.19　面向既有线侧的 TCC 的 TSR 管辖范围

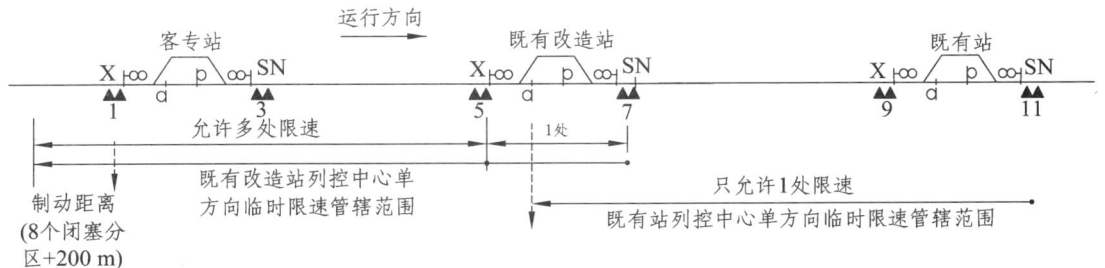

图 4.4.20　面向客运专线侧的 TCC 的 TSR 管辖范围

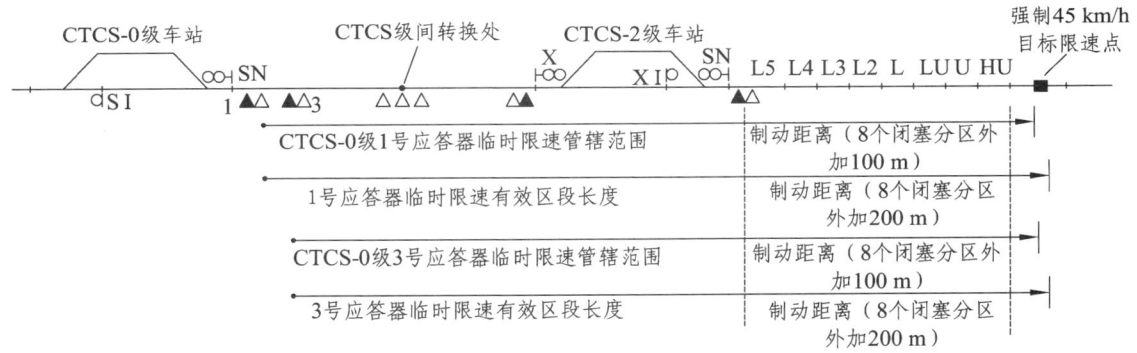

图 4.4.21　CTCS-0 级车站 TSR 管辖范围示意图

⑫ 与等级转换点相邻的 CTCS-2 级车站 TCC 在 CTCS-0 级方向的 TSR 管辖范围应从本站进站口开始至等级转换执行点向外延伸一个线路最高允许速度减速到 45 km/h 的制动距离，该 CTCS-2 级站有源应答器的 TSR 有效区段长度与其 TSR 管辖范围一致，如图 4.4.22 所示。

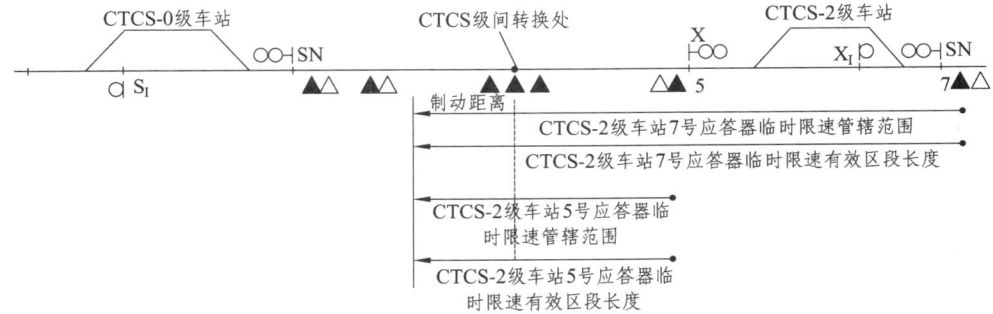

图 4.4.22　CTCS-2 级车站限速管辖范围示意图

⑬ 当排列侧向进路且接近区段设有低于 80 km/h 限速时，列控中心应控制接近区段发 UU 码。

⑭ 对于仅开行动车组的客运专线，当进站口应答器发送侧向接车进路且低于 80 km/h 限速报文时，列控中心控制接近区段发 UU 码。

⑮ 当出站信号机应答器发送侧向发车进路且低于 80 km/h 限速报文时，对应的发车股道发送 UU 码。

（2）CTCS-3 级。

① RBC 根据临时限速服务器发送的临时限速信息（临时限速命令编号、临时限速区起点、终点、速度），生成相应的临时限速信息包。

② RBC 的临时限速信息包应与相应的行车许可同时发送。

③ RBC 的临时限速管辖范围应与其移动授权的控制范围一致。

******【巡检与检修作业】******

1. 列控巡检作业

列控巡检作业					
	编号	SJDBZ/XZ.4-12			
项目	作业流程	工作内容及标准		作业方法		备注
作业前准备	确定巡检重点	重点对问题处理情况进行跟踪。		对问题库内问题、现场反映问题处理情况进行分析。		
	仪表料具准备	通信工具、个人工具、棉纱。		通信工具试验，料具清点。		
作业过程	信息查询	1. 对当前及历史报警信息进行查询分析； 2. 对当前连接状态进行查看。		1. 点击报警按钮，查看当前是否存在报警内容、历史报警信息是否全部恢复； 2. 在维护终端内查看网络连接图应均显示绿色。		
	列控设备	1. 检查各器材、板件、网络设备指示灯显示正常； 2. 检查各部螺丝紧固，防脱设施良好； 3. 检查网线、光纤头的插接状态良好，光纤自然弯曲不打死弯； 4. 检查风扇工作正常，无异常噪音及过热现象； 5. 柜内清洁，无异物、异响、异味； 6. 用易碎贴封堵 USB 口； 7. 对界面显示信息进行核对； 8. 对查询、状态监测、远程登录等功能进行检查试验； 9. 回放分析列车运行情况； 10. 机柜电源指示灯显示正常； 11. 并联模块输出电压、电流达标且保持均衡，标准：≥23 V（LKD2-T2 型）。		1. 目视查看设备指示灯正常； 2. 对界面显示的信号设备状态、方向显示、进路显示等均显示正常； 3. 对维护终端各软件功能进行逐一操作，能够正常实现； 4. 在列控维护终端上回放上下行各 2 对客车运行，观察列车占用表示和码序变化是否正确。		

续表

作业过程	TSRS 检查	1. 查看 TSRS 两系设备外部工作指示灯显示正常； 2. 查看 TSRS 维护终端无报警信息； 3. 查看 TSRS 系统工作状态正常。	1. 通过观察确认 TSRS 两系设备外部工作指示灯显示正常； 2. 通过 TSRS 维护终端的监测软件查看 TSRS 维护终端无报警信息； 3. 通过 TSRS 维护终端的监测软件查看 TSRS 的工作状态，跟相关设备的接口状态。	
	安全数据网检查	1. 查看 RBC 两系设备外部工作指示灯显示正常； 2. 查看 ISDN 服务器设备外部工作指示灯显示正常； 3. 查看 RBC 系统工作状态正常。	1. 通过观察确认 RBC 两系设备外部工作指示灯显示正常； 2. 通过观察确认 ISDN 服务器设备外部工作指示灯显示正常； 3. 通过检测软件确认 RBC 工作状态正常，与相关设备的通信正常。	
作业后复查		1. 复查调整或测试过的设备； 2. 机柜门关闭良好； 3. 关闭照明； 4. 锁闭房门。		

2. 列控检修作业

列控检修作业				
编号		SJDBZ/XZ.4-13		
项目	作业流程	工作内容及标准	检修方法	备注
作业前准备	确定检修重点	根据问题库信息、近期发生的列控故障确定检修重点。	对问题库内问题、现场反映问题、近期出现的列控故障位置进行检修。	CF 卡插拔必须在天窗内进行，否则易造成列控设备重启。（防止发生意外影响设备使用）
	工具、仪表、材料准备	通信工具、万用表、吹风机、吸尘器、热成像仪、专用万可螺丝刀、200mm 螺丝刀、毛刷、棉纱、白布、个人工具。	通信工具试验，料具清点、仪表校核。	
作业过程	列控设备	1. 检查设备各板件、部件、配线无异味，温升正常； 2. 倒机切换试验； 3. 安全数据网左环、右环通道断网试验； 4. LEU 冗余切换试验； 5. 电源冗余试验； 6. 对列控设备中的 CF 卡、板件拨码开关进行核对并建立档案。	1. 利用热成像仪对各部件温度进行检查； 2. 主备系手动切换试验：通过切换面板旋钮手动将主系切换到备系、再切换回来（通号列控设备无此项试验）； 3. 主备系自动切换试验：关闭主系任何一个板件应能自动转到备系工作； 4. 断网试验：通道试验时，应询问网管值班人员，确认该通道环上没有其他通道单断后，再分别断开安全数据网交换机尾纤进行安全数据网左环、右环通道断网试验； 5. LEU 冗余切换试验：断开正线主用 LEU 时应自动转到热备 LEU，在分线盘测量 LEU 输出电压无中断或明显变化现象；侧线 LEU 更换到冷备 LEU 时，进行排路试验，在分线盘测试 LEU 输出报文正确（与更换前该进路输出报文对比正确）； 6. 电源冗余试验：逐个单独断开电源模块，列控设备无异常。	

续表

作业过程	TSRS设备	1. 检查TSRS维护终端无报警信息； 2. 检查TSRS与RBC、CTC、TCC的双通道正常； 3. 检查TSRS双系运行正常； 4. TSRS切换试验，人工或自动切换试验良好； 5. TSRS双系断电重启后，试验在CTC中心能否对TSRS进行初始化操作； 6. 试验下达临时限速命令是否能正确执行。	1. 通过TSRS维护终端的监测软件确认是否有报警信息； 2. 通过TSRS维护终端的监测软件确认TSRS与RBC、CTC、TCC的双通道正常； 3. 通过观察和进入各服务器确认设备运行正常； 4. TSRS切换试验，需要在主用系的VPC_C中执行：service vpu restart命令，该系的三台服务器将被触发自动启动； 5. TSRS双系断电重启后，联系驻所人员，让调度员对TSRS进行初始化操作； 6. 通过检测软甲确认下达的临时限速是否正在执行。
	安全数据网	1. 检查网管终端，左右网均无通道中断和设备报警； 2. 检查ODF架，各光纤接头接触良好，连接紧固； 3. 配合通信部门进行通道质量测试。	1. 通过网管检测网络拓扑图确认左右网均无通道中断和设备报警； 2. 通过观察、手碰确认ODF架，各光纤接头接触良好，连接紧固； 3. 联系通信核心网通过他们的监测软件确认与通信接口部位的连接是否正常。
	测试	1. LEU输出电压测试，≥11 V； 2. 备用光纤测试（波长1 310 nm时全程平均损耗小于0.50 db/km，波长1 550 nm时全程平均损耗小于0.40 db/km，单衰耗点小于0.5 db）。	1. 用万用表X1挡在LEU机柜后万科端子上测试LEU输出电压； 2. 用OTDR（光时域反射仪）在室内对室外LEU机柜的备用光纤损耗进行测试。
作业后复查	1. 复查调整或测试过的设备； 2. 机柜门关闭良好； 3. 关闭照明； 4. 锁闭房门。		

※※※※※※【思考与练习】※※※※※※

1. 试述临时限速命令下达流程。
2. TSRS巡检检查的内容是什么？
3. TSRS设备检修的内容是什么？
4. CTC系统负责提供临时限速命令的哪些功能？
5. TSRS系统负责提供临时限速命令的哪些功能？
6. 当TSRS系统重启时，如何获取限速信息？
7. 客专TCC如何处理接收到的TSRS下达的临时限速命令？
8. RBC如何处理接收到的TSRS下达的临时限速命令？
9. TSRS如何检测与TCC和RBC限速命令执行的一致性？
10. TSRS与TCC、RBC、邻站TSRS间应通过什么进行连接？

任务 5　CRH3/CRH380 设备维护

【技能目标】

1. 能按照现场标准完成 CRH3/CRH380 设备巡检作业和检修作业。
2. 具备现场安全作业意识。

【知识目标】

1. 掌握 CRH3/CRH380 设备基本知识。
2. 掌握 CRH3/CRH380 设备维护要点。

★★★★★【相关知识】★★★★★

一、车载设备机柜组成

（1）在 CRH3 型车上，车载设备采用分布式结构，主要由下列单元组成。
① GSM-R 无线通信单元（GSM-R）。
② 司法记录单元（JRU）。
③ 轨道电路信息接收单元（TCR）。
④、⑤ 安全无线传输系统 STU-V（COMC、GCD）。
⑥ BCT（MVB 接口 ESD 转 EMD）。
⑦ 车辆安全网关（TSG）。
⑧、⑨ 车载 CTCS-3 级安全计算机单元（ATPCUa、ATPCUb）。
⑩、⑪ 车载 CTCS-2 级安全计算机单元（C2CUa、C2CUb）。
⑫、⑬ 速度距离处理单元（SDPa、SDPb）。
⑭、⑮ 测速测距单元（SDU1、SDU2）。
⑯、⑰ 安全数字输入输出（VDX1、VDX2）。
⑱ 继电器（PB、RB、EB1、EB2 输出、EBFB 反馈）。
⑲ 各模块电源开关。

CRH3 型车车载
设备布置图

（2）在 CRH380B 车，车载设备主机新增 TSG 冗余单元，机柜布置主要由下列单元组成。
① GSM-R 无线通信单元（GSM-R）。
② 司法记录单元（JRU）。
③ 轨道电路信息接收单元（TCR）。
④、⑤ 安全无线传输系统 STU-V（COMC、GCD）。
⑥ BCT（MVB 接口 ESD 转 EMD）。
⑦ 车辆安全网关（TSGa、TSGb）。
⑧、⑨ 车载 CTCS-3 级安全计算机单元（ATPCUa、ATPCUb）。
⑩、⑪ 车载 CTCS-2 级安全计算机单元（C2CUa、C2CUb）。
⑫、⑬ 速度距离处理单元（SDPa、SDPb）。

CRH380B 型车车载
设备布置图

⑭、⑮ 测速测距单元（SDU1、SDU2）。
⑯、⑰ 安全数字输入输出（VDX1、VDX2）。
⑱ 继电器（PB、RB、EB1、EB2 输出、EBFB 反馈）。
⑲ 各模块电源开关。

二、车载设备系统框图

（1）安装在 CRH3 型车上的车载设备框图如图 4.5.1 所示。

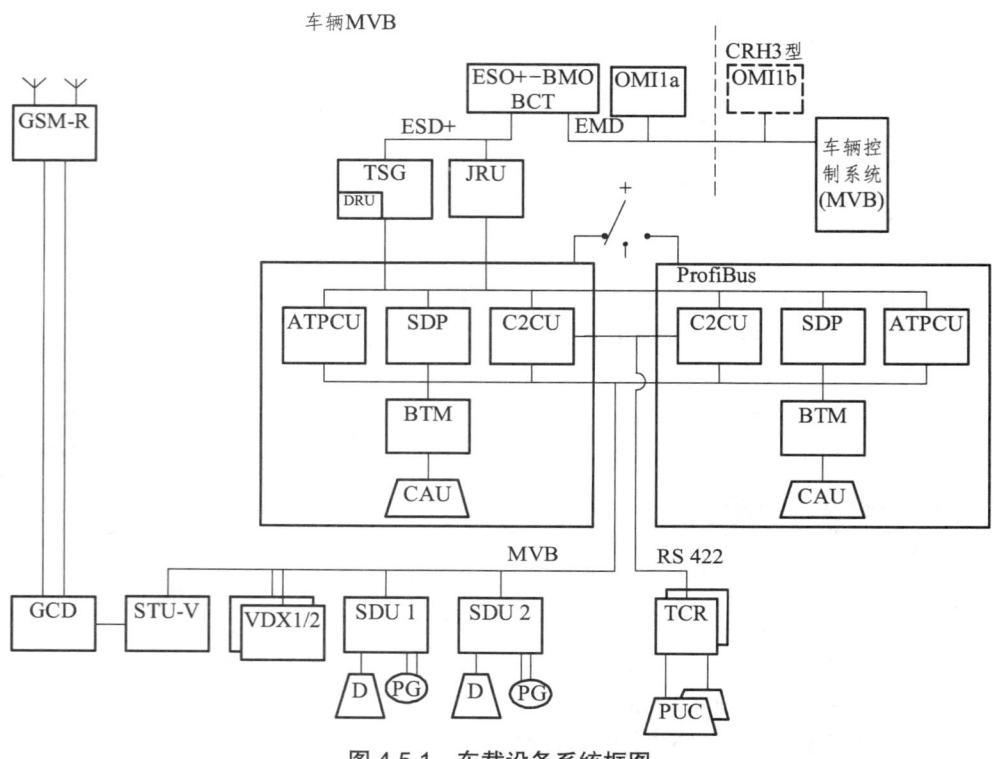

图 4.5.1　车载设备系统框图

（2）安装在 CRH380B 型车上的车载设备框图如图 4.5.2 所示。

三、列控设备动态监测分析系统（DMS）

列控设备动态监测系统（简称：DMS）由车载信息采集装置、地面数据中心及查询终端三部分组成。车载信息采集装置安装在动车组相应机柜内，在运行中完成对 ATP 列控系统运用状态、应答器位置及报文、轨道电路传输特性等信息的采集，其数据通过 GPRS/GSM-R 网传回地面数据中心，经处理、分析、统计后，通过互联网或铁路办公网传给各查询终端，配以地面网络传输管理分析设备，从而达到动车组运用过程中，对涉及行车安全的信号设备 ATP、应答器、轨道电路、补偿电容等内容的监测，实现列控设备和地面设备的检测、分析。总体做到列控设备日检测，达到利用车载动态设备检测地面静态设备的目的。

项目四 CTCS-3 级列控设备维护 247

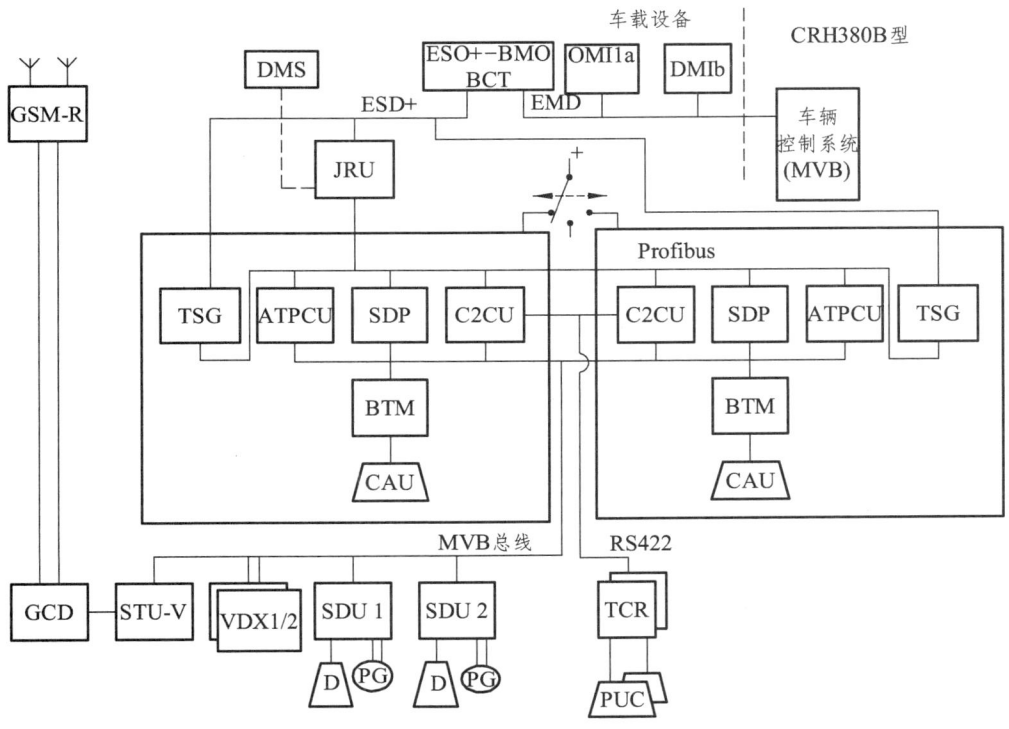

图 4.5.2 车载设备系统框图

（一）体系结构

列控设备动态监测系统的体系结构如图 4.5.3 所示。

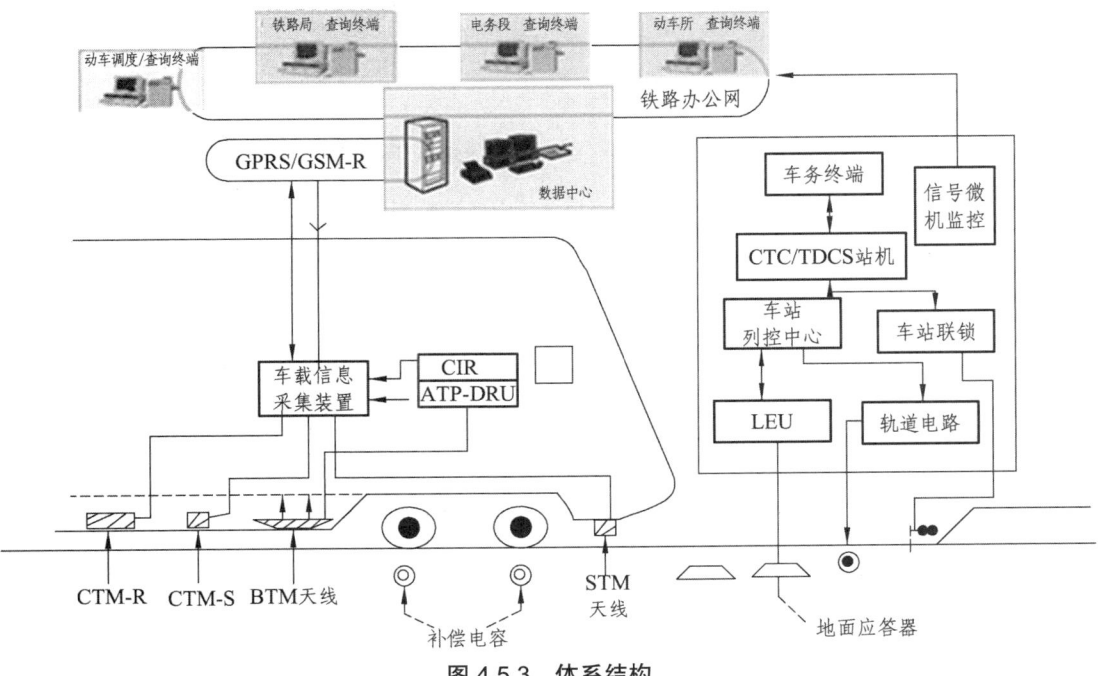

图 4.5.3 体系结构

（二）系统作用

（1）为电务维护人员提供 ATP 设备、补偿电容、轨道电路和应答器等实时信息，为设备维护提供依据。

（2）为行车调度提供动车组实时运行信息，为科学指挥调度提供实时信息。

（3）为机车综合无线通信设备（CIR）、工务晃车检测、机车信号远程监测系统等设备提供扩展接口，实现数据共享。

（三）主要功能

（1）实时监测 ATP 状态、地面轨道电路状态、补偿电容和检测应答器等信息。

（2）实时跟踪、定位动车运行，回放运行数据。

（3）对非正常停车、ATP 故障、应答器报文、轨道电路状态等异常数据实时报警（弹出窗口警示和声音警示），定位、回放、导出报警数据。

（4）应答器报文查看、分析、回放、图示、实时解析限速信息、导出报表等功能。

（四）系统的工作原理

列控设备动态监测装置，简称 DMS-T，安装在动车组的两端，在列车运行中完成对列控车载设备的状态及故障信息、地面应答器状态及报文数据、轨道电路电气特性，同时接收 GPS 卫星定位信息，并将所有数据通过 GPRS 网络传回地面数据中心。

1. DMS-T 设备安装位置

每列动车组分别在 00/01 端均安装有一套 DMS-T 设备，其中 CRH5 型动车组 DMS-T 设备安装在 CIR 设备下方，其安装可扫描二维码查看。

DMS-T 设备安装图

2. DMS-T 设备组成

DMS-T 设备包含 DMS-T 机箱、DMS-T 主机、GPS 功分器、GPRS 天线和 DMS 电缆，如表 4.5.1 所示。

表 4.5.1　设备清单

序号	名　称	备　注
1	DMS 机箱	含安装架
2	DMS-T 主机	
3	GPS 功分器（二功器）	与 CIR 合用
4	GPRS 天线	
5	DMS 电缆	

（五）DMS 电气原理图

如图 4.5.4 所示为 DMS 电气原理图。

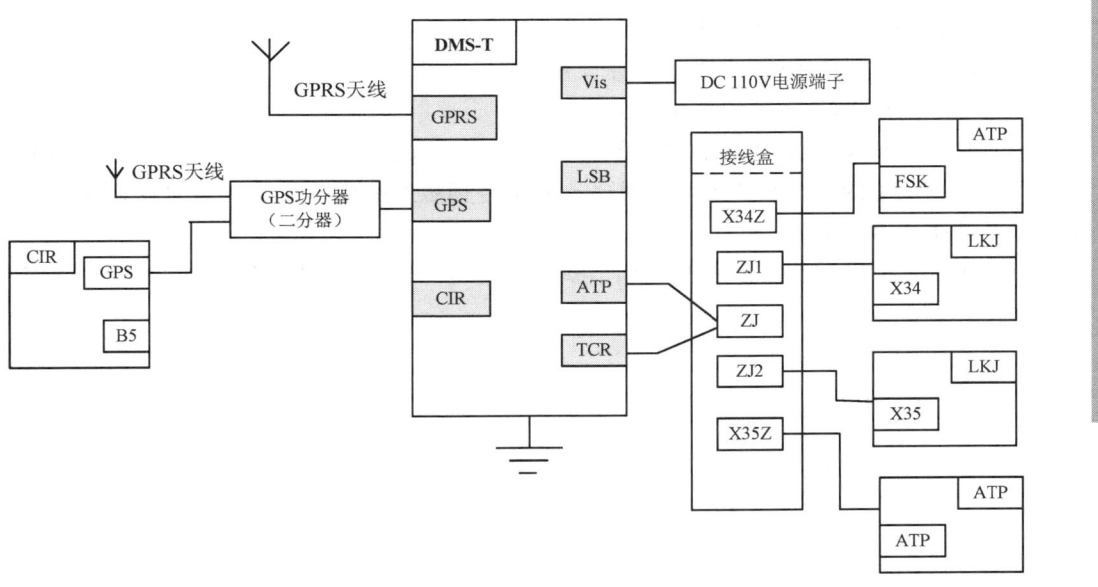

图 4.5.4　DMS 电气原理图

1. DMS-T 主机

DMS-T 主机主要包括 MCU 插板、GPRS 插板、GPS 插板、TCR 插板、NET 插板和 POWER 插板等，如图 4.5.5 所示。

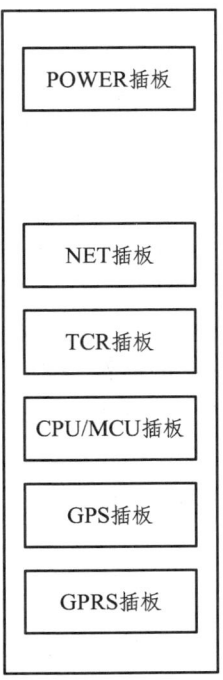

图 4.5.5

各单元功能描述

（1）GPRS 插板实现 DMS 采集数据的实时传输；

（2）GPS 插板为 DMS 提供动车组位置信息；

（3）TCR 插板实现轨道电路信号的采集和计算；

（4）NET 插板为 DMS 主机提供调试接口；

（5）MCU/CPU 插板为 DMS 设备核心处理单元，功能有：提供 RS232/RS485/RS422 通信接口；实现与 CIR-B5 接口 RS485 通信；实现各插板采集数据的集中处理及发送；具有数据存储及数据下载功能；

（6）POWER 插板具备电源管理功能，自动将 DC 110 V 转化为 DC 12 V 和 DC5 V，为设备其他插板提供供电电源；

（7）其他空白面板为预留位置。

2. 各插板电源要求

如表 4.5.2 所示为各插板电源要求。

表 4.5.2

序号	单元名称	供电电源	最大功耗	备注
1	GPRS 插板	+5 V	1.2 W	瞬态发射功耗
2	GPS 插板	+5 V	0.8 W	
3	TCR 插板	+5 V	0.8 W	
4	NET 插板	+5 V	0.77 W	
5	POWER 插板	+110 V		
6	MCU 插板	+5 V	9 W	

3. GPRS 插板

GPRS 插板的主要功能为 DMS-T 设备与铁道部数据中心建立通信通道，将 DMS-T 采集的数据通过无频率范围：880～965 MHz/1 710～2 170 MHz 线 GPRS 网络发送到铁路总公司数据中心。

GPRS 插板内硬件电路主要由 GPRS 收发模块和主处理器电路组成。GPRS 模块采用 Motorola G24，主处理器采用 PHILIPS 公司生产的单片 32 位 ARM 微控制器 LPC2124。主处理器使用 AT 命令将 GPRS 模块拨号到铁道部数据服务器的静态 IP 上，通过精简的 TCP/IP 协议与铁道部数据中心交换数据，并定时检测设备是否在线。同时主处理器通过底板总线和 DMS-T 设备的中央处理器（MCU/CPU），进行数据交换。一方面把接收到的铁道部数据中心信息发给中央处理器另一方面接收中央处理器的信息，并发送到铁道部数据中心。

4. GPRS 天线

GPRS 天线主要用来实现 DMS-T 设备和地面数据中心之间的实时数据通讯，从而保证了 DMS-T 设备的动态实时监测功能。CRH5 型车采用的是吸盘式 GPRS 天线。

5. GPS 插板

GPS 插板的主要功能是通过 GPS 天线接收卫星信号，并对信号进行差分译码，把解析的数据（经度、纬度等信息）发送给主处理器，主处理器通过底板总线把数据传给中央处理器。

GPS 插板内硬件电路主要由 GPS 收发模块及主处理器组成，GPS 收发模块采用 U-BLOX 公司制造的 LEA-5H，主处理器采用 PHILIPS 公司生产的单片 32 位 ARM 微控制器 LPC2124，GPS 收发模块接收到的数据通过主处理器处理后发给中央处理器。

6. GPS 功分器（二功器）

动车组车顶安装的 GPS 天线通过 GPS 功分器分成两路，一路给 DMS-T，一路给 CIR。如图 4.5.6 为 GPS 功分器的外形图。

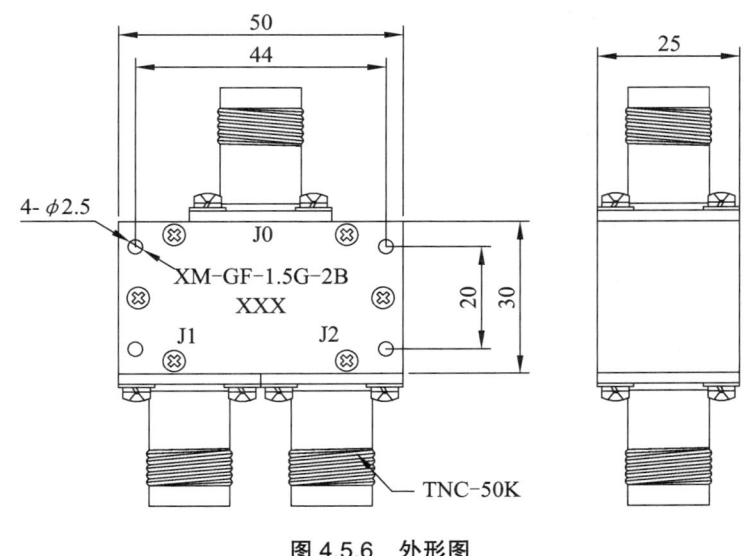

图 4.5.6 外形图

（1）输入一路 GPS 信号，经信号分配、隔离，分两路输出。
（2）J0、J1、J2 均为 TNC-K 插口。
（3）J0 直接与 GPS 天线连接，接收 GPS L1（1 575.42±10 MHz）频率信号。
（4）J1 和 J2 分别连接至两个 GPS 接收机（DMS-T 和 CIR 设备），向 GPS 接收机提供 GPS 卫星信号。
（5）J1、J2 允许 GPS 接收机输出 3～5 V DC 直流电供给 GPS 功分器，同时经功分器内部隔离后输出至 J0 接口，给 GPS 天线电路供电。
（6）J1、J2 具有单项直流阻断功能，只允许 GPS RF 信号通过。

7. 功分器技术指标

（1）工作频率：GPS L1 频率，带宽 20 MHz，即 1 575.42±10 MHz；
（2）输入输出阻抗：50 Ω（与目前常用的 GPS 接收机阻抗匹配）；
（3）输入输出驻波比：≤1.8∶1；
（4）插入损耗：J0-J1，J0-J2（其他端口接 50 Ω 负载）≤3.7 dB；
（5）通道幅度差：≤0.5 dB；
（6）通道隔离度：≥18 dB（1 575 MHz）；
（7）工作温度：−40 ℃～+85 ℃；
（8）储存温度：−55 ℃～+95 ℃；

（9）防水、防震动处理。

8. POWER 插板

为 DMS-T 设备提供工作电源，整体功耗小于 50 W。DC110 V 由 POWER 插板前面板的 Vin 接口进入，经过电源硬保护电路、电源调理电路后接入 DC/DC 电源模块，进行电压的转换供后级电路使用。

扫二维码可查看 DMS 电源接口（Vin）实物图。

接插件型号为 WS16-3KTQ，引脚定义如表 4.5.3 所示。

DMS 电源接口（Vin）实物图

表 4.5.3

管脚号	定义	说明
1	DC 110 V +	动车组提供的 DC 110 V 直流电源输入正
2	预留	
3	DC 110 V −	动车组提供的 DC 110 V 直流电源接地

9. MCU/CPU 插板

MCU/CPU 插板是 DMS 设备的核心插板，采用数据通讯模块 + PC104 总线嵌入式工业计算机的模式，主要功能是处理 ATP、CIR、TCR、GPS 和 GPRS 信息数据。

数据通信模块电路主要包括 ATP 数据通信电路、CIR 数据通信电路和 GPS 数据通信电路、TCR 数据通信电路、GPRS 数据通信电路。这些通信电路通过单独 + PC104 总线将采集的数据传送工业计算。

扫二维码可查看 NCU/CPU 插板实物图。

10. 记录功能

（1）应完整记录动车组运行信息、应答器信息及报警信息。
（2）数据存储容量要求：1 GB，采用循环覆盖方式存储。
（3）存储数据以动车编号—端号—日期为文件名进行存储。

MCU/CPU 插版实物图

11. NET 插板

扫二维码可查看 NET 面板实物图。

NET 插板用于接入测试电缆（网线），连接核心处理器，观察 DMS 设备运行状况，方便现场人员进行设备状态测试和故障维护。

NET 插板实物图

12. TCR 插板

TCR 插板负责采集、分析机车感应信号。由 STM 传感器天线送上来的机车感应信号通过 TCR 插板前挡板的 TCR（也称 STM）接口进入 DMS-T 设备，经过高阻隔离电路、信号滤波和有效值转换电路后，由单片机进行采集和计算，然后经过 DMS-T 设备的底板总线传输至 MCU 插板内的 DMS-T 核心处理器进行信息处理和合成。

(六)系统界面

系统菜单主要提供系统操作的功能按钮。主要包括:系统、功能、设置和帮助等,扫二维码可查看软件截图。

主要包括:信息提示、打开文件、工务数据、检测升级和退出。

1. 信息提示

主要显示数据在刷新过程中的所有记录信息和供用户进行查询网络通信状态扫二维码可查看软件截图。

DMS 系统界面

信息提示举例

历史数据图形回放

2. 打开文件

主要用于对历史数据的图形回放之用。点击【打开文件】,找到系统运行的数据,数据存放在"D:\列控设备动态监测系统\DATA\"下以日期命名的文件夹下,打开后可以看到图形扫二维码可查看软件截图。

3. 检测升级

本功能作用检测是否有新版软件发布,如有新版软件发布且自动进行升级该软件。

4. 退　出

退出本系统。

功能主要包括:报警信息、运行跟踪、运行示意、电子地图、应答器信息、交路回放和应答器回放,扫二维码可查看软件截图。

设置主要包括基本设置、网络设置和报警设置。

"退出系统"截图

"基本设置"截图

5. 基本设置

扫二维码可查看基本设置内容截图。

(1)基础数据:方便联系的信息。

(2)交路显示:即动车选择时显示的信息。

(3)报警设置:可以单独设置不同种类报警的声音。只需在"设置声音文件"前打钩即可设置。

6. 网络设置

扫二维码可查看网络设置内容截图。

"网络设置"截图

默认情况下：

（1）密码：123456；

（2）服务器 IP：222.88.17.82；

（3）端口：8091。

注：此设置不可随意更换，以免造成软件接收到不到数据的情况。

7. 报警信息

报警信息包括：非正常停车报警、ATP 报警、应答器报警、轨道电路报警。

******【检修作业】******

1. CRH380BG 型动车组电务车载设备 I 级修作业

序号	流程	内容	标准及方法	备注
1	检修前准备工作	了解列控车载设备运用情况	掌握当日一级修所有动车组运行中的异常信息，查看 DMS 数据进行预分析，制定入库检修处理方案。 1. 浏览 DMS 终端，掌握 ATP 运行工作状态。 2. 上级及其他部门反馈的动车组运行故障信息。 3. 存在问题及时记录并处理。	
		参加动车所每日交班会	参加动车所每日交班会，重点协商解决检修作业中需要动车所配合条件。向动车所询问当日运行情况，了解车辆相关信息，确定是否需要电务配合以及是否对车载设备质量有影响。提出当日电务作业要求。做好记录。	
		检修作业准备会	值班班长召开作业准备会，布置检修任务，明确作业时间、地点、任务及人员分工。	
		工具及防护用品检查	1. 检查检修作业的工具、设备，确认性能良好。（包括 CIR 库检台，转储 U 盘、笔记本电脑、数据线、手台、摄像手电、检修工具等）。 2. 防护用品检查确认（工作服、工作帽、工作鞋）。	
2	入库接车检查	作业申请	到动车所值班调度办理作业申请，登记检修作业内容及作业要求。	
		访问司乘人员	访问司乘人员了解 CIR 使用情况，并查看《动车组运行状态交接单》，掌握车载设备运用情况。发现设备故障异常信息，启动《故障处理流程》。	
		设备上电检查	A、B 系分别上电，确认设备工作正常。发现设备故障异常信息，启动《故障处理流程》。	
		CIR 地面遥测	使用 CIR 库检台进行地面遥测，各项指示合格、地面遥测结果合格。	
3	断电车外作业	加装作业锁	"作业申请登记处"登记领取电务作业锁,确认股道号和接地杆挂接正确，加装电务作业锁。	
		走行部设备检查	TCR、BTM 天线，速度传感器、雷达等车外设备防脱落检查： 1. TCR、CAU 天线安装牢固，外观无异状、无破损，防护设施完整，开口销齐全、劈开角度符合要求；各螺栓防松标记无错位；连接电缆固定、绑扎良好且无异状；地线连接良好。 2. 速度传感器密封胶无脱落，连接电缆固定良好，无破损、磨卡；电缆固定卡子齐全，安装牢固，防松标记无错位。 3. 雷达窗口表面无异物击打现象，清洁雷达窗口。 4. 用摄像手电对各设备外观及安装紧固状态进行录像检查，图像清晰、稳定，放缓标记清楚（先录动车组型号、车号、端号）。	
		撤锁、销记	作业完成，撤除电务作业锁，"作业申请登记处"销记。	

续表

| \multicolumn{5}{|c|}{CRH380BG型动车组电务车载设备I级修作业} |
序号	流程	内容	标准及方法	备注
4	联检作业	CIR设备外观、紧固状态检查	1. 主机、MMI、打印机、主机各插板和附属设备安装牢固，表面清洁、无污垢，各部螺丝齐全、紧固到位，指示灯显示正常。 2. 检查主机、合路器各部电缆连接正确，插头、转接头紧固良好、无松动、线缆无破损；设备地线连接良好、不松动。 3. MMI按键动作灵活、接触可靠。 4. 送受话器固定螺丝安装牢固，电缆线插件紧固，外观无破损，摘挂良好，发射键按压自如，无卡阻。 5. 打印机安装良好、紧固到位，外观无破损，打印纸充足，色带不干。	
		LBJ电子铅封状态检查	检测LBJ电子铅封状态，发现MMI显示有发送和接收报警信息状态时，须分别下载LBJ和CIR记录单元数据，下载后确认电子铅封显示正确。	
		检查ATP设备外观紧固状态	1. 检查A/B显示器（DMI）外观良好、按键无破损；检查隔离开关、冗余开关、DMI转换开关安装牢固，外观无异状，位置正确。 2. 单元、模块、继电器外观无异状，安装、接插牢固，接插件不破损。 3. 各单元连接电缆绑扎良好、无异状，接线端子紧固、不松动。 4. 各单元接地电缆连接良好。 5. 各控空开位置状态正确。 6. 机柜底部万科端子排接线紧固、不松动。	
		按照规定转储运行、故障信息记录	1. 转储下载记录信息。 2. 分析记录信息，发现设备故障信息，启动《故障处理流程》。	
		ATP功能试验	1. 闭合ATPCU电源开关，120秒内主系、主用DMI启动正常，并进入待机。 2. DMI功能性试验。 （1）DMI语音正常，激活司机室后DMI无错误报警消息输出。 （2）输入司机号和车次号，司机号为"本人工号"，车次号为"DJ12345"。 （3）列车管压大于550 kPa时进行测试，确认DMI显示"制动测试成功"。 （4）DMI与CIR显示时间大于20秒时，对双系VCU模块进行校时；对TCR单元校时（下载数据确认时钟误差大于20秒时）。 （5）选择C3等级，输入RBC数据：确认MT注册数量为"2"，输入RBC-ID、电话号码（网络编号不需要输入，使用默认值），确认ATP与RBC已经连接。 （6）输入列车长度数据信息"1"，按"确定"键。	

续表

序号	流程	内容	标准及方法	备注
			CRH380BG 型动车组电务车载设备 I 级修作业	
		ATP 功能试验	（7）选择上下行载频，确定接收规定的上下行载频信息。 （8）DMI 上显示"确认启动"，按"确定"后，ATP 进入待机模式状态。 （9）按"模式"键，进入模式选择菜单，选择"目视"模式；在 DMI 显示"越行"文本后，在 5 s 内确认。 （10）按"等级"键，选择"CTCS2"并确认和启动。 （11）分别选择上、下行载频，确定能正确接收上、下行载频信息，上行接收 L5、L/U、U/U、B 码序信息；下行接收 U、U2S、H/U、H 码序信息。 3. 关机 30 秒以上，换系启机进行上述相同步骤试验。 4. DMS 设备工作状态良好、各指示灯显示正常。 5. 如果发现设备故障按照故障处理流程进行作业。 6. 作业完成后，在 CTCS-2 级模式下关断 ATP 电源。	
4	联检作业	CIR 功能试验	1. 确认机车号、车次号注册成功，显示与机车号、端号一致。 2. 确认通信模式为自动，运行区段显示本区段线路 G 网通信模式。 3. 注册车次号为 0D2345 并显示注册成功。 4. 设备自检，各模块自检正常，无打"X"项。 5. 选择"GPRS 数据"选项，按"确认"键发送测试信息，收到地面库检设备发送的"调度命令"数据信息和语音提示后，按"确认"键签收，表明 GPRS 数据测试成功。 6. 选择"450 M 数据"选项，按"确认"键发送测试信息，收到地面库检设备发送的"450 MHz 数据"数据信息和语音提示后，按【确认】键签收，表明 450 MHz 数据测试成功。 7. 选择"450MHz 同频通话"项，按压"确认"键，收到回铃音后摘机，进行 7 秒标准语音通话测试，讲话内容：：CRH380 型×××1 车或 8 车 450 MHz 同频通话试验，监听回放语音清晰、完整。 8. 选择"450 MHz 异频通话"项，按压"确认"键，收到回铃音后摘机，进行 7 秒标准语音通话测试，讲话内容：：CRH380 型×××1 车或 8 车 450 MHz 异频通话试验监听回放语音清晰、完整。 9. 选择"GSM-R 通话"项，按压"确认"键，收到回铃音后摘机，进行 7 秒标准语音通话测试，讲话内容：CRH380 型×××1 车或 8 车 G 网通话试验，监听回放语音清晰、完整。 10. 选择"记录单元测试"项，按压"确认"键，记录的语音回放清晰、完整。 11. 打印机无卡纸、夹纸现象，打印调度命令字迹清晰，打印的调度命令统一留存至下一次 I 级修。 12. 防护报警装置试验：选择"LBJ 出入库检测"选项，按压"确认"键，MMI 显示"注意！列车报警试验，请确认！"后，按"确认"键，当 MMI 显示"报警"、"列尾排风"、"风压查询"、"列尾消号"、"列尾确认"信息时再分别依次按下相应键，查看"LBJ 出入库检测结果"信息正常。 13. 查询 CIR 库检台检测结果，各单元显示检测合格。	

\multicolumn{6}{c}{CRH380BG 型动车组电务车载设备 I 级修作业}
序号	流程	内容	标准及方法	备注
4	联检作业	下载数据分析确认	1. 下载 JRU 数据，分析确认设备良好、检测无漏项。 2. 如果发现设备故障、检测数据异常信息，按照《故障处理流程》进行作业。 3. 数据存档。	
		填记	测试良好后，出库前在《动车组质量联检记录单》上，对列控车载设备状态进行签字确认；填写《出入库检查测试记录》。	

2. CRH380BG 型动车组电务车载设备 II 级修作业

\multicolumn{5}{c}{CRH380BG 型动车组电务车载设备 II 级修作业}
序号	流程	内容	标准及方法	周期
1	作业准备	检修前准备工作	1. 分析最后一个交路运行数据，发现设备异常，纳入检修作业项目中。分析双系 ATPCU、C2CU、SDP、TSG 模块的 log、JRU、TCR、CIR 数据进行分析。	每次
			2. 核对、修订二级修作业计划，确定重点整治作业项目。	每次
			3. 召开作业准备会，布置检修任务，明确作业地点、时间、任务及相关人员分工；确定重点整治作业项目。	每次
			4. 准备检修作业的工具、仪表、材料（二级修专用小车）。	每次
			5. 到动车所调度登记检修作业项目，填写作业申请单。	每次
			6. "作业申请登记处"登记领取电务作业锁，确认股道号和接地杆挂接正确，加装电务作业锁。	每次
2	轮径	检查核对轮径值	轮径尺寸发生变化时，调整参数，保证测速准确；根据动车所提供的轮径值，修正 ATP 轮径参数。	削轮
3	设备外观检查	ATP 主机柜、TCR 线圈、DMI、BTM、DMS、CIR、雷达、屏幕显示器	1. 主机柜安装螺丝无松动，主机箱外观、安装固定状况，清洁机箱内外部及安装位置周围环境，主机各板指示灯指示正常。	每次
			2. 组匣、插件固定螺丝、卡子不缺失、不松动，紧固良好，插件捏手完整；清洁各插头、插座，检查连接插头、插座及电缆外观，安装是否正确紧固。	每次
			3. 电源开关动作可靠；断路器规格符合要求紧固良好，电源线接线端子位置正确、不松动、标签正确，电源线无破损。	每次
			4. 各部件安装螺丝和卡子紧固，外观无异状，防缓标识清晰。	每次
			5. 连接电缆固定、绑扎良好，无破损，车体引出口电缆密封、紧固良好；清洁各插头、插座，检查连接插头、插座及电缆外观，安装正确紧固；缆线转弯半径不小于 5 倍线径。	每次
			6. 天线安装牢固，外观无损伤，DMS 天线座磁铁磁力作用，无倾斜；馈缆连接牢固，缆线有阻燃套管防护，引入口封堵良好无漏水。	每次
			7. 显示器面膜按键开关无破损，屏幕显示清晰。	每次

续表

\multicolumn{3}{l}{CRH380BG型动车组电务车载设备Ⅱ级修作业}			
序号	流程	内容	标准及方法	周期
4	走行部检查	TCR线圈	1. 高度：距离轨面 210±10 mm。	每次
			2. 偏移：钢轨中心±5 mm。	每次
			3. 双组线圈串联电阻≤16 Ω；单组线圈电阻≤8 Ω。	每次
			4. 双组线圈串联电感≥120 mH；单组线圈串联电感≥60 mH。	每次
			5. 品质因数大于5.5。	每次
			6. 螺栓力矩检查确认： （1）M20：120 N·m。 （2）M10：23 N·m。 （3）M8：12 N·m。	每次
			7. 开口销完好，角度180°。	每次
			8. 更换防松螺母。	拆装
		CAU天线	1. 高度：距离轨面 205±10 mm。	每次
			2. 距钢轨中心偏移＜10 mm。	每年1次
			3. 螺栓力矩检查确认： （1）M10：51 N·m±4 N·m。 （2）M8：43 N·m。	每次
			4. 更换防松螺母。	拆装
		速度传感器	1. 齿轮与传感器头部间隙 0.8～1.2 mm。	空心轴探伤同步
			2. 对速度传感器探头进行擦拭清污。	
			3. 螺栓力矩检查确认：M8：20 N·m。	
			4. 速度传感器轴头用防水腻子密封。	
			5. 速度传感器插头用防水腻子密封。	
			6. 对破损防护管用高压防水自粘性橡胶绝缘带进行防护。	
5	车上设备检查	DMI显示器	按计划将DMI显示器A、B屏进行倒换。	每年1次
		冗余开关检查	检查隔离开关、显示器转换冗余和CIR开关转动灵活、不卡阻。	每次
		ATP主机柜检查并使用录像手电录像存档	1. 断路器接触电阻测试：＜0.1 Ω。	每年2次
			2. 检查柜门设备示意图清晰，无破损、开裂痕迹。	每次
			3. 对机柜内进行除尘处理。	每次
6	特性测试	电气特性测试工作	1. 设备地线与车体接地电阻小于 0.5 Ω。 （1）主机柜。 （2）各模块、单元。 （3）BTM主机和天线。	每次

续表

\multicolumn{5}{	l	}{CRH380BG 型动车组电务车载设备 Ⅱ 级修作业}
序号	流程	内容	标准及方法	周期
6	特性测试	电气特性测试工作	（4）DMI 显示器。 （5）DMS 主机。 （6）CIR 主机。	
			2. 升弓状态下，直流电源电压标准：110 V（−20%，+5%）。	
			3. 绝缘电阻测试。TCR 接收线圈、BTM 接收天线（CAU），速度传感器、雷达传感器等设备电缆与车体地线绝缘电阻均大于 20 MΩ。	每年 1 次
			4. BTM 端口校验。	每年 1 次
		CIR 测试	1. CIR 蓄电池容量不低于 80%。	
			2. 驻波比测试：分别测试 G 网语音、G 网数据、450 MHz 单元馈线驻波比，标准不大于 1.5。	每次
			3. CF 卡格式化：将记录单元的 CF 卡进行格式化操作，不良进行更换。	每年 2 次
			4. 关机后 CIR 设备应持续供电 45 s 以上，MMI 显示车次号注销成功，机车号注销成功，并伴有语音提示。	每次
7	上电测试	ATP 试验	1. 在 120 s 内主、备用 DMI 启动正常，并进入待机模式。	每次
			2. DMI 按键及语音正常，激活司机室后对应 DMI 无错误报警消息输出，MT 成功注册。	
			3. 输入列车数据、进行制动测试。在列车管压大于 550 kpa 后，进行制动测试，DMI 显示制动测试成功。	
			4. DMI 与 CIR 显示时间大于 20 s 时，对双系 VCU 模块进行校时；对 TCR 单元校时（下载数据确认时钟误差大于 20 秒时）。	
			5. 各模块、板件工作正常，指示灯显示正确。	
			6. 接收环线发送的信号上下行信息良好，码序显示正常。	
			7. 选择 CTCS-3 等级呼叫 RBC 成功。	
			8. CTCS-3 转换 CTCS-2 级试验良好；各模式转换正常。	
		DMS 试验	各插件表示灯显示正确，工作状态良好。	每次
		CIR 数据查询	数据检查：选择进入维护界面，查看网络参数设置。 1. APN：GRIS.SY； 2. 主用 GROS IP：10.13.1.76，备用 GROS IP：10.13.137.2； 3. 归属 GRIS IP：10.12.129； 4. 按照实际使用的库检电话、库检 IP 号码进行核对，并确认显示正确。	每次
		CIR 版本确认	软件版本查询：软件版本号应是当前运用数据版本号。设置-维护界面-软件版本号查询-核对版本号。	每次

续表

序号	流程	内容	标准及方法	周期
7	上电测试	LBJ电子铅封状态检查	检测LBJ电子铅封状态,发现MMI显示有发送和接收报警信息状态时,须分别下载LBJ和CIR记录单元数据,下载后确认电子铅封显示正确。	每次
		CIR功能试验	1. 车次号、动车组号注册:注册车次号为0D2345,在GSM-R模式下,按【设置】键选择"车次号注册"项,手动输入车次号按【确认】键,再次选择"本务机"或"补机"按【确认】键;自动从DMS获取动车组号,并显示准确无闪烁;检查核对MMI设置的动车组号、端别号与实际一致。	每次
			2. 选择通信模式:使用"手动"方式,可转到相应的工作线路;使用"自动"方式,自动显示当前所在的运行线路。按【设置】键,依次选择"设置"-"运行区段"-路局名-线路名或依次选择"设置"-"运行区段"-"手动/自动模式"。	每次
			3. 设备自检:选择"自检"项,CIR进入自检状态,正确输入或选择库检设备IP地址后按【确认】键;各模块状态检测正常。	每次
			4. GPRS数据功能测试:选择"GPRS数据"选项,按"确认"键发送测试信息,收到地面库检设备发送的"调度命令"数据信息和语音提示后,按【确认】键签收,表明GPRS数据测试成功。	每次
			5.450 MHz数据功能测试:选择"450 M数据"选项,按"确认"键发送测试信息,收到地面库检设备发送的"450 MHz数据"数据信息和语音提示后,按【确认】键签收,表明450 MHz数据测试成功。	每次
			6.450 MHz同频通话:选择"450 M同频通话"选项,按"确认"键发送测试信息,收到回铃音后摘机,进行7 s标准语音通话测试,讲话内容:CRH380型×××1车或8车同频通话试验,库检台回放试验语音清晰;讲话时轻抖动话机绳,如话机绳芯线有半断,发射指示灯会闪动,回放语音会有杂音或闪断现象。	每次
			7.450MHz异频通话:选择"450 M异频通话"选项,按"确认"键发送测试信息,收到回铃音后摘机,进行7 s标准语音通话测试,讲话内容:CRH380型×××1车或8车异频通话试验,库检台回放试验语音清晰。	每次

续表

\multicolumn{3}{c}{CRH380BG 型动车组电务车载设备 II 级修作业}			
序号	流程	内容	标准及方法	周期
7	上电测试	CIR 功能试验	8. GSM-R 通话：选择"GSM-R 通话"选项，按"确认"键发送测试信息，收到回铃音后摘机，进行 7 s 标准语音通话测试，讲话内容：CRH380 型×××1 车或 8 车 G 网通话试验，库检台回放试验语音清晰。	每次
			9. 记录单元测试：选择"记录单元测试"项，按压"确认"键，记录单元语音回放清晰、完整。	每次
			10. 调度命令打印试验：调度命令打印正常，打印机无卡纸、夹纸现象。在主界面按"查询"键，调出调度命令信息，按【打印】键。	每次
			11. 防护报警装置试验：选择"LBJ 出入库检测"选项，按压"确认"键，MMI 显示"注意！列车报警试验，请确认！"后，按"确认"键，当 MMI 显示"报警"、"列尾排风"、"风压查询"、"列尾消号"、"列尾确认"信息时再分别依次按下相应键，查看"LBJ 出入库检测结果"信息正常。	每次
			12. 关机确认：关机后 CIR 设备应持续供电 45 s 以上，MMI 显示车次号注销成功，机车号注销成功，并伴有语音提示。关掉 CIR 设备面板电源开关。	每次
		下载检修作业数据	1. 下载 log、JRU 数据和对模块校时，分析数据，确认设备无故障报警信息。	每次
			2. 如果发现设备故障、检测数据异常信息，启动《故障处理流程》。	每次
			3. 数据存档。	每次
		下载 CIR 数据	下载 CIR 记录单元数据进行分析，检查记录单元存储状态。	每季
		除尘	对机柜内进行除尘。	每次
		查询 CIR 库检台检测结果	查询检测语音回放清晰、标准。	每次
8	填记	填写记录	经分析工区确认设备状态良好；填记《二级修作业单》、《技术履历簿》、《动车组车载无线设备集中修记录》；记录填记规范，字迹工整，时间准确。	每次
		销记	检修作业结束，撤除电务作业锁，"作业申请登记处"销记；到动车所调度销记。	每次

★★★★★★【思考与练习】★★★★★★

1. 简述 CRH380 车载设备构成。
2. DMS 主要功能有哪些?
3. CRH380BG 型动车组电务车载设备 I 级修作业 ATP 功能试验内容有哪些?
4. CRH380BG 型动车组电务车载设备 II 级修作业走行部检查有哪些内容?
5. CRH380B 型动车组制动夹钳及制动盘检查的标准是什么?
6. 简述 CRH380B 型动车组制动控制单元的功能。
7. CRH380B 型动车组的哪些设备是由 3 AC 440 V 60 Hz 供给的电?
8. CRH380B 型动车组如何进行 GSM-R 通话?

附录 常用名词术语

一、名词术语

允许速度：列车运行过程中允许达到的最高安全速度。
目标速度：列车运行前方目标点允许的最高速度。
目标距离：列车前端至运行前方目标点的距离。
目标距离模式曲线：以目标速度、目标距离、线路条件、列车特性为基础生成的保证列车安全运行的一次制动模式曲线。
固定限速：由线路结构及道岔位置决定的最高运行速度。
临时限速：由行车人员临时给出的列车限速。
过走防护区段：为保证行车安全在禁止信号内方设置的防护区段。
冒进防护：列车越过禁止信号立即触发紧急制动。
车尾限速保持：为了防止列车尾部在限速区段超速，在相关区段采取的限速措施。

二、缩写和定义

ACS（Axle Counting System）	计轴系统
ALA（ATP logic apparatus）	ATP 逻辑设备
AM（ATO Mode）	ATO 自动模式
AP（Access Point）	接入点
AS（Access Switch）	接入交换机
ASTS（Ansaldo STS）	安萨尔多信号与运输系统
ATB（Automatic Turn Back）	自动折返
ATO（Automatic Train Operation）	列车自动驾驶
ATP（Automatic Train Protection）	列车自动防护
ATPM（ATP Manual Mode）	ATP 防护下的人工列车驾驶模式
ATM（Automatic Train Movement）	列车自动运行
ATS（Automatic Train Supervision）	列车自动监控
BDU（Beacon Driver Unit）	应答器驱动单元
BS（Backbone Switch）	骨干交换机
BTM（Balise transmission Module）	应答器信息接收单元

CBTC（Communications-Based Train Control） 基于通信的列车控制
CC（Carborne Controller） 车载控制器
CENELEC（European Committee for Electrotechnical Standardization）
　　　　　　　　　　　　　　　　　　　　欧洲电工标准化委员会
CO（Calling On） 引导接车
COAST（Coast） 惰行
COE（Change Of End） 调头
CPU（Central Processing Unit） 中央处理器
CMS（Centralize Maintenance server） 中央维护服务器
CS（Cab Signal） 列控车载设备控制模式－机车信号模式
CSM（Ceiling Speed Monitoring Section） 常数速度监视区
CTC（Centralized Traffic Control） 调度集中
CTCS（Chinese Train Control System） 中国列车运行控制系统
DB（Database） 数据库
DBPL（Differential Bi-Phase-Level） 双相电平差
DCS（Data Communication Subsystem） 数据通信子系统
DMIS（Dispatch Management Information System）
　　　　　　　　　　　　　　　　　　　　列车运行调度管理信息系统
DMI（Driver Machine Interface） 列控车载显示装置
DMS（Door Mode Selector） 车门模式选择器
DRU（Juridical Data Recorder Unit） 记录单元
DSU（Data Save Unit） 数据存储单元
EB（Emergency Brake） 紧急制动
EBI　The Emergency Brake Intervention limit） 紧急制动介入限制
EMC（ElectroMagnetic Compatibility） 电磁兼容性
ETCS（European Train Control System） 欧洲列车运行控制系统
ETML（European Traffic Management Layer） 欧洲铁路运输管理层
ERTMS（European Railway Traffic Management System）
　　　　　　　　　　　　　　　　　　　　欧洲铁路运输管理系统
EOA（End of Authority） 授权终点
FRS（Functional Requirements Specifications） 功能需求规范
FS（Full Supervision） 列控车载设备控制模式-完全监控模式
GSM-R（Global System Mobile for Railway） 铁路专用全球移动通信系统
ID（Identity） 身份
ILC（Interlocking Controller） 联锁控制器
IP（Internet Protocol） 互联网协议
IS（Isolation Supervision） 列控车载设备控制模式-隔离模式
ISDN（Integrated Services Digital Network） 综合业务数字网
ISO（International Standards Organization） 国际标准化组织

ITS（Intelligent Transportation System）	智能交通系统
JRU（juridical recorder unit）	司法记录单元
LCD（Liquid Crystal Displayer）	液晶显示器
LCP（Local Control Pannel）	现地控制盘
LCW [（Microlok）Local Control Workstation]	（Microlok）本地控制工作站
LED（Light Emitting Diode）	发光二极管
LEU（Landside Electronic Unit）	地面电子单元
LKJ	列车运行监控记录装置
LMA（Limit of Movement Authority）	列车停车界限
MAL（Movement Authority Limit）	移动授权
Microlok（Interlocking System Provided by ASTS）	ASTS 提供的联锁系统
MR（Mobile Radio）	车载无线设备
MRSP（Most Restrictive Speed Profile）	最低限速
MSB（Maximum Service Braking）	最大常用制动
MTOR（Module Tout Ou Rien）	整体模块
MVB（Multi-function Vehicle Bus）	多功能车辆总线
NRM（Non-Restricted Manual）	非限制人工模式
OCC（Operational Control Center）	运营控制中心
OS（On Sight mode）	列控车载设备控制模式-目视行车模式
PB（Push Button）	按钮
PCI（Protocol Control Information）	协议控制信息
PS（Partial Supervision）	列控车载设备控制模式-部分监控模式
PSD（Platform Safety Door）	安全门
PVID（Permanent Vehicle Identity）	车辆永久标识
RAMS（Reliability，Availability，Maintainability，and Safety）	可靠性、可用性、可维护性和安全性
RBC（Radio Block Center）	无线闭塞中心
REL（Release Speed）	缓解制动速度
RIM（radio interface module）	无线接口模块
RM（Restricted Manual）	限制人工模式
RMF（Restricted Manual Forward）	限速向前
RMR（Restricted Manual Reverse）	限速向后
RMP（Revised Mileage for positional recognition）	校正累计计数距离
RS（Rolling Stork）	车辆
RSS（radio sub system）	无线子系统
SAP（Service Access Point）	服务接入点

SB（Standby mode） 列控车载设备控制模式-待机模式
SBI（Service Brake Intervention limit） 常用制动介入限制
SRS（System Requirements Specifications） 系统需求规范
SH（Shunting mode） 列控车载设备控制模式-调车模式
SSP（Static Speed Profile） 静态速度制限
STM（Specific Transmission Module） 轨道电路信息接收单元
TDCS（Train operation Dispatching Command System）
　　　　　　　　　　　　　　　　　　　　 列车调度指挥系统
TMIS（Transporatation Management Information System）
　　　　　　　　　　　　　　　　　　　　 铁路运输管理系统
TID（Tracking Identity） 追踪标识
TIU（Train Interface Unit） 制动接口单元
TMM（train management module） 列车管理模块
TR（Trip） 冒进模式
TSM（Target Speed Monitoring Section） 目标速度监视区
TSR（Temporary Speed Restriction） 临时速度限制
UDP（User Datagram Protocol） 用户数据报协议
UPS（Uninterruptible Power Supply） 不间断电源
VC（Vital Computer） 车载安全计算机
VR（Vehicle Regulation） 列车调整
WLAN（Wireless Local Area Network） 无线局域网
ZC（Zone Controller） 区域控制器
ZPW 自动闭塞移频无绝缘轨道电路

参考文献

[1] 张铁增. 列车运行控制系统[M]. 北京：中国铁道出版社，2010.
[2] 徐啸明. 列控车载设备（CTCS2-200H型）[M]. 北京：中国铁道出版社，2007.
[3] 吴汶麒. 国外铁路信号新技术[M]. 北京：中国铁道出版社，2000.
[4] 刘晓娟. 城市轨道交通智能控制系统[M]. 北京：中国铁道出版社，2008.
[5] 刘朝英. 列控车载设备（CTCS2-200C型）[M]. 北京：中国铁道出版社，2011.
[6] 张曙光. CTCS-3级列控系统总体技术方案[M]. 北京：中国铁道出版社，2008.
[7] 中华人民共和国铁道部运输局. CTCS-2级列车运行控制系统维护管理规则（暂行）. 2007.
[8] 中华人民共和国铁道部. 铁路CTCS-2级列车运行控制系统应答器工程技术暂行规定. 2007.